MARCH
1938-2008
70
The Children's Society
The Children's Society
HEINZ
TOMATO KETCHUP
HORNITOS
HORNITOS
OXYRIDE
Panasonic
GUINNESS WORLD RECORDS
Intercoil

LE MONDIAL DES RECORDS 2009

★ À PROPOS DE CE LIVRE

La présente édition est réalisée avec la police Franklin Gothic, créée au début du XXe siècle par le grand typographe américain Morris Fuller Benton (1872–1948). « Gothic » (linéale) est un terme archaïque signifiant simplement que les caractères sont sans serif, c'est-à-dire sans empattements, mot qui désigne les petits traits verticaux ou horizontaux placés à l'extrémité des lignes dans les polices romanes (Times par exemple).

Franklin appartient aux polices réalistes, qui se distinguent par leur simplicité et par l'absence presque totale de variation dans la largeur des lettres. Plus spécifiquement, Franklin se caractérise par un g à double étage (au contre-poinçon original) et par un Q dont la queue démarre au centre de la base de la lettre.

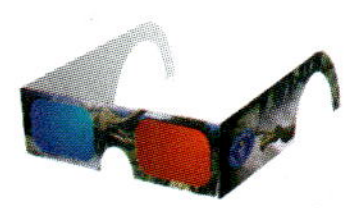

Cet ouvrage contient un certain nombre d'images en 3D. Elles se repèrent facilement car elles ressemblent à des erreurs d'impression – les parties rouges et bleues des photos sont décalées – et sont signalées par un symbole représentant des lunettes 3D. Pour les visualiser de façon optimale, servez-vous des lunettes 3D fournies avec cet ouvrage. Ces images anaglyphes (du grec *anaglyphos* signifiant « gravé en relief ») utilisent le fait que l'œil gauche et le droit perçoivent les images sous un angle légèrement différent. Le cerveau traite les deux images obtenues pour créer une vision en relief. Dans les anaglyphes, on obtient cet effet avec deux couleurs décalées : chaque œil en perçoit une différente et le cerveau traite les deux pour restituer une image en relief, dite stéréoscopique.

Les crédits photographiques et les remerciements se trouvent p. 278.

Pour nous proposer un record, voyez la marche à suivre en p. 10. **Contactez-nous avant de tenter de battre un record.**

Consultez régulièrement le site **www.guinnessworldrecords.com** pour suivre l'actualité des records et regarder des vidéos exclusives de tentatives de records. Découvrez aussi les services de téléphonie mobile GWR.

Respect de l'environnement
Les arbres utilisés pour l'impression du *Guinness World Records* sont issus de forêts gérées dans le respect de l'environnement. Pour chaque arbre abattu, un autre au moins est planté sous l'égide du Forest Stewardship Council (FSC). De plus, l'énergie nécessaire au fonctionnement des machines à imprimer est intégralement produite sur place grâce au recyclage des déchets issus du processus d'impression.

En photo ci-contre : Rosi, **la plus grosse araignée du monde**. Cette mygale de Leblon (*Theraphosa blondi*) pèse 175 g et appartient à Walter Baumgartner, d'Andorf (Autriche).

Pour l'édition française :
Responsable éditoriale :
Anne Le Meur
Réalisation :
Dédicace, Villeneuve-d'Ascq
Traduction :
Stéphanie Alglave,
Olivier Cechman,
Cécile Giroldi,
Anne-Marie Martin,
Caroline Prost
L'éditeur tient à remercier Clotilde Alaguillaume pour sa précieuse collaboration.

Made of paper awarded the European Union Eco-label reg.nr FI/11/1

THE JIM PATTISON GROUP

Dinosaur artwork: © BBC Books/The Random House Group Ltd

ISBN : 978-2-01-236995-5 – 23-06-69957 – dépôt légal : octobre 2008

DIRECTEUR DE LA PUBLICATION
Craig Glenday

DIRECTEUR ADJOINT
Ben Way

ÉDITEURS
Chris Bernstein (index), Harry Boteler, Matt Boulton, Rob Cave, Rob Dimery, Kim Lacey, Carla Masson, Gary Werner, Matt White

DIRECTION ARTISTIQUE
Keren Turner et Lisa Garner d'Itonic Design Ltd, Brighton (GB)

COUVERTURE
Yeung Poon Design,
Spectratek Technologies, Inc. (USA)

DIRECTION DE LA PRODUCTION
Jane Boatfield

RESPONSABLE DE LA PRODUCTION
Erica Holmes-Attivor

CONSULTANTS TECHNIQUES
Roger Hawkins, Patricia Magill, Esteve Font Canadell, Salvador Pujol, Julian Townsend

IMPRESSION ET FAÇONNAGE
Industria Gráfica,
Barcelone (Espagne)

PHOTOGRAVURE
Resmiye Kahraman
Colour Systems, Londres (GB)

DIRECTEUR DE L'ICONOGRAPHIE
Michael Whitty

RESPONSABLE DE L'ICONOGRAPHIE
Laura Jackson

RECHERCHES ICONOGRAPHIQUES
Anna Wilkins, Fran Morales, Noni Stacey

PHOTOGRAPHIES ORIGINALES
Richard Bradbury, Paul Michael Hughes, Ranald Mackechnie, John Wright

ILLUSTRATEURS
Ian Bull, David Burder (3D), Russell Miller

CONSULTANTS SPÉCIALISTES

Planète Terre, sciences et technologies : David Hawksett
La vie sur Terre : Dr Karl Shuker
Corps humain : Dr Eleanor Clarke ; Robert Young (gérontologie) ; Dr Barry Stevens (système pileux)
Aventure/Explorations : Ocean Rowing Society, World Speed Sailing Records Council
Armes et guerre : Stephen Wrigley
Spectacles et loisirs : Thomasina Gibson ; Dick Fiddy (TV)
Musique : Dave McAleer
Sports et jeux : Scott Christie, Christian Marais ; David Fischer (sports USA)

GUINNESS WORLD RECORDS

Président : Alistair Richards
Contrôleurs financiers
Nicola Savage, Alison Ozanne
Assistant comptable : Neelish Dawett
Assistant financier : Jack Brockbank
Gestion des contrats : Lisa Gibbs

DIRECTION DES RECORDS

Directeur des records
Marco Frigatti (Italie)

Directeur des homologations
Andrea Bánfi (Hongrie)

Équipe des records
Gareth Deaves (GB)
Laura Farmer (GB)
Ralph Hannah (GB)
Kaoru Ishikawa (Japon)
Danny Girton (USA)
Tzeni Karampoiki (Taiwan)
Mariamarta Ruano-Graham (Guatemala)
Carlos Martínez (Espagne)
Chris Sheedy (Australie)
Lucia Sinigagliesi (Italie)
Amanda Sprague (GB)
Kristian Teufel (Allemagne)
Wu Xiaohong (Chine)
Direction développement software
Katie Forde
Webmaster : Aadil Ahmed
Ressources humaines : Kelly Garrett
Service juridique
Juliette Bearman, Antonina Cuffaro, Barry Kyle, Amanda Richards
Développement commercial :
Stuart Claxton (USA), Jun Otsuki (Japon)

VENTES ET MARKETING

Direction Ventes et Marketing
Samantha Fay
Direction Marketing USA
Laura Plunkett
Direction Ventes GB
Nadine Causey
Direction internationale
Frank Chambers (Ventes)
Justine Bourdariat (Marketing)
Responsable Marketing : Kate White
Porte-parole : Amarilis Espinoza
Gestion des licences
Beatriz Fernández (GB),
Jennifer Osbourne (USA)
Assistant Marketing USA
Jamie Panas
Chef de publicité
John Pilley
Éditeur jeux vidéo : Keith Pullin

GWR TÉLÉVISION

Direction Télévision : Rob Molloy
Développement des programmes
Simon Gold
Contenus numériques
Denise Anlander

CERTIFICATION
Guinness World Records Limited utilise des méthodes de vérification très poussées pour certifier les records. Malgré tous ses efforts, des erreurs peuvent subsister et Guinness World Records Limited ne saurait être tenu responsable des erreurs que comporterait cette édition. Toute correction ou précision de la part des lecteurs est bienvenue.

ABRÉVIATIONS ET MESURES
Guinness World Records Limited utilise surtout le système métrique dans cette édition, notamment pour les données scientifiques pour lesquelles seul le système métrique est utilisé et universellement reconnu, et pour certaines données à caractère sportif. En ce qui concerne la conversion des monnaies, quand une date est précisée, nous appliquons le taux de change en vigueur à l'époque. Si seule l'année est indiquée, nous appliquons le taux de change du mois de décembre. « RDA » (République démocratique allemande) désigne la partie Est de l'Allemagne, réunie à l'Allemagne de l'Ouest depuis 1990. Cette abréviation apparaît dans les records sportifs d'avant 1990. en 1991, l'URSS (Union des Républiques socialistes soviétiques) s'est divisée en plusieurs pays dont le plus grand est la Russie. La CEI (Communauté des États indépendants) l'a remplacée : cette abréviation apparaît surtout dans les records sportifs remportés aux jeux Olympiques de 1992.

Guinness World Records Limited déclare ne détenir aucun droit, participation ou intérêt concernant les marques apparaissant dans ce livre.

AVERTISSEMENT
Essayer de battre ou d'établir un record peut être très dangereux. Il convient tout d'abord de prendre conseil auprès de personnes compétentes. Le candidat qui s'engage dans une tentative de record le fait à ses propres risques et périls. En aucun cas, Guinness World Records Limited ne reconnaît la moindre responsabilité en cas de décès ou de blessure survenus lors d'une tentative de record. Guinness World Records Limited conserve l'entière liberté d'inclure ou non un record dans ses ouvrages. Être le détenteur d'un Guinness World Record ne garantit pas nécessairement sa publication dans nos livres.

LE MONDIAL DES RECORDS 2009

SOMMAIRE

LUNETTES 3-D

Détachez et montez les lunettes 3-D fournies gratuitement avec le livre. Certaines photos signalées par ce logo  peuvent être vues en 3-D. Il suffit de mettre ces lunettes pour découvrir de fabuleux records d'un autre œil !

INTRODUCTION

L'ESPACE

LA VIE SUR TERRE

LE CORPS HUMAIN

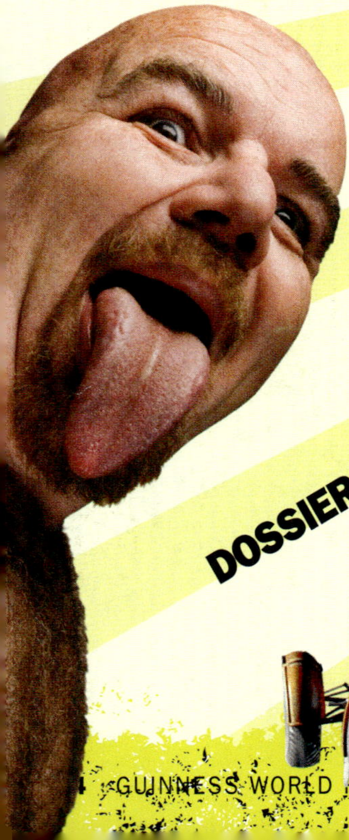

DOSSIERS SPÉCIAUX

EXPLOITS HUMAINS

ESPRIT D'AVENTURE

SOCIÉTÉ MODERNE

SCIENCES & INGÉNIERIE

ARTS & MÉDIAS

SPORTS

ATLAS

INTRODUCTION

LE FROMAGE LE PLUS REDOUTABLE DU MONDE, UN GORILLE EN PORTEMANTEAU, UNE INTERVIEW AVEC UN DARK JEDI ET LE CHIMPANZÉ LE PLUS RICHE DE WALL STREET. VOUS PENSEZ AVOIR TOUT VU ? PEUT-ÊTRE PAS !

Nous venons de vivre une année incroyable. En effet, au cours des 12 mois qui viennent de s'écouler, pour permettre à l'édition 2009 du best-seller qu'est désormais *Le Mondial des records* de voir le jour, toutes nos équipes se sont surpassées en allant encore plus loin, en rencontrant encore plus de détenteurs de records et en rapportant plus de photos extraordinaires.
Quoi de neuf cette année ? Comme d'habitude, nous avons demandé à Keren et Lisa, d'Itonic, notre agence de design, de faire encore mieux que pour l'édition précédente.
Le résultat, un style vif et funky pour l'édition 2009. Le nouveau design s'inspire de l'univers urbain, du skate-board et du graffiti.
Le concept retenu donne incontestablement du pep à cette édition.
Michael Whitty, notre infatigable directeur de l'iconographie, a été chargé d'illustrer ces pages de clichés hors du commun. Lui et son équipe de photographes ont arpenté la planète pour immortaliser les détenteurs de records chez eux. Comme toujours, chaque photo est inédite !

● LA CIRCUMNAVIGATION EN SOLO À LA VOILE LA PLUS RAPIDE

L'intrépide Francis Joyon (France) a fait le tour du globe à la voile en 57 jours, 13 h, 34 min et 6 s, du 23 novembre 2007 au 20 janvier 2008. Il est parti de Brest (France) et y est revenu après 38 900 km. Il a battu le record détenu par Ellen MacArthur (GB) de 14 jours.

RECORD DE PRIX DU MEILLEUR AUTEUR DE LIVRES DE CUISINE

Organisés chaque année par Édouard Cointreau depuis 1995, le célèbre prix Gourmand des livres de cuisine récompense « ceux qui cuisinent avec des mots » et leur rend hommage. Alain Ducasse (France, deuxième en partant de la droite), trois étoiles au guide Michelin, a été élu Meilleur auteur de livres de cuisine à cinq reprises par le jury.

LE PREMIER BASKETTEUR EUROPÉEN NOMMÉ MEILLEUR JOUEUR DE LA FINALE DE LA NBA

Tony Parker (France) a été nommé Meilleur joueur de la finale de la NBA lorsqu'il faisait partie de l'équipe des San Antonio Spurs (USA) en 2007.

CRÉDITS

p. 6 Andrew D. Bernstein ; Marcel Mochet ; Timothy A Clary (tous Getty Images) ; **p. 7** Steve Parsons/PA ; Pierre Verdy/Getty Images ; **p. 8** Martin Bureau ; Franck Fife (tous Getty Images) ; **p. 9** Rex Features ; David Hecker ; Gabriele Putzu (tous Getty Images) ; Charles Platiau/ Reuters.

★NOUVEAU RECORD
●MISE À JOUR

LA PLUS GRANDE CAPACITÉ POUR UN AVION DE LIGNE

L'avion de ligne doté de la plus grande capacité est l'Airbus A 380 à deux étages, qui a effectué son premier vol à Toulouse (France), le 27 avril 2005. Il possède une capacité minimale de 555 sièges qui peut atteindre 853 sièges en fonction de la configuration du fuselage.

AIRBUS A 380 FAITS & CHIFFRES

- Si les principales sections de la structure de l'A 380 ont été construites en France, en Allemagne, en Espagne et en Grande-Bretagne, elles ont ensuite été acheminées par voie de terre dans un hangar, à Toulouse (France), pour être assemblées.
- L'Airbus A 380 est **le plus gros avion de ligne en termes de poids**. Son poids maximal au décollage est de 560 t. Sa capacité en carburant est de 310 000 litres.
- Surnommé affectueusement Superjumbo, il a effectué son premier vol commercial le 25 octobre 2007 entre Singapour et Sydney (Australie), pour Singapore Airlines.
- L'Airbus A380-900, un avion de plus grande capacité pouvant accueillir 900 passagers, devrait être disponible dès 2015.

LE SAVIEZ-VOUS ?

L'Airbus A380 est doté d'une envergure de 79,8 m, d'une autonomie de 15 000 km et sa vitesse de croisière est de 0,85 Mach (1 049 km/h).

Pour entrer dans *Le Mondial des records*, les performances sont passées au crible de deux façons. D'abord, une équipe de consultants soigneusement sélectionnés, tous spécialistes d'un domaine, traque les superlatifs, rien que pour nous, et fournit les deux tiers des records présents dans cet ouvrage.
Elle aide également la Direction des records (sous la houlette de Marco Frigatti) à édicter les règles en matière d'homologation des records et à trancher en cas de doute. Un grand merci à tous nos consultants !
Ensuite, l'équipe de la Direction des records examine les milliers de mails et de lettres que nous recevons chaque année et traite les demandes avec efficacité et professionnalisme. Malheureusement, la direction passe une bonne partie de son temps à rejeter les demandes infondées. Merci également à toute l'équipe pour les efforts déployés cette année.
Ainsi, grâce à nos consultants et à la Direction des records – et bien sûr à tous les demandeurs ! –, nous avons cette année exploré de nouvelles catégories de records. **Un monde qui change** (p. 14-15) vous apporte un regard nouveau sur l'évolution du monde et sur la façon dont les records ont eux aussi évolué au fil des ans ; grâce à **Technologie mobile** (p. 146-147), tenez-vous informé des derniers progrès technologiques ; dans **Poils et cheveux** (p. 66-67), découvrez les records liés au système pileux. Et ne ratez pas tout ce qui concerne le concours de **L'Homme le plus fort** (p. 218-219) – c'est la première fois que nous utilisons cet événement très populaire comme source de records.
Si vous avez déjà feuilleté ce livre, vous avez sans doute remarqué que certaines parties sont en 3-D ! C'est une nouveauté dont nous sommes fiers, car elle apporte une nouvelle dimension aux images présentées. Détachez et assemblez les lunettes 3-D fournies avec cet ouvrage et chaussez-les dès que vous apercevez le logo de la paire de lunettes avec un verre rouge et un verre bleu. Cette innovation doit beaucoup à David Burder. Les dépliants de cette année célèbrent tous quelque chose : pour fêter

★LA PLUS PETITE MAQUETTE DE VOILIER (RADIO-COMMANDÉE)

Claudio Diolaiti (France) a réalisé une maquette de voilier de 15,2 cm de long et 6,3 cm de large, dont la hauteur, mât, quille et bulbe compris, est de 38 cm. La maquette a fait l'objet d'essais et de mesures le 14 novembre 2007.

la parution du dernier tome des aventures du magicien créé par J.K. Rowling, nous explorons **La magie d'Harry Potter** ; nous fêtons le 40e anniversaire des premiers **alunissages** d'*Apollo*, avec une interview de Gene Cernan, le dernier homme à avoir marché sur la Lune ! Et nous espérons bien vous bluffer avec quatre pages sur les **Dinosaures en 3-D**. Cette année, notre **panthéon** est consacré à Hollywood, notamment à ses plus grands acteurs. Rendez-vous p. 232 pour découvrir ceux qui ont rejoint Brad Pitt, Angelina Jolie, Jack Nicholson et Johnny Depp dans le prestigieux panthéon des records GWR, et pour lire un extrait de l'interview exclusive que nous a accordée Christopher Lee.

Nous avons également introduit quelques personnages d'Hollywood qui ne sont pas des acteurs mais qui méritaient à nos yeux d'être cités, comme Tim Burton (USA) et l'homme le plus malchanceux du microcosme hollywoodien ! Le dernier dépliant accueille un membre important au sein de la famille du *Mondial des Records* en la personne de He Pingping, **l'●homme le plus petit du monde** ! En me rendant en Mongolie-Intérieure pour le rencontrer et le mesurer, j'ai vécu une expérience unique. J'espère que vous saurez apprécier le personnage – grandeur nature. Rendez-vous p. 235-238, et n'oubliez pas vos lunettes 3-D ! Cette année, nous avons ajouté un nouveau chapitre à la fin du livre. Il passe en revue les faits qui

LE 400 M NAGE LIBRE LE PLUS RAPIDE EN BASSIN DE 25 M (FEMMES)

Le 9 décembre 2006, à Helsinki (Finlande), Laure Manaudou (France) a parcouru le 400 m nage libre en bassin de 25 m en 3 min et 56,09 s.

LE SAVIEZ-VOUS ?

Un paramoteur peut atteindre de 25 à 70 km/h et voler à une altitude de 5 400 m, même si la plupart des vols ont lieu à une altitude inférieure à 150 m.

RECORD DE PARAMOTEURS EN L'AIR AU MÊME MOMENT

Un paramoteur est une aile propulsée par un moteur léger attaché au dos du pilote. Le record de paramoteurs ayant volé simultanément est de 210. Il a été établi à l'occasion de la IVe édition de la Biennale de paramoteur qui s'est déroulée à Basse-Ham (France), le 24 juin 2006.

★ NOUVEAU RECORD
● MISE À JOUR

RECORD D'APPARITIONS D'UN FOOTBALLEUR AUX CHAMPIONNATS DE L'UEFA

Lilian Thuram (France) a fait 15 apparitions en championnats de l'UEFA, entre le 10 juin 1996 et le 9 juin 2008. Thuram (à gauche) défend ici le ballon contre l'avant-centre Ruud van Nistelrooy (Pays-Bas), lors de l'Euro 2008, le 13 juin 2008.

constituent des records dans tous les grands pays et territoires où *Le Mondial des Records* est vendu. Ces pages se situent à mi-chemin entre un atlas et un livre des records. À consulter si vous prévoyez de voyager ou si vous avez des recherches à faire pour un exposé. J'espère de tout cœur que cette nouvelle édition vous donnera envie de vous attaquer vous-même à un record ! Sans notre public passionné et inventif, nous ne serions rien. Alors, commencez à réfléchir au record que vous pourriez battre – pourquoi pas lors de la prochaine journée GWR ? Ou pour récolter des fonds pour une bonne cause ? Ou simplement pour vous pousser un peu plus loin ? Quelles que soient vos motivations, je vous souhaite bonne chance !

Éditeur en chef
Le Mondial des records

★LA BANDE DESSINÉE LA PLUS TRADUITE

Créées par René Goscinny et Albert Uderzo, en 1959, *Les Aventures d'Astérix* ont été traduites en 111 langues, dont le gallois, le latin et l'espéranto. En 45 ans, 325 millions d'exemplaires de cette bande dessinée ont été vendus. Celle-ci a été adaptée 9 fois en dessin animé pour la télévision et 3 fois pour le cinéma.

★LE PLUS GROS IMPORTATEUR DE MANGAS

Le plus gros importateur de mangas du Japon est la France, avec plus de 13 millions d'exemplaires vendus en 2006. Les mangas représentent 45 % du chiffre d'affaires mondial du secteur de la bande dessinée. **Le plus gros éditeur de mangas** du monde est Shueisha, Inc., une maison d'édition fondée à Tokyo en 1925, et dont les ventes ont atteint 600 millions de $ en 2002.

★LE VAISSEAU CARGO LE PLUS RÉCENT

Lancé le 9 mars 2008 de la Guyane française, le véhicule automatique de transfert européen (Automated Transfer Vehicle, ou ATV) est le dernier vaisseau spatial cargo créé. Il est destiné à approvisionner la *Station spatiale internationale*, à laquelle il fournira 7,5 t de vivres, d'eau, de carburant et de matériel.

RECORD DE COUPES DU MONDE DE VTT DESCENTE (FEMMES)

Le record de victoires en VTT descente pour une femme est de 12. Il est détenu par Anne-Caroline Chausson (France), qui a décroché 3 titres en championnat junior de 1993 à 1995 et 9 en catégorie senior de 1996 à 2005.

BOULES LYONNAISES

Christophe Jumel (France) a démarré l'année 2008 sur les chapeaux de roue avec 3 victoires dans le sport de boules français le plus ancien.

Le record de boules lyonnaises touchées en 12 h (tir cadencé) est de 1 604. Cette performance a été accomplie par Christophe, au boulodrome de Villers-Saint-Paul (France), le 10 novembre 2007.

Le ★record de boules lyonnaises frappées en 1 h (tir cadencé) est de 257 sur 271 tirs. Cet exploit de Christophe s'est également déroulé au boulodrome de Villers-Saint-Paul (France), le 5 avril 2008.

Le même jour, Christophe a aussi établi **le ★record de boules lyonnaises frappées en 1 h** (tir en navette), soit 172 sur 197 tirs.

Enfin, au cours du même événement le 5 avril 2008, Christophe a établi **le ★record de boules lyonnaises frappées en 1 h (tir progressif)**, soit 298 sur 315 tirs.

INTRODUCTION
COMMENT BATTRE UN RECORD

1. CONTACTEZ-NOUS

Une idée ? Alors contactez-nous via notre site Internet : **www.guinnessworldrecords.com**. Cliquez sur « Break a World Record », puis suivez les instructions. Nous devons comprendre de quoi il s'agit, alors n'hésitez pas à entrer dans les détails. *À GAUCHE : Laura, du GWR, remet à Robert T. Natoli (USA) un certificat pour avoir réalisé* ***le ★plus de tractions à la barre en 1 min*** *(53 ! Qui dit mieux ?)*

2. SUIVEZ LES RÈGLES

Si vous vous attaquez à un record existant, nous vous enverrons les règles suivies par le détenteur actuel ; s'il s'agit d'un nouveau record, nous concevrons un règlement personnalisé. Une fois les directives reçues, vous pourrez passer à l'action.
CI-DESSOUS : Jane, notre gourmande juge GWR, se délecte d'avoir pesé ***le ●plus gros chocolat du monde*** *(13,852 kg) !*

RÉUNION DE MÉGA-TÉLÉPHONES

CI- DESSUS : en novembre 2007, à San Juan (USA), Kaoru, du GWR, assistait au ***● plus grand rassemblement de personnes déguisées en téléphone****. Et vous ? Vous auriez envie de battre ce record ? Venez nous en parler sur* **www.guinnessworldrecords.com**.

EST-CE QU'IL FAUT PAYER ?

Pas du tout ! Un record GWR ne coûte rien, si ce n'est de la volonté et du temps. Le Mondial des Records est ouvert à tous, mais les mineurs doivent avoir la permission d'un parent ou d'un tuteur.

MARCO FRIGATTI

Marco, le directeur de l'homologation des records chez GWR, dirige une équipe polyglotte chargée chaque année de vérifier des milliers de records. Voici quelques conseils pour les futurs lauréats.

Pour connaître le type de records que nous acceptons, je recommande toujours aux candidats de jeter un œil sur le livre. Un record doit remplir quatre conditions. Un, il doit être mesurable – autrement dit, on doit pouvoir le peser, le compter ou le mesurer avec un mètre. Donc, pas question de « chien le plus laid » ou de « fiancée la plus belle ». En revanche, d'accord pour le chien qui a gagné le plus de concours du « chien le plus laid » ou de la fiancée qui a remporté le plus de prix de beauté. Deux, le record doit être quantifiable – nous acceptons un seul superlatif… donc, oubliez « l'homme le plus grand et le plus rapide » ou autre « accordéoniste le plus lourd et le plus rapide »… Trois, le record doit pouvoir être battu – à moins qu'il ne s'agisse d'un exploit significatif – *vraiment* unique, comme **le premier homme à marcher sur la Lune** ou **le premier film à rapporter 1 milliard $**. Et dernier point, le record doit intéresser un public aussi large que possible. Enfin, sachez que décrocher un titre ne garantit pas une place dans le livre – le fin mot revenant aux éditeurs. Toutefois, suivez ces quelques recommandations, et vous mettrez toutes les chances de votre côté.

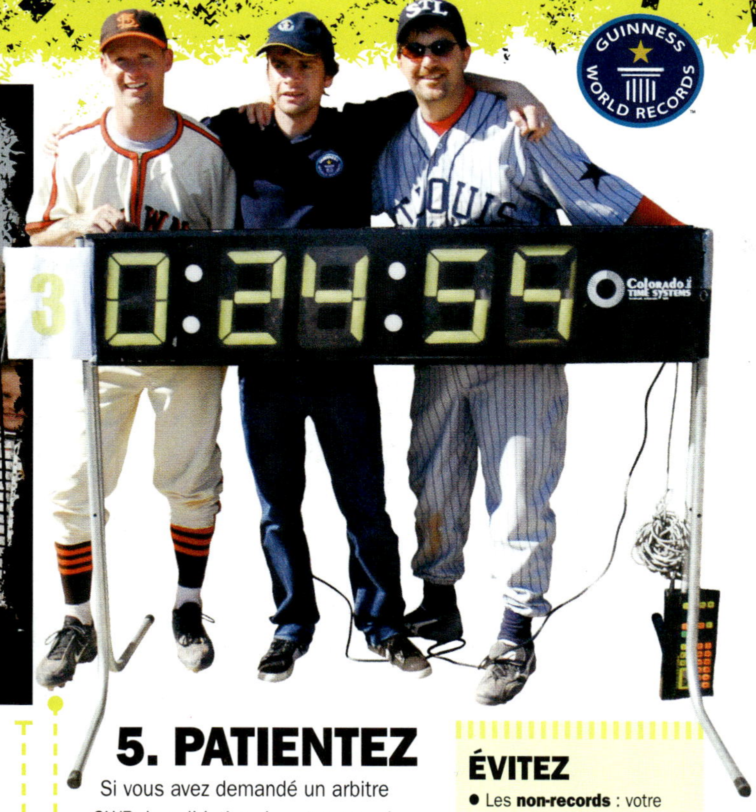

3. PROUVEZ

Le guide que vous recevez détaille les preuves requises : il nous faut une vidéo, des photographies et une déclaration écrite de deux témoins indépendants. *CI-DESSUS : membres des scouts –* ***le ★mouvement de la jeunesse le plus répandu au monde.***

PLUS D'INFOS

- L'an passé, nous avons reçu 35692 propositions – seules 2 017 ont enrichi notre base.
- Notre base compte environ 40000 records présents et passés.
- Le livre ne compte que 4 000 entrées !

4. POSTEZ LE TOUT

Envoyez-nous votre dossier. Si vous souhaitez la présence d'un arbitre, voir p. 12. *CI-DESSOUS : Câmara Municipal de Gondomar et Montepio (Portugal) détiennent le record du* ***★plus grand nombre de ballons de foot réunis*** *– soit 5 071 ballons !*

★NOUVEAU RECORD
●MISE À JOUR

5. PATIENTEZ

Si vous avez demandé un arbitre GWR, la validation de votre record sera immédiate. Sinon, une fois votre dossier reçu, nos techniciens vérifieront que vous avez bien suivi le règlement. Ce processus peut prendre plusieurs mois, donc s'il vous plaît, un peu de patience ! *CI-DESSUS : Michael, de GWR, fête avec l'équipe de baseball senior hommes de St Louis Chapter (USA) leur exploit du* ***●plus long marathon de baseball*** *(voir p. 191).*

ÉVITEZ

- **Les non-records** : votre proposition *doit* inclure un record ! Que ce soit le plus long, le plus grand ou le plus nauséabond, il faut que ce soit « le plus ». Vous pouvez très bien lécher votre coude, mais ce n'est pas un record !
- **La cruauté sur les animaux** : oubliez le gavage de vos compagnons domestiques pour un record du « plus gros... ».
- **Enfreindre la loi** : rouler à des vitesses folles sur une voie publique est dangereux et illégal, alors pas de ça.
- **Chirurgie sur mineurs** : pas question d'opérations sur des adolescents : dangereux. À l'image d'architectes qui érigent des maisons en un temps record et dont les œuvres s'écroulent aussi vite...

X-GAMES

Chaque année, retrouvez le Guinness World Records lors de différentes manifestations à travers le monde, comme les X-Games, lors desquels nous homologuons des records, organisons des dédicaces et proposons des concours. *À DROITE : Stuart, de GWR, en compagnie de Danny Way (USA), fort de plusieurs records X-Games (voir p. 220).*

6. CHAMPAGNE !

Si vous décrochez un record, vous recevrez un certificat officiel du Guinness World Records. Si vous avez échoué, pas de découragement... retentez votre chance ! *À GAUCHE : Gary Cole (USA) fête son record :* ***le plus de visages peints en 1 h*** *(217).*

HOMOLOGATIONS

TOUTE L'ANNÉE, LES JUGES DU GUINNESS WORLD RECORDS PARCOURENT LE MONDE À LA RECHERCHE DE NOUVEAUX RECORDS. VOICI COMMENT ILS PROCÈDENT.

DES JUGES À VOTRE SERVICE !

Après avoir enregistré votre proposition de record, vous pouvez demander à un juge du GWR d'être présent le jour où vous tenterez de le battre. Les avantages sont les suivants :

- authentification immédiate de votre record et délivrance d'un certificat officiel ;
- parution d'un article présentant votre record sur notre site. Rendez-vous sur **www.guinnessworldrecords.com/register/login.aspx** ;
- soutien pour l'organisation de votre événement ;

À gauche : Patricia Magill célèbre ***l'★enroulement le plus serré de 2 poêles****. En haut : le juge Gareth Deaves enregistre* ***le ★tour de piste le plus rapide sur Project Gotham 4*** *(Xbox 360) : 47,53 s. Ci-dessus : Carlos Martinez examine* ***le ★plus gros gros gril à châtaignes*** *: 5 m de diamètre.*

★NOUVEAU RECORD
●MISE À JOUR

ANDREA BÁNFI

Directrice des homologations des Guinness World Records, Andrea Bánfi dirige une équipe de juges polyglottes présents à Londres, New York, Pékin et Sydney. Qu'est-ce que ça fait de gagner sa vie en jugeant de records ?

On me demande souvent comment je suis devenue juge. Ça n'a pas été facile ! GWR possède des procédures de recrutement rigoureuses incluant différents tests. Les postulants qui les réussissent doivent avoir des compétences dans des domaines très divers. Après avoir intégré la société GWR, les records, qui n'étaient pour moi que des chiffres et des données, ont pris un caractère concret. Chaque homologation se déroule différemment. Les tentatives de records sont toujours émouvantes et excitantes, qu'elles soient réussies ou non. Certaines personnes pratiquent des sports extrêmes pour avoir une poussée d'adrénaline : chez moi, ce sont les tentatives qui provoquent cet effet et peu de temps après avoir assisté à mon premier record, j'ai réalisé que ce métier était une passion ! Parmi toutes les homologations auxquelles j'ai assisté, ma préférée reste celle du **●record de personnes lisant simultanément au même endroit** : 13 839 personnes lisaient un texte taoïste dans un stade de Hong Kong. Elles lisaient d'une seule voix ; lorsqu'elles s'arrêtaient, le silence était stupéfiant. Nous assistons à des centaines de tentatives de records chaque année et les demandes sont de plus en plus nombreuses, en raison du dévouement et du professionnalisme des juges. Si vous souhaitez notre présence au moment de votre tentative de record, contactez-nous sur notre site Internet et nous vous répondrons par téléphone ou mail.

●LES PLUS GRANDES BAGUETTES

Andrea et Danny Girton, qui est également juge des Guinness World Records, mesurent les plus grandes baguettes, soit 6,73 m. Elles ont été fabriquées par l'hôtel Marco Polo de Dubai (Émirats arabes unis) et ont fait l'objet d'un certificat durant la fête du shopping de la ville, le 23 février 2008.

- couverture de votre record par les médias internationaux ;
- disponibilité du juge pour donner des interviews et des conférences de presse. Notez que cette prestation est payante.

Pour plus de renseignements, rendez-vous sur **www.guinnessworldrecords.com/member**.

Nous procédons à des homologations dans le cadre des activités de certaines entreprises, d'activités caritatives, d'événements marketing et de relations publiques, sportifs ou liés à certaines causes.

Avec la publication du *Mondial des records Jeux vidéo*, GWR procède à l'homologation de jeux PC, sur console ou d'arcade, aussi bien dans des salons internationaux que dans des petites arcades locales. Si vous souhaitez battre un score, faites appel à l'un de nos juges pour l'officialiser.

★LA VOITURE À PILES SÈCHES LA PLUS RAPIDE

Le 4 août 2007, l'Oxyride Racer a atteint la vitesse moyenne de 105,95 km/h au centre d'essai JARI de Shirosato, préfecture d'Ibaraki (Japon). Ce véhicule fonctionnant à l'aide de piles sèches a été créé par l'écurie Oxyride Speed Challenge, composée par Matsushita Electric Industriel Co., Ltd, et par l'université Sangyo d'Osaka (toutes deux Japon).

Dans le sens des aiguilles d'une montre : Juges au travail ! Angela Wu et ***la ●plus grande composition de fleurs*** *: une tour de chrysanthèmes de 24,43 m ; Rob Molloy (en bas, à droite) reçoit la preuve de* ***la ★plus longue explosion (sur camion)****, réalisée par SANY Heavy Industry Co, Ltd (Chine) ; Amarilis Espinoza confirme le record établi par Manjit Singh (GB), soit* ***la ★plus longue distance parcourue en tirant un bus*** *: 6,1 m ; Kim Lacey et* ***le ★plus gros rouleau de papier toilette*** *: 1,68 m.*

INTRODUCTION

UN MONDE QUI CHANGE

LES RECORDS SONT AUSSI VIEUX QUE L'HUMANITÉ. L'ÉVOLUTION DE CERTAINS RECORDS MONDIAUX EST FASCINANTE. D'AUTRES RECORDS SEMBLENT AU CONTRAIRE IMMUABLES...

LES TABLEAUX LES PLUS CHERS

Sainte Madeleine lisant
Artiste : Inconnu
Réalisation : Inconnu
Vente : 1746
6 500 £ (2008 : 911 970 £/1 185 561 €)

La Madone Sixtine
Artiste : Raphaël
Réalisation : 1513-1514
Vente : 1759
8 500 £ (2008 : 1 134 552 £/1 474 917 €)

Adoration de l'Agneau mystique
Artiste : Van Eyck
Réalisation : 1432
Vente : 1821
16 000 £ (2008 : 1 116 255 £ /1 451 131 €)

L'Immaculée Conception
Artiste : Murillo
Réalisation : 1660-1665
Vente : 1852
24 600 £ (2008 : 2 041 762 £/2 654 290 €)

LES 100 M LES PLUS RAPIDES

Don Lippincott (USA)
Date : 6 juillet 1912
Lieu : Stockholm (Suède)
10,6 S

Jesse Owens (USA, photo)
Date : 20 juin 1936
Lieu : Chicago (Illinois, USA)
10,2 S

Armin Hary (Allemagne de l'Ouest)
Date : 21 juin 1960
Lieu : Zürich (Suisse)
10 S

Jim Hines (USA, photo)
Date : 14 octobre 1968
Lieu : Mexico (Mexique)
9,95 S

Leroy Burrell (USA)
Date : 14 juin 1991
Lieu : New York (USA)
9,9 S

LES RECORDS DE VITESSE

Luge
Date : *env.* 6500 av. J.-C.
Lieu : Heinola (Finlande)
40 KM/H

Cheval
Date : env. 1400 av. J.-C.
Lieu : Anatolie (Turquie)
55 KM/H

Yacht à glace
Date : env. 1600 apr. J.-C.
Lieu : Pays-Bas
80 KM/H

Skieur en pente
Date : mars 1873
Lieu : La Porte (Californie, USA)
Tommy Todd (USA)
141,3 KM/H

Midland Railway 4-2-2
Date : mars 1897
Lieu : Ampthill (Bedford, GB)
144,8 KM/H

Messerschmitt 163V-1
Date : 2 octobre 1941
Lieu : Peenemunde (Allemagne)
Heinz Dittmar (Allemagne)
1 004 KM/H

LES PLUS GRANDES CONURBATIONS

ANNÉE	VILLE/SITE ACTUEL	POPULATION
ca. 27000 av. J.-C.	Dolní Věstonice (République tchèque)	>100
3000 av. J.-C.	Uruk (Erech, actuelle Warka, Irak)	50000
2200 av. J.-C.	Ur (actuelle Tell el-Muqayyar, Irak)	250,000
133 av. J.-C.	Rome (Italie)	1100000
900	Angkor (Cambodge)	1500000
1578	Pékin (Chine)	707000
1801	Grand Londres (GB)	1117290
1925	New York (USA)	7774000
1939	Grand Londres (GB)	8615050
1985	Tokyo (Japon)	11600069
2003	Tokyo (Japon)	26546000
2020 (prévision)	Tokyo (Japon)	>37000000

LES PLUS GRANDS ÉDIFICES

Le complexe funéraire de Djéser
Lieu : Saqqarah (Égypte)
Construction : env. 2650 av. J.-C.
62 M

La Grande Pyramide de Khéops
Lieu : Gizeh (Égypte)
Construction : env. 2580 av. J.-C.
146,5 M

La cathédrale Saint-Paul
Lieu : Londres (GB)
Construction : 1315-1561
149 M *

*Destruction de la flèche d'origine par un éclair le 4 juin 1561

LE TITRE LE PLUS VENDU

En l'absence de chiffres précis, on estime que la chanson *White Christmas*, écrite par Irving Berlin (USA, né Israël Baline, Russie), s'est vendue à plus de 100 millions d'exemplaires dans le monde (ventes d'albums, de 78 tours et de 45 tours).

White Christmas figure en tant que **titre le plus vendu au monde** dans la première édition du *Guinness Book of Records* de 1955 et conserve ce record plus de 50 ans après.
Bing Crosby (USA, à gauche) est le principal interprète de ce titre. S'il l'a enregistré le 29 mai 1942, c'est son second enregistrement, le 18 mars 1947, qui est le plus célèbre. Cette chanson est un grand classique des fêtes de Noël depuis cette époque.

Le Retable Colonna
Artiste : Raphaël
Réalisation : 1503-1505
Vente : 1901
100 000 £
(2008 : 7 783 708 £/ 10 118 820 €)

Les Iris
Artiste : Van Gogh
Réalisation : 1889
Vente : 1987
53 900 000 $
(2008 : 98 377 938 $)

Garçon à la Pipe*
Artiste : Picasso
Réalisation : 1905
Vente : 2004 (ci-dessus)
104 200 000 $
(2008 : 14 372 876 $)

*On a annoncé, en novembre 2006, que le tableau *No.5* (1948) de Jackson Pollock avait été vendu par David Geffen (USA) pour 140 millions $. Cependant, cette vente, ce prix et l'identité de l'acheteur n'ayant pas été confirmés, GWR considère toujours le *Garçon à la Pipe* comme le tableau le plus cher au monde.

Carl Lewis (USA, photo)
Date : 25 août 1991
Lieu : Tokyo (Japon)
9,86 S

Donovan Bailey (Canada)
Date : 29 juillet 1996
Lieu : Atlanta (Géorgie, USA)
9,84 S

Maurice Greene (USA)
Date : 16 juin 1999
Lieu : Athènes (Grèce)
9,79 S

Asafa Powell (Jamaïque, photo)
Date : 14 juin 2005
Lieu : Athènes (Grèce)
9,77 S

Usain Bolt (Jamaïque)
Date : 31 mai 2008
Lieu : New York (USA)
9,72 S

USAF Bell XS-1
Date : 14 octobre 1947
Lieu : Murdoc Dry Lake (Californie, USA)
Capitaine C. E. Yeager (USA)
1 078 KM/H

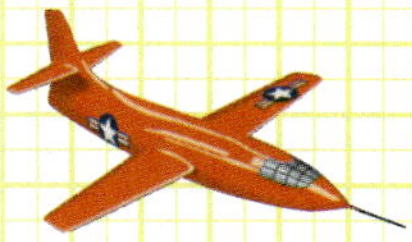

North American X-15
Date : 7 mars 1961
Lieu : Murdoc Dry Lake (Californie, USA)
Major R. M. White (USA)
4 675,1 KM/H

Vostok 1
Date : 12 avril 1961
Lieu : orbite de la Terre
Major Y. A. Gagarin (URSS)
ENV. 28 260 KM/H

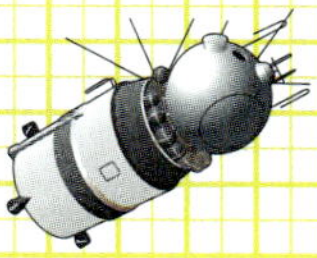

Apollo 10
Date : 26 mai 1969
Lieu : entrée dans l'atmosphère de la Terre
Équipage d'*Apollo 10* (USA)
39 897 KM/H

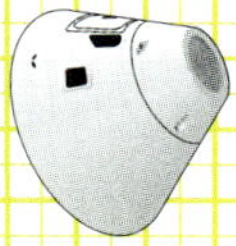

Tour Eiffel
Lieu : Paris (France)
Construction : 1887-1889
300,5 M

Chrysler Building
Lieu : New York (USA)
Construction : 1929-1930
318 M

Empire State Building
Lieu : New York (USA)
Construction : 1929-1930
381 M

Warszawa Radio Mast
Lieu : Plock (Pologne)
Construction : 1974
646 M*

Ursa Tension Leg Platform
Lieu : golfe du Mexique
Construction : 1998
1 306 M

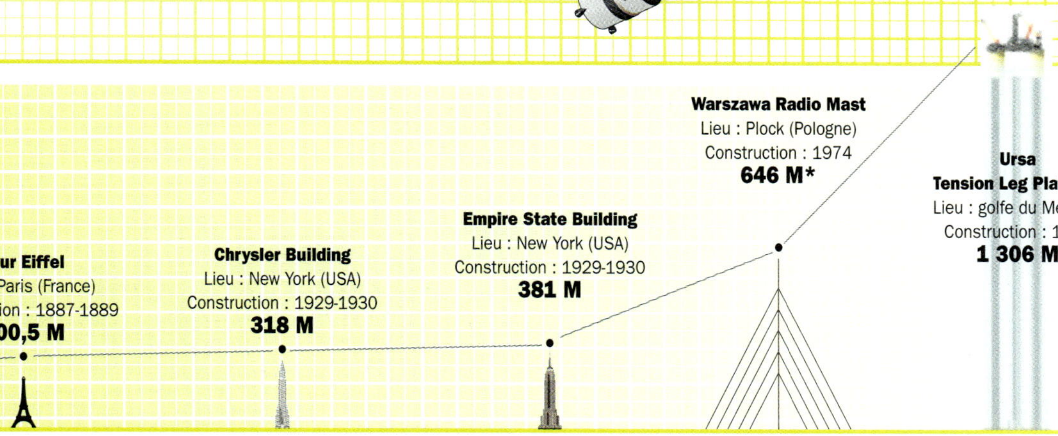

*Le bâtiment s'est écroulé pendant sa rénovation en 1991

ALTITUDE
(DEPUIS 1900)

400 171 KM
Détenteur/engin : équipage de la mission américaine *Apollo 13* : capitaine James A. Lovell, Frederick W. Haise et John L. Swigert (tous USA).
Date : 15 avril 1970

377 667 KM
Détenteur/engin : équipage du module de commande de la mission américaine *Apollo 8* : colonel Frank Borman, capitaine James A. Lovell, major William A. Anders (tous USA).
Date : 25 décembre 1968

327 KM
Détenteur/engin : major Yuri A. Gagarin (URSS) lors de la mission *Vostok 1*.
Date : 12 avril 1961

51 694 M
Détenteur/engin : Joseph Walker (USA) à bord de l'avion fusée américain *X-15*. Date : 30 mars 1961

38 465 M
Détenteur/engin : capitaine Iven C. Kincheloe (USA) à bord de l'avion fusée américain *Bell X-2*. Date : 7 septembre 1956

24 262 M
Détenteur/engin : William B. Bridgeman (USA) à bord du Douglas D558-11 *Skyrocket* américain.
Date : 15 août 1951

22 066 M
Détenteur/engin : capitaine Orvill A. Anderson et capitaine Albert W. Stevens (tous deux USA) à bord d'*Explorer II*, ballon américain gonflé à l'hélium.
Date : 11 novembre 1935

15 837 M
Détenteur/engin : professeurs Auguste Piccard et Paul Kipfer (tous deux Suisse) à bord du ballon *FNRS 1*. Date : 27 mai 1931

11 145 M
Détenteur/engin : Sadi Lecointe (France) à bord d'un avion Nieuport.
Date : 30 octobre 1923

LA PLUS GROSSE PLANÈTE DU SYSTÈME SOLAIRE

Sur cette image, Jupiter, la plus grosse planète du système solaire, dévoile sa robe blanche. Cette gigantesque formation gazeuse possède un diamètre équatorial de 143 884 km et une masse équivalente à plus de 300 fois celle de la Terre. Malgré sa taille, Jupiter a également la période de rotation la plus faible de toutes les planètes du système solaire. En effet, une journée jovienne dure à peine 9 h et 55 min. Dans le fond, on distingue la lune volcanique Io, sertie d'une aurore bleue à son pôle Nord et ceinte d'une lueur orangée due à la lave incandescente de sa surface. On doit ces images à la sonde de la NASA, New Horizons. Cette sonde a traversé l'environnement de Jupiter en février 2007 et navigue actuellement dans l'espace interplanétaire, en route pour sa rencontre avec Pluton en juillet 2015.

SOMMAIRE

ÉTOILES

L'ÉTOILE LA PLUS PLATE

L'étoile la moins ronde de notre galaxie est Archenar (Alpha Eridani). Les observations du VLT de l'Observatoire européen austral (Observatoire du Cerro Paranal, Atacama, Chili) ont montré qu'elle tourne si vite que son diamètre à l'équateur est plus de 50 % supérieur à son diamètre aux pôles.

LE PLUS GROS DIAMANT

L'étude des pulsations de la naine blanche BPM 37093 a montré aux astronomes du Harvard-Smithsonian Center for Astrophysics (Massachusetts, USA) que le carbone qui la compose pour l'essentiel a cristallisé en un diamant de 4 000 km.

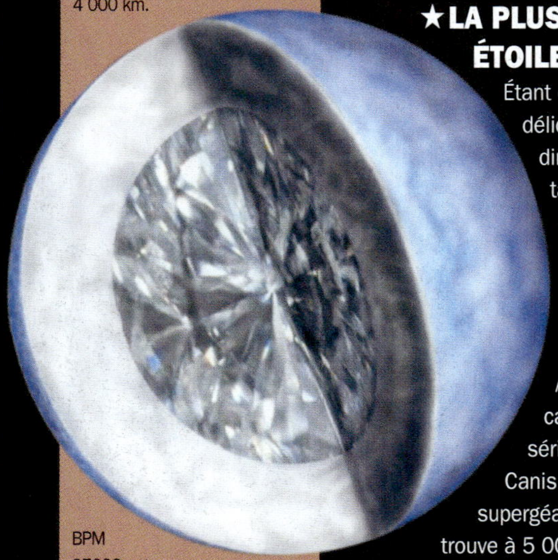

BPM 37093 est à environ 50 années-lumière de la Terre, dans la constellation du Centaure.

●LA PLUS VIEILLE ÉTOILE DE LA VOIE LACTÉE

L'étoile HE1327-2326 est à 4 000 années-lumière de la Terre. On calcule son âge grâce à sa composition. Quand l'univers s'est formé, elle était faite d'hydrogène et d'hélium. Au fil de son évolution, les autres composants chimiques sont apparus, du fait de la synthèse nucléaire propre aux étoiles. HE1327-2326 ne contient presque aucun métal (1/300 000e du métal contenu dans le Soleil), elle a donc dû se former à partir de nuages d'hydrogène et d'hélium presque purs et date donc peut-être des premiers temps de l'Univers, il y a environ 13,7 milliards d'années.

★NOUVEAU RECORD
●MISE À JOUR

★LA PLUS GROSSE ÉTOILE

Étant donné qu'il est délicat de mesurer directement la taille d'une étoile lointaine, l'identité de la plus grosse étoile fait l'objet d'un débat entre astronomes. Aujourd'hui, la candidate la plus sérieuse est VY Canis Majoris, une supergéante rouge qui se trouve à 5 000 années-lumière de nous. Son diamètre atteindrait 2,5-3 milliards km, soit 1 800-2 100 fois celui du Soleil. Si cette étoile se trouvait au centre du système solaire, son rayon irait au-delà de l'orbite de Jupiter.

LA PLUS GRANDE CONSTELLATION

La constellation de l'Hydre (ou Hydre femelle) est la plus vaste des 88 constellations. Elle recouvre 3,16 % du ciel et contient au moins 68 étoiles visibles à l'œil nu (magnitude de 5,5). La constellation du Centaure, 9e en termes de surface, en comprend au moins 94.

★RECORD D'ÉTOILES DANS UN SYSTÈME STELLAIRE

Les systèmes stellaires les plus riches en étoiles en comptent 6. Le plus célèbre est celui du Castor, la deuxième étoile la plus brillante de la constellation des Gémeaux.

★LES ÉTOILES LES PLUS COURANTES

Les naines rouges sont les étoiles les plus courantes de notre galaxie et de l'Univers. Ces étoiles peu brillantes ne dépassent pas 40 % de la masse du Soleil et 10 % de sa luminosité. Leur hydrogène se consume si lentement que leur durée de vie est supérieure à celle de notre propre étoile (au moins 10 milliards d'années).

LE SAVIEZ-VOUS ?

Les étoiles à neutrons, dont la masse peut être égale à 3 fois celle du Soleil, ne mesurent que 10-30 km de diamètre. Elles sont donc **les plus petites étoiles**.

Environ 80 % des étoiles proches de nous sont des naines rouges.

★LA SUPERGÉANTE ROUGE LA PLUS PROCHE

Bételgeuse, dans la constellation d'Orion, se trouve à 427 années-lumière du système solaire. Comme toutes les supergéantes, c'est une immense étoile qui arrive au terme de sa vie relativement courte de quelques millions d'années. Sa masse est à peu près égale à 14 fois celle du Soleil et son diamètre représente entre 400 et 600 fois celui du Soleil.

L'ÉTOILE VISIBLE À L'ŒIL NU LA PLUS PROCHE

Alpha du Centaure, étoile binaire de l'hémisphère Sud, se trouve à 4,4 années-lumière de la Terre.

★LES ÉTOILES QUI VIVENT LE MOINS LONGTEMPS

Avec une masse de 100 fois celle du Soleil, les supergéantes bleues – qui représentent moins de 0,1 % des étoiles de notre galaxie – consument leur combustible très vite et peuvent n'exister que 10 petits millions d'années. Leur couleur bleue résulte de leur température très élevée en surface : environ 20 000-50 000 °C. L'un des plus connues est Rigel, dans la constellation d'Orion. C'est la 6e étoile la plus brillante dans le ciel, bien qu'elle se trouve à environ 900 années-lumière.

La lumière des galaxies lointaines que nous voyons les a quittées il y a des millions d'années… Quand nous regardons l'Univers, nous le voyons donc tel qu'il était par le passé.

Professeur Stephen W. Hawking

L'AMAS OUVERT D'ÉTOILES LE PLUS BRILLANT

Situées dans la constellation du Taureau, les Pléiades (M45) – ou Sept Sœurs – comptent environ 500 étoiles dans une région d'environ 20 années-lumière de long, à environ 380 années-lumière de la Terre. Au moins 6 des Pléiades restent visibles à l'œil nu, même depuis une ville où la pollution lumineuse est très forte.

LA NAINE BRUNE LA PLUS PROCHE

On appelle souvent les naines brunes des « étoiles avortées ». Ce sont des intermédiaires entre les étoiles et les planètes. Comme les autres étoiles, elles résultent de la contraction de gaz et de poussières. Si la masse de l'étoile ainsi formée est inférieure de 0,08 fois à celle du Soleil, son noyau ne se réchauffe pas assez pour provoquer la fusion de son hydrogène et l'étoile ne « naît » jamais. Epsilon Indi B, qui orbite autour d'Epsilon Indi, à 11,8 années-lumière, est la naine brune la plus proche de la Terre.

L'ÉTOILE LA PLUS BRILLANTE DE LA TERRE

Située à 8,64 années-lumière de la Terre, Sirius A (alpha Canis Majoris), est l'étoile la plus brillante la nuit, avec une magnitude apparente de -1,46. Son diamètre mesure 2,33 millions km, sa masse est égale à 2,14 fois celle du Soleil et elle brille 24 fois plus que ce dernier.

LA SUPERNOVA LA PLUS BRILLANTE

Aperçue en avril 1006, près de l'étoile Bêta Lupi, la supernova SN 1006 a brillé 2 ans, atteignant une magnitude de - 9,5. On a pu voir cette explosion cosmique à l'œil nu pendant 24 mois. Elle a été jusqu'à 1 500 fois plus brillante que Sirius, **l'étoile la plus brillante la nuit**. En 1987, une étoile géante du Grand nuage de Magellan, galaxie satellite de la Voie lactée, a explosé, donnant lieu à **la supernova la plus brillante de l'époque moderne**. Visible sans télescope, elle a atteint une magnitude de 2,3.

★ LES OBJETS LES PLUS MAGNÉTIQUES

Un magnetar est une étoile à neutrons (restes de l'effondrement d'une étoile) dotée d'un champ magnétique prodigieusement puissant de 10 mille millions de teslas (le champ terrestre atteint 50 microteslas). Avec ses 20 km de diamètre, un magnetar peut en théorie vider le contenu d'une carte de crédit à une distance égale à la moitié de celle qui sépare la Terre de la Lune.

LES OBJETS LES PLUS DENSES DE L'UNIVERS

Un trou noir est composé des restes d'une étoile morte lors d'une supernova. C'est un espace où la gravité est si forte que même la lumière ne peut lui échapper. Sa limite s'appelle « horizon des événements » et en son centre se trouve la « singularité gravitationnelle », où la masse de l'étoile morte est comprimée en un point de taille nulle et de densité infinie. C'est ce qui explique la puissance du champ gravitationnel du trou noir.

LE LIEU LE PLUS CHAUD DU SYSTÈME SOLAIRE

On estime que la température au centre du Soleil atteint 15 600 000 °C. La pression y est très forte – environ 250 milliards de fois la pression à la mer sur Terre. Environ 600 millions de tonnes d'hydrogène s'y transforment en hélium chaque seconde. Cette réaction nucléaire permanente fait briller le Soleil.

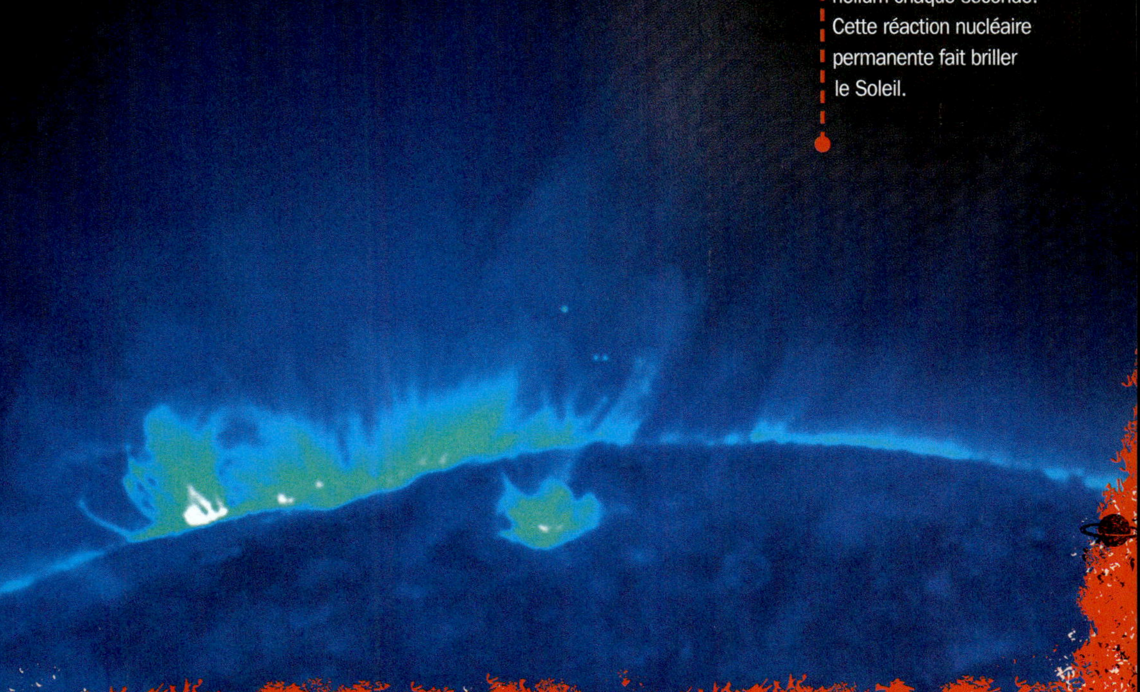

GALAXIES & NÉBULEUSES

QUELQUES CHIFFRES

Le système solaire se situe dans le bras spiral de la Voie lactée, à 26 000 années-lumière de son centre. La Voie lactée mesure environ 100 000 années-lumière de long et 12 000 années-lumière de large. Elle comprend entre 200 et 400 milliards d'étoiles.

La galaxie d'Andromède ressemble à la nôtre et, à 2,2 millions d'années-lumière, est une des plus proches. Étant donné la vitesse de déplacement de la lumière, nous la voyons aujourd'hui telle qu'elle était il y a 2,2 millions d'années.

La Voie lactée et Andromède font partie d'un groupe de 35 galaxies, le Groupe local. Lui-même fait partie du Superamas de la Vierge qui comprend 100 groupes et amas de galaxies.

On estime que l'Univers compte environ 130 milliards de galaxies et qu'il aurait 13,8 milliards d'années.

Deux galaxies peuvent entrer en collision sans qu'une seule étoile en heurte une autre.

★LA PLUS GRANDE GALAXIE SATELLITE

On connaît aujourd'hui 15 galaxies satellites qui orbitent autour de la Voie lactée. La dernière a été découverte en 2006. La plus grande et la plus lumineuse d'entre elles est le Grand Nuage de Magellan, à quelque 160 000 années-lumière du centre de la Voie lactée. Cette galaxie naine irrégulière mesure environ 20 000 années-lumière de long, avec une masse de 10 milliards de masses solaires.

★LA GALAXIE SPIRALE LA PLUS LARGE

Découverte en 1986, Malin 1 est une galaxie spirale à quelque 1,1 milliard d'années-lumière. Son diamètre de 650 000 années-lumière – plusieurs fois la taille de notre Voie lactée – fait d'elle la galaxie spirale connue la plus large de l'Univers.

★LA PLUS JEUNE NÉBULEUSE PLANÉTAIRE

La nébuleuse Stingray, à 18 000 années-lumière, dans la constellation de l'Autel, a été repérée en tant qu'étoile dans les années 1970. En 1996, le télescope spatial *Hubble* a révélé qu'en 20 ans son étoile centrale a chauffé au point que les coquilles de gaz qu'elle éjecte et qui l'entourent brillent comme une nébuleuse planétaire.

★LE PLUS LONG JET GALACTIQUE

On a annoncé en décembre 2007 la découverte d'un jet galactique de matière émis par un trou noir supermassif situé au centre de la galaxie active CGCG 049-033. Ce jet de haute puissance, qui mesure environ 1,5 million d'années-lumière, se dirige tout droit vers une galaxie voisine. L'atmosphère de toute planète qui se trouverait sur sa trajectoire serait Ionisée, ce qui éteindrait toute vie sur cette planète.

L'ENDROIT LE PLUS FROID DE LA VOIE LACTÉE

L'endroit le plus froid de notre galaxie est la nébuleuse du Boomerang. À 5 000 années-lumière de la Terre, ce nuage de poussières et de gaz résulte de l'expansion rapide de gaz et de poussières émis par son étoile centrale vieillissante. La température y est de – 272 °C.

LA GALAXIE ACTIVE LA PLUS PROCHE

Les galaxies actives ont un noyau très lumineux émettant un rayonnement intense. La source de ce rayonnement serait un grand disque composé de morceaux d'étoiles et d'autre matière qui serait aspiré par un trou noir supermassif central. À tout juste 11 millions d'années-lumière, l'immense galaxie elliptique Centaurus A est la plus proche de nous.

★ NOUVEAU RECORD
● MISE À JOUR

« Notre galaxie n'est qu'une des centaines de milliers de millions visibles grâce aux télescopes modernes. »

Professeur Stephen W. Hawking

LA NÉBULEUSE PLANÉTAIRE LA PLUS PROCHE

Située à 400 années-lumière, la nébuleuse de l'Hélice (ou NGC 7293) est la nébuleuse planétaire la plus proche de la Terre. Elle est 100 fois plus éloignée que les étoiles les plus proches (à l'exception du Soleil). Elle s'est formée lorsqu'en mourant une étoile a projeté ses couches externes, lesquelles se dispersent maintenant dans l'espace. On qualifie ces nébuleuses de planétaires car les astronomes pensaient initialement qu'il s'agissait de nouvelles planètes, en raison de leur forme sphérique.

★ LA GALAXIE LA PLUS PROCHE DE LA VOIE LACTÉE

La galaxie naine du Grand Chien n'a été découverte qu'en 2003 par une équipe d'astronomes français, italiens, britanniques et australiens. À 42 000 années-lumière du centre de notre galaxie, elle était difficile à repérer, car elle se trouve derrière le plan de notre galaxie spirale vu depuis la Terre. Sa forme indique qu'elle est en train d'être arrachée et absorbée par la gravité de la Voie lactée. Cette galaxie comprend un pourcentage élevé d'étoiles géantes rouges et compterait environ 1 milliard d'étoiles.

★ LA PLUS GRANDE NÉBULEUSE VISIBLE DE LA TERRE

Vu de la Terre, le nuage d'hydrogène moléculaire baptisé Boucle de Barnard est un arc de cercle qui brille faiblement et n'est visible que sur les images à long temps de pose. Il se situe à environ 1 600 années-lumière et mesure 300 années-lumière de long. S'il était visible à l'œil nu, il recouvrirait quasiment la constellation d'Orion dont il fait partie, comme les nébuleuses de la Tête de cheval et d'Orion.

LE RESTE DE SUPERNOVA LE PLUS LUMINEUX

La nébuleuse du Crabe (M1), dans la constellation du Taureau, est le reste de supernova le plus lumineux, avec une magnitude de 8,4.

CORPS CÉLESTES

LES SATELLITES DES EXTRÊMES

● LE PLUS DE LUNES POUR UNE PLANÈTE

En 2008, les astronomes avaient découvert 63 satellites naturels de Jupiter. Saturne est la 2e planète par le nombre de lunes (60).
La plupart sont des petits corps glacés et rocheux de formes irrégulières et nombre d'entre elles seraient des astéroïdes capturés.

LA LUNE LA PLUS PROCHE D'UNE PLANÈTE

Phobos, petit satellite martien, orbite autour de Mars à 9 378 km du centre de la planète – soit 5 981 km de sa surface.

LA LUNE LA PLUS LOINTAINE D'UNE PLANÈTE

Le 3 septembre 2003, l'Union astronomique internationale a annoncé la découverte de la lune S/2003 N1, qui orbite autour de Neptune à une distance moyenne de 49,5 millions km. Elle a une période orbitale d'environ 26 ans et mesure approximativement 38 km de diamètre.

LA CRÊTE LA PLUS HAUTE DU SYSTÈME SOLAIRE

Les images de Japet, une lune de Saturne, prises par la sonde *Cassini-Huygens* de la NASA/ESA, le 31 décembre 2004, ont révélé l'existence d'une immense crête d'au moins 1 300 km de long et d'environ 20 km de haut à sa surface. Japet mesure 1 400 km de diamètre.

LA PHOTO LA PLUS LOINTAINE DE LA TERRE

Le 4 février 1990, la sonde *Voyager 1* de la NASA s'est retournée en direction du Soleil et des planètes. Après avoir passé 12,5 années dans l'espace à s'éloigner de la Terre, *Voyager 1* a pris une photo de notre planète à près de 6,5 milliards km.

LES PLUS HAUTES MONTAGNES NON VOLCANIQUES DU SYSTÈME SOLAIRE

Situé sur Io, lune géologiquement active de Jupiter, le mont Boosaule s'élève à 16 000 m. Contrairement au mont Olympe (**la plus haute montagne du système solaire** – voir page ci-contre), il ne résulte pas de l'activité volcanique, mais des énormes tensions que subit la croûte d'Io.

L'ACTIVITÉ VOLCANIQUE LA PLUS INTENSE

La sonde *Voyager 1* de la NASA est passée près de la géante Jupiter en 1979. Sur ses photos de la lune Io, on voit des panaches de plusieurs centaines de kilomètres produits par des éruptions volcaniques. Cette activité est due à des effets de marée propres à Io qui résultent d'interactions gravitationnelles entre Jupiter, Io et Europe, une autre lune du système.

LE CRATÈRE LE PLUS PROFOND

Avec ses 2 250 km de diamètre et ses 12 000 m de profondeur en moyenne, le cratère d'impact le plus profond est le Bassin d'Aitken, au pôle Sud de la Lune, sur sa face cachée. C'est le plus grand et le plus profond des cratères connus du système solaire.

LE SAVIEZ-VOUS ?

Lancée le 15 octobre 1997, avec ses 5 655 kg, la sonde spatiale inhabitée *Cassini-Huygens* de la NASA/ESA est la plus lourde jamais envoyée dans le système solaire externe.

★ LES PLUS GRANDS GEYSERS DE NITROGÈNE

En passant à proximité de Neptune et de Triton, sa grande lune, en 1989, *Voyager 2* a révélé des manifestations de cryovolcanisme sous la forme de geysers de nitrogène (gaz et neige). Ces éruptions qui atteignent 8 km de haut seraient dues à une faible lumière solaire qui réchauffe le nitrogène glacé juste sous la surface de la lune.

LE CORPS LE PLUS RÉFLÉCHISSANT

Encelade, petite lune de Saturne essentiellement recouverte de matière glacée, est le corps le plus réfléchissant du système solaire. Elle réfléchit environ 90 % de la lumière qu'elle reçoit, soit davantage que de la neige fraîche.

★NOUVEAU RECORD
●MISE À JOUR

★LE PLUS GRAND LAC GELÉ SUR MARS

Si les scientifiques savent que d'immenses nappes d'eau glacée existent aux pôles et dans le sous-sol de Mars, la découverte, en 2005, d'un lac d'eau glacée, est une première dans l'histoire de l'exploration de la planète depuis 40 ans. Situé dans un cratère près du pôle Nord, le lac, qui mesure environ 15 km de long, a été découvert par la sonde *Mars Express* de l'ESA.

★LA MONTAGNE LA PLUS HAUTE SUR VÉNUS

Le mont Maxwell, sur le plateau d'Ishtar Terra, est le point culminant de Vénus, à 11 km au-dessus de l'altitude moyenne à la surface de la planète (l'équivalent du niveau de la mer sur Terre).

★LE PLUS GROS NOYAU EN FUSION

Mercure a le plus gros noyau métallique en fusion du système solaire, par rapport à sa taille. Avec un rayon d'environ 1 800 km, ce noyau représente 42 % du volume de la planète (15 % dans le cas de la Terre). On pensait que le noyau de Mercure, qui ne représente que 6 % de la masse de la Terre, avait refroidi il y a des milliards d'années. On espère que la sonde *Messenger* de la NASA, qui étudie actuellement la planète, offrira des informations sur son noyau.

★LA PLANÈTE LA MOINS RONDE

Sa faible densité (inférieure à celle de l'eau) et ses rotations rapides (un tour toutes les 10,6 h) font de Saturne la plus plate des planètes. Son diamètre équatorial est de 120 536 km, tandis qu'il n'est que de 108 728 km aux pôles.

★LE PLUS GRAND ANNEAU PLANÉTAIRE

L'anneau E, le plus grand et le plus éloigné des anneaux de Saturne, est une mince couche vaporeuse composée d'une multitude de particules minuscules. Il s'étend de l'orbite de la lune Mimas à celui de la lune Rhea – soit environ 340 000 km de large. Les récentes découvertes de la sonde *Cassini* ont révélé que cet anneau est sans cesse alimenté par des panaches d'eau glacée provenant d'Encelade, lune géologiquement active.

★LE PLUS PETIT CORPS DOTÉ D'ANNEAUX

On a annoncé en mars 2008 la découverte probable d'un anneau et d'un disque de poussière autour de Rhéa, une lune de Saturne. Les 4 géantes gazeuses du système solaire ont des anneaux, mais avec ses 1 530 km de diamètre, Rhéa est la plus petite planète à en posséder un.

LA SÉPULTURE LA PLUS LOINTAINE

Le 31 juillet 1999, la sonde américaine *Lunar Prospector* s'est écrasée volontairement sur la Lune après une mission réussie de 18 mois. Elle contenait un petit récipient de 3,8 cm en polycarbonate renfermant quelques grammes des cendres d'Eugene Shoemaker, pionnier de l'étude des planètes.

LE PLUS GRAND OBJET À ROTATION CHAOTIQUE

Hypérion, l'une des lunes de Saturne, mesure 410 x 260 x 220 km. C'est le plus grand objet de forme très irrégulière du système solaire. Hypérion est l'un des deux objets du système solaire dont on sait qu'ils ont une rotation chaotique, c'est-à-dire qu'ils culbutent sur leur orbite autour de Saturne. L'autre objet est l'astéroïde 4179 Toutatis, qui mesure 4,5 x 2,4 x 1,9 km.

LA MONTAGNE LA PLUS HAUTE DU SYSTÈME SOLAIRE

Le mont Olympe, sur la planète Mars, culmine à 25 km – presque 3 fois plus que l'Everest. Du fait de sa forme, on dit qu'il est un volcan-bouclier.

ASTÉROÏDES, COMÈTES & MÉTÉORES

L'IMPACT LE PLUS VIOLENT RECENSÉ DANS LE SYSTÈME SOLAIRE

Entre les 16 et 22 juillet 1994, plus de 20 fragments de la comète Shoemaker-Levy 9 ont heurté Jupiter, laissant d'immenses traces d'impact sur son atmosphère. Le plus violent a été le fragment « G », dont l'explosion a dégagé 600 fois l'énergie de l'arsenal nucléaire de notre planète (soit 6 millions de mégatonnes de TNT).

DES COMÈTES COLOSSALES

LA PLUS GROSSE COMÈTE

Découverte en mai 1977, Chiron a un diamètre de 182 km.

LA COMÈTE PASSÉE LE PLUS PRÈS DE LA TERRE

Le 1er juillet 1770, la comète de Lexell, qui se déplaçait à 138 600 km/h par rapport au Soleil s'est approchée à moins de 2 200 000 km de la Terre.

L'ASTÉROÏDE LE PLUS BRILLANT

Découvert le 29 mars 1807, l'astéroïde 4 Vesta est le seul astéroïde visible à l'œil nu. Cela tient à sa luminosité en surface, à sa taille (576 km de long) et au fait qu'il s'approche à seulement 177 millions km de la Terre.

★LE PREMIER IMPACT SUR UNE COMÈTE

Le 4 juillet 2005, une « boule » de cuivre de 350 kg a été projetée depuis la sonde *Deep Impact* de la NASA sur la comète Tempel 1 à 10,3 km/s. L'impact, d'une puissance égale à celle de 4,7 t de TNT, a éjecté un immense panache de matière et formé un cratère d'environ 100 m de large et 30 m de profondeur.

★LE PREMIER ATTERRISSAGE SUR UN ASTÉROÏDE

Le 12 février 2001, la sonde *NEAR Shoemaker* de la NASA s'est posée sur l'astéroïde Éros, après 1 an d'observation en orbite. L'atterrissage n'était pas l'objet de la mission puisque la sonde n'avait pas de train d'atterrissage ; l'engin s'est tout de même posé à 1,5-1,8 m/s.

L'ATTERRISSAGE SUR LE PLUS PETIT OBJET

Le 20 novembre 2005, la sonde spatiale japonaise *Hayabusa* a réalisé le premier de deux atterrissages sur l'astéroïde Itokawa, afin de recueillir des échantillons à rapporter sur Terre. La longueur maximale d'Itokawa est de 500 m.

LE PLUS GRAND NOMBRE D'ASTÉROÏDES DÉCOUVERTS PAR UNE SEULE PERSONNE

Surtout connu pour ses travaux sur les impacts extraterrestres, le géologue Eugene Shoemaker (USA, 1928-1997) a découvert 1 125 astéroïdes, la plupart en collaboration avec son épouse, Caroline.

★LE PLUS DE QUEUES DE COMÈTES RENCONTRÉES PAR UN ENGIN SPATIAL

En février 2007, la sonde *Ulysse* (NASA/Agence spatiale européenne) a traversé par hasard la queue de la comète McNaught, à 260 millions km du noyau de la comète. C'était la 3e fois que la sonde traversait une queue de comète : en 1996 et 2004, Ulysse avait traversé la queue des comètes Hyakutake et McNaught-Hartley.

★ NOUVEAU RECORD
● MISE À JOUR

★ LA PLUS GRANDE CONCENTRATION D'ASTÉROÏDES

La plus grande ceinture d'astéroïdes se situe entre les orbites de Mars et de Jupiter. Elle comprend de 700 000 à 1 700 000 astéroïdes mesurant au moins 1 km de large et plusieurs millions d'objets plus petits.
La masse de la ceinture est égale à 4 % de la masse de la Lune de la Terre. Les 4 plus gros astéroïdes représentent environ la moitié de cette masse.

★ LA PLUS GRANDE SOURCE DE COMÈTES

Derrière l'orbite de Neptune se trouvent la Ceinture de Kuiper, le Disque des objets épars et le Nuage d'Oort, appelés Objets transneptuniens. Le Nuage d'Oort est un nuage sphérique composé de milliers de milliards de noyaux cométaires. Il entoure le Soleil à environ 50 000 unités astronomiques (1 UA = la distance de la Terre au Soleil), soit environ 1 000 fois la distance du Soleil à Pluton. On pense qu'il est la source de la plupart des comètes du système solaire.

★ LE PLUS GROS OBJET TRANSNEPTUNIEN

Découvert en 2003, Sedna est un objet glacial qui mesure entre 1 180 km et 1 800 km. On estime que 12 000 années lui sont nécessaires pour faire le tour du Soleil.

PLUS D'INFOS

L'histoire des voyages de l'Homme dans l'espace est un mélange grisant d'audace scientifique et d'héroïsme. Pour découvrir l'histoire des **alunissages**, envolez-vous page 83 !

LE PLUS GROS IMPACT RECENSÉ SUR TERRE

Une explosion d'une puissance de 10-15 mégatonnes d'explosif brisant, qui s'est produite dans le bassin de la rivière Podkamennaya Tunguska (Russie), le 30 juin 1908, a dévasté une zone de 3 900 km^2. L'onde de choc s'est ressentie à 1 000 km à la ronde. On pense qu'il s'agit de l'énergie produite par la désintégration totale, à une altitude de 10 km, d'un type commun de météorite en pierre de 30 m de diamètre.
L'impact le plus ancien recensé sur Terre a été découvert le 23 août 2002. Une équipe de chercheurs américains menée par Gary Byerly (Louisiana State University) et Donald Lowe (Stanford University) a annoncé avoir découvert sur notre planète un impact d'astéroïde vieux de 3,47 milliards d'années. Ces chercheurs ont examiné de très vieux échantillons de pierre d'Australie et d'Afrique du Sud et analysé les sphérolites (petits agrégats sphériques) qu'ils contenaient. Ils ont découvert que le corps qui a heurté la Terre avait un diamètre d'environ 20 km.

LE PLUS GROS ASTÉROÏDE DE LA CEINTURE D'ASTÉROÏDES

Le plus gros astéroïde – et le premier jamais découvert, par G. Piazzi à Palerme, en Sicile le 1er janvier 1801 – est Cérès. Son diamètre moyen est de 941 km.

INCROYABLES COMÈTES

La plus grande pluie de météores de l'histoire a eu lieu dans la nuit du 16 au 17 novembre 1966 : les Léonides (ainsi nommés car ils semblent provenir de la constellation du Lion) ont été visibles de l'ouest de l'Amérique du Nord à l'est de la Russie (à l'époque URSS). Ils sont passés au-dessus de l'Arizona (USA), à un rythme de 2 300/min durant 20 min, à partir de 5 h du matin.
Les Léonides sont aussi **la pluie de météores annuelle la plus rapide** : ils pénètrent dans l'atmosphère à environ 71 km/s.

★ LE PREMIER ÉCHANTILLON DE COMÈTE

Un ingénieur vérifie la sonde *Stardust* de la NASA avant son lancement le 7 janvier 1999. *Stardust* a rencontré la comète *Wild 2* le 2 janvier 2004, recueillant de précieux échantillons de poussière grâce à un collecteur en aérogel.

ASTRONOMIE

★LA PLUS GRANDE LUNETTE ASTRONOMIQUE

La plus grande lunette astronomique se trouve à l'Observatoire Yerkes dans le Wisconsin (USA). Fabriquée en 1897, elle recueille les rayons lumineux grâce à une lentille de 1,02 m de diamètre et non un miroir.

LE TÉLESCOPE VENDU LE PLUS CHER AUX ENCHÈRES

Un télescope binoculaire très rare signé et daté de 1720 a été adjugé 155 500 £ (202 150 €), chez Christie's, à Londres (GB), en décembre 1998.

★LE PLUS GRAND MIROIR LIQUIDE

Le Large Zenith Telescope (Canada) a un miroir en mercure liquide. En faisant tourner ce miroir en mercure de 3 t et de 6 m de diamètre, on obtient un miroir concave parfaitement adapté aux observations astronomiques.

LE PLUS GRAND...

TÉLESCOPE EMBARQUÉ

L'Observatoire stratosphérique pour l'astronomie infrarouge (SOFIA) de la NASA (USA) est un Boeing 747SP doté d'un télescope infrarouge avec un miroir primaire de 2,7 m de large. Sa « première lumière » date du 18 août 2004.

★TÉLESCOPE POUR L'ÉTUDE DES RAYONS COSMIQUES

L'Observatoire Pierre Auger comprend 1 600 détecteurs de particules répartis sur 3 000 km^2 dans l'ouest de l'Argentine. Il sert à détecter les particules des rayons cosmiques de très haute énergie produits par les trous noirs supermassifs.

TÉLESCOPE ROBOTISÉ

Le télescope *Liverpool*, de l'Institut de recherche en astrophysique (ARI) de l'université John Moores à Liverpool (GB), se trouve à La Palma (îles Canaries, Espagne). Son miroir primaire de 2 m de diamètre a été conçu pour observer les longueurs d'onde visibles et proches infrarouges. Sa « première lumière » date du 27 juillet 2003.

PLUS D'INFOS

Le Large Binocular Telescope est le télescope optique le plus performant. Il offre la meilleure résolution d'image au monde avec des images d'ondes proches infrarouges à une résolution 10 fois supérieure à celle du télescope spatial Hubble.

★LE PLUS GRAND TÉLESCOPE BINOCULAIRE

Le Large Binocular Telescope est composé de deux télescopes identiques, chacun étant doté d'un miroir primaire de 8,4 m de diamètre. Se complétant, ils ont le même pouvoir collecteur de lumière qu'un miroir unique de 11,8 m de diamètre. Ce télescope situé au sommet d'une montagne dans l'Arizona (USA) est en service depuis mars 2008.

TÉLESCOPE SPATIAL INFRAROUGE

Mis sur orbite le 25 août 2003, le télescope spatial Spitzer de la NASA pèse 950 kg. Équipé d'un miroir primaire de 0,85 m de diamètre, il est l'outil le plus performant pour observer les émissions de chaleur des objets dans l'espace, ainsi que dans notre système solaire. La plupart de ces rayonnements infrarouges sont bloqués par l'atmosphère de la Terre et ne sont visibles que depuis l'espace.

★ NOUVEAU RECORD
● MISE À JOUR

LENTILLE

La plus grande lentille optique mesure 1,827 m de diamètre. Elle a été mise au point par l'équipe de Thomas Peck (USA), au Centre des sciences optiques de l'université de l'Arizona, à Tucson (Arizona, USA), et achevée en janvier 2000. Elle a été testée en tant que second miroir du télescope MMT de 6,5 m installé au mont Hopkins (Arizona, USA).

RADIOTÉLESCOPE SPHÉRIQUE

Le plus grand radiotélescope sphérique est le télescope partiellement orientable construit dans une dépression naturelle à Arecibo (Porto Rico). Achevé en novembre 1963, il mesure 305 m de diamètre et couvre 7,48 ha, soit 14 terrains de football américain.

★ TÉLESCOPE SOLAIRE

Le télescope solaire McMath-Pierce de l'observatoire de Kitt Peak (Arizona, USA) fonctionne depuis 1962. La lumière du Soleil est recueillie par un tube incliné de 152 m de long qui la redirige vers un miroir de 1,6 m, à 50 m de profondeur. On obtient une image à haute résolution du Soleil, de 85 cm de large.

★ TÉLESCOPE SUBMILLIMÉTRIQUE

Au-delà de l'extrémité rouge du spectre visible se trouvent les rayonnements infrarouges, les micro-ondes et les ondes radioélectriques. Le télescope Clerk Maxwell (Mauna Kea, Hawaï) est le plus grand télescope servant à étudier les longueurs d'onde entre les infrarouges lointains et les micro-ondes : les ondes submillimétriques. Au lieu d'un miroir optique, il utilise un immense récepteur de 15 m de diamètre.

★ LA PLUS GROSSE CONCENTRATION DE GRANDS TÉLESCOPES

L'Observatoire national de Kitt Peak (Arizona, USA) se trouve au sommet d'une montagne de 2 096 m de haut. Du fait de la visibilité et de la clarté atmosphérique hors du commun du lieu, 23 grands télescopes y ont été construits depuis 1958.

★ LE PLUS GRAND TÉLESCOPE OPTIQUE

Le Gran Telescopio Canarias (GTC) a capté sa « première lumière » le 13 juillet 2007. Situé à La Palma, il est doté d'un miroir primaire de 10,4 m de diamètre composé de 36 segments hexagonaux.
La construction de cet immense télescope et de son dôme de 35 m a duré 7 ans.

LES TÉLESCOPES SPATIAUX

- **Le télescope le plus puissant pour l'étude des rayons gamma** était le *Compton Gamma Ray Observatory*, mis en service en 1991. Après 9 ans d'observations, il a pénétré dans l'atmosphère terrestre et a brûlé le 4 juin 2000.
- Mis en service en juillet 1999, le télescope *Chandra X-Ray* est **le télescope à rayons X le plus puissant** au monde. Sa résolution revient à pouvoir lire un panneau de circulation à 19 km.
- Placé sur orbite le 25 août 2003, le télescope spatial *Spitzer* de la NASA – **le plus grand télescope spatial infrarouge** – pèse 950 kg. C'est l'instrument le plus performant pour l'observation des émissions de chaleur des objets de l'espace lointain et de notre système solaire.

EXPLORATIONS SPATIALES

● LE CÂBLE LE PLUS LONG DE L'ESPACE

Le *Young Engineers Satellite 2* (*YES2*) a été lancé le 14 septembre 2007. Le 25 septembre, *YES2* a déroulé un matériel expérimental fixé sur un câble de 0,5 mm d'épaisseur pour tester la possibilité de renvoyer des charges vers la Terre sans utiliser de rétrofusées. Ce câble de 31,70 km de long est la plus longue structure artificielle jamais déployée dans l'espace.

LE PLUS GRAND CIMETIÈRE SPATIAL

Les cendres de 24 pionniers de l'espace, dont celles de Gene Roddenberry (ci-dessus), le créateur de *Star Trek*, ont été mises en orbite le 21 avril 1997. Coût : 4 900 $ par personne. Les cendres sont restées 5 ans en orbite avant de disparaître dans l'atmosphère terrestre.

★ LE PLUS GRAND ENGIN SPATIAL AUTOMATIQUE EUROPÉEN

Le véhicule de transfert automatique (ATV) de l'Agence spatiale européenne (ESA) est un engin cargo non habité conçu pour ravitailler les astronautes de la Station spatiale européenne. Son corps cylindrique mesure 10,30 m de long et 4,50 m de diamètre, pour une masse de 20 t. Il peut transporter une charge de 7,5 t, soit 3 fois plus que le ravitailleur russe *Progress*. Son voyage inaugural a eu lieu le 8 mars 2008.

★ L'ORBITEUR QUI A TOURNÉ LE PLUS LONGTEMPS AUTOUR DE MARS

La NASA a lancé *Mars Global Surveyor* en 1996. Le vaisseau est entré dans l'orbite de Mars le 11 septembre 1997. Il devait cartographier et observer la planète pendant 2 ans mais, compte tenu de la qualité des informations recueillies, sa mission a été prolongée. Le contact a été perdu avec lui le 2 novembre 2006 – en plus de 9 ans, il a envoyé plus de 250 000 images de la planète rouge vers la Terre.

★ LA PLUS GRANDE CONSTELLATION DE SATELLITES MILITAIRES

Le GPS (Global Positioning System) est un système de radionavigation constitué de plus de 24 satellites en orbite autour de la Terre. Les signaux qu'ils émettent permettent d'obtenir des informations en 3D très précises. Les utilisateurs peuvent localiser leur position via un récepteur. Le système est géré par la 50th Space Wing de l'armée de l'air américaine. Jusqu'en 1996, son utilisation était militaire.

● LA PLUS GRANDE STATION SPATIALE

La construction de la Station spatiale internationale (ISS) a démarré en novembre 1998 avec le lancement de son premier module, baptisé *Zarya*. *Columbus*, le dernier module, conçu par l'ESA et arrimé le 11 février 2008, porte la masse totale de l'ISS à 245 735 kg.

DES ENGINS CÉLÈBRES

Depuis le premier satellite, *Spoutnik 1*, et le premier vol habité, *Vostok 1*, la forme et le rôle des engins spatiaux a beaucoup évolué. Des capsules habitées aux satellites en orbite autour de la Terre, aux sondes planétaires et aux atterrisseurs, en passant par les navettes et les stations spatiales, les engins spatiaux ont permis à l'homme de communiquer à l'échelle de la Terre et de surveiller son environnement, et, au-delà, d'explorer l'Univers.

VOSTOK 1
Longueur (capsule et module de matériel) : 4,6 m
Masse : 4 730 kg
Date de lancement : 12 avril 1961
Durée de vie : 1 h et 48 min
Équipage : Youri Gagarine (URSS)
Premier vol habité

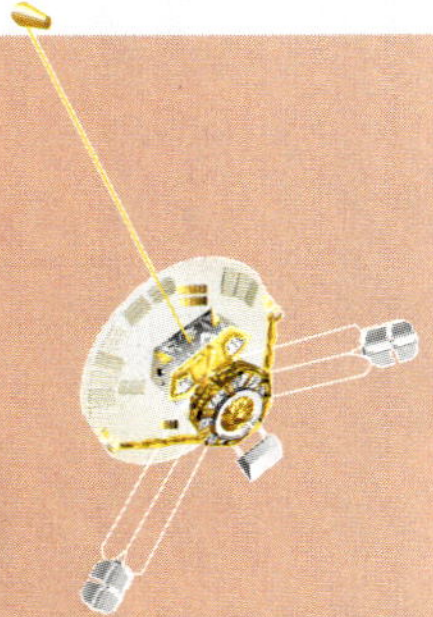

PIONEER 10
Diamètre de l'antenne : 2,74 m
Masse : 258 kg
Date de lancement : 3 mars 1972
Durée de vie : dernier contact enregistré le 23 janvier 2003
Premier engin à voir atteint le système solaire externe

SPIRIT MARS ROVER
Hauteur : 1,5 m avec le mât relevé
Masse : 174 kg
Date de lancement : 10 juin 2003
Date d'atterrissage (sur Mars) : 4 janvier 2004
Durée de vie : toujours en fonctionnement
Durée de vie la plus longue pour une sonde martienne

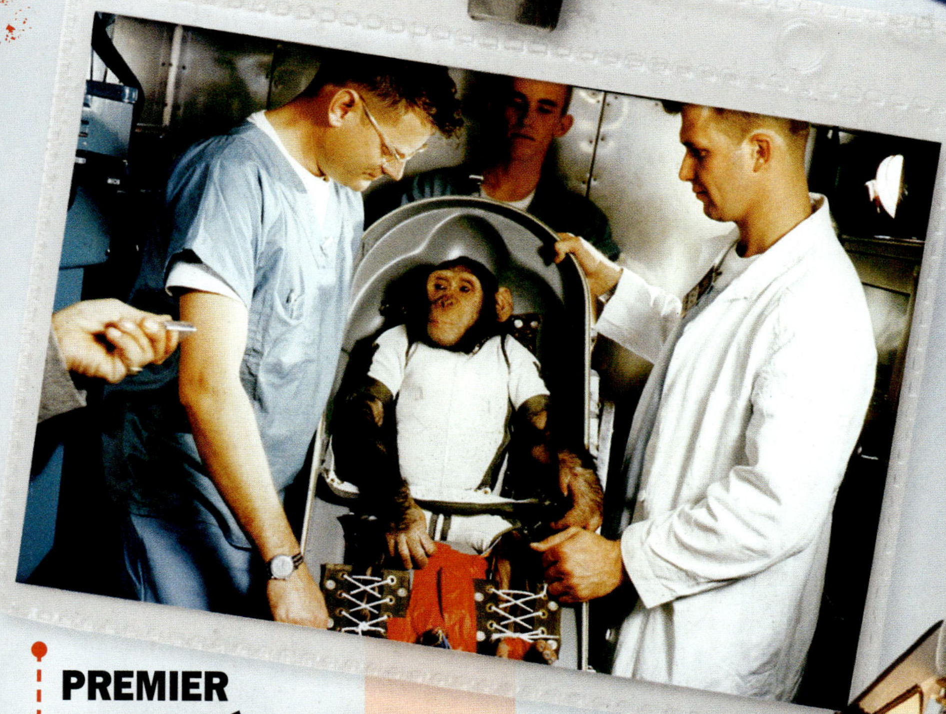

PREMIER HOMINIDÉ À SURVIVRE À UN VOYAGE DANS L'ESPACE

Ham, un chimpanzé de 4 ans, est le premier hominidé à avoir survécu dans l'espace, lors d'un vol-test sous-orbital lancé par la NASA depuis Cap Canaveral (Floride, USA), le 31 janvier 1961. La fusée qui l'emportait atteignit une altitude de 254 km avant de revenir sur Terre, 16 min et 30 s après son lancement. Vivant, Ham ne souffrait que d'un hématome au nez.

PLUS D'INFOS

Avant le vol, Ham avait été entraîné à pousser un levier dans les 5 s suivant l'émission d'un flash lumineux. S'il ne le faisait pas, il était puni et recevait une légère décharge électrique sur le dessous des pieds. S'il le faisait, il recevait un morceau de banane en récompense.

★LE PLUS GRAND SATELLITE DE COMBAT

Polyus était un prototype de satellite militaire soviétique équipé d'armes antisatellites. Il mesurait 37 m de long et 4,10 m de diamètre, pour une masse de 80 t. Il était équipé d'un canon antisatellite sans recul, d'un laser destiné à aveugler les capteurs des satellites ennemis et d'un lanceur de mines spatiales à propulsion nucléaire. Le seul exemplaire fut lancé le 15 mai 1987, mais il n'atteignit jamais son orbite et s'écrasa dans le Pacifique.

●LA STATION SPATIALE À LA PLUS LONGUE DURÉE DE VIE

Mir, le module central de la station *Mir* (URSS/Russie), a été mis en orbite le 20 février 1986. Jusqu'en 1996, cinq modules et un module d'arrimage pour les navettes américaines y ont été ajoutés. Le 23 mars 2001, la station spatiale a été désorbitée et détruite lors de son entrée dans l'atmosphère au-dessus du Pacifique. En 15 ans de fonctionnement, *Mir* a vu passer plus de 100 personnes.

★NOUVEAU RECORD
●MISE À JOUR

LE VOL LE PLUS LONG POUR UNE NAVETTE

La navette spatiale *Columbia* a été lancée pour sa 21e mission (STS80) le 19 novembre 1996, avec 5 personnes à son bord (4 hommes et 1 femme). Le vol a duré 17 jours, 15 h, 53 min et 26 s jusqu'à l'arrêt du moteur principal.

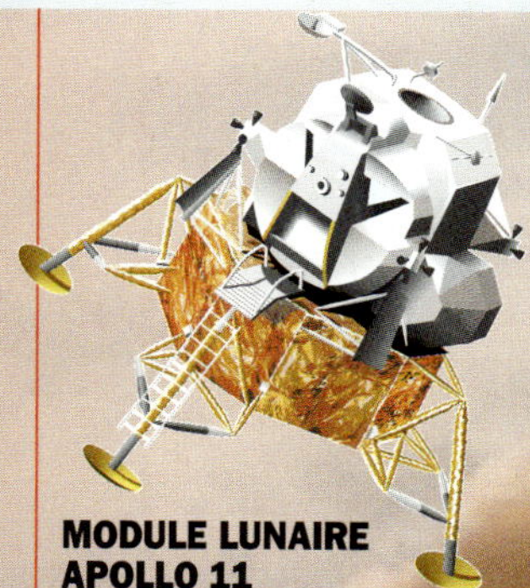

MODULE LUNAIRE APOLLO 11
Hauteur : 6,37 m
Masse : 16 488 kg
Date de lancement : 16 juillet 1969
Durée de vie : 5 jours
Premier atterrissage d'un module habité sur la lune

CASSINI-HUYGENS
Longueur (corps et antenne) : 6,8 m
Masse : 2 500 kg
Date de lancement : 15 octobre 1997
Durée de vie : toujours en fonctionnement
Premier engin spatial mis en orbite autour de Saturne

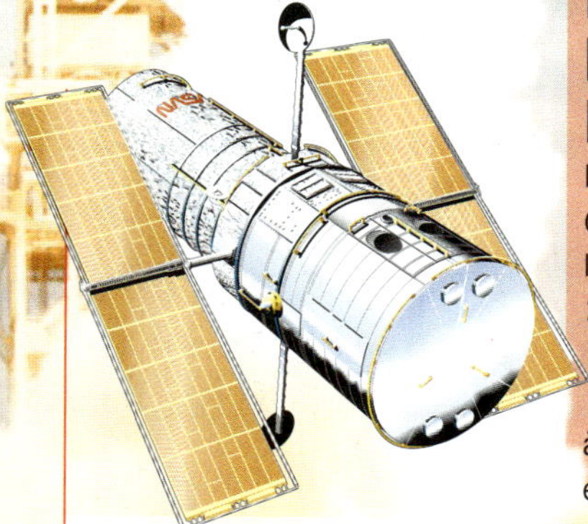

HUBBLE
Longueur : 13,2 m
Masse : 11 000 kg
Date de lancement : 24 avril 1990
Durée de vie : toujours en fonctionnement
Télescope optique spatial le plus puissant

LA VIE SUR TERRE

SOMMAIRE

LE PLUS GROS CARNIVORE TERRESTRE

L'ours polaire (*Ursus maritimus*, photo) est le plus gros carnivore terrestre. Les mâles adultes pèsent de 400 à 600 kg et mesurent entre 2,40 et 2,60 m du museau au bout de la queue. L'ours Kodiak (*U. arctos middendorffi*) mâle, sous-espèce d'ours brun que l'on trouve sur l'île Kodiak et les îles voisines d'Afognak et Shuyak, dans le golfe de l'Alaska (USA), est en général moins long que l'ours polaire mais il est plus trapu que lui.

OCÉANS

★LE PAYS AYANT LE PLUS LARGE ÉVENTAIL D'ESPÈCES D'ALGUES

Avec près de 3 000 espèces, l'Australie est le pays le plus riche en espèces d'algues. La plupart vivent dans les eaux du sud, plus tempérées et riches en nutriments, et sont des espèces introuvables ailleurs sur la planète.

★LE MANCHOT LE PLUS RARE

Le manchot antipode (*Megadyptes antipodes*), troisième au monde par la taille, ne vit qu'en Nouvelle-Zélande. Cette espèce serait la plus ancienne parmi celles qui existent aujourd'hui. Sa population ne dépasserait pas 4 500-5 000 spécimens et sa survie est menacée par la disparition de son habitat et l'apparition de mammifères prédateurs (furets, chats, hermines).

LE PLUS GROS POISSON

Le poisson cartilagineux le plus lourd, qui est aussi le plus gros poisson, est le requin-baleine (*Rhincodon typus*). Le plus gros spécimen jamais mesuré faisait 12,65 m de long, son corps avait une circonférence maximale de 7 m et il pesait environ 15-21 t. On l'a capturé en 1949, près de Karachi (Pakistan).

LA PLUS VASTE ÉTENDUE D'EAU CALME

La mer des Sargasses, au nord de l'Atlantique, couvre environ 6,2 millions de km² d'eaux relativement calmes et recouvertes de sargasses (algues).

★LE PLUS PETIT CALMAR

On n'a répertorié que deux spécimens de *Parateuthis tunicata*, la plus petite espèce de calmar, recueillis lors de l'expédition allemande menée au pôle Sud en 1901-1903. Le plus gros des deux mesurait 1,27 cm de long, tentacules compris.

★L'ARAIGNÉE LA PLUS AQUAPHILE

Si les araignées ne peuvent vivre dans l'eau, *Desis marina* est une espèce semi-marine qui vit sur les récifs coralliens qui affleurent et sur les rochers intertidaux en Australie et en Nouvelle-Zélande. À l'arrivée de la marée, elle se réfugie, parfois pendant des jours, dans des trous creusés par des vers marins qu'elle bouche en tissant une toile.

★LE PLUS LONG TRAJET EFFECTUÉ PAR UN REQUIN

Le 7 novembre 2003, en Afrique du Sud, l'équipe du professeur Ramón Bonfil de la Wildlife Conservation Society (USA) a équipé 4 requins d'un dispositif de surveillance électronique. L'un d'entre eux, baptisé Nicole (en hommage à Nicole Kidman, actrice et amatrice de requins), a été repéré en août 2004 au large de l'Afrique du Sud ; or, son dispositif de surveillance avait permis de le localiser en Australie 6 mois plus tôt. Ce grand requin blanc a donc parcouru 20 000 km en 9 mois, traversant tout un océan de l'Afrique du Sud à l'Australie, retour compris, réalisant ainsi le premier – et le plus long – trajet parcouru par un requin suivi par l'homme.

LE POISSON LE PLUS VENIMEUX

Le poisson le plus venimeux est la synancée (famille des Synanceiidés) des eaux tropicales de l'Indo-Pacifique. Les épines de ses nageoires contiennent un poison neurotoxique puissant qui peut être mortel. Le poisson-pierre verruqueux (*Synanceia verrucasa*) photographié ci-dessus passe inaperçu dans les rochers.

LE SAVIEZ-VOUS ?

Le poisson-globe (*Tetraodon* spp.) de la mer Rouge et de l'Indo-Pacifique produit une toxine mortelle, la tétrodotoxine. Il est **le plus toxique des poissons comestibles**.

★LA PLUS PETITE PIEUVRE

Octopus arborescens, qui vit au Sri Lanka, a moins de 5,1 cm d'envergure.

●LE PLUS PETIT REQUIN

Étant donné qu'il est difficile de s'assurer de la maturité sexuelle d'un animal de petite taille (c'est-à-dire de savoir s'il a atteint sa taille adulte), trois espèces se disputent le titre du plus petit requin. Le sagre elfe (*Etmopterus perryi*) mâle adulte mesure 16-17,5 cm (un spécimen mesurait 19 cm), tandis que sa femelle mesure environ 19-20 cm. Le détenteur du record était précédemment le requin nain (*Squaliolus laticaudus*), dont les mâles mesurent 15 cm et les femelles 17-20 cm. Un troisième rival, le requin-chat pygmée (*Eridacnis radcliffei*), compte des spécimens mâles de 18-19 cm et des femelles potentiellement adultes de 15-16 cm.

★LES PREMIERS ANIMAUX MANGEURS DE MÉTHANE

En juillet 1997, à 548 m de profondeur dans le golfe du Mexique, le professeur Charles Fisher et son équipe de la Pennsylvania State University (Pennsylvanie, USA) ont trouvé des monticules jaunes et blancs en forme de champignon de 1,8-2,4 m de diamètre et composés d'hydrate de méthane. On pensait ces monticules trop nocifs pour accueillir une forme de vie animale ; or, l'équipe de Fisher a découvert des espèces de vers polychètes roses et plats inconnues qui creusent leurs trous dans ces monticules et se nourrissent des bactéries chimiosynthétiques qui se développent à leur surface.

LE POISSON LE PLUS LENT

L'hippocampe (famille des Syngnathidés) ne sait pas nager à contre-courant. Pour éviter d'être emporté, il s'accroche avec sa queue préhensile aux plantes marines qui poussent sur les coraux. Son aisance pour nager est très limitée du fait de la rigidité de son corps. Sa principale source de propulsion est le mouvement ondulé de sa nageoire dorsale qui le fait avancer en position verticale. Les spécimens des plus petites espèces, comme les hippocampes nains (*Hippocampus zosterae*), qui ne dépassent pas 4,2 cm de long, n'avancent probablement pas à plus de 0,016 km/h.

★NOUVEAU RECORD
●MISE À JOUR

★LE REQUIN LE PLUS COURANT

L'aiguillat commun (*Squalus acanthias*) vit dans les mers froides et tempérées du globe. Des pêcheries du monde entier l'exploitent et la pêche record pour cette espèce date probablement de 1904-1905 : quelque 27 millions d'aiguillats communs ont été pêchés le long de la côte du Massachusetts (USA).

LE PLONGEON DE PINNIPÈDE LE PLUS PROFOND

En mai 1989, des chercheurs évaluant l'éléphant de mer boréal (*Mirounga angustirostris*, ci-dessous) au large de San Miguel Island (Californie, USA) ont mesuré une profondeur maximale de 1 529 m.

RIVIÈRES, LACS & ÉTANGS

★NOUVEAU RECORD
●MISE À JOUR

★LA SALAMANDRE LA PLUS VÉNÉNEUSE

La peau, le sang et les muscles du triton de Californie (*Taricha torosa*) regorgent de tétrodotoxine – une substance extrêmement toxique qui agit comme un redoutable poison nerveux. Des essais en laboratoire ont montré qu'une seule goutte de ce poison pouvait tuer plusieurs milliers de souris. Le triton, en revanche, est immunisé contre ce poison, même à très forte concentration.

★LE PREMIER EMPOISONNEMENT ANIMAL PAR DES ALGUES D'EAU DOUCE

À la fin du XIXe siècle, chiens, moutons, cochons, chevaux et bétail mouraient tous après avoir bu de l'eau du lac Alexandrina, au sud de l'Australie. La responsable était *Nodularia spumigene*, une algue qui ressemble à de l'écume et flotte à la surface de l'eau. Cette espèce d'algue bleue produit de la nodularine, une hépatotoxine qui détruit les cellules du foie, provoquant un choc circulatoire et une hémorragie interne entraînant la mort.

★LA PLUS GRANDE FLORAISON D'ALGUES D'EAU DOUCE

La plus importante formation d'algues bleue s'est produite en 1991-1992, dans la rivière Barwon-Darling (Australie). Composée d'*Anabaena circinalis*, qui sécrète des neurotoxines, l'efflorescence s'est étendue sur plus de 1 000 km, décimant le bétail.

LE POISSON LE PLUS ÉLECTRIQUE

Le gymnote électrique, qui peuple les rivières du Brésil et de Guyane, est un parent du piranha. Pouvant atteindre 1,8 m de long, ce poisson est doté de la tête à la queue d'un appareil électrique qui consiste en deux paires d'organes longitudinaux. La décharge, allant jusqu'à 650 volts, sert à immobiliser les proies. Elle est assez puissante pour éclairer une ampoule ou étourdir un homme.

★L'INSECTE VIVANT LE PLUS PROFOND SOUS TERRE

On a retrouvé des larves du moucheron inoffensif *Sergentia koschowi* à 1 360 m de profondeur, dans le lac Baïkal en Sibérie, le plus profond du monde. C'est un record pour un insecte.

LE PLUS LONG TARISSEMENT DE RIVIÈRE

Le fleuve Jaune (*Huang He*) est la 2e plus grande rivière de Chine. Il a été surnommé la « Tristesse chinoise », car des millions de personnes ont péri à cause de ses crues saisonnières alternant avec son assèchement quasi permanent. En 1997 et 1998, le fleuve Jaune s'est tari dans sa partie basse pendant 140 jours, apportant désolation aux fermes alentour et menaçant les récoltes. Aujourd'hui, ce fleuve de 5 460 km se tarit plusieurs mois par an dans la province du Henan, sur 400 km avant de se jeter dans la mer.

LA PLUS GRANDE PORTÉE POUR UN POISSON ARCHER

Le poisson archer (*Toxotes jaculator*), qui peuple les rivières de Thaïlande, rôde près des rivages, en attendant qu'un insecte goûteux vienne se poser sur une plante jusqu'à une portée de 1,5 m. Grâce à sa bouche tubulaire, le poisson projette alors de l'eau sur sa proie.

L'AMPHIBIEN LE PLUS PATERNEL

Le nom du crapaud accoucheur d'Europe de l'Ouest (*Alytes obstetricans*) s'explique par le comportement du mâle. Lorsque la femelle pond ses œufs, le mâle les fertilise avant de les enrouler autour de ses cuisses. La nuée d'œufs peut atteindre 0,9-1,2 m. Le mâle, qui mesure à peine 7,5 cm de long, va ensuite porter les œufs jusqu'à 4 semaines. Une fois l'éclosion imminente, le crapaud se retire dans un endroit adéquat pour la naissance des têtards.

★L'INSECTE LE MOINS SENSIBLE À LA DÉSHYDRATATION

Évoluant dans de petites mares au Nord du Nigeria et de l'Ouganda, les larves de *Polypedilum vanderplanki*, un moucheron chironome, tolèrent sécheresse comme inondations, et sont les seuls insectes pouvant se mettre en cryptobiose. On parle de cryptobiose lorsqu'un organisme ne montre aucun signe de vie et que son activité métabolique est à peine mesurable, voire absente. Des études ont montré que ces larves pouvaient survivre à une hydratation inférieure à 3 %.

LE POISSON QUI GRIMPE LE PLUS HAUT

La perche grimpeuse (*Anabas testudineus*), qui vit dans le sud de l'Asie, se promène sur terre et grimpe aux palmiers. Ses branchies sont munies d'un système spécifique qui lui permet d'absorber l'oxygène atmosphérique.

LE PLUS GROS NÉNUPHAR

Les feuilles du nénuphar *Victoria amazonica* mesurent jusqu'à 3 m de diamètre. Elles sont maintenues à la surface grâce à une tige sous-marine de 7-8 m. La partie immergée des feuilles est soutenue par des stries qui aplatissent ces feuilles et les empêchent de s'écrouler. Ce nénuphar est originaire des lacs d'eau douce et des bayous du bassin amazonien.

LE CERVEAU ANIMAL CONSOMMANT LE PLUS D'ÉNERGIE

En 1996, le chercheur Goran Nilsson (Norvège) a révélé que le cerveau du poisson éléphant d'Afrique (*Gnathonomus petersi*) équivalait à 3,1 % de sa masse corporelle et utilisait plus de 50 % de sa consommation en oxygène.
En comparaison, le cerveau humain ne consomme que 20 % de l'oxygène absorbé par l'organisme.

RIVES ET RIVIÈRES

Fort de ses 6 695 km de long, le Nil, en Afrique, est officiellement le plus long fleuve de la planète. Juste après viennent l'Amazone, en Amérique du Sud, et le Yangtze, en Chine.
En dehors des crues (donc, sans compter les estuaires ou deltas qui peuvent être bien plus vastes), l'embranchement principal du fleuve le plus large – l'Amazone – atteint une largeur de 11 km.

LA PLUS GRANDE ESPÈCE DE DAUPHIN

Le boto, ou inie de Geoffroy (*Inia geoffrensis*), est célèbre pour sa taille et sa couleur rose. Peuplant les fleuves d'Amérique du Sud, comme l'Amazone et l'Orinoco, ce dauphin peut atteindre 2,6 m de long.

LITTORAL

★ NOUVEAU RECORD
● MISE À JOUR

● L'ESPÈCE D'ALGUE LA PLUS LONGUE

Le varech géant *Macrocystis pyrifera* vit près des côtes rocheuses du Pacifique. Officiellement, le spécimen le plus long mesure 60 m, même s'il en existerait de plus longs encore. Ce varech est également **l'★algue la plus prolifique** – sa croissance peut atteindre 34 cm par jour, soit 0,0003 km/h. Il s'agit de **la plante marine à la croissance la plus rapide** sur Terre. Elle est aussi en bonne place pour rafler le titre de plante à la croissance la plus rapide du monde – toutes catégories confondues.

● LE PLUS DE CHROMOSOMES CHEZ UN ANIMAL

Les chromosomes contiennent l'ADN de la cellule, c'est-à-dire l'information génétique. L'homme compte 23 paires de chromosomes dans chaque cellule, mais le bernard-l'ermite, de la famille des Paguroidea, en a lui 127 paires.

LE PLUS GRAND CROCODILE

On trouve le crocodile marin, ou crocodile à double crête (*Crocodylus porosus*), dans les régions tropicales d'Asie et du Pacifique. La réserve naturelle Bhitarkanika à Orissa (Inde) en abrite quatre spécimens. Chaque crocodile mesure plus de 6 m de long, et l'un d'eux plus de 7 m. Il y aurait en pleine nature des spécimens atteignant 10 m, mais ce chiffre reste à vérifier. En principe, un adulte mâle mesure entre 4,2 et 4,8 m de long et pèse de 408 à 520 kg.

★ LA PLUS GRANDE MANGROVE CÔTIÈRE

La forêt de Sundarbans s'étend sur près de 15 540 km² en Inde et au Bangladesh. Cette forêt joue le rôle de bouclier naturel contre les tsunamis et les cyclones qui balaient souvent le golfe du Bengale. Grâce à ses racines qui tolèrent l'eau de mer, les arbres de cette mangrove dépassent parfois 21 m de haut. Ils poussent sur des bancs de sable et d'argile grise déposés par les rivières qui joignent l'Himalaya au golfe du Bengale sur plus de 1 609 km.

★ LA PLUS GRANDE ESPÈCE DE COBRA CRACHEUR

Le cobra cracheur géant (*Naja ashei*) que l'on trouve dans les zones côtières du Kenya est long de presque 3 m, c'est le serpent venéneux le plus grand du monde après le cobra royal. Il possède suffisamment de poison pour tuer au moins 15 personnes.

Il reste sur Terre moins de 400 phoques moines de Méditerranée (**Monachus monachus**).

★ LE CTÉNOPHORE LE PLUS BIOLUMINESCENT

La méduse américaine (*Mnemiopsis leidyi*), une espèce de cténophore, ou cténaire, est originaire des eaux entourant la côte Est de l'Amérique du Nord, le golfe du Mexique et le nord-est de l'Amérique du Sud. (Les cténophores ne sont pas exactement des méduses communes puisqu'ils ont leur phylum à part entière.) La méduse américaine peut atteindre 10–12 cm et possède quatre rangées de peignes ciliés le long du corps. Ces peignes sont irisés le jour et vert fluorescent la nuit.

LA PLUS GROSSE...

PALOURDE

Un bénitier géant (*Tridacna gigas*) pesait 333 kg et mesurait 115 cm de long.

HUÎTRE

Une huître plate (*Ostrea edulis*) pesait 3,7 kg et mesurait 30,5 cm de long pour 14 cm de large.

LA FOURRURE LA PLUS DENSE

Avec plus de 100 000 poils par cm², la loutre des mers (*Enhydra lutris*) a la fourrure la plus dense de tous les mammifères. La majeure partie de ces loutres vivent au large de l'Alaska (USA). Cette loutre est aussi **le plus petit mammifère marin**.

LE SAVIEZ-VOUS ?

À la différence d'autres mammifères marins, la loutre des mers n'a pas de couche de graisse pour lui tenir chaud. En revanche, elle peut compter sur sa fourrure imperméable et son métabolisme pour capter et générer de la chaleur.

★ LE PLUS GRAND VISON DE L'HISTOIRE

Le vison des mers (*Mustela macrodon*) n'est pas très connu. Il mesure tout de même jusqu'à 82,6 cm de long, soit 2 fois plus que les plus grands spécimens de vison d'Amérique (*M. vison*), et est aussi beaucoup plus gros. Il habitait les côtes rocheuses de la Nouvelle-Angleterre et le littoral atlantique du Canada, poussant même jusqu'à la Nouvelle-Écosse. Hélas, sa fourrure rouge pâle était si prisée que la chasse a exterminé l'espèce. Le dernier spécimen connu a été tué sur une île au large du Maine, en 1889. On raconte aussi qu'un vison des mers aurait été capturé près de l'île Campobello, dans le Nouveau-Brunswick, dans les années 1890 – mais rien d'officiel.

★ LE NID D'OISEAU LE PLUS LONG

Le macareux rhinocéros (*Cerorhinca monocerata*) est un oiseau marin de la famille des alcidés qui construit son nid sur les petites îles verdoyantes du Pacifique Nord. Le nid en question mesure généralement 2-3 m de long, mais certains font même le double, et on en a déjà trouvé un de 8 m !

LA PLUS GRANDE COLONIE DE PHOQUES GRIS

Chaque hiver, près de 100 000 phoques gris (*Halichoerus grypus*) débarquent sur l'île Sable au large de la Nouvelle-Écosse (Canada) pour se reproduire.

LE PLUS GRAND CHÉLONIEN

Très répandue, la tortue luth (*Dermochelys coriacea*) mesure en moyenne 1,83-2,13 m de la tête à l'extrémité de la queue. Comptez environ 1,52-1,67 m pour sa carapace et près de 2,13 m pour l'envergure de ses nageoires. Cette tortue pèse jusqu'à 450 kg.

Le plus gros spécimen jamais enregistré est un mâle trouvé sur une plage de Harlech (Gwynedd, GB) en septembre 1988. Il mesurait 2,91 m de long pour 961,1 kg et avait une envergure de nageoires de 2,77 m. La plupart des musées refusent d'exposer de grosses tortues, car elles suintent d'huile pendant près de 50 ans, mais le Musée national du Pays de Galles à Cardiff (GB) a fait une exception pour cet extraordinaire spécimen, le 16 février 1990.

La tortue luth est également **le chélonien le plus rapide** dans l'eau, avec une vitesse pouvant atteindre 35 km/h.

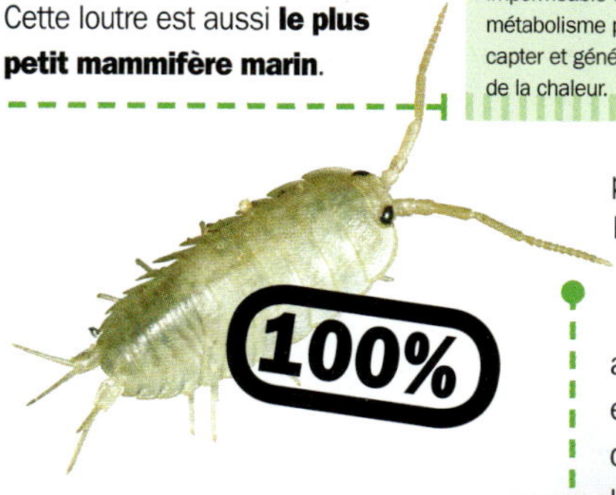

100%

★ LE PLUS GROS POU

La ligie des mers (*Ligia oceanica*) est la plus grande espèce de pou. Il s'agit d'une variété aquatique qui abonde sur le littoral rocheux britannique. La ligie se plaît particulièrement dans les criques rocheuses, les crevasses ou simplement sous les pierres. D'une longueur maximale de 3 cm, elle possède une région dorsiventrale aplatie 2 fois plus large, dont la couleur varie du gris au vert olive.

DÉSERTS

LE LÉZARD LE PLUS DANGEREUX

Le monstre de Gila (*Heloderma suspectum*) est un lézard massif aux couleurs vives qui vit dans les régions arides du Mexique et du sud-ouest des États-Unis. Il mesure jusqu'à 60 cm et les 8 grosses glandes à venin de sa mâchoire inférieure contiennent assez de venin pour tuer 2 hommes. Le venin n'est pas injecté, mais s'infiltre dans la blessure quand le monstre de Gila mord avec ses dents pointues et fragiles. C'est pourquoi un lézard peut rester accroché à sa proie et la mordiller pendant plusieurs minutes. Ses dents restent parfois plantées dans la blessure après qu'il a lâché sa victime. Il n'attaque que pour se défendre.

★LE CACTUS LE PLUS RARE

Le cactus *Pediocactus knowltonii* est une variété à fleurs roses sérieusement menacée d'extinction à cause des collectionneurs indélicats. On ne le trouve qu'au Nouveau-Mexique et dans le Colorado (USA).

LES FEUILLES LES PLUS PERSISTANTES

Les feuilles ayant la plus grande longévité sont celles du welwitschia (*Welwitschia mirabilis*), qui doit son nom au botaniste Friedrich Welwitsch (Autriche), qui l'a découvert en 1859 dans le désert du Namib (Namibie et Angola). Le welwitschia vivrait entre 400 et 1 500 ans, certains spécimens atteignant les 2 000 ans d'après la datation par le carbone 14. Chaque plante produit 2 feuilles par siècle et ne les perd jamais. Les spécimens les plus anciens mesurent plus de 10 m de circonférence et leur feuillage recouvrirait une piste de course de 400 m.

★LE PLUS GRAND OISEAU DISPARU AU XXE SIÈCLE

Le plus grand oiseau à avoir disparu au XXe siècle est l'autruche d'Arabie (*Struthio camelus syriacus*), dont de nombreux spécimens vivaient dans les déserts de Syrie et d'Arabie jusqu'à la Première Guerre mondiale. Apprécié pour ses plumes, il fut ensuite victime de la chasse. Il s'agissait de la seule espèce d'autruche vivant ailleurs qu'en Afrique. Le dernier spécimen répertorié a été abattu à Bahreïn en 1941.
On aurait cependant découvert un cadavre d'autruche d'Arabie noyée lors d'une crue soudaine en 1966.

★LE PLUS GRAND TROUPEAU DE CHAMEAUX SAUVAGES

Curieusement, le plus grand troupeau de chameaux sauvages, qui compte plus de 200 000 têtes, ne vit ni en Arabie, ni en Mongolie – ses terres natales –, mais dans le désert australien. L'importation des chameaux en Australie a débuté dans les années 1840 et s'est poursuivie jusqu'au début du XXe siècle. Ils servaient surtout de moyen de transport dans les déserts australiens très chauds et arides, mais les progrès technologiques les ont rendus superflus, on les a donc relâchés dans le désert où ils abondent depuis.

★LE PLUS GRAND DÉSERT COUVERT

Le désert du Dôme à Omaha (USA) se trouve sous **le plus grand dôme géodésique vitré**. Il s'étale sur 7 840 m² sur deux niveaux, soit 3 920 m² par niveau. On y voit la flore et la faune de trois grands déserts – désert du Namib au sud de l'Afrique, désert de Sonora au Mexique et désert australien du Centre rouge.

★UN LÉZARD « FINE BOUCHE »

Le moloch, ou diable cornu (*Moloch horridus*), du désert australien se nourrit exclusivement de fourmis du genre *Iridomyrmex*.

★ NOUVEAU RECORD
● MISE À JOUR

L'INSECTE LE PLUS DESTRUCTEUR

L'insecte le plus destructeur est le criquet pèlerin (*Schistocerca gregaria*, photo ci-dessus à droite) des régions sèches et semi-arides d'Afrique, du Moyen-Orient et d'Asie occidentale. Il ne mesure que 4,5-6 cm de long, mais peut manger l'équivalent de son poids chaque jour. Dans certaines conditions climatiques, ces criquets forment des nuées immenses qui dévorent toute la végétation sur leur passage. Une « petite » nuée d'environ 50 millions de criquets peut manger en 1 jour la même quantité de nourriture que 500 personnes en 1 an. Ci-dessus, un homme au milieu d'une nuée de criquets pèlerins, le 29 novembre 2004, près de Corralejo, au nord de l'île de Fuerteventura (Canaries), à environ 100 km de la côte marocaine.

L'ANIMAL TERRESTRE LE PLUS RÉSISTANT À LA CHALEUR

Cataglyphis bicolor est l'animal qui résiste le mieux à la chaleur (thermophile). Ce charognard vit dans le désert du Sahara où il s'épanouit à des températures qui dépassent 55 °C.

LE PLUS GRAND NID AU SOL

Le léipoa ocellé (*Leipoa ocellata*) construit des nids gigantesques uniques en leur genre. Ils nécessitent jusqu'à 229 m^3 de matériaux et pèsent jusqu'à 300 t. Les mâles passent des mois à construire le nid, creusant un trou qu'ils tapissent de feuilles mortes recouvertes de sable. D'autres s'installent chaque année sur le même monticule qui atteint 5 m de diamètre. Une fois les œufs pondus et recouverts, les parents les ignorent, comme ils ignorent les oisillons à l'éclosion, 50-90 jours après.

★ L'INVERTÉBRÉ LE PLUS RAPIDE

Les solifuges (ordre des *Solifugae*) vivent dans les régions arides d'Afrique du Nord et du Moyen-Orient. Elles atteignent une vitesse de pointe de 16 km/h, ce qui fait d'elles les plus rapides des invertébrés. Souvent confondues avec des araignées, les solifuges n'en sont pas à proprement parler (bien qu'elles soient des arachnides), puisque leur corps comprend une tête, un thorax et un abdomen, alors que chez l'araignée la tête et le thorax ne font qu'un.

★ LE PREMIER HYBRIDE CHAMEAU x LAMA

Le 14 janvier 1998, au Camel Reproduction Centre (CRC), dans le désert d'Arabie à Dubaï (EAU), le projet mené par le professeur Julian A. (Lulu) Skidmore (GB, ci-dessous) a finalement atteint son but avec la naissance de Rama, premier hybride de chameau et de lama – ou cama – au monde. Son père, un dromadaire (*Camelus dromedarius*), et sa mère, un guanaco d'Amérique du Sud (*Lama huanacos*), espèce dont descend le lama domestique (*L. glama*), ne se seraient jamais rencontrés dans la nature. Le chameau étant 6 fois plus lourd que le guanaco, Rama est le fruit d'une insémination artificielle. Ce projet a été financé par le prince héritier de Dubaï et le ministre de la Défense des Émirats arabes unis, le cheikh Mohammad ben Rached Al-Maktoum.

LE PLUS GRAND...

CACTUS SAUVAGE

En avril 1995, Marc Salak et Jeff Brown ont trouvé dans le désert de Sonora (Basse-Californie, Mexique) un cactus *Pachycereus pringlei* de 19,2 m, soit 4 girafes superposées !

● HERBA CISTANCHES

Une herba cistanches (*Cistanche deserticola*) cueillie dans le désert de la Mongolie intérieure (Chine) par Yongmao Chen, le 15 août 2006, mesurait 1,95 m. Cette plante médicinale est très utilisée par les Chinois.

MARÉCAGES

LE PLUS PETIT HIPPO

L'hippopotame nain (*Hexaprotodon liberiensis*) vit surtout au Liberia, en Afrique de l'Ouest. Son corps mesure 1,5-1,85 m de long en moyenne, avec une queue d'environ 15-21 cm. Il mesure 70-100 cm de haut au garrot et pèse 160-275 kg.

●LE PLUS GROS RONGEUR

Supplantant le *Phoberomys pattersoni*, précédent détenteur du record, le plus gros rongeur de tous les temps est *Josephoartigasia monesi*, une espèce fossile qui a 2 millions d'années. On ne connaît pour l'instant cette espèce que grâce à un crâne de 53 cm de long, mais les chercheurs estiment que d'après la taille gigantesque de ce crâne, l'animal entier pesait sûrement 1 t. Cette espèce vivait sur la côte de l'Uruguay, qui était à l'époque une zone marécageuse couverte d'une forêt luxuriante et qui est aujourd'hui une terre aride. Elle se nourrissait de végétaux tendres puisque ses mâchoires, bien qu'énormes, n'étaient pas très puissantes.

LE PLUS GRAND OISEAU VOLANT

Les grues (famille des gruidés) sont les plus grands oiseaux volants. Les plus grandes mesurent près de 2 m de haut. Ci-dessus, une grue antigone (*Grus antigone*) exécute une parade nuptiale au Parc national de Keoladeo, au Rajasthan (Inde).

★L'ARTIODACTYLE LE PLUS LOURD

L'artiodactyle (ou animal à onglons) le plus lourd est l'hippopotame commun (*Hippopotamus amphibius*) d'Afrique subsaharienne. Il peut peser jusqu'à 3 630 kg.

★L'OISEAU À L'ALIMENTATION LA PLUS RESTREINTE

Une sous-espèce du milan des marais (*Rostrhamus sociabilis plumbeus*) qui vit dans le sud de la Floride se nourrit exclusivement de gros escargots pommes d'eau douce (*Pomacea paludosa*).

★LE PLUS GROS AMPHIBIEN DE TOUS LES TEMPS

Bien plus gros que les espèces actuelles, le plus gros amphibien de tous les temps est le *Mastodonsaurus*, qui vivait dans les marécages il y a environ 200 millions d'années (fin du Trias). Cette créature dotée d'une grosse tête et d'une longue queue ressemblait un peu à un crocodile, dont elle avait également la taille avec ses 4 m de long, dont 1,25 m pour la tête.

LE PLUS GRAND DELTA DANS UN SEUL PAYS

Tout le delta de l'Okavango se situe au Botswana, au sud de l'Afrique. Avec une superficie de plus de 1 million ha, cette étendue marécageuse comprend une réserve animalière de 390 000 ha où vivent plus de 400 espèces d'oiseaux et 65 espèces de poissons, ainsi qu'un troupeau d'environ 20 000 cobes de Lechwe (une espèce d'antilope). Ci-contre, un cobe de Lechwe (*Kobus leche*) mâle du delta.

★L'INSECTE QUI SUPPORTE LE MIEUX LE SEL

Les larves d'*Ephydrella marshalli*, mouche d'eau saumâtre, vivent dans des lagunes salées ; en laboratoire, elles supportent une salinité de 5 848 mOsm par litre (à titre de comparaison, la salinité de l'eau de mer est de 1 197 mOsm par litre). L'unité mOsm signifie « milliosmole ». Une osmole est le poids moléculaire d'un soluté, en grammes, divisé par le nombre d'ions qui se dégagent au cours de sa dissolution.

★NOUVEAU RECORD
●MISE À JOUR

Le fruit produit par *Wolffia augusta* ne mesure que 0,25 mm de long et pèse environ 70 microgrammes.

Le plus petit crapaud est la sous-espèce *Bufo taitanus beiranus* qui vit en Afrique. Les plus gros spécimens mesurent 24 mm de long.

La plus petite libellule est *Agriocnemis naia,* que l'on trouve au Myanmar (Birmanie). Un spécimen recueilli par le British Museum avait une envergure de 17,6 mm et un corps de 18 mm de long.

LE PLUS GRAND MARAIS

Situé principalement dans le sud-ouest du Brésil, mais débordant jusqu'en Bolivie et au Paraguay voisins, le Pantanal (« terrain marécageux » en espagnol) recouvre une surface de 150 000 km², soit plus que la superficie de l'Angleterre ! Durant la saison des pluies (de décembre à mai), 80 % de la surface du Pantanal est inondée et le marais abrite le plus large éventail de plantes aquatiques au monde.

LE SAVIEZ-VOUS ?

Le marais du Sudd au Soudan est parfois considéré comme le plus grand marais au monde ; or, même en période de crues élevées, sa surface totale dépasse à peine 30 000 km², ce qui est bien inférieur à celle du Pantanal.

LES PLUS PETITS VÉGÉTAUX ET ANIMAUX

La ★plus petite plante à fruit (ou angiosperme) est le wolffia. Proche de la lentille d'eau (*Lemna*), le wolffia est une plante aquatique qui recouvre la surface des étangs et des rivières calmes. Un spécimen mesure moins d'1 mm de long, seulement 0,3 mm de large, et produit une fleur minuscule qui devient ensuite **le plus petit fruit** ! Étant donné qu'une plante mesure moins d'1 mm de long, le fruit mûr représente une part importante de la plante dont il est issu.

LA VIE LA PLUS COURTE

Les éphémères sont des insectes appartenant à l'ordre des éphéméroptères. En grec, *ephemeros* signifie « qui dure un jour » et *pteron* « aile ». Les éphémères peuvent passer 2 à 3 ans sous forme de nymphes au fond des lacs et des rivières, puis vivre à peine 1 h une fois adultes.

LE PLUS PETIT CROTALE

Le crotale pygmée *Sistrurus miliarius* vit au sud-est des États-Unis, dans les zones boisées plutôt proches de points d'eau. Même les spécimens adultes mesurent moins de 45 cm de long. Son bruiteur est si petit qu'il ne produit qu'un faible bourdonnement audible à tout juste 1 m à la ronde. Cependant, malgré sa petite taille, cette espèce est très venimeuse et mord souvent les humains. Ci-contre, le crotale pygmée rouge (*Sistrurus miliarius miliarius*).

FORÊTS TEMPÉRÉES

LA PLUS GRANDE FORÊT DE CONIFÈRES

La vaste forêt de conifères du nord de la Russie se trouve entre la latitude 55°N (ci-dessous en jaune) et le cercle arctique (en rouge). La région boisée recouvre 4 millions km². Sur cette image satellite,

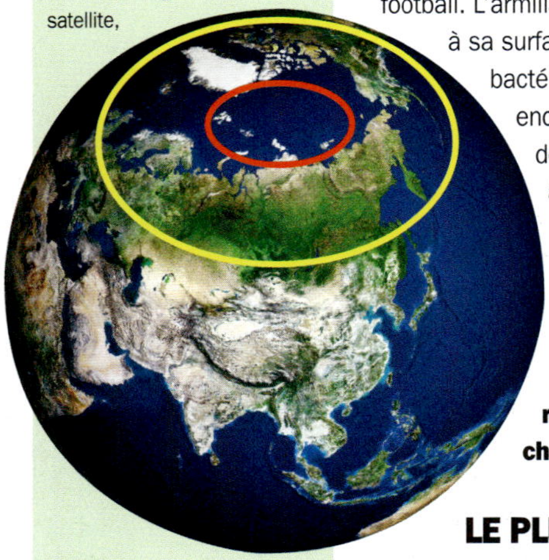

l'eau est en bleu, la végétation en vert, les zones arides en brun, et la neige ou la glace en blanc. La forêt boréale, ou taïga, s'étend à travers la Russie, la Scandinavie, le Canada et l'Alaska.

★LE PLUS GRAND ORGANISME BIOLUMINESCENT

Le plus grand organisme bioluminiscent est un spécimen géant d'armillaire d'Ostoya (*Armillaria ostoyae*) découvert dans la forêt nationale Malheur (Oregon, USA). Cette gigantesque formation mycologique mesure 5,6 km de diamètre et occupe 890 ha (8,9 millions m²), soit l'équivalent de 1 220 terrains de football. L'armillaire est reconnaissable à sa surface brillante due à une bactérie bioluminescente, encore que la majeure partie de ses tissus est enfouie à 1 m de profondeur, sous forme d'éventail mycélien. On évalue à 2 400 ans l'âge de ce champignon géant qui détient aussi **le record de plus grand champignon du monde**.

LE PLUS GRAND ARBRE VIVANT

Un séquoia géant (*Sequoiadendron giganteum*), surnommé Général Sherman, poussant dans le parc national de Sequoia (Californie, USA) est le plus grand arbre vivant. Haut de 82,6 m, il a un diamètre de 8,2 m et une circonférence d'environ 25,9 m. Cet arbre contiendrait l'équivalent de 630 096 planches de bois en grume, de quoi fabriquer plus de 5 milliards d'allumettes. Son écorce auburn atteint 61 cm d'épaisseur en certains endroits.

★LE PLUS GRAND TERRIER DE BLAIREAU

Le blaireau européen (*Meles meles*) passe plus de la moitié de sa vie sous terre où il construit le plus grand terrier de tous les mustélidés. La plus grande galerie jamais trouvée comptait un réseau de tunnels de 879 m, 50 chambres et 178 entrées.

LE SAVIEZ-VOUS ?

Un terrier-galerie est un réseau de tunnels, situé dans des pâturages ou des bois, où le sol est assez meuble pour être creusé. Le terrier peut demander des années de travail. Les blaireaux se terrent dans leur galerie le jour et en émergent à la tombée de la nuit.

★L'INSECTE AU RÉGIME ALIMENTAIRE LE PLUS VARIÉ

La chenille de l'écaille fileuse (*Hyphantria cunea),* membre de la famille des chenilles bourrues (Arctiidae), est l'insecte dont l'alimentation est la plus variée en qualité comme en quantité. On estime que ces chenilles se nourrissent de 636 espèces végétales à travers le monde : plus de 200 aux États-Unis, 219 en Europe, plus de 300 au Japon et 65 en Corée (certaines espèces sont communes à plusieurs régions).

★LE PLUS GROS COQ DE BRUYÈRE

Le grand tétras (*Tetrao urogallus*), originaire des forêts de pins d'Europe du Nord, n'existait plus en Écosse depuis le XVIIe siècle. Des spécimens suédois ont été réintroduits dans les années 1830. Un mâle pèse jusqu'à 4 kg et une femelle environ 2 kg.

100%

LE PLUS PETIT CARNIVORE

La petite belette d'Europe (*Mustela nivalis*) mesure de 11 à 26 cm de long, pour un poids de 30 à 200 g, et possède une queue de 1,3 à 8,7 cm. Ces belettes peuplent surtout les forêts du nord de l'Europe, de l'Asie et d'Amérique du Nord. Elles se nourrissent généralement de rongeurs, de taupes et d'œufs d'oiseaux.

★ NOUVEAU RECORD
● MISE À JOUR

★ L'ARBRE LE PLUS RÉCENT

Même s'il a été découvert par hasard en 2006 par une famille qui pique-niquait dans un coin reculé du nord-ouest de Madagascar, le palmier Tahina (*Tahina spectabilis*) a dû attendre janvier 2008 pour recevoir un nom officiel. En fait, ce n'est qu'en 2007, à la suite d'analyses d'ADN, que les scientifiques ont conclu à une nouvelle espèce et un nouveau genre. Cette découverte tardive suscite des interrogations, notamment en raison de la taille de l'arbre (plus de 18 m) et de ses feuilles en éventail (5 m de diamètre), mais surtout de son cycle de vie suicidaire. L'inflorescence prend en effet des décennies et, lorsqu'elle se produit, des centaines de fleurs riches en nectar éclosent au-dessus de la couronne de l'arbre. Chaque fleur se transforme alors en fruit, mais le processus épuise tous les nutriments de l'arbre, si bien qu'il s'écroule et meurt dès maturation des fruits.

★ LES PLUS GRANDES FRONDES DE FOUGÈRE

La fougère géante d'Australie *Angiopteris evecta* possède un immense tronc pouvant atteindre 1 m de diamètre et 3 m de haut. Ses frondes, qui peuvent aller jusqu'à 8 m de long, sont les plus grandes au monde.

LA CROISSANCE D'ARBRE LA PLUS LENTE

Le thuya d'Occident (*Thuja occidentalis*) est l'arbre dont la croissance est la plus lente. Originaire des terrains escarpés des Grands Lacs canadiens, ce thuya atteint à peine 10,2 cm en 155 ans ! Son poids est en accord avec sa taille puisqu'il ne pèse que 17 g, avec une croissance de 0,11 g par an.

LE CHAMPIGNON LE PLUS LOURD

Le 2 avril 1992, on a découvert un champignon de sol à prolifération clonale *Armillaria bulbosa* qui recouvrait 15 ha d'une forêt du Michigan (USA) et dont on a estimé le poids à plus de 100 t – soit celui d'une baleine bleue. On pense que l'organisme s'est développé il y a plus de 1 500 ans, à partir d'une seule et unique spore fertilisée.

L'OISEAU LE PLUS RARE

Le pic à bec d'ivoire d'Amérique du Nord (*Campephilus principalis principalis*) est actuellement l'oiseau le plus menacé d'extinction de la planète. On pensait ce pic d'Amérique (le plus gros pic derrière le pic impérial) éteint depuis les années 1940, mais une expédition de la Big Woods Conservation Partnership, menée par le laboratoire d'ornithologie et le conservatoire naturel de l'université de Cornell, a pu filmer un spécimen mâle le 25 avril 2005. Cet oiseau rare avait été découvert au cours de recherches dans les refuges nationaux de vie sauvage des rivières Cache et White (Arkansas, USA). Les appels et pépiements caractéristiques des pics à bec d'ivoire ont également été enregistrés par les scientifiques, laissant espérer la présence d'autres spécimens de l'espèce tapis dans les fins fonds de la nature sauvage. En 1986, on avait brièvement redécouvert le pic à bec d'ivoire cubain – une sous-espèce –, mais depuis, il n'y a pas eu le moindre témoignage de sa présence, laissant supposer une extinction totale.

● LA CROISSANCE D'ARBRE LA PLUS RAPIDE

En termes de volume de biomasse, le séquoia géant (*Sequoiadendron giganteum*), surnommé Général Grant, connaît la croissance la plus rapide du monde. Il se trouve à Grant Grove, dans le parc national de Kings Canyon (Californie, USA). En 16 ans, le volume de son tronc a augmenté en moyenne de 2,23 m³ par an. Il est ainsi passé de 1 218 m³ en 1931 à 1 319 m³ en 1976 lorsqu'il a été mesuré par Wendell Flint (USA). Ce volume de bois permettrait de bâtir une maison avec trois chambres.

LE PLUS PETIT PRIMATE

Musaraignes mises à part, puisque classées séparément, le plus petit primate est le microcèbe roux de Morondava (*Microcebus myoxinus*), découvert en 1993 dans les forêts de l'ouest de Madagascar. Le corps de l'animal ne mesure que 62 mm de long, sa queue 136 mm pour à peine 30,6 g.

100%

LA VIE SUR TERRE

FORÊTS TROPICALES

SOS FORÊTS

Selon un rapport de l'Organisation des Nations unies pour l'alimentation et l'agriculture (FAO) paru en 2007, intitulé *State of the World's Forests*, l'Indonésie présente **le ●taux de déforestation le plus élevé** des 44 pays qui, réunis, représentent 90 % des forêts mondiales. Chaque année, entre 2000 et 2005, l'Indonésie a déboisé 1,8 million ha de terre – soit une diminution annuelle de 2 % de sa forêt. Imaginez le déboisement de 51 km² par jour ou de 300 terrains de football par heure !

Toutefois, **la déforestation la plus rapide** a eu lieu entre 1990 et 2000 au Burundi (Afrique centrale), avec une diminution annuelle de 9 % de ses bois. À ce rythme, la totalité de la forêt du Burundi disparaîtrait en 11 ans.

●LE PLUS GROS RAT

Le rat de Cuming, qui vit à Luzon, aux Philippines, est la plus grosse espèce de rats. Ce rat à queue effilée et au pelage dense se plaît dans les arbres des forêts tropicales de Luzon. Il mesure près de 1 m de long (queue comprise !).

Toutefois, en 2007, une équipe scientifique qui s'était rendue dans les montagnes reculées de Foja, à Irian Jaya (Nouvelle-Guinée indonésienne), a découvert une espèce de rat gigantesque et jusqu'à présent inconnue. Voici ci-dessous le spécimen vivant qu'ils ont capturé. D'une taille de 70 cm (queue non comprise), ce rat pourrait concurrencer un chat. On commence d'ailleurs à le considérer comme le rat le plus gros du monde. Mais il ne détrônera le rat de Cuming qu'une fois confirmation d'autres spécimens.

★LE VERTÉBRÉ LE PLUS FORT

En termes de puissance générée en watts par kilo de muscle, la salamandre géante (*Bolitoglossa dofleini*) originaire d'Amérique centrale se hisse sur la première marche du podium. La salamandre sort sa langue à quelque 18 000 watts par kg de muscle. On pense que cette énergie serait stockée dans les tissus élastiques de la langue – celle-ci fonctionnant un peu comme un caoutchouc.

★LE SON LE PLUS HAUT ÉMIS PAR UN ARTHROPODE

L'*Arachnoscelis* mâle, du genre Katydides (semblable à un criquet) et de la famille des Tettigoniidae, émet la plus haute fréquence d'ultrasons pour un arthropode. Cette sauterelle se trouve dans les forêts tropicales de l'ouest de la Colombie et notamment au National Park Isla Gorgona. Fernando Montealegre-Z (Colombie/ Canada), Glenn K. Morris et Andrew C. Mason (Canada) de l'université de Toronto ont découvert l'origine de cette particularité : un « grattoir » situé sur l'aile droite de l'insecte. Lorsque l'insecte frotte ses ailes l'une contre l'autre, le grattoir se distend, puis retrouve sa forme initiale, générant alors l'ultrason. Ces résultats ont été publiés en décembre 2006 dans le *Journal of Experimental Biology*. En novembre 2007, on a évalué le « pépiement » à 133 kilohertz.

★NOUVEAU RECORD
●MISE À JOUR

★LA PLUS GRANDE MANTE

Toxodera denticulata (photo), originaire de Java, mesure 20 cm de long, raflant officiellement le statut de plus grande mante du monde. Une nouvelle espèce de mante, plus imposante encore, vient de faire son apparition. Cette espèce indéterminée originaire du Cameroun a été baptisée méga-mante. Enfin, certains spécialistes prétendent que des espèces encore plus grosses vivraient dans les forêts tropicales de Bolivie et du Pérou.

LE SAVIEZ-VOUS ?

On dénombre 2 300 espèces de mantes (ordre des Mantodea). Si les mantes sont généralement appelées « mantes religieuses » (en raison de leur posture), elles n'ont évidemment rien de religieux et sont de redoutables prédatrices. Pour la petite histoire, les femelles en captivité sont connues pour décapiter les mâles pendant l'accouplement !

●LE PLUS GRAND PÉCARI

Le pécari géant (*Pecari maximus*) est originaire de l'Amazonie brésilienne, plus précisément du bassin de Rio Aripuana. Découvert par le Dr Marc van Roosmalen (Pays-Bas), il ressemble un peu au pécari à collier (*Pecari tajacu*), mais est considérablement plus grand et plus élancé, avec des pattes bien plus longues aussi. Le pécari géant mesure environ 1 m, avec une taille au garrot de 85 cm et un poids d'environ 40 kg. Son poil est dru, sa robe brune et blanche – et non d'un gris-noir plus foncé. Jusque-là, on considérait le pécari du Chaco (*Catagonus wagneri*) comme le plus grand pécari. Pour info, ce pécari avait été découvert vivant en 1974, alors qu'on croyait l'espèce éteinte depuis l'âge de glace.

LA PLUS GRANDE ORCHIDÉE

Du haut de ses 15 m, l'orchidée *Galeola foliata*, un saprophyte de la famille de la vanille, règne sans partage sur les forêts tropicales du Queensland (Australie) dont elle est originaire.

★LE PLUS PETIT MAMMIFÈRE ARTIODACTYLE

Le chevrotain malais, ou petit kanchil de Java (*Tragulus javanicus*), est le plus petit artiodactyle (mammifère doté d'un nombre pair de doigts aux pieds) connu. Cet herbivore n'est pas plus gros qu'un lapin. Adulte, le mâle, plus menu que la femelle, mesure de 44 à 48 cm de long, avec une queue comprise entre 6,5 et 8 cm et une taille au garrot de 20-25 cm. Il pèse de 1,7 à 3 kg.

Ce minuscule mammifère habite dans les forêts tropicales et les mangroves d'Asie du Sud-Est.

★L'OISEAU LE PLUS PUANT

Le hoazin huppé (*Opisthocomus hoazin*) est sans conteste l'hôte le plus malodorant de la forêt tropicale colombienne. Cette créature d'une drôle d'apparence est classée avec les faisans, les coucous, les touracos, ou encore dans un groupe taxinomique à part. Elle dégage une odeur de fumier, d'où son nom local, *pava hedionda*, « faisan puant ». On pense que cette odeur pestilentielle provient à la fois de son régime alimentaire (feuilles vertes exclusivement) et de son appareil digestif unique, qui engendre une fermentation intestinale.

LA PLUS GRANDE FORÊT TROPICALE

La forêt tropicale amazonienne est unique en son genre. Elle s'étend sur quelque 6 475 million km^2 à travers 9 États d'Amérique du Sud : Brésil, Colombie, Pérou, Venezuela, Équateur, Bolivie, Guyane, Surinam et Guyane française.

PRAIRIES

LE PLUS GRAND MAMMIFÈRE

Les girafes (*Giraffa camelopardalis*) vivent dans la savane aride et les régions boisées du sub-Sahara, en Afrique. Un adulte mesure en moyenne de 4,6 à 5,5 m de haut. Son cou compte sept vertèbres comme la plupart des mammifères, mais les siennes sont très allongées. Les girafes ont de si longs membres qu'elles doivent avancer les pattes antérieures et fléchir les genoux lorsqu'elles veulent boire. Les girafes sont dotées d'une langue longue et extensible et de lèvres allongées et sensibles qui leur permettent de cueillir les feuilles des arbres et des arbustes. Recouvertes de peau et de poils, les cornes des girafes font partie du crâne. La girafe est **le plus grand artiodactyle** (nombre pair de doigts aux pieds). La plus grande girafe jamais vue est une girafe Masaï (*G. c. tippelskirchi*) de 5,8 m, pensionnaire du zoo de Chester (GB) en 1959.

LE MAMMIFÈRE TERRESTRE LE PLUS RAPIDE

Sur de courtes distances, le guépard (*Acinonyx jubatus*) devance tout le règne animal. Habitant les plaines du sub-Sahara africain, de l'Iran, du Turkménistan et de l'Afghanistan, le guépard peut atteindre une vitesse moyenne de 100 km/h. Selon les études conduites en 1965 par le professeur Craig Sharp de l'université de Brunel (Londres, GB), une femelle adulte de 35 kg aurait atteint 104,4 km/h sur 201,2 m.

LES PLUS GRANDES PRAIRIES

Les Grandes Plaines d'Amérique du Nord, qui s'étendent sur 3 millions km^2 du sud du Canada au nord du Mexique, sont les plus grandes du monde. D'un climat tempéré, sans températures extrêmes, elles connaissent des étés chauds et secs.

Les plus grandes prairies tropicales (situées plus près des côtes, avec des pluies plus abondantes et souvent des zones boisées) se trouvent dans la savane du nord de l'Australie, recouvrant une superficie de 1,2 million km^2.

Avec ses 804 500 km^2, la steppe du Kazakhstan, en Asie centrale, est **la plus grande région steppique**. La steppe est une savane sans arbre qui connaît des étés chauds et secs, et des hivers froids mais sans neige.

★L'HERBE LA PLUS ENVAHISSANTE

La paillote (*Imperata cylindrica*) est une plante vivace à rhizome, c'est-à-dire une espèce résistante dont les tiges horizontales se renouvellent chaque année. Originaire d'Asie de l'Est et du Sud-Est, d'Inde, de Micronésie et d'Australie, cette herbe redoutablement envahissante est parvenue à coloniser aussi certaines zones d'Europe, d'Afrique, d'Amérique et du nord de l'Asie – sans oublier de nombreuses îles. Le rhizome de la plante est tristement célèbre aux États-Unis, car il saccage les semis de pin et anéantit toutes les plantes de son environnement. Cette herbe est par ailleurs très inflammable, favorisant ainsi les risques d'incendie et mettant en péril l'habitat des espèces menacées.

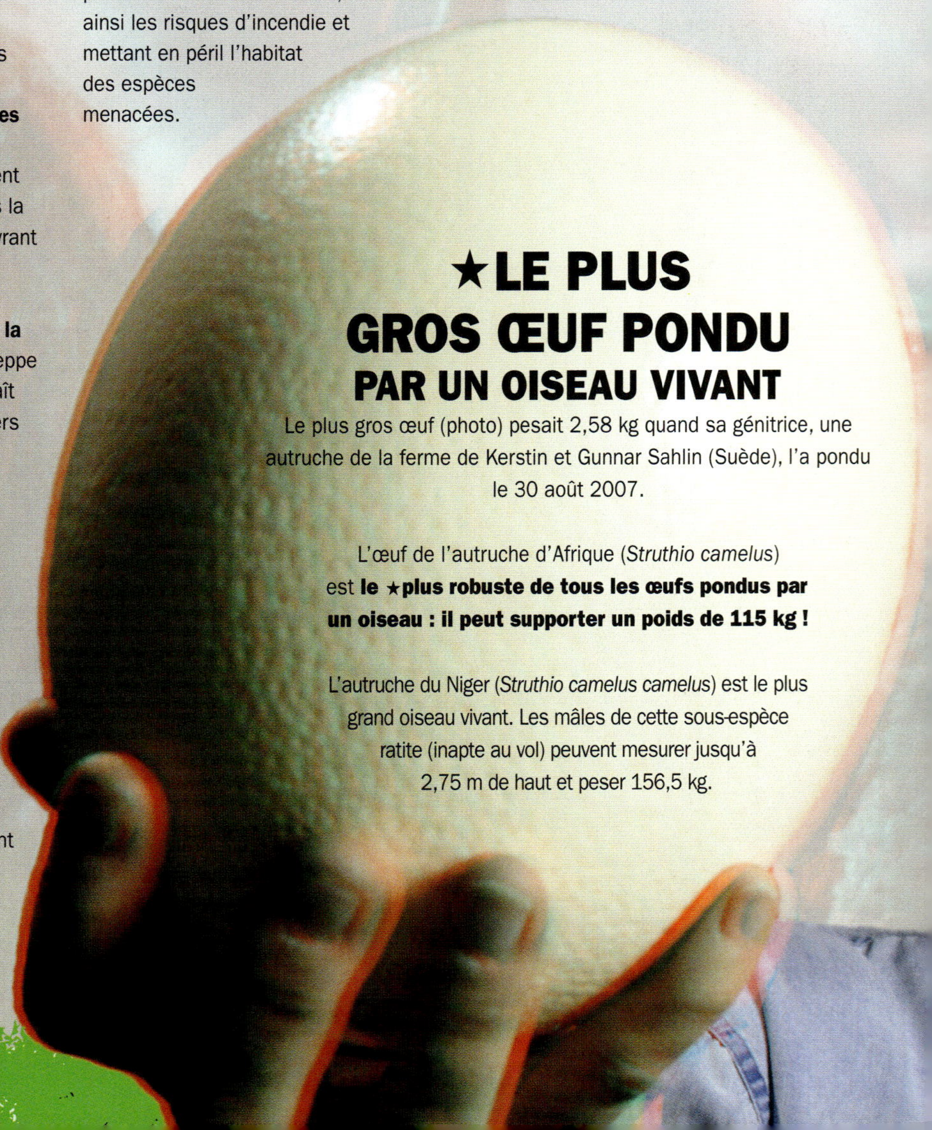

★LE PLUS GROS ŒUF PONDU PAR UN OISEAU VIVANT

Le plus gros œuf (photo) pesait 2,58 kg quand sa génitrice, une autruche de la ferme de Kerstin et Gunnar Sahlin (Suède), l'a pondu le 30 août 2007.

L'œuf de l'autruche d'Afrique (*Struthio camelus*) est **le ★plus robuste de tous les œufs pondus par un oiseau : il peut supporter un poids de 115 kg !**

L'autruche du Niger (*Struthio camelus camelus*) est le plus grand oiseau vivant. Les mâles de cette sous-espèce ratite (inapte au vol) peuvent mesurer jusqu'à 2,75 m de haut et peser 156,5 kg.

★ NOUVEAU RECORD
● MISE À JOUR

● L'OISEAU VOLANT LE PLUS LOURD

L'outarde kori mâle (*Ardeotis kori*) d'Afrique du Sud et de l'Est pèse jusqu'à 18,2 kg – poids du plus gros spécimen constaté en 1936 après qu'il a été tué par H. T. Glynn en Afrique du Sud. Sur la photo, une outarde kori portant un guêpier d'Europe carmin sur le dos.

LE SAVIEZ-VOUS ?

Le nandou d'Amérique (*Rhea americana*), une autruche aptère, est le plus gros oiseau d'Amérique du Sud (prairies d'Argentine, de Bolivie, du Brésil, du Paraguay et de l'Uruguay). Les adultes atteignent 1,29 m de long et pèsent 27 kg.

★ LE NID D'OISEAU LE PLUS PEUPLÉ

Originaire des prairies sèches d'Afrique du Sud-Ouest, le républicain social (*Philetairus socius*) construit un immense nid communautaire qui peut atteindre 8 m de long et 2 m de haut. Semblable à une meule de foin géante, ce nid est souvent perché sur un arbre ou un poteau électrique. En fait, il abrite jusqu'à 300 nids individuels. Chacun de ces nids accueille un couple d'oiseaux et sa progéniture. Ces immenses nids communautaires sont si lourds que les arbres s'effondrent parfois sous leur poids !

★ LES INSECTES LES PLUS SUCRÉS

Un seul hectare de végétation peut accueillir jusqu'à 5 milliards de pucerons qui à leur tour vont chaque jour saturer le sol de 2 t de sucre sous forme de miellat. Il s'agit de **la plus importante sécrétion sucrée émise par un insecte**.

LES PLUS RAPIDES...

PRIMATE

Le patas (*Erythrocebus patas*) d'Afrique de l'Ouest et de l'Est, ou singe pleureur, peut atteindre 55 km/h. Grâce à ses membres élancés, on le surnomme parfois le « guépard des primates ».

SERPENT TERRESTRE

Le redoutable mamba noir (*Dendroaspis polylepis*) d'Afrique du Sud-Est peut ramper à 16-19 km/h par à-coups brefs.

CHENILLE

La larve de la pyrale du houblon (*Pleuroptya ruralis*) peut parcourir 38,1 cm par seconde (1,37 km/h), soit l'équivalent de 241 km/h pour l'homme.

★ LE MOUVEMENT MUSCULAIRE LE PLUS RAPIDE

Le cycle de contraction-relâchement musculaire du minuscule moucheron *Forcipomyia* dure exactement 0,00045 s. (1/2 218 fraction de seconde) ! Ce véloce insecte effectue 62 760 battements d'aile à la minute (soit 1 046 par seconde).

MONTAGNES

LES PRIMATES LES PLUS AU NORD

Les macaques du Japon (*Macaca fuscata*) peuplent les régions montagneuses de Jigokudani à Honshu (Japon), près de Nagano (36°40N, 138°10E). Excepté l'homme, aucun autre primate ne vit aussi près du pôle Nord. L'hiver, ces macaques des neiges survivent à - 15 °C en se réchauffant dans les sources d'eau chaude volcanique.

LE PLUS HAUT PLATEAU MONTAGNEUX

Monte Roraima est un plateau de grès qui borde le Brésil, la Guyana et principalement le Venezuela. Ce plateau, ou tepui, mesure 2 810 m de haut. En raison de son environnement spécifique, un tiers de sa flore ne se retrouve nulle part ailleurs. On dit que Monte Roraima aurait inspiré *Le Monde perdu* d'Arthur Conan Doyle.

★LE PLUS PETIT HABITAT NATUREL POUR UN OURS

Les femelles des pandas géants (*Ailuropoda melanoleuca*) ne vivent que dans les montagnes de Qinling, (Shaanzi, Chine), autrement dit sur 4,2 km^2.

En outre, le panda géant se borne à peupler 6 petites régions montagneuses des provinces du Sichuan, de Shaanzi et de Gansu, ainsi que la bordure du plateau tibétain, au sud-ouest de la Chine, ce qui représente à peine 5 900 km^2, **la ★plus petite répartition pour un ours**.

★LA RÉSURRECTION D'UN MARSUPIAL LA PLUS SPECTACULAIRE

Les scientifiques ne connaissaient l'opossum nain des montagnes (*Burramys parvus*) que par des fossiles datant de 10 000 à 15 000 ans, jusqu'à ce qu'en août 1966, le zoologiste Kenneth Shortman découvre un opossum d'aspect indéterminé, ressemblant à un loir tapi dans un recoin du chalet de ski de l'université de Melbourne, sur les pentes du mont Hotham (Victoria, Australie). Des études ont conclu qu'il s'agissait d'un opossum nain des montagnes. D'autres spécimens ont été découverts à Victoria, mais aussi en Nouvelle-Galles du Sud (Australie), scellant ainsi la résurrection d'une espèce qu'on croyait éteinte depuis des milliers d'années.

LA PLUS GROSSE ESPÈCE DE GUÊPE

Originaire des montagnes du Japon, le frelon géant asiatique (*Vespa mandarinia*) peut atteindre 5,5 cm de long pour une envergure de 7,6 cm. Son dard mesure 6 mm et injecte un redoutable venin, capable de dissoudre les tissus humains.

RECORD D'ALTITUDE POUR UN INSECTE VOLANT

Certains papillons migrateurs volent à 5 791 m d'altitude, à l'image de ces petites vanesses de l'ortie (*Aglais urticae*) papillonnant au-dessus du glacier Zemu à l'ouest de l'Himalaya. En comparaison, un oiseau peut voler à 11 300 m d'altitude, comme ce vautour de Ruppell (*Gyps rueppellii*), entré en collision avec un avion qui survolait Abidjan (Côte d'Ivoire, Afrique), le 29 novembre 1973.

Si votre langue était aussi longue que celle d'une chauve-souris à nectar, vous pourriez lécher vos orteils sans vous pencher !

★NOUVEAU RECORD
●MISE À JOUR

●LA LANGUE LA PLUS LONGUE

Comparativement à sa taille, la chauve-souris à nectar (*Anoura fistulata*) des Andes (Équateur) possède la langue la plus longue pour un mammifère. Celle-ci atteint 8,49 cm, soit 1 fois et demie la taille de l'animal. Selon Nathan Muchhala de l'université de Miami (Floride, USA) qui a publié ces chiffres en 2006 dans *Nature*, ce n'est pas un hasard si *A. fistulata* est le seul pollinisateur du *Centropogon nigricans*, dont les corolles tubulaires mesurent 8-9 cm de profondeur. La photo montre une chauve-souris à nectar en train de boire dans une éprouvette.

RECORD D'ALTITUDE POUR LA FAUNE ET LA FLORE

Ermania himalayensis (famille des crucifères ou brassicacées) et *Ranunculus lobatus* (famille des renoncules) poussent sur le mont Kamet dans l'Himalaya, à 6 400 m – **l'altitude la plus élevée pour une plante fleurie**.On a trouvé des pikas à grandes oreilles (*Ochtona macrotis*) vivant à 6 130 m d'altitude dans les montagnes d'Asie. Le yak (*Bos mutus*) du Tibet et du Sichuan (Chine) peut grimper aussi jusqu'à 6 100 m, mais seulement quand il cherche du fourrage. L'habitat naturel du loche tibétain (famille des Cobitidae) se trouvant à 5 200 m dans l'Himalaya est **le plus élevé pour un poisson**.Le crotale de l'Himalaya (*Agkistrodon himalayanus*) est un **★serpent vénéneux qui évolue à des altitudes pouvant atteindre 4 900 m.** La vigogne (*Vicugna vicugna*) originaire des Andes sud-américaines est **★le camélidé sauvage dont l'habitat est le plus élevé**. Elle vit jusqu'à 4 800 m, comme l'alpaga, un camélidé domestiqué.

L'★altitude maximale pour un arbre est de 4 600 m. Dans le sud-ouest de la Chine, on a aussi découvert un sapin argenté (*Abies squamata*) et des bouleaux de l'Himalaya (*Betula utilis*). Toujours dans l'Himalaya, des spécimens d'*A. spectabilis* (une espèce proche d'*A. squamata)* ont été trouvés à 4 267 m.

★LA PLUS GRANDE HERBACÉE

La puya (*Puya raimondii*), une espèce rare de la famille des broméliacées, pousse dans les montagnes boliviennes. Le tronc de cette plante herbacée peut atteindre 4 m de haut. La puya, qui ne fleurit qu'au bout de 150 ans, a **la floraison la plus lente**.

★LA PLUS GRANDE MUSARAIGNE À TROMPE

En mars 2006, on a découvert le sengi à face grise (*Rhynchocyon udzungwensis*) dans des forêts des montagnes du sud et du centre de la Tanzanie. Son poids – environ 700 g – est plus de 25 % supérieur à celui des autres espèces de musaraignes-éléphants (ou sengi) connues jusqu'alors. Cantonnées à l'Afrique, ces musaraignes-éléphants doivent leur nom à leur longue trompe et à leur vague ressemblance avec les musaraignes authentiques. Elles ont à présent un ordre taxinomique bien à elles, plus proche de celui des éléphants, lamantins et oryctéropes. Avec leur robe auburn, leur gueule grise et bien sûr leur imposante taille, elles sont facilement reconnaissables, ce qui rend leur découverte si tardive bien surprenante.

★RECORD D'ALTITUDE POUR UN PRÉDATEUR TERRESTRE

Le léopard des neiges (*Uncia uncia*) vit dans 12 pays des régions montagneuses d'Asie centrale et du Sud. Très discret, ce félin a pu être filmé grâce à des caméras dissimulées à des altitudes de 5 800 m. C'est ainsi qu'on a obtenu ces images d'un léopard des neiges pourchassant un markhor (bouquetin sauvage) dans les montagnes reculées de la frontière pakistano-afghane et diffusées dans la série *Planet Earth* (BBC, 2006).

NEIGE & GLACE

★LE PLUS GROS INSECTE DE L'ANTARCTIQUE

Le plus gros – et l'unique – insecte qui vit en Antarctique est le moucheron *Belgica antarctica*. Avec ses 12 mm, il est à peine plus grand qu'un grain de riz, mais il est le plus gros animal à s'être adapté et à vivre en Antarctique toute l'année (les phoques et les pingouins vivent surtout dans l'eau). Il cohabite avec les colonies de pingouins, se nourrissant de déchets et d'algues.

★LE PLUS GRAND FAUCON

La plus grande espèce de faucon est le faucon gerfaut (*Falco rusticolus*), originaire des régions arctiques et subarctiques. À l'âge adulte, cet oiseau peut atteindre 64 cm de long, avec une envergure de 123 cm et un poids de 800 g à 2,1 kg.

★NOUVEAU RECORD
● MISE À JOUR

LE PINNIPÈDE LE PLUS DANGEREUX

Le léopard de mer (*Hydrurga leptonyx*) carnivore est la seule espèce dont on sait qu'elle attaque les hommes sans avoir été provoquée. Des léopards de mer ont déjà surgi de crevasses dans la glace pour mordre les pieds des hommes. Des plongeurs ont été attaqués et des personnes poursuivies sur la glace, parfois sur une centaine de mètres.

Ci-dessous, un léopard de mer allongé sur les rochers de la côte à Port Lockroy, sur l'île Wiencke (Antarctique).

★LE PLUS GRAND PÉTREL

Originaire de l'Antarctique, la plus grande espèce de pétrel est le pétrel géant (*Macronectes giganteus*), qui mesure environ 90 cm de long et dont l'envergure dépasse 2 m. Sa taille est donc proche de celle d'un petit albatros. Il se nourrit de charognes trouvées en mer et sur terre, mais peut également attaquer et tuer des proies aussi grosses que des manchots royaux ou des bébés phoques isolés.

★LE PLUS PETIT PÉTREL

Également originaire de l'Antarctique, l'océanite de Wilson (*Oceanites oceanicus*) pèse à peine 40 g et n'est pas plus grand qu'une hirondelle.

★LA PLUS GRANDE POPULATION D'ORQUES

C'est au large de l'Antarctique que vit la plus grande population d'orques, ou épaulards (*Orcinus orca*), au monde, soit environ 160 000 individus. (Ci-dessus un bébé otarie à crinière d'Amérique du Sud attaqué par une orque.)

Le 12 octobre 1958, une orque mâle a été chronométrée à 55,5 km/h dans le nord-est du Pacifique, devenant **le mammifère marin le plus rapide**. Le marsouin de Dall (*Phocoenoides dalli*) peut atteindre cette vitesse, mais sur de courtes distances.

★LE PLUS GRAND GÉNOME DE CRUSTACÉ

Si l'amphipode *Ampelisca macrocephala* qui vit dans l'océan Arctique est un petit animal, son génome comprend 63,2 milliards de paires de bases, soit 20 fois plus que le génome humain.

★LE PLUS PETIT ARBRE ARCTIQUE

Le saule herbacé (*Salix herbacea*) est une espèce minuscule qui dépasse rarement 6,4 cm de haut et qui pousse dans la toundra gelée de la zone arctique.

Aucune plante ne survit au-delà de 83° de latitude Nord et de 86°09' de latitude Sud.

★LE PHOQUE LE PLUS SEPTENTRIONAL

Le phoque annelé (*Phoca hispida*) est l'espèce de phoque la plus courante de la région arctique et la plus septentrionale au monde. Ce phoque, très résistant au froid, vit là où il trouve suffisamment d'eau au milieu de la glace du Haut-Arctique ; des spécimens ont même été enregistrés au pôle Nord.

DES PINGOUINS PAR MILLIONS

La plus grande colonie de pingouins au monde se trouve sur l'île Zavodovski, dans l'archipel des îles Sandwich du Sud. Environ 2 millions de manchots à jugulaire (*Pygoscelis antarctica*) vivent sur les collines de l'île qui est un volcan actif.

LA TEMPÉRATURE LA PLUS BASSE POUR UN MAMMIFÈRE

La température corporelle du spermophile arctique (*Spermophilus parryii*), qui vit en Alaska et au nord-ouest du Canada, atteint – 3 °C. Elle passe sous 0 quand ce rongeur hiberne et se trouve dans un état d'arrêt momentané des fonctions vitales. En été, sa température normale s'élève à 37 °C.

La période d'hibernation de cet animal, qui peut durer 9 mois, est **la plus longue hibernation chez un rongeur** dans la nature.

L'ARBRE LE PLUS ISOLÉ

On pense que l'arbre le plus isolé est un épicéa commun solitaire qui pousse sur l'île Campbell (Antarctique). Son compagnon le plus proche se trouverait à plus de 222 km, sur les îles Auckland.

★LA FOUGÈRE ARBORESCENTE LA PLUS MÉRIDIONALE

Cyathea smithii est une grande fougère arborescente au tronc mince qui mesure jusqu'à 8 m de haut et dont les frondes atteignent 2,5 m de long. Cette espèce est originaire des forêts montagneuses et froides de Nouvelle-Zélande, mais aussi des îles Auckland subantarctiques. Elle est donc l'une des plus résistantes au froid de Nouvelle-Zélande.

La plante à fruit la plus méridionale est la canche antarctique (*Deschampsia antarctica*), trouvée à une latitude de 68°21'S sur l'île Refuge (Antarctique), le 11 mars 1981.

★LE PLUS LONG JEÛNE POUR UN OISEAU

Le plus long jeûne dont on ait trace pour un oiseau est celui d'un manchot empereur (*Aptenodytes forsteri*) mâle, qui a duré 134 jours. Pendant la période de reproduction, le manchot empereur mâle ne mange généralement pas pendant qu'il se rend jusqu'à la colonie de nidification, s'accouple à une femelle, couve leur œuf pendant 62-67 jours (sans l'aide de la femelle), attend le retour de la femelle et retourne vers la mer. Ce n'est qu'arrivé à destination qu'il se nourrit. Le manchot survit pendant ce long jeûne forcé (durant lequel son poids diminue de moitié) grâce à des réserves abondantes de tissu adipeux sous-cutané atteignant 3-4 cm d'épaisseur.

★LE PLUS GRAND PINGOUIN

Anthropornis nordenskjöldi vivait en Antarctique il y a environ 24 millions d'années, au Miocène inférieur. Ce pingouin mesurait environ 1,5-1,8 m de haut et pesait peut-être 90-135 kg. Aujourd'hui, la plus grande espèce de pingouin est le manchot empereur (*Aptenodytes forsteri*). Il atteint tout juste 1 m de haut debout, son corps mesure 1,15 m de long au total et pèse jusqu'à 43 kg.

Les traces d'oiseau les plus méridionales jamais répertoriées sont celles d'un manchot empereur, repérées par hasard en Antarctique à plus de 400 km de la mer la plus proche par une équipe d'explorateurs le 31 décembre 1957.

ZONES URBAINES

L'OUÏE LA PLUS FINE

Grâce à leur écholocation à ultrasons, les chauves-souris (ordre des chiroptères) possèdent l'ouïe la plus fine pour un animal non aquatique. La plupart des espèces fonctionnent avec des fréquences comprises entre 20 et 80 kHz, même si certaines perçoivent des fréquences de 120-250 kHz. En comparaison, l'homme se contente d'environ 20 kHz et les dauphins irradient à 280 kHz. Ici, une sérotine bicolore (*Vespertilio murinus*).

★ NOUVEAU RECORD
● MISE À JOUR

LE PLUS DE PATTES

Malgré leur nom, les centipèdes ne possèdent pas 100 pattes, pas plus que les mille-pattes en ont 1 000. On compte en fait deux paires de pattes par segment corporel chez les mille-pattes et une seule paire chez les centipèdes. En principe, les mille-pattes comptent environ 300 paires de pattes – encore qu'un spécimen appelé *Illacme plenipes* et trouvé en Californie (USA) en avait 375 (soit 750 pattes).

★ LE NID D'OISEAU LE PLUS BAS

Entre l'été 1975 et le printemps 1978 (hémisphère Nord), trois moineaux domestiques (*Passer domesticus*) ont élu domicile à Frickley Colliery (Yorkshire, GB) à une profondeur de 640 m – un record pour des oiseaux sauvages. Deux de ces passereaux ont même couvé et donné naissance à 3 oisillons, qui n'ont malheureusement pas survécu aux conditions.

★ LA PLUS GRANDE INVASION DOMESTIQUE PAR DES OISEAUX

On a tous trouvé un moineau ou un merle noir égaré dans sa cheminée, mais l'invasion d'une maison de Pasadena (Californie, USA) le soir du 4 mai 1998 rappelle *Les Oiseaux* d'Alfred Hitchcock. Heureusement, les propriétaires étaient absents, car lorsque les voisins ont donné l'alerte, les pompiers, éberlués, ont découvert plus d'un millier de martinets volant à tire d'aile et semant de la suie dans toute la maison. Certains oiseaux, sans doute paniqués, étaient morts en se jetant contre les murs. Il a fallu plus de 2 h aux pompiers pour faire sortir le reste du groupe. On ne sait pas ce qui a incité les martinets à s'engouffrer en masse dans cette cheminée.

LE SAVIEZ-VOUS ?

L'écholocation est une méthode de perception sensorielle qui permet aux chauves-souris de s'orienter, de détecter les obstacles, de communiquer entre elles et de trouver de la nourriture. Les chauves-souris émettent des ondes sonores par la bouche ou le nez ; lorsque le son atteint un objet, un écho leur revient. Cela leur permet de détecter des insectes de la taille d'un moucheron et des objets aussi fins qu'un cheveu humain.

LE PLUS LONG JEÛNE DE PARASITE

La punaise commune (*Cimex lectularius*) qui se nourrit de sang humain peut survivre sans nourriture pendant plus de 1 an. La tique (*Ornithodoros turicata*) qui répand le spirochète responsable de fièvres peut, elle, survivre sans aliment pendant près de 5 ans.

★ LE PREMIER POISSON BIOLUMINESCENT ARTIFICIEL

Créé en 2001 par le professeur H. J. Tsai de l'université nationale de Taiwan, le premier poisson bioluminescent artificiel (surnommé Frankenfish) est une perche vert fluorescent. La bioluminescence de ce spécimen d'aquarium est due à l'introduction d'un ADN de méduse.

LE PLUS PETIT ŒUF D'ARAIGNÉE

Une minuscule araignée rose (*Oonops domesticus*) qui vit sur les murs des maisons européennes pond des œufs d'une fraction de millimètre. Cette espèce d'araignée a également **le plus petit naissain** puisqu'elle ne pond que 2 œufs à la fois.

LE PLUS LONG LOMBRIC

En 1967, on a découvert sur une route située entre Alice et King William (KwaZulu-Natal, Afrique du Sud) un spécimen géant du ver de terre *Microchaetus rappi*. Ce lombric de 6,7 m de long en extension naturelle faisait 20 mm de diamètre. (Un lombric de cette espèce ne dépasse pas normalement 1,8 m.)
À l'opposé, *Chaetogaster annandalei* est **le lombric le plus court** – il mesure moins de 0,5 mm de long.

100 %

★ LE MARSUPIAL LE PLUS ÂGÉ

Le marsupial le plus âgé était un vombat commun (*Vombatus ursinus*). À sa mort, le 20 avril 1906, au zoo de Londres (GB), ce vombat avait 26 ans et 22 jours. Même si l'information n'est pas officiellement vérifiée, il est possible que des espèces de kangourous sauvages vivent jusqu'à 28 ans.

LA PLUS GRANDE TOILE D'ARAIGNÉE

En janvier 1999, dans une remise de la maison de David Hyde (GB), à Newent (Gloucestershire, GB), on a découvert une toile d'araignée de 5,08 m de long et 3,8 m de large, recouvrant 19,3 m². En 1998, Ken Thompson (GB) a trouvé la plus grande toile extérieure dans un champ de Warwick (GB). Confectionnée par des milliers d'araignées, elle couvrait 4,54 ha !

LE PLUS DE PIQÛRES D'ABEILLE

Ayant survécu à 2 443 piqûres d'abeille, le 28 janvier 1962, dans la mine de fer du Kamativi, près de la rivière Gwaii (Wankie, Zimbabwe, alors Rhodésie), Johannes Relleke détient un record inégalé. Tous les dards ont été retirés et comptabilisés.

L'ABEILLE LA PLUS DANGEREUSE

En principe, l'abeille d'Égypte, ou abeille tueuse (*Apis mellifera scutellata*), n'attaque que lorsqu'elle est provoquée, mais elle est aggressive et défend âprement son territoire. Même si son venin n'est pas plus nocif que celui des autres abeilles, elle attaque en essaim. La victime peut donc mourir du nombre de piqûres infligées.

★ LES PREMIERS ÉLÉPHANTS DOMESTIQUÉS

Les éléphants d'Asie (*Elephas maximus*) ont été les premiers éléphants domestiqués. On les utilisait comme bêtes de trait il y a déjà plus de 4 000 ans, pendant la civilisation de la vallée de l'Indus (actuels Pakistan et Inde).

● L'ANIMAL QUI DORT LE PLUS

En octobre 2007, le zoologiste Fritz Geiser (USA) de l'université de Nouvelle-Angleterre (USA) a sacré le phalanger pygmée australien (*Cercartetus nanus*) plus gros mammifère dormeur. Après avoir été gavé, notre animal s'est roulé en boule et a hiberné pendant 367 jours – une première, car aucun mammifère n'avait jamais hiberné en continu pendant une année entière. Durant son sommeil marathon, le petit opposum n'a consommé qu'un quarantième de l'énergie qu'il consomme lorsqu'il est éveillé. Avant cet exploit, le record appartenait à une souris sauteuse de l'Ouest (*Zapus princeps*) qui avait hiberné en laboratoire pendant 320 jours.

100 %

★ LE PLUS LONG MANIOC

Le 24 décembre 2000, Camilo Outerino (USA) a eu la surprise de déterrer de son jardin de Hialeah (Floride, USA) un manioc de 2,46 m de long.

HABITATS EXTRÊMES

LES PLUS GROS VISITEURS DE GROTTES

La grotte de Kitum, sur le mont Elgon (Kenya), est régulièrement visitée par des éléphants d'Afrique (*Loxodonta africana*). Depuis des générations, ils pénètrent instinctivement dans cette grotte et creusent la roche avec leurs défenses pour en extraire le sel dont leur organisme a besoin.

★LA PREMIÈRE ESPÈCE VÉGÉTALE À FLEURIR DANS L'ESPACE

En 1982, les occupants de la station spatiale soviétique *Salyut 7* cultivaient des *Arabidopsis*. Ces plantes, dont le cycle de vie est de 40 jours, ont été les premières à fleurir et à produire des graines en apesanteur.

LE MICROBE VIVANT LE PLUS HAUT DANS L'ESPACE

En avril 1967, la NASA a annoncé avoir découvert une bactérie à une altitude de 41 km.

L'ANIMAL QUI SUPPORTE LE MIEUX LA CHALEUR

Les animaux multicellulaires qui supportent le mieux la chaleur sont les tardigrades (« ours d'eau »). Ces animaux minuscules résistent à presque tout et peuvent supporter des températures de plus de 150 °C.

LA PLANTE VIVANT LE PLUS EN PROFONDEUR

En octobre 1984, Mark et Diane Littler (USA) ont découvert au large de San Salvador Island (Bahamas) une algue marron poussant à 269 m de fond. À cette profondeur, 99,9995 % de la lumière est pourtant filtrée.

LA FORME DE VIE LA PLUS RÉSISTANTE EN MILIEU ACIDE

Le milieu le plus acide dans lequel une forme de vie ait été découverte a un pH égal à 0, qui est celui de l'acide chlorhydrique. Plusieurs organismes supportent ces conditions, tel *Cyanidium caldarium*, qui vit dans les volcans.

LA FORME DE VIE LA PLUS RÉSISTANTE EN MILIEU ALCALIN

Une bactérie vivant dans une eau contaminée depuis plus d'un siècle par des déversements de mâchefer a été découverte en 2003 près de Chicago (Illinois, USA). Elle résiste à un pH atteignant par endroits 12,8.

L'ARBRE QUI SUPPORTE LE MIEUX LE FROID

Les mélèzes (genre *Larix*) sont les arbres qui supportent le mieux le froid. *L. laricina* (ci-contre), originaire du nord de l'Amérique du Nord et souvent présent en bordure de la toundra, à la limite de la zone où poussent encore des arbres, supporte des températures hivernales allant jusqu'à – 65 °C.

LE PLUS GRAND PARASITE

Diphyllobothrium latum, un plathelminthe (ver plat) vivant dans l'intestin grêle des poissons et parfois des humains mesure 9-12 m et peut exceptionnellement atteindre 18 m de long. S'il vivait 10 ans, il mesurerait presque 8 km et contiendrait 2 000 millions d'œufs !
Parmi les parasites de l'homme, on trouve *Taenia solium*, le ténia du porc, ou ver solitaire, dont la longueur peut dépasser 6 m, et *Taeniarhynchus saginatus*, le ténia du bœuf, qui peut atteindre 15 m (le plus long spécimen observé mesurait 22,86 m, soit 3 fois la taille de l'intestin tout entier).

LE SAVIEZ-VOUS ?

Le parasitisme est l'association de deux espèces différentes, l'une (le parasite) vivant aux dépens de l'autre (l'hôte). Les parasites vivent en général sur ou dans leur hôte, duquel ils tirent leur nourriture en période de reproduction, ce qui rend souvent l'hôte malade.

★LE MOLLUSQUE LE PLUS PARASITÉ

En janvier 1998, les scientifiques de l'université de Vrije d'Amsterdam (Pays-Bas) ont révélé que les spécimens de *Lymnaea stagnalis* (coquillages d'eau douce) parasités par le digène *Trichobilharzia ocellata* développaient une aversion pour l'activité sexuelle. En contrepartie, ils grandissent plus vite pour permettre à leurs parasites de se développer. En étudiant ce changement de comportement chez les espèces hôtes, on s'est aperçu que certains acides nucléiques (ARN messager) responsables de la production de protéines affectant le comportement des coquillages étaient présents en quantité beaucoup plus importante chez les coquillages parasités que chez les non-parasités. Autrement dit, *T. ocellata* influe sur l'expression génétique des *Lymnaea*, un phénomène qui n'avait encore jamais été mis en évidence.

LE PARASITE LE PLUS ASSOIFFÉ DE SANG

Les œufs invisibles d'*Ancylostoma duodenale* et de *Necator americanus*, deux nématodes, sont présents dans les fèces de 1,3 milliard de personnes à travers le monde. Ces vers ronds pompent à eux tous 10 millions de litres de sang par jour pour se nourrir.

LA DOUVE LA PLUS RÉPANDUE

La plupart des douves (qui regroupent deux sortes de vers plats) sont assez spécialisées. La grande douve du foie (*Fasciola hepatica*) peut en revanche infester le foie ou la vésicule biliaire de nombreuses espèces : mouton, bovins, chèvre, porc, cheval, lapin, écureuil, chien et homme.

★LA PLUS GRANDE CHAUVE-SOURIS

La plus grande chauve-souris du monde est la roussette de Nouvelle-Guinée (*Aproteles bulmerae*), originaire de Papouasie-Nouvelle-Guinée. La femelle adulte mesure environ 1 m d'envergure et pèse 600 g. Jusqu'en 1977, date à laquelle des spécimens contemporains ont été retrouvés dans un musée, les scientifiques ne la connaissaient que grâce à des fossiles vieux de 9 000 ans. Des spécimens vivants ont ensuite été découverts dans une immense grotte de Papouasie.

★LE VER QUI SUPPORTE LE MIEUX LA CHALEUR

Décrit par les scientifiques en 1980, le ver de Pompéi (*Alvinella pompejana*) vit là où jaillissent des sources hydrothermales dans le fond du Pacifique, au large des îles Galapagos. Ce petit polychète (ver segmenté) est le ver le plus résistant à la chaleur. Il s'accroche aux cheminées de ces sources, appelées fumeurs noirs, où il supporte des températures pouvant atteindre 80 °C. Seuls les tardigrades tolèrent une telle chaleur.

★LA COLONIE DE CHAUVES-SOURIS VIVANT LE PLUS EN PROFONDEUR

1 000 petites chauves-souris brunes (*Myotis lucifrugus*) passent chaque hiver dans une mine de zinc de l'État de New York, à 1 160 m de profondeur, soit 6 fois celle à laquelle on observe habituellement des chauves-souris.

★NOUVEAU RECORD
●MISE À JOUR

PARASITES GÉANTS

Le plus grand nématode du monde, qui vit dans le placenta des grands cachalots, porte le nom de *Placentonema gigantissimus*. Il peut atteindre 7,62 m de long.

La plus grande douve du monde, un digène parasite du môle, ou poisson-lune (*Mola mola*), peut atteindre 6-9 m.

●RECORD DE CHIRURGIE ESTHÉTIQUE

Depuis 1988, Cindy Jackson (USA) a dépensé plus de 100 000 $ (65 000 €) dans plus de 50 interventions esthétiques, dont 9 opérations complètes. Surnommée la Barbie vivante, cette fille d'un fermier américain est la pionnière de l'Extreme Makeover. Ses traitements ont inclus liftings, rhinoplastie, implants mammaires, liposuccion, peelings, soins à l'oxygène, Botox, réduction du menton, implants de joues, diverses injections, microdermabrasion, injections dermiques de vitamines et tatouage des lèvres et du contour des yeux ! Elle pose ici avec le Dr José Campo et ses assistantes à l'hôpital Xanit, près de Málaga (Espagne). Vous pouvez aussi retrouver Cindy sur son site Internet www.cindyjackson.com.

SOMMAIRE

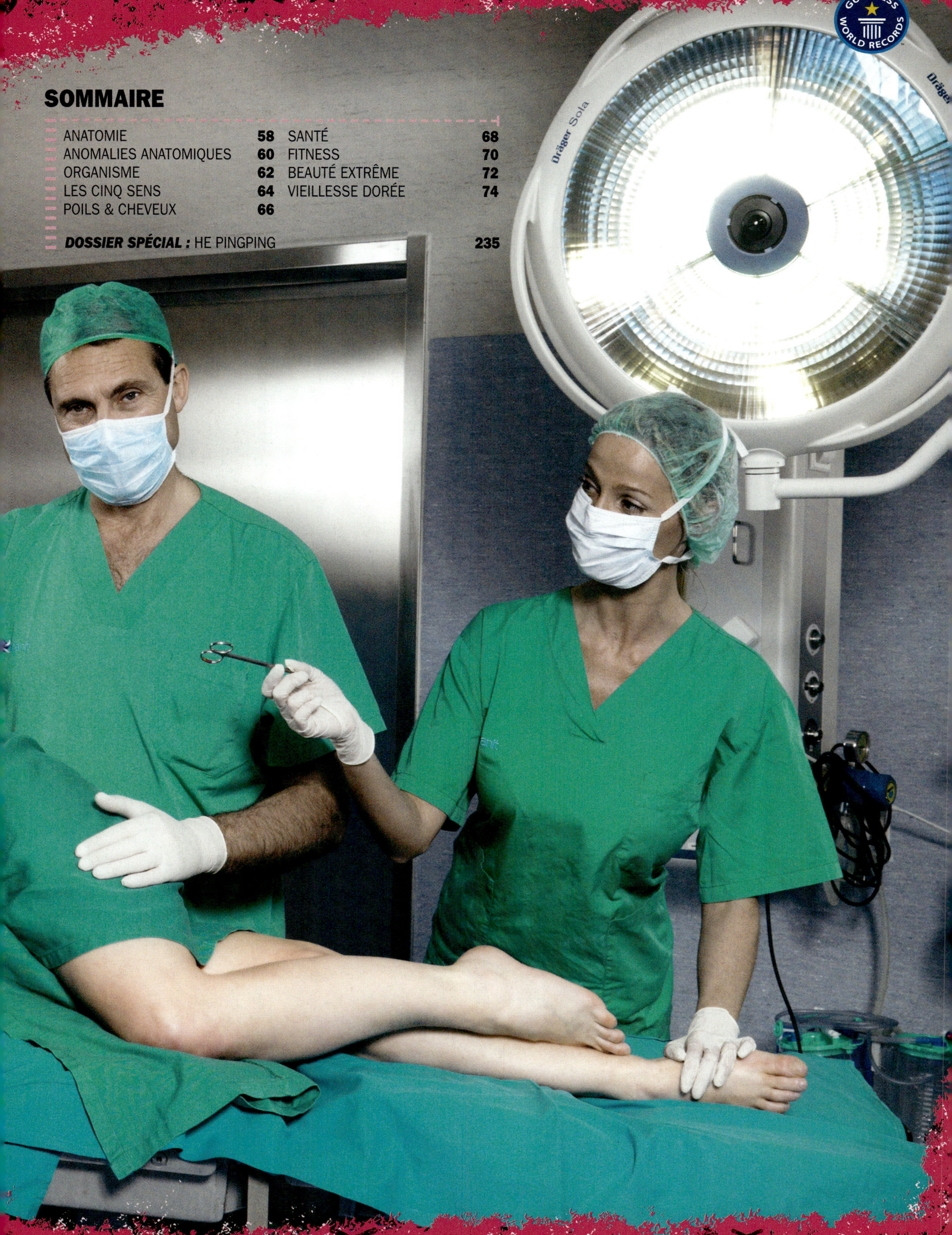

Le corps humain

Anatomie

Le plus petit muscle

Le stapédius, qui contrôle l'étrier (voir l'illustration de droite) est le plus petit muscle. Il mesure environ 0,12 cm de long.

Force des mâchoires

En août 1986, au cours d'un test de recherche de la faculté de dentisterie de l'université de Floride (USA), la force des mâchoires de Richard Hofmann (USA) a été mesurée pendant 2 s, à l'aide d'un gnathodynamomètre. Elle était de 442 kg, soit 6 fois supérieure à la force moyenne des mâchoires humaines.

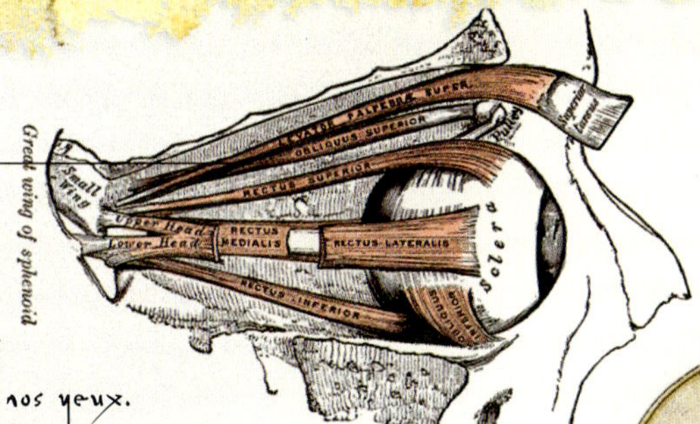

Muscles des yeux

Les muscles les plus actifs sont ceux de nos yeux. Ils fonctionneraient 100 000 fois par jour.

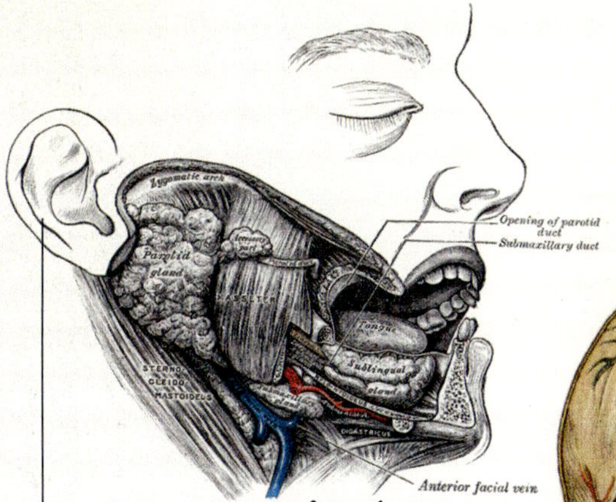

Mâchoire

Les masséters sont les muscles les plus puissants (il y en a un de chaque côté de la bouche). (Reportez-vous à l'encadré ci-contre pour plus de détails sur la puissance des mâchoires.)

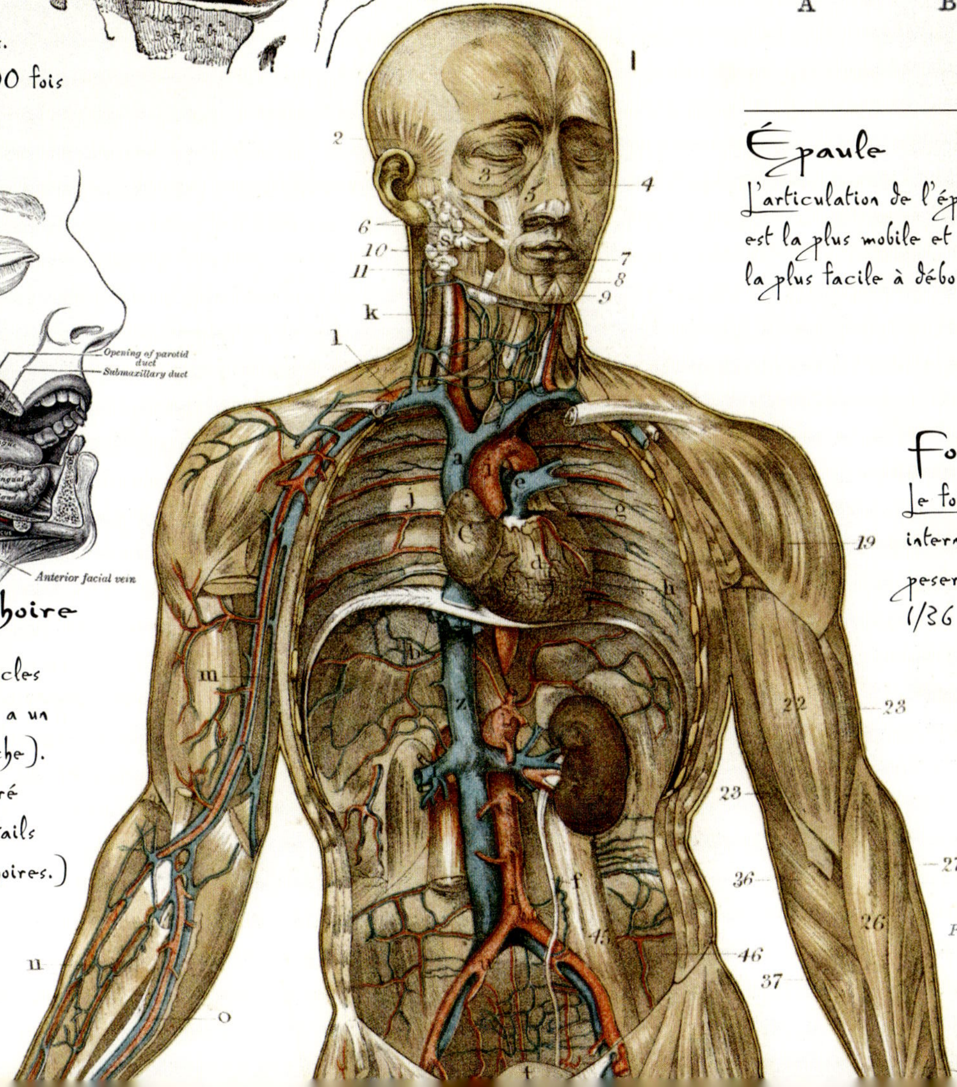

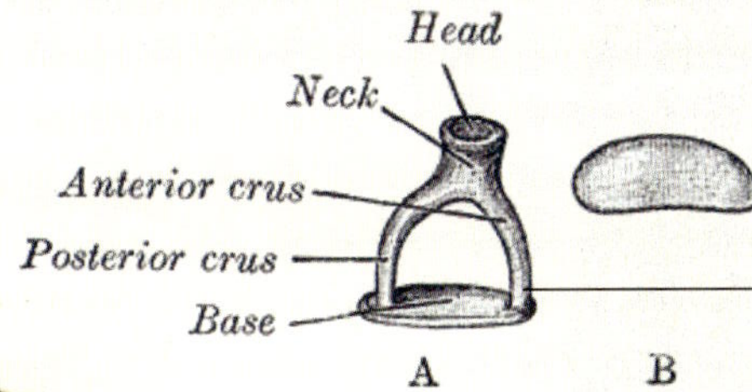

Étrier

L'étrier, qui se trouve dans l'oreille, est le plus petit os. Il ne mesure que 2,6 à 3,4 mm de long.

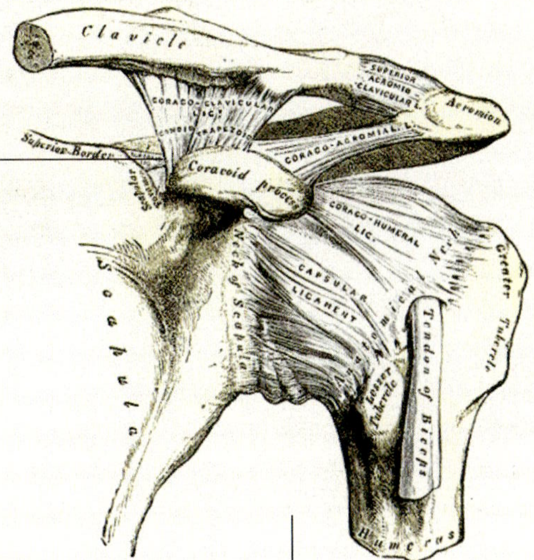

Épaule

L'articulation de l'épaule est la plus mobile et donc la plus facile à déboîter.

Foie

Le foie est le plus gros organe interne. Chez un adulte, il peut peser de 1,2 à 1,5 kg, soit environ 1/36 du poids total du corps.

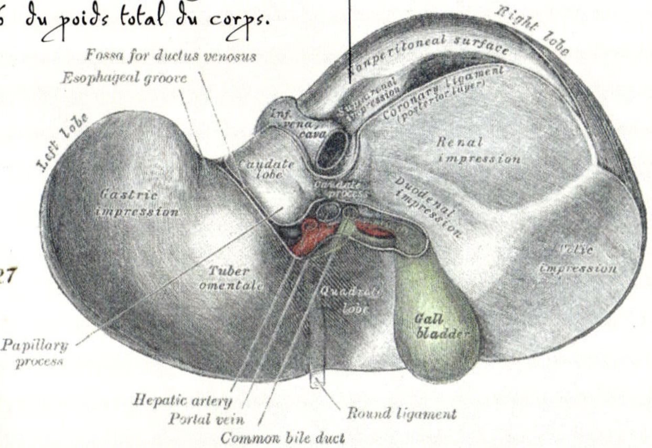

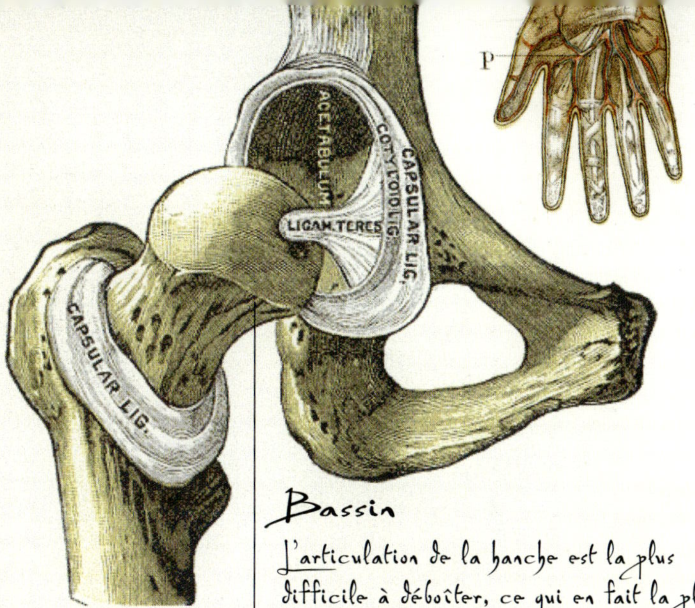

Bassin

L'articulation de la hanche est la plus difficile à déboîter, ce qui en fait la plus solide du squelette humain. C'est dû au fait que la tête du fémur s'emboîte presque parfaitement dans la cavité du bassin.

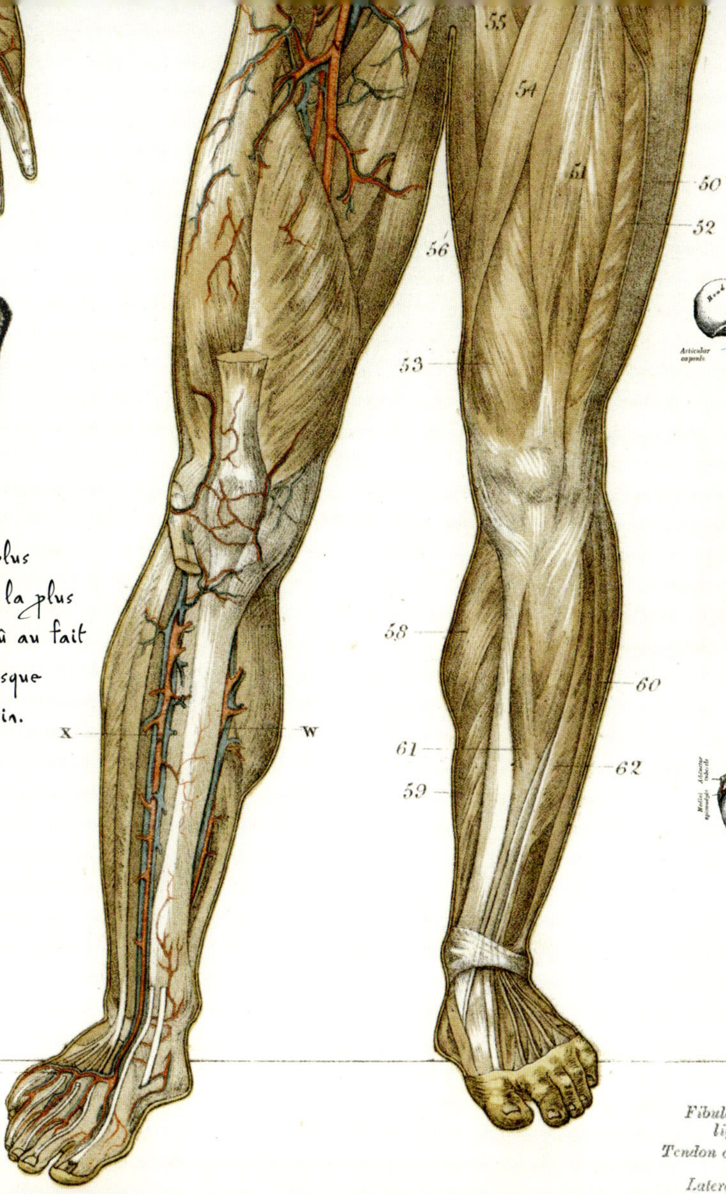

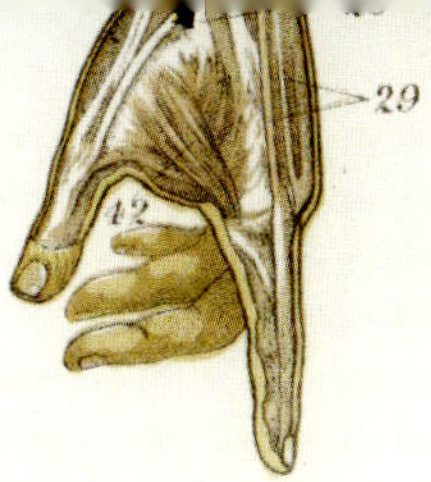

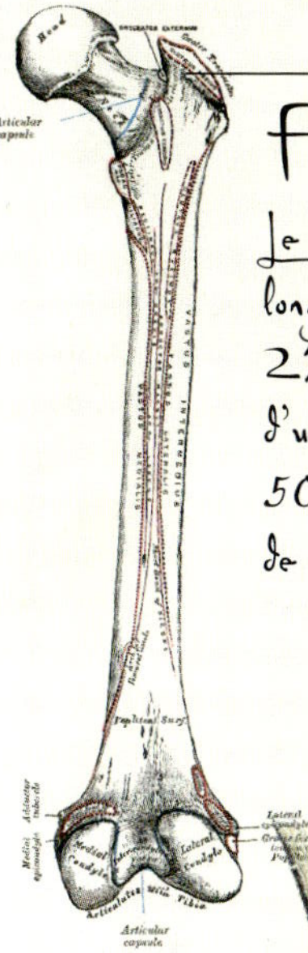

Fémur

Le fémur est l'os le plus long. Il constitue en général 27,5 % de la hauteur d'un individu et peut atteindre 50 cm chez un homme de 1,80 m.

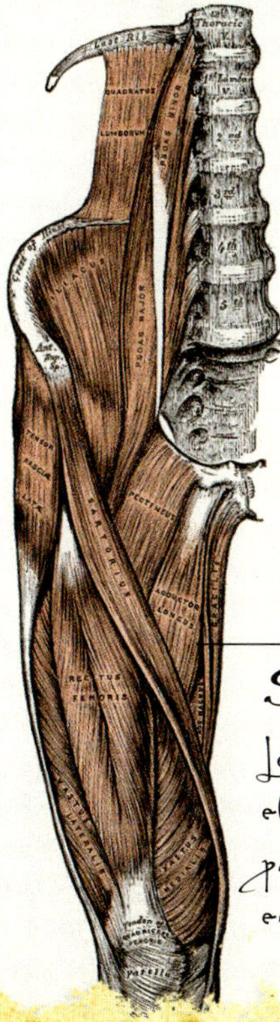

Sartorius

Le sartorius est le muscle le plus long. Étroit et allongé comme un ruban, il part du bassin, passe sur le devant de la cuisse et s'arrête en haut du tibia, sous le genou.

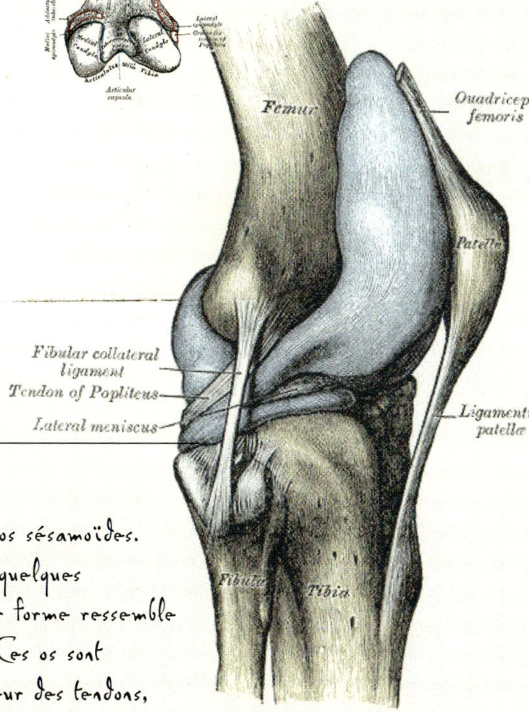

Rotule

La rotule est le plus grand des os sésamoïdes. Ces derniers ne dépassent pas quelques millimètres de diamètre et leur forme ressemble à celle d'un grain de sésame. Ces os sont en général situés dans l'épaisseur des tendons, à proximité immédiate des articulations.

Foie

Il peut mesurer 22 cm de long et 10 cm de large. Situé derrière les dernières côtes et sous le diaphragme, il remplit plus de 100 fonctions différentes.

Peau

Un organe est défini comme toute partie d'un animal ou d'une plante adaptée à une fonction particulière, comme la respiration, la digestion ou la protection du corps. La peau est donc le plus étendu de nos organes.

Os

À l'exclusion de certains sésamoïdes, le corps d'un adulte compte 206 os. Les enfants en ont 300, car certains os fusionnent à la croissance.

L'os le plus long jamais répertorié

L'os le plus long jamais répertorié est le fémur de Constantine, un géant allemand. Il mesurait 76 cm.

ANOMALIES ANATOMIQUES

L'HOMME VIVANT LE PLUS GRAND

Bao Xi Shun (Chine, né en 1951) est le plus grand homme vivant dont la taille a pu être vérifiée par GWR. Sa taille, 2,36 m, a été confirmée à l'hôpital de Chifeng, Mongolie-Intérieure (Chine), le 15 janvier 2005. L'Ukrainien Leonid Stadnyk, dont les 2,57 m ont fait la une internationale l'an passé, fait à nouveau l'objet de vérifications. Celui-ci refuse toujours les demandes qui lui sont faites pour le mesurer.

BRÈVES ANATOMIQUES

L'HOMME LE PLUS GRAND DE L'HISTOIRE

Dans l'histoire de la médecine moderne, Robert Pershing Wadlow (né à Alton, Illinois, USA), le 22 février 1918, à 6 h 30, est sans conteste l'homme le plus grand de tous les temps. Mesuré le 27 juin 1940, il faisait 2,72 m.

L'HOMME LE PLUS LOURD DE L'HISTOIRE

Jon Brower Minnoch (USA, 1941-1983) souffrait d'obésité depuis l'enfance. En 1963, il mesurait 1,85 m pour 178 kg, puis son poids a augmenté : 317 kg en 1966 et 442 kg en septembre 1976. En mars 1978, Minnoch a été admis à l'hôpital universitaire de Seattle (USA), où l'endocrinologue Robert Schwartz a estimé le poids de Minnoch à plus de 635 kg – dont une bonne partie constituée d'eau en raison d'insuffisance cardiaque congestive.

LA FEMME LA PLUS GRANDE DE L'HISTOIRE

Zeng Jinlian (Chine, née le 26 juin 1964), du village de Yujiang (Hunan, Chine) mesurait 2,48 m à sa mort le 13 février 1982.

LA PLUS GRANDE FEMME EN VIE

Sandy Allen (USA, née le 18 juin 1955) mesure 2,317 m. À sa naissance, à Chicago (USA), elle pesait 2,95 kg. Sa croissance anormale s'est manifestée peu après. Ainsi, à l'âge de 10 ans, elle faisait déjà 1,905 m, puis 2,16 m à 16 ans.

LES JUMEAUX LES PLUS GRANDS

Michael et James Lanier (USA) de Troy (Michigan, USA) sont, avec une taille de 2,235 m, **les plus grands jumeaux du monde**. Ann et Claire Recht (USA, nées le 9 février 1988) sont, elles, **les plus grandes jumelles**. Mesurées le 10 janvier 2007, dans l'Oregon (USA), les deux sœurs faisaient 2,01 m.

LE COUPLE MARIÉ LE PLUS GRAND

Anna Hanen Swan (Canada) mesure 2,27 m. Le 18 juin 1871, elle a épousé Martin van Buren Bates (USA), qui faisait 2,2 m.

LA PLUS GRANDE DIFFÉRENCE DE TAILLE

Fabien Pretou (France, né le 15 juin 1968) mesure 1,885 m. Il s'est marié avec Nathalie Lucius (France, née le 19 janvier 1966) qui ne fait que 94 cm, soit une différence de

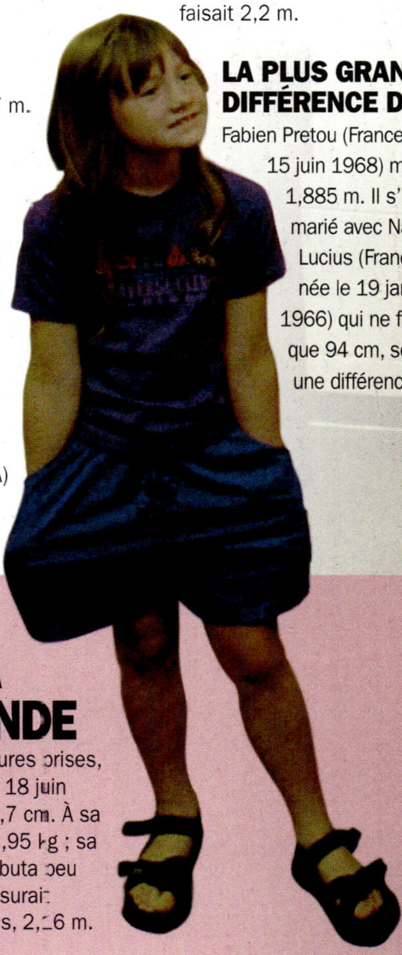

LA FEMME LA PLUS GRANDE

Selon les dernières mesures prises, Sandy Allen (USA, née le 18 juin 1955) faisait 2 m et 31,7 cm. À sa naissance, elle pesait 2,95 kg ; sa croissance anormale débuta peu après. À 10 ans, elle mesurait 1 m 90,5 cm et, à 16 ans, 2,16 m.

★ NOUVEAU RECORD
● MISE À JOUR

LA PLUS PETITE FEMME DE L'HISTOIRE

À sa naissance, Pauline Musters (Pays-Bas, née le 26 février 1876) mesurait 30 cm. À l'âge de 9 ans, elle faisait 55 cm et pesait seulement 1,5 kg. Pauline est morte le 1er mars 1895, à New York (USA), des suites d'une pneumonie compliquée d'une méningite. Elle avait 19 ans. À sa mort, elle mesurait 61 cm – du fait de l'élongation post mortem.

taille de 94,5 cm. La cérémonie a eu lieu le 14 avril 1990, à Seyssinet-Pariset (France).

LA PLUS GRANDE DIFFÉRENCE ENTRE UN MARI ET SA FEMME

Jon Brower Minnoch (USA) – l'être humain le plus gros qui ait jamais vécu – (voir p. 60) pesait environ 635 kg et sa femme Jeanette (USA) tout juste 50 kg le jour de leur mariage, en mars 1978, soit une différence de poids record de 585 kg.

PLUS D'INFOS

Connaissez-vous votre corps ? Pour savoir quel est votre os le plus long ou votre organe le plus gros, jetez un œil p. 58 sur l'**Anatomie**. Et souvenez-vous : on n'est jamais trop jeune (ni trop âgé) pour battre un record. Des doutes ? Regardez les chapitres **Les plus jeunes** (p. 88) et **Les plus âgés** (p. 90).

LA PLUS PETITE FEMME VIVANTE

Madge Bester (Afrique du Sud, née le 26 avril 1963) ne mesure que 65 cm. Malheureusement, elle souffre d'ostéogenèse imparfaite (extrême fragilité osseuse et difformités squelettiques) et doit vivre en chaise roulante. Sa mère, Winnie, mesure à peine 70 cm.

LES PLUS PETITS JUMEAUX

Matyus et Béla Matina (1903-vers 1935), nés à Budapest (Hongrie), mais par la suite naturalisés Américains, mesuraient 76 cm.

LA FEMME LA PLUS LOURDE

Rosalie Bradford (USA, née le 27 août 1943) prétend avoir atteint 544 kg en janvier 1987. En août de la même année, victime d'insuffisance cardiaque congestive, elle a été hospitalisée d'urgence. Mise sur-le-champ au régime, son poids est redescendu à 128 kg en février 1994.

LA TAILLE LA PLUS LARGE

Au plus fort de son poids (545 kg), Walter Hudson (USA) avait une taille de 302 cm.

RECORDS ANATOMIQUES

LE PLUS PETIT HOMME DE L'HISTOIRE

Gul Mohammed (Inde, 1957-1997) est le plus petit homme de l'histoire de la médecine moderne. Examiné le 19 juillet 1990, à l'hôpital Ram Manohar de New Delhi (Inde), il mesurait à peine 57 cm.

L'HOMME VIVANT LE PLUS LOURD

En janvier 2006, lors de son SOS télévisé pour perdre du poids, Manuel Uribe Garza (Mexique) pesait 560 kg. Depuis, grâce à une assistance médicale et au régime The Zone, il a progressivement perdu plusieurs kilos : en janvier 2008, Manuel pesait 299,3 kg. Cependant, il ne peut toujours pas se lever tout seul, et doit rester au lit – qu'il ne quitte pas depuis 2002.

COURBE DE POIDS DE MANUEL URIBE

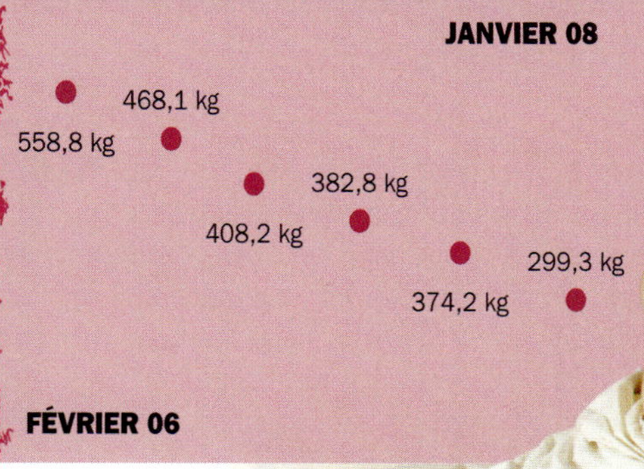

ORGANISME

★NOUVEAU RECORD
●MISE À JOUR

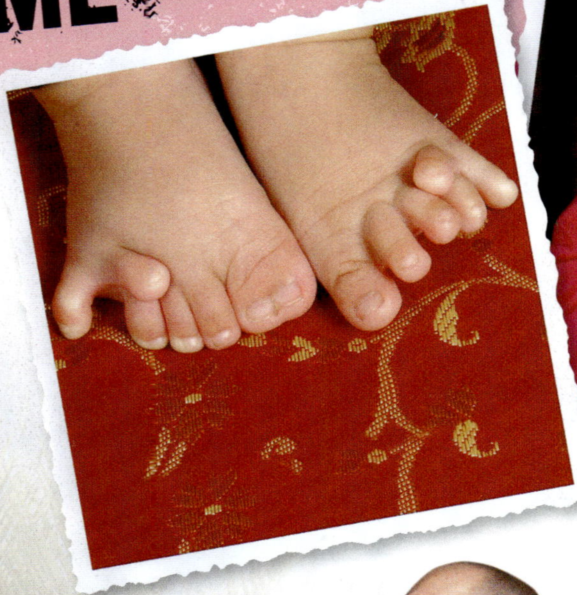

●LE RECORD DE DOIGTS ET D'ORTEILS

Deux personnes sont dotées de 25 phalanges. Pranamya Menaria (Inde, ci-dessus) a 12 doigts et 13 orteils, conséquence d'une polydactylie et d'une syndactylie. Devendra Harne (Inde) possède également 12 doigts et 13 orteils en raison d'une polydactylie.

Le 16 septembre 1921, un médecin légiste a confirmé qu'un bébé de Shoreditch (East London, GB) comptait 14 doigts et 15 orteils, **un record jamais égalé pour un être humain**.

●LES PLUS LONGUES JAMBES

Lorsqu'elles ont été mesurées à Torremolinos (Espagne), le 8 juillet 2003, les jambes de Svetlana Pankratova (Russie) faisaient 1,32 m. Svetlana ne porte que des vêtements sur mesure, se courbe au passage des portes et doit disposer de plus d'espace dans les voitures et les avions. Mais voilà un maigre tribut pour une « Reine des plus longues jambes » !

LE MOINS D'ORTEILS

Certains membres de la tribu Wadomo de la vallée du Zambezi (Zimbabwe) et de la tribu Kalanga de l'est du désert du Kalahari (Botswana) possèdent juste deux orteils par pied, conséquence de la mutation d'un gène héréditaire isolé.

LES PLUS GRANDES MAINS

Les mains de Robert Wadlow (USA), **l'homme le plus grand de l'histoire**, mesuraient 32,3 cm du poignet à l'extrémité du majeur. Celui-ci portait des bagues taille 25.

Hussain Bisad (GB, né en Somalie) possède des mains de 26,9 cm du poignet à la pointe du majeur, et donc **les plus grandes mains d'une personne vivante**.

LES PLUS GRANDS PIEDS

Robert Wadlow (USA) faisait du 75 en pointure (pieds de 47 cm de long). **La femme la plus grande de l'histoire**, Zeng Jinlian (Chine, *voir p. 60*), avait des pieds de 35,5 cm.

●LA PERSONNE LA PLUS ÂGÉE AVEC UNE NOUVELLE DENT

En mars 2007, à 68 ans, Mária Magdolna Pozderka (Hongrie, née le 19 juillet 1938, ci-dessus) a vu poindre une nouvelle canine sur sa mâchoire supérieure. Mark Tora (GB, ci-dessus, au centre) est **l'homme le plus âgé ayant une nouvelle dent**. À 61 ans, en février 2002, une troisième molaire a surgi. (Une dent de sagesse survient entre 15 et 25 ans.)

LE SAVIEZ-VOUS ?

Le 24 octobre 2002, à 9 ans et 339 jours, Matthew Adams (USA) s'est fait retirer deux dents de sagesse, ce qui fait de lui **la plus jeune personne à s'être fait extraire une dent de sagesse**. **La dent la plus longue jamais extraite** mesurait 2,53 cm. Elle a été retirée en 1993 à Philip Puszczalowski (Canada), âgé de 12 ans.

★RECORD DE DENTS

Au 15 janvier 2004, Meriano Luca (Italie) avait 35 dents définitives. (Un adulte en compte normalement 32 au maximum.)

●LA PLUS LONGUE DENT DE LAIT

Ahmed Afrah Ismail (Maldives) avait une dent de lait de 2,3 cm, composée d'une couronne de 1 cm et d'une racine de 1,3 cm.

●RECORD DE SAILLIE OCULAIRE

Le 2 novembre 2007, à Istanbul (Turquie), Kim Goodman (USA) a éloigné de 12 mm ses globes oculaires de leurs orbites.

★LA PLUS LONGUE SAILLIE OCULAIRE

Keith Smith (USA) a maintenu ses yeux hors de leurs orbites 43 s, sur le plateau de l'émission *Lo Show dei Record*, à Madrid (Espagne), le 9 février 2008.

●LE RYTHME CARDIAQUE LE PLUS LENT

Au repos, Martin Brady (GB) avait une fréquence cardiaque de 27 battements par minute lorsqu'il a été examiné le 11 août 2005 au Guernsey Chest and Heart Unit (Îles anglo-normandes, GB).

★LE PLUS GROS CALCUL RÉNAL

Le 18 février 2004, le chirurgien Hemendra Shah (Inde) a retiré un calcul du rein gauche de Vilas Ghuge (Inde), à l'institut R. G. Stone Urological Research de Mumbai (Inde). Le calcul mesurait 13 cm en son point le plus large.

LA LANGUE LA PLUS LONGUE

La langue de Stephen Taylor (GB) mesure 9,5 cm de son extrémité au centre de sa lèvre supérieure. Elle a été mesurée sur le plateau de *Lo Show dei Record* à Milan (Italie), le 5 janvier 2006.

LA PEAU LA PLUS FLEXIBLE

En raison d'une pathologie appelée syndrome d'Ehlers-Danlos, Garry Turner (GB) a une peau très malléable – d'ailleurs si flexible que Garry peut tirer la peau de son cou sur sa bouche pour s'en faire un col roulé !

LES CINQ SENS

● L'ÉPICE LA PLUS FORTE

D'après les mesures des experts de la New Mexico State University (Las Cruces, Nouveau-Mexique, USA), faites le 9 septembre 2006, la plus forte des épices serait le piment Bhut Jolokia (genre *Capsicum chinense*), qui atteint 1 001 304 unités sur l'échelle de Scoville.

L'OUÏE

L'intensité d'un bruit ou d'un son se mesure par sa pression. La pression du **son le plus faible** perceptible par l'oreille humaine à la fréquence la plus sensible d'environ 2 750 Hz est de 2 x 10^{-5} pascal. 1/10e du logarithme de ce chiffre correspond à une unité appelée décibel (dB). Un son de 30 dB s'entend à peine.

• On estime que **la fréquence perceptible la plus élevée** est de 20 000 Hz (cycles par seconde), bien qu'on pense que les enfants asthmatiques perçoivent une fréquence de 30 000 Hz.

• D'après une enquête menée en ligne durant 1 an par Trevor Cox, professeur d'ingénierie acoustique à la Salford University (GB), **le ★ son le plus désagréable pour l'oreille humaine** est celui que l'on fait en vomissant, en tête devant les hurlements stridents du bébé, la roulette du dentiste et les effets Larsen (entre autres).

LE LOCUTEUR LE PLUS RAPIDE

Sean Shannon (Canada) a récité le monologue « Être ou ne pas être » d'Hamlet (260 mots) en 23,8 s (655 mots par minute), à Édimbourg (GB), le 30 août 1995.

LA VUE

L'objet le plus lointain visible à l'œil nu est la galaxie d'Andromède, dans la constellation d'Andromède (mag. 3,47), connue sous le nom de Messier 31. Cette galaxie spirale se trouve à environ 2,2 millions d'années-lumière de la Terre.

• Le pouvoir de résolution de l'œil humain est de 0,0003 radian, soit 1 min (1/60e de degré), ce qui correspond à 100 microns à 25 cm. À cette distance, **le plus petit objet visible** mesure moins de 0,01 cm.

LE CRI LE PLUS FORT

Jill Drake (GB), aide-éducatrice, a poussé un cri de 129 dB lors de la fête d'Halloween organisée au Millennium Dome, à Londres (GB), en octobre 2000.

★ NOUVEAU RECORD
● MISE À JOUR

•LE PLUS LONG CONTACT AVEC DE LA GLACE

Le 17 avril 2008, Wang Jintu (Chine) a établi un nouveau record mondial au Beijing Fu Li Cheng Building, à Pékin (Chine), en maintenant tout son corps en contact avec des pains de glace pendant 1 h et 30 min.

L'ODORAT

L'éthanethiol (C_2H_5SH) et le butène séléno-mercaptan (C_4H_9SeH) sont **les molécules les plus nauséabondes.** Leur odeur mêle celles du chou en putréfaction, de l'ail, de l'oignon, du pain brûlé et du gaz d'égout.

• **Les substances les plus nauséabondes** sont artificielles. Ce sont les produits « Qui moi ? » et « Puanteur de toilettes standard des autorités US », qui contiennent respectivement 5 et 8 ingrédients chimiques. Le second sent surtout les selles humaines et devient désagréable à une proportion de deux parties par million. Il sert à tester les produits désodorisants.

• Au cours de sa carrière, Madeline Albrecht, employée durant 15 ans aux laboratoires de recherche Hill Top à Cincinnati (Ohio, USA), où étaient élaborés les produits Scholl, a senti environ 5 600 pieds et un nombre indéterminé d'aisselles, ce qui fait d'elle **la personne ayant senti le plus grand nombre de pieds et d'aisselles**.

LE GOÛT

La **●substance la plus sucrée** est la Thaumatine, ou Thalin®, extraite des arilles (expansions de certaines graines) du ketenfe (*Thaumatococcus daniellii*). Elle est 3 250 fois plus sucrée que le sucre (pour une solution à 7,5 % de saccharose).

• **Les substances les plus amères** sont à base de denatonium. Il s'agit du benzoate et du saccharide. On les détecte à une proportion de seulement une partie pour 500 millions.

LE TOUCHER

Notre peau contient des récepteurs tactiles ayant diverses fonctions. Les corpuscules de Meissner réagissent à un contact léger et sont situés dans les zones sensibles comme le bout des doigts. Nos doigts sont si sensibles qu'ils ressentent une vibration dont le mouvement n'est que de 0,02 micron.

★LE FROMAGE LE PLUS ODORANT

Selon des recherches menées par la Cranfield University (GB), en novembre 2004, le fromage le plus malodorant est le vieux-boulogne. Philippe Olivier (France, Pas-de-Calais) fabrique ce fromage au lait de vache, affiné durant 7 à 9 semaines.

LE ROT LE PLUS BRUYANT

Le 20 juillet 2004, Paul Hunn (GB) a produit un rot de 104,9 dB sur un appareil de mesure des sons homologué et calibré, à une distance de 2,5 m et à 1 m de hauteur, dans les bureaux du Guinness World Records de Londres (GB).

Le **★rot féminin le plus bruyant** a atteint 104,75 dB et a été produit par Jodie Parks (USA, ci-dessus) sur le plateau de l'émission *Lo Show dei Record*, à Madrid (Espagne), le 16 février 2008.

POILS & CHEVEUX

LA CHEVELURE LA PLUS CHÈRE

Une mèche de cheveux provenant du crâne d'Elvis Presley a été vendue par le coiffeur de la star, Homer Gilleland, pour 115 120 $ (assurance de l'acheteur comprise) à un enchérisseur anonyme lors d'une vente aux enchères organisée par MastroNet Inc., à Oak Brook (Illinois, USA), le 15 novembre 2002. On voit ici Presley avec le coiffeur du régiment, James Peterson, peu après son incorporation dans l'armée américaine.

TONDEUSES

Le 11 septembre 2004, Trevor Mitchell (GB) a rasé une chevelure en 1 min et 11 s, aux studios ITV de Londres (GB) – **la ●coupe la plus rapide du monde**.

On doit **la ●coiffure la plus haute du monde** – 92,5 cm ! – à Mirre Hammarling (Suède), qui l'a réalisée à Haningen (Suède), le 2 novembre 2007.

LES PLUS LONGS...

POIL DE BRAS

Robert Starrett (USA) avait un poil de bras de 13,5 cm de long, mesuré à Mequon (Wisconsin, USA), le 7 décembre 2006.

BARBE SUR UNE FEMME VIVANTE

Vivian Wheeler (USA) a commencé à se raser à l'âge de 7 ans, avant de laisser pousser sa barbe en 1990. Le poil le plus long, du follicule à l'extrémité, mesurait 27,9 cm en 2000.

●POIL DE TORSE

Le plus long poil pectoral de tous les temps mesure 22,8 cm et appartenait à Richard Condo (USA). La longueur a été vérifiée le 29 avril 2007.

POIL D'OREILLE

Radhakant Bajpai (Inde) possède un poil émergeant de son tragus – saillie d'un petit cartilage située à l'entrée de l'orifice auriculaire – qui mesure 13,2 cm en son point le plus long.

●SOURCIL

Toshie Kawakami (Japon) avait un sourcil de 15,1 cm de long. Ce record a été mesuré au musée du Guinness World Records de Tokyo (Japon), le 22 janvier 2008.

●POIL DE JAMBE

On a mesuré sur la jambe de Wesley Pemberton (USA) un poil de 12,7 cm, à Tyler (Texas, USA), le 10 août 2007.

MOUSTACHE

Kalyan Ramji Sain (Inde) fait pousser sa moustache depuis 1976. En juillet 1993, elle mesurait au total 3,39 m (1,72 m du côté droit et 1,67 m du côté gauche).

●POIL DE TÉTON

Un poil pris sur le téton de Douglas Williams (USA) mesurait 12,9 cm le 26 mai 2007, à New York (USA).

LA BARBE LA PLUS LONGUE

La barbe de Shamsher Singh (Inde) a été mesurée à Punjab (Inde), le 18 août 1997. Prise du bout du menton à l'extrémité des poils, la barbe mesurait 1,83 m de long !

●LE PLUS DE CISEAUX POUR UNE COUPE

Zedong Wang (Chine) a utilisé 10 paires de ciseaux d'une main, contrôlant chacune indépendamment, pour faire une coupe sur le plateau de *Zheng Da Zong Yi – Guinness World Records Special,* à Pékin (Chine), le 31 octobre 2007.

●LE PLUS GRAND CONCOURS DE BARBE ET DE MOUSTACHE

La dernière édition du concours de barbe et de moustache, organisé à Brighton (GB), le 1er septembre 2007, a attiré 250 participants et 3 000 spectateurs. Le gagnant, Elmar Weisser du club de barbe de Swabian (Allemagne), avait sculpté sa barbe en pont de la Tour de Londres. Les concurrents soulignent souvent leur pilosité faciale par des costumes non moins originaux.

★NOUVEAU RECORD
●MISE À JOUR

LA PLUS LONGUE CHEVELURE

Xie Qiuping (Chine) a cessé de se couper les cheveux en 1973, à 13 ans. Le 8 mai 2004, sa chevelure atteignait 5,627 m.

RECORD DE...

●PRIX D'UNE COUPE

Le 29 octobre 2007, à Covent Garden (Londres, GB), il fallait débourser 8 000 £ (10 400 €) pour une coupe exécutée par Stuart Phillips.

★DONS DE CHEVEUX EN 24 H

Le 21 mai 2007, 881 bénévoles ont donné leurs cheveux pour soutenir la campagne caritative Pantene Beautiful Lengths, à Clinton (Mississippi, USA). 48,53 kg de cheveux ont été récoltés.

★TONTES SIMULTANÉES

Le 3 mars 2007, 1 580 personnes se sont rasées simultanément la tête dans le cadre du projet Gillette Fusion Shave for History and Charity organisé par P&G Singapore Private Ltd. et tenu à la Fountain of Wealth de Suntec City (Singapour).

★CRÂNES RASÉS

Une équipe de 5 coiffeurs du Sears Hair Studio du collège Notre Dame, à Sudbury (Ontario, Canada), ont rasé 662 crânes en 4 h, le 8 avril 2006.

SCISSIONS DE CHEVEU

En 1986, à 8 reprises, Alfred West (GB) a pu scinder 17 fois un cheveu humain, obtenant ainsi 18 segments. Toutes les divisions ont été faites avec un rasoir, à partir d'un même point.

LA FAMILLE LA PLUS POILUE

Victor « Larry » Ramos Gómez (Mexique) fait partie d'une famille de 19 personnes dont les cinq générations sont atteintes de hypertrichose congénitale généralisée. Cette maladie se manifeste par une pilosité faciale et pectorale excessive. Si les femmes ont un duvet plus ou moins fin, les hommes, eux, ont 98 % du corps recouverts de poils. Seuls les mains et les pieds sont épargnés.

SANTÉ

SANTÉ & MALADIES

Mortalité la plus faible
Émirats arabes unis : 1,3 pour 1 000 (2005)

Mortalité la plus élevée
Swaziland : 31,2 pour 1 000 (2005)

Mortalité infantile la plus faible
Singapour : 3 pour 1 000 (2005)

Mortalité infantile la plus élevée
Sierra Leone : 159,8 pour 1 000 (2005)

Cancer ayant le meilleur taux de survie
Cancer de la peau (hors mélanome) : 97 % de survie

Cancer le plus mortel
Cancer du poumon : 17,8 % de tous les décès par cancer en 2000. Suivi par les cancers de l'estomac et du foie (10,4 et 8,8 %)

★LE PLUS DE PRISES DE TENSION ARTÉRIELLE EN 24 H

Le 17 mai 2007, l'organisation Novartis Pharma K.K. (Japon) a effectué 2 109 prises de tension artérielle au Chiba Marines Stadium de Chiba (Japon).

●LE PLUS DE VACCINS UN JOUR OUVRABLE

Le 9 novembre 2006, 3 271 personnes ont été vaccinées contre la grippe au Florida Hospital Centra Care de Sanford (Floride, USA), en collaboration avec Get Healthy Florida et le service de santé du comté de Seminole.

★LE PLUS DE MESURES DE L'IMC

Le 5 septembre 2004, l'indice de masse corporelle (IMC) de 3 594 participants a été mesuré dans le cadre de la journée nationale d'action pour la santé organisée par le ministère de la Santé de Singapour sur l'île de Sentosa. L'IMC permet de mesurer le rapport graisse/muscle d'une personne. Il s'obtient en divisant le poids en kilos par le carré de la taille en mètres. Un IMC de 20-25 correspond à une corpulence normale ; au-dessous, on parle de maigreur et, au-dessus, de surpoids (25-30), d'obésité modérée (30–35) ou d'obésité sévère (35-40).

LES BUDGETS DE LA SANTÉ

Selon un rapport de l'Organisation mondiale de la santé (OMS) de 2002 (dernières données disponibles), le gouvernement des États-Unis avait **le budget pour la santé le plus élevé** par habitant, soit 5 274 $ (4 524 €). À l'inverse, le gouvernement de Corée du Nord avait, toujours en 2002, **le budget pour la santé le plus faible** par habitant, soit l'équivalent de 0,30 $ (0,230 €).

LE SAVIEZ-VOUS ?

Le 2 septembre 2007, à Götzendorf (Autriche), Leben Spenden-KMT a battu **le ●record du nombre de donneurs de moelle osseuse réunis en 24 h**, soit 266.

★LES RECORDS D'ESPÉRANCE DE VIE

En 2007, Andorre avait **l'espérance de vie la plus élevée** : 80,62 ans pour les hommes et 86,62 ans pour les femmes, soit 83,52 ans en moyenne. Le Swaziland avait **l'espérance de vie la plus faible** : 31,82 ans pour les hommes et 32,62 ans pour les femmes, soit 32,23 ans en moyenne.

●LES RECORDS DE JOIE DE VIVRE

Selon la World Database of Happiness (base de données mondiales sur le bonheur), c'est au Danemark que l'on a été **le plus heureux** entre 1995 et 2005, avec une moyenne de 8,2/10. C'est officiellement en Tanzanie que l'on a en revanche été **le moins heureux**, avec une moyenne de 3,2. Les chercheurs ont demandé à des habitants de 95 pays d'évaluer leur joie de vivre.

★LES DÉPISTAGES DE CANCERS DE LA PEAU

La plus vaste opération de dépistages simultanés de cancers de la peau a été organisée par l'American Academy of Dermatology le 6 mai 2006 aux États-Unis. 10 359 personnes ont été examinées dans 123 lieux.

« Si des mesures appropriées ne sont pas prises, 20 millions de personnes mourront de maladies cardiovasculaires d'ici 2015. »

Rapport de l'Organisation mondiale de la santé

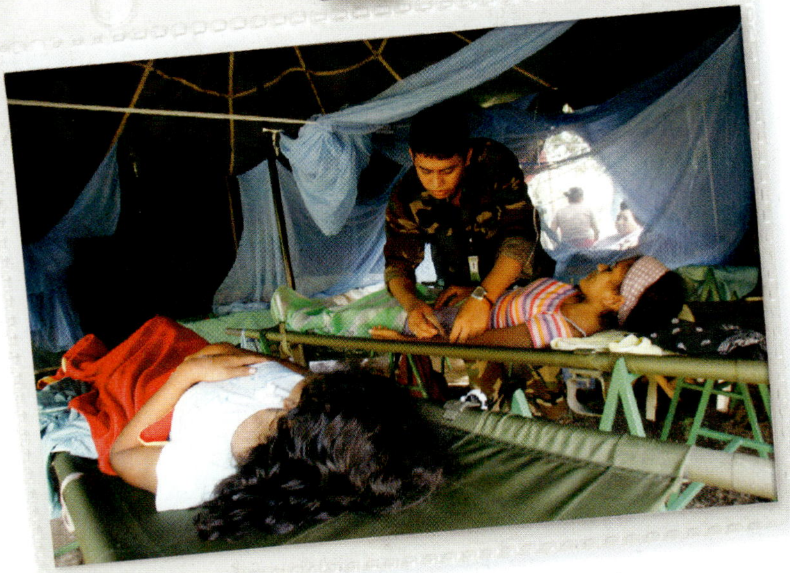

★ LA ZOONOSE LA PLUS RÉPANDUE

Une zoonose est une maladie transmise à l'homme par les animaux – rats, bétail, renards et autres animaux sauvages ou domestiques –, à l'occasion d'une blessure ou à travers les muqueuses en cas de contact avec un environnement souillé par de l'urine contaminée. La plus répandue est la leptospirose. Elle sévit un peu partout, mais les épidémies s'observent surtout dans les zones tropicales et subtropicales, par exemple au Nicaragua (photo).

D'après l'Organisation mondiale de la santé (OMS), l'incidence annuelle de l'infection dans ces régions humides serait de 10 à 100 pour 100 000.

● LA PREMIÈRE CAUSE DE DÉCÈS

D'après les derniers chiffres de l'OMS, les maladies cardiovasculaires sont la première cause de décès dans le monde. En 2005, 17,5 millions de personnes environ (30 % des décès) en sont mortes, dont 7,6 millions d'une crise cardiaque et 5,7 d'un accident vasculaire cérébral.

En 1998, les maladies infectieuses étaient **la première cause de décès chez les enfants** (de 0 à 4 ans), soit 63 % des décès. Le terme « maladies infectieuses » regroupe toutes les maladies contagieuses, notamment les zoonoses et les parasitoses, ainsi que certaines formes de maladies respiratoires et de diarrhées.

● LA PLUS GRANDE CONSOMMATION DE CIGARETTES PAR PERSONNE

D'après *The Economist*, les Grecs fument en moyenne 8,5 cigarettes par personne et par jour. Selon une étude de l'OMS, ils fumeraient 3 230 cigarettes par an et par personne.

LE FLÉAU LE PLUS GRAVE

D'après l'OMS, les maladies liées au tabagisme, notamment les maladies cardiovasculaires ou respiratoires et les cancers, seront d'ici 2020 le plus grand fléau mondial. Elles tueront plus que les autres facteurs réunis (sida, tuberculose, accidents de la route, meurtres et suicides).

LA MALADIE LA PLUS MORTELLE

D'après le rapport de santé 2004 de l'ONU, 57 millions de personnes sont mortes de diverses maladies en 2002. La majorité sont décédées à la suite d'un accident vasculaire cérébral. Leur nombre est estimé à 7,2 millions, soit 12,6 % du total. Le sida est la maladie infectieuse qui a tué le plus, avec 2,8 millions de morts (4,9 % du total).

★ NOUVEAU RECORD
● MISE À JOUR

● LE PLUS GRAND MASSAGE DE GROUPE

Le 21 octobre 2007, 154 personnes, toutes assises sur des sièges gonflables, se sont fait masser en même temps par des masseurs professionnels, au Potters Fields Park de Londres (GB), pour fêter le lancement d'une nouvelle ligne de cadeaux offerts dans le cadre du programme de points fidélité de la carte Nectar.

FITNESS

PADDY EN FORME OLYMPIQUE

Le 8 novembre 2007, le champion de fitness et d'endurance Paddy Doyle (GB) a multiplié les exploits au Stamina's Boxing Self Defence Gym de l'Erin Go Bragh Sports Centre (Birmingham, GB).

Paddy a décroché **le ★record de coups de pied full-contact : 5 750 en 1 h.**

Il a également établi **le ★record de 1 940 pompes en 1 h sur le dos des mains**.

Pour finir, Paddy s'empare du **★record de squats par heure avec 4 708 squats !**

RECORDS À LA MINUTE...

●SAUTS DE BRAS

En 1 min, Brittany Boffo (Australie) a réalisé 68 « sauts de bras » (mains jointes et bras en arceaux qui deviennent « corde à sauter »), sur le plateau de *Lo Show dei Record*, à Madrid (Espagne), le 9 février 2008.

●FLEXIONS SUR UN SWISS BALL

Le 28 octobre 2007, Stephen Buttler (GB) a réalisé 54 génuflexions en 1 min, tout en se tenant en équilibre sur un Swiss Ball, à Shropshire (GB).

★COUPS DE PIED CIRCULAIRES

Le 18 novembre 2007, Mark Scott (GB) a lancé 148 coups de pied circulaires en 1 min au Griphouse Gym de Glasgow (GB).

●ABDOMINAUX SUR MACHINE

Le 14 avril 2006, au New York Sports Club de Forest Hills (New York, USA), Ashrita Furman (USA) a exécuté sur appareil 177 relevés de buste.

★SAUTS DE CÔTÉ

Le 27 octobre 2007, Alastair Galpin (Nouvelle-Zélande) a effectué 90 sauts de côté (en alternant droite et gauche) en 1 min, à la boutique *The Warehouse* de Sylvia Park (Auckland, Nouvelle-Zélande).

●SAUTS À LA CORDE

Olga Berberich (Allemagne) a réalisé 251 sauts sur le plateau de *Guinness World Records – Die Größten Weltrekorde*, à Cologne (Allemagne), le 1er septembre 2007.

●SQUATS

Lors de la Wave for Wales qui s'est déroulée à Margam Country Park (GB), le 24 juin 2007, Craig De-Vulgt (GB) a réalisé 70 squats en 1 min.

RECORD DE TRACTIONS AUX BARRES PARALLÈLES EN 1 H

Le 5 septembre 1998, Simon Kent (GB) a effectué 3 989 tractions en 1 h aux barres parallèles, au Farrahs Health Centre (Lincoln, GB).

PLUS D'INFOS

Simon Kent (GB) (voir ci-dessus) détient aussi le record de tractions aux barres parallèles à la minute. Le 15 novembre 2006, à l'université Lincoln (Lincoln, GB), Simon en a effectué 173 !

★SAUTS EN ÉTOILE

Ashrita Furman (USA) a exécuté 51 sauts en étoile (grand écart bras-jambes) devant la Gateway Arch de St Louis (Missouri, USA), le 28 janvier 2008.

●ROUES

En 1 min, Ivan Koveshnikov (USA) a fait 54 roues au Multnomah Athletic Club de Portland (Oregon, USA), le 13 août 2007.

POMPES (SUR LE DOS DES MAINS)

Le 5 mai 2006, à l'université de Saint Ambrose à Davenport (Iowa, USA), John Morrow (USA) a effectué 123 pompes en 1 min sur le dos des mains.

★RECORD DE COUPS DE POING FULL CONTACT EN UNE HEURE

En une heure, Paddy Doyle (GB) a frappé 29 850 coups de poing full contact au Stamina's Gym de l'Erin Go Bragh Sports Centre (Birmingham, GB), le 21 janvier 2008.

●RECORD DE DISTANCE SUR VÉLO STATIQUE EN 24 H

Les 10 et 11 juin 2004, Brian O. Pedersen (Danemark) a couvert 1 377,79 km sur un vélo statique du club La Santa de Lanzarote (Canaries, Espagne).

> ***Le squat sumo sollicite les principaux groupes musculaires.***
>
> *Dr Thienna Ho, détentrice du record de squats sumo*

RECORDS À L'HEURE...

● DÉVELOPPÉ COUCHÉ
Michael Williams (GB) a effectué 1 438 répétitions au développé couché avec une charge de 67 kg (son propre poids). Il a réalisé cet exploit au Don Styler's Gymnasium de Gosport (GB), le 17 avril 1989.

● TRACTIONS À LA BARRE
Le 18 octobre 2007, Stephen Hyland (GB) a exécuté en une heure 812 tractions à Stoneleigh (Surrey, GB).

● POMPES
Avec 3 416 pompes à l'heure, le Canadien Roy Berger détient le record mondial, homologué le 30 août 1998 au Central Canada Exhibition d'Ottawa (Canada).

SAUTS
L'équipe d'athlétisme des Blue Falcons, composée de 10 hommes (GB), a effectué 5 685 sauts. Ce record a été enregistré à Chelmsford (Essex, GB), le 13 septembre 2003.

ENDURANCE...

★ DISTANCE COURUE SUR TAPIS EN 1 SEMAINE
Du 1er au 8 décembre 2007, Daniel Bocuze (France) a couru 732,5 km sur un tapis de course au casino Le Lion Blanc de Saint-Galmier (France).

● DISTANCE MOYENNE COURUE PAR JOUR ET SUR 1 AN
Du 30 juin 2006 au 29 juin 2007, Tirtha Kumar Phani (Inde) a couru en moyenne 61,87 km par jour. Il a terminé son exploit à Calcutta (Inde) après avoir parcouru 22 581,09 km.

RECORD D'ABDOMINAUX EN 24 H
Jack Zatorski (USA) a effectué 130 200 relevés de buste sur appareil à l'Accelerated Physical Therapy de Fort Lauderdale (USA) entre les 24 et 25 septembre 2005.

★ RECORD DE ROTATIONS SUR CORDE VERTICALE EN 1 MIN
Le 23 novembre 2007, Brandon Pereyda (USA) a effectué en 1 min 13 rotations sur une corde verticale sur le plateau de *Guinness World Records : Die Größten Weltrekorde*, à Cologne (Allemagne).

★ NOUVEAU RECORD
● MISE À JOUR

★ RECORD DE SQUATS SUMO EN 1 H
Le 16 décembre 2007, Dr Thienna Ho (Vietnam) a réussi 5 135 squats sumo à l'université de San Francisco (Californie, USA). Thienna a dédié ce record à son père, professeur de judo, qui l'a initiée aux squats sumo quand elle avait 20 ans.

BEAUTÉ EXTRÊME

●LES ONGLES DE FEMME LES PLUS LONGS

Lee Redmond (USA) n'a pas coupé ses ongles depuis 1979. Grâce à de soigneuses manucures, mis bout à bout, ses ongles font 8,65 m.

LES ONGLES D'HOMME LES PLUS LONGS (MAINS)

Les ongles de Melvin Boothe (USA) ont été mesurés le 2 juin 2007, à Troy (Michigan, USA). Leur longueur combinée était de 9,05 m.

LES ONGLES LES PLUS LONGS (ORTEILS)

En 1982, Louise Hollis (USA) a cessé de se couper les ongles de pieds. Ils ont poussé jusqu'à atteindre 2,2 m en 1991 (longueur combinée).

CHIRURGIE ESTHÉTIQUE

●LE PLUS D'OPÉRATIONS (PAR PAYS)

Avec près de 11,5 millions d'interventions cosmétiques, chirurgicales ou non, en 2006 – dont 92 % sur des femmes –, les États-Unis l'emportent. Cette même année, l'American Society for Aesthetic Plastic Surgery (ASAPS) a enregistré 3 181 592 injections de Botox, faisant de cette

LA TAILLE LA PLUS ÉTROITE (PERSONNE VIVANTE)

100 %

38,1 cm

Bien qu'elle mesure 1,72 m, Cathie Jung (USA, à gauche) possède une véritable taille de guêpe (38,1 cm).

LA TAILLE LA PLUS ÉTROITE (DE TOUS LES TEMPS)

Le tour de taille le plus étroit relevé sur une personne de stature normale est de 33 cm. Ethel Granger (GB, 1905-1982) avait 60 ans, mesurait 1,60 m et pesait 54 kg lors de la prise de la mesure. Pour info, son tour de poitrine était de 86,3 cm et son tour de hanches de 101,6 cm. Ethel avait commencé la réduction abdominale à l'âge de 25 ans, juste après la naissance de sa fille. Une mesure identique (33 cm) aurait déjà été relevée sur une actrice française, Mlle Polaire (née Émile Marie Bouchand, 1881-1939).

Je ne fais que m'inspirer d'une tradition ancestrale, aujourd'hui abandonnée.

Dennis Avner alias Cat Man

●LA FEMME LA PLUS PERCÉE

Entre janvier 1997, date de son premier piercing, et le 8 juin 2006, Elaine Davidson (GB) s'est fait poser 4 225 piercings corporels.

★RECORD D'OPÉRATIONS CHIRURGICALES POUR RESSEMBLER À UN ANIMAL

Dennis Avner (USA), alias Cat Man, a subi 14 opérations chirurgicales distinctes pour donner à son visage, ses oreilles et ses dents des traits félins. Son record a été validé sur le plateau de *Lo Show dei Record*, à Madrid (Espagne), le 9 février 2008.

LE SAVIEZ-VOUS ?

Les transformations physiques de Dennis Avner ont compris 3 interventions sur les oreilles, 5 implants sur le front, les pommettes et le menton, une modification de la lèvre supérieure, une altération du nez et 4 rectifications dentaires.

LA PLUS GRANDE EXTENSION DE PÉNIS

Grâce à la chirurgie et à la physiothérapie, un patient du Dr Bayard Olle Fischer Santos (Brésil) s'est fait augmenter le pénis de 16 cm. Le premier traitement a été effectué le 20 février 1995. La taille définitive de l'appendice – 27 cm – a été atteinte le 28 mars 2000.

PIERCINGS

RECORD DE PIERCINGS EN 1 SÉANCE

En 1 séance – qui a duré 7 h et 55 min –, Charlie Wilson (GB) a orné Kam Ma (GB) de 1 015 anneaux métalliques temporaires. Ça s'est passé le 4 mars 2006 au Sunderland Body Art (GB).

L'HOMME LE PLUS PERCÉ

Luis Antonio Agüero (La Havane, Cuba) arbore 230 piercings permanents. Rien que sur son visage, on dénombre plus de 175 anneaux.

TATOUAGES

LA PERSONNE LA PLUS TATOUÉE

Il a fallu plus de 1 000 h à des centaines de tatoueurs pour modifier le corps de Lucky Diamond Rich (Australie). Sa « parure de corps » a été entièrement noircie – paupières, espace entre les orteils, intérieur des oreilles et gencives compris. À présent, ce fond noir est tatoué de motifs blancs et de motifs colorés par-dessus ces derniers !

LA FEMME LA PLUS TATOUÉE

La stripteaseuse Krystyne Kolorful (Canada) a mis 10 ans pour devenir la femme la plus tatouée : son corps est recouvert à 95 % de tatouages.

LA SÉANCE LA PLUS LONGUE

Entre les 26 et 28 août 2006, Stephen Grady et Melanie Grieveson (Australie) ont participé à la séance de tatouage la plus longue du monde, au Twin City Tattoo and Body Piercing, à Wodonga (Victoria, Australie).

★NOUVEAU RECORD
●MISE À JOUR

opération **la ●plus populaire des interventions non chirurgicales**. En 2006, la plastie mammaire restait **●l'intervention chirurgicale la plus populaire chez les femmes**, avec 383 885 opérations. Les hommes ne sont pas en reste : **la ●liposuccion remportait tous les suffrages**, avec 53263 interventions.

LE PLUS DE PLASTIES MAMMAIRES

À sa mort, Lolo Ferrari (née Ève Valois, France, 1962-2000) avait un tour de poitrine de 180 cm et un bonnet de 54G – taille due aux 22 augmentations mammaires pratiquées entre 1990 et 1995.

●LA PLASTIE MAMMAIRE LA PLUS IMPORTANTE

Au 4 février 2005, Maxi Mounds (USA) avait un tour sous-poitrine de 91,44 cm, un tour de poitrine de 153,67 cm et un bonnet de 110L. Ses premiers implants (350 cc de silicone) datent de 1991. En 1993, le silicone a été remplacé par 1 000 cc de solution saline. Les implants ont été substitués en 1998 par des poches expansibles de solution saline de 2 000 cc. Et, en 1999, Maxi s'est fait ajouter 1 100 cc de liquide physiologique et 2 000 cc d'implants par infiltration.

VIEILLESSE DORÉE

★ NOUVEAU RECORD
● MISE À JOUR

LA DOYENNE DE L'HUMANITÉ

Le record de longévité attesté pour un être humain est de 122 ans et 164 jours. Il est détenu par Jeanne Louise Calment (France), née le 21 février 1875 de Nicolas et Marguerite Calment. Elle est décédée dans une maison de retraite d'Arles (France) le 4 août 1997.

LES PLUS VIEILLES JUMELLES

Kin Narita et Gin Kanie (Japon, nées le 1er août 1892) ont été **les jumelles les plus âgées** de l'histoire. Kin est décédée d'une crise cardiaque le 23 janvier 2000, à l'âge de 107 ans et 175 jours. Leur nom signifie Or et Argent.

★ LE PLUS VIEUX BAPTISÉ

Phyllis Nina Stewart (GB), née le 21 décembre 1910, a été baptisée le 14 avril 2002 à l'âge de 91 ans et 114 jours en l'église paroissiale de Bishops Tawton (Devon, GB).

L'ADOPTION LA PLUS TARDIVE

Jo Anne Benedict Walker (USA) avait 65 ans et 224 jours lorsqu'elle a été officiellement adoptée par Frances Ensor Benedict (USA) le 5 avril 2002, dans le comté de Putnam (Tennessee, USA). Frances Ensor Benedict (USA, née le 11 mai 1918) avait 83 ans et 329 jours quand elle a adopté Jo Anne Benedict Walker (USA), ce qui fait d'elle **le plus vieux parent adoptant**.

LA PLUS VIEILLE MARIÉE

Minnie Munro (Australie) avait 102 ans lorsqu'elle a épousé Dudley Reid, âgé de 83 ans, à Point Clare (Nouvelle-Galles du Sud, Australie), le 31 mai 1991. Harry Stevens (USA) est **le plus vieux marié** de l'histoire. Il avait 103 ans quand il a épousé Thelma Lucas, 84 ans, à la maison de retraite de Caravilla (Wisconsin, USA), le 3 décembre 1984.

● LE PLUS VIEIL HOMME

Tomoji Tanabe, né à Miyakonojo (préfecture de Miyazaki, Japon), le 18 septembre 1895, est devenu le plus vieil homme du monde le 24 janvier 2007 (après la mort d'Emiliano Mercado Del Toro, Puerto Rico), à 111 ans et 128 jours. Le secret de longévité de M. Tanabe ? Il boit du lait tous les jours !

> **J'ai du mal à le croire !**
> *Edna Parker (USA), plutôt perplexe à l'idée de devenir la plus vieille femme du monde*

●LA FEMME TRISOMIQUE LA PLUS ÂGÉE DU MONDE

Le 12 décembre 2007, à 82 ans et 273 jours, Joyce Greenman (GB, née le 14 mars 1925) est devenue la femme trisomique la plus âgée du monde. Peter Davison (GB, né le 20 octobre 1939) est devenu le 24 mars 2007 **le ●plus vieux trisomique de sexe masculin du monde**. Il avait alors 67 ans et 216 jours.

●LA PLUS GRANDE FRATRIE DE RETRAITÉS

Les 19 enfants (7 garçons et 12 filles) d'Eugène (1892-1962) et Alice Thériault (1896-1967) (Canada), nés entre 1920 et 1941, touchaient tous une retraite du gouvernement en 2007. Ils ont entre 66 et 87 ans.

●LA PLUS VIEILLE PERSONNE DU MONDE

Le 13 août 2007, à 114 ans et 115 jours, Edna Parker (USA) est devenue la personne vivante la plus âgée.

LES PLUS VIEILLES TRIPLÉES

Nées le 18 mai 1899, à Elm Mott, Texas (USA), Faith, Hope et Charity Cardwell sont les triplées les plus âgées de l'histoire. Faith est morte le 2 octobre 1994, à 95 ans et 137 jours.

LE SAVIEZ-VOUS ?

Adolf, Anne-Marie, Emma et Elisabeth Ottman sont nés le 5 mai 1912 à Münich (Allemagne). Ils ont vécu jusqu'à l'âge de 79 ans, ce qui en fait **les plus vieux quadruplés de l'histoire**.

LE PLUS VIEUX DIVORCÉ

Le 21 novembre 1980, Harry Bidwell, Sussex (GB), a divorcé à l'âge de 101 ans. Sa femme avait 65 ans.

LE PLUS VIEUX COUPLE DE DIVORCÉS (ÂGES CUMULÉS)

Ida Stern, 91 ans, a divorcé de son mari Simon, 97 ans, le 2 février 1984, à Milwaukee (Wisconsin, USA). Ils avaient 188 ans à eux deux.

LES PLUS VIEUX JUMEAUX

Glen et Dale Moyer (USA), nés le 20 juin 1895 et décédés tous les deux à l'âge de 105 ans, sont devenus les plus vieux jumeaux authentifiés de l'histoire, le 23 janvier 2000.
Dale, agriculteur, était l'aîné de 20 min de son frère Glen, instituteur.

Leurs parents, Mahlon et Anna Moyer, avaient eu trois enfants avant eux. Glen est décédé le 16 avril 2001, à 105 ans, 9 mois et 26 jours.

LES MAMANS LES PLUS ÂGÉES

Maria del Carmen Bousada Lara (Espagne, née le 5 janvier 1940) a donné naissance à des jumeaux – Christian et Pau – par césarienne, à l'âge de 66 ans et 358 jours, à l'hôpital Sant Pau de Barcelone (Espagne), le 29 décembre 2006. Elle est à la fois **la maman la plus âgée** et **la ●maman de jumeaux la plus âgée**. **La maman de quadruplés la plus âgée** est Merryl Thelma Fudel (née Coward) (Australie). Elle a mis au monde trois filles et un garçon le 18 avril 1998, à 55 ans et 286 jours.

●LA PLUS VIEILLE DEMOISELLE D'HONNEUR

Edith Gulliford (GB, née le 12 octobre 1901) a été demoiselle d'honneur au mariage de Kyra Harwood et James Lucas (GB), célébré le 31 mars 2007, à la Commissioner's House de Chatham (GB), à l'âge de 105 ans et 171 jours.

LONGÉVITÉ : LE TOP 10

1. **Jeanne Calment (France) :** 122 ans et 164 jours
2. **Shigechiyo Izumi (Japon) :** 120 ans et 237 jours*
3. **Sarah Knauss (USA) :** 119 ans et 97 jours
4. **Lucy Hannah (USA) :** 117 ans et 248 jours
5. **Marie-Louise Meilleur (Canada) :** 117 ans et 230 jours
6. **María Esther de Capovilla (Équateur) :** 116 ans et 347 jours
7. **Tane Ikai (Japon) :** 116 ans et 175 jours
8. **Elizabeth Bolden (USA) :** 116 ans et 118 jours
9. **Carrie White (USA) :** 116 ans et 88 jours*
10. **Kamato Hongo (Japon) :** 116 ans et 45 jours*

*L'authenticité de ces cas n'a pas été prouvée

DOSSIER SPÉCIAL

JOURNÉE GUINNESS WORLD RECORDS

●LE WHEELIE LE PLUS LONG SUR UN SKATEBOARD

Stefan Akesson (Suède) a exécuté un wheelie (roue arrière) sur 68,54 m, sur une surface plate, au centre commercial Gallerian de Stockholm (Suède), le 2 novembre 2007.

●RECORD DE SERPENTS DANS UNE BAIGNOIRE

Jackie Bibby (USA), surnommé The Texas Snake Man, a passé 45 min dans une baignoire contenant 87 serpents, le 5 novembre 2007, à Dublin (Texas, USA), dans le cadre de la journée GWR.

★RECORD D'OBSTACLES SAUTÉS AVEC UN VÉLO TOUT TERRAIN

Lors de la journée GWR 2007, Vittorio Brumotti (Italie), alias « 100 % », a sauté 20 obstacles espacés sur la roue arrière de son vélo à Milan (Italie) (ci-dessus). Il a ensuite battu son propre record en effectuant 24 sauts sur le plateau de *Lo show dei record* à Madrid (Espagne), le 9 février 2008.

★RECORD DE CANETTES COLLECTÉES

Le record de canettes collectées en 1 mois est de 1 971 026, pour 61 443 kg. L'événement a été organisé par Collecta-Can, My School et Pan Macmillan en Afrique du Sud, du 1er au 31 octobre 2007.

RECORD DE BISES EN 1 MIN

Adrian Chiles (GB) a reçu 78 bises en 1 min sur le plateau de *The One Show* de la BBC 1, à Londres (GB), le 8 novembre 2007, à l'occasion de la journée GWR.

LA PLUS GROSSE FUSÉE

La fusée *Saturn V* est la plus grosse jamais lancée. Surmontée du vaisseau *Apollo*, elle mesurait 110,6 m de haut et pesait environ 3 000 t sur le pas de tir, en fonction de la mission à accomplir. *Saturn V* avait une poussée au décollage de 3 447 t. Ses cinq principaux moteurs avaient une poussée équivalente à celle de 40 gros-porteurs et consommaient 3 t de carburants par seconde. Le premier lancement de *Saturn V* (illustration à gauche) a eu lieu le 9 novembre 1967 et le 13e (et dernier) le 14 mai 1973.

TOUR DE SAUVETAGE
Permet d'arracher le module de commande de la fusée en cas de problème, mettant ainsi fin à la mission.

MODULE DE COMMANDE
Là où se trouve l'équipage pour le lancement et l'atterrissage. C'est le seul élément qui revient sur Terre.

MODULE DE SERVICE
Reste relié au module de commande jusqu'au moment précédant le retour et l'atterrissage. Contient les systèmes de propulsion et de survie.

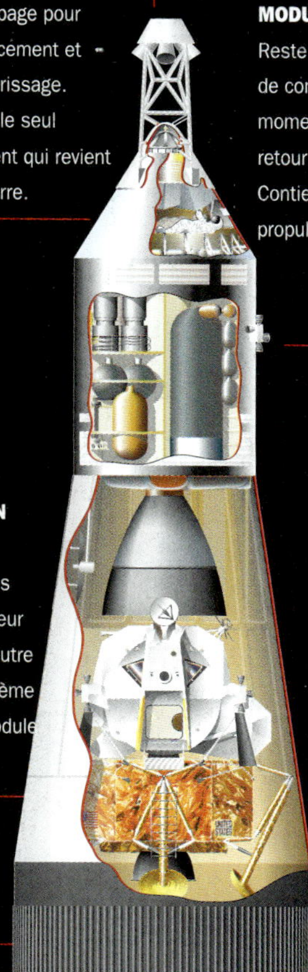

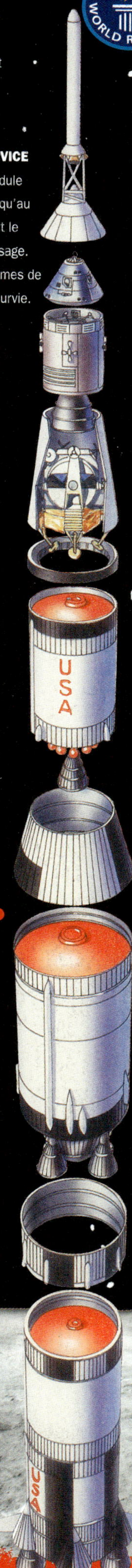

MODULE D'EXPLORATION LUNAIRE
Module pour deux membres d'équipage, doté d'un moteur pour l'alunissage et d'un autre pour le décollage. La troisième personne reste dans le module de commande.

FUSÉE SATURN V
Sous le module d'exploration lunaire se trouve l'immense fusée elle-même.

LES PREMIERS PAS SUR LA LUNE

Neil Alden Armstrong (USA), commandant de la mission *Apollo 11*, a été le premier homme à marcher sur la Lune à 2 h 56 GMT, le 21 juillet 1969. Edwin Eugene Aldrin (USA, photo ci-dessous) est descendu après lui du module d'exploration lunaire *Eagle*.

LA FUSÉE SATURN V

Saturn V était une fusée à étages dont on peut voir les différents éléments à droite. En bas (« premier étage ») se trouvaient 5 moteurs qui propulsaient la fusée et l'engin spatial à une altitude de 61 km, jusqu'à épuisement du carburant du réservoir au-dessus. Cet élément était ensuite largué, permettant aux moteurs du second étage de s'allumer. L'engin accélérait alors pour atteindre une vitesse proche de la vitesse orbitale de la Terre. Après le largage du deuxième élément, le troisième permettait d'atteindre la vitesse orbitale, puis à quitter l'orbite de la Terre pour se diriger vers la Lune.

EXPLOITS HUMAINS

★TORCHES HUMAINES

Thomas Hangarter et 9 personnes de son équipe (Allemagne) se sont transformés simultanément en hommes torches sur le plateau du *Guinness World Records – Die Größten Weltrekorde*, à Cologne (Allemagne), le 1er septembre 2007.

SOMMAIRE

LES PLUS JEUNES

★LE CHEF D'ÉTAT

Le 30 avril 1982, alors âgé de 26 ans, Valentine Strasser (Sierra Leone) a pris le contrôle de son pays à la suite d'un coup militaire. Strasser est devenu chef d'État le 7 mai 1992 et a gouverné jusqu'à ce qu'il soit renversé le 16 janvier 1996.

LES PLUS JEUNES SPORTIFS

NOM/NATIONALITÉ	PLUS JEUNE…	ÂGE
Kim Yun-Mi (Corée du Sud)	médaillée or olympique par équipe	13 ans et 85 jours
Marjorie Gestring (USA)	médaillée or olympique individuelle	13 ans et 268 jours
Souleymane Mamam (Togo)	footballeur coupe du Monde (réserviste)	13 ans et 310 jours
Hasan Raza (Pakistan)	joueur de criquet match test	14 ans et 227 jours
Charlotte Dod (GB)	gagnante de Wimbledon (tennis) simple dames	15 ans et 285 jours
Martina Hingis (Suisse)	gagnante de l'Open d'Australie (tennis) simple dames	16 ans et 117 jours
Monica Seles (Yougoslavie, naturalisée USA)	gagnante de Roland Garros (tennis) simple dames	16 ans et 169 jours
Tracey Austin (USA)	gagnante de l'US Open (tennis) simple dames	16 ans et 271 jours
Rodney W. Heath (Australie)	vainqueur de l'Open d'Australie (tennis) simple messieurs	17 ans
Norman Whiteside (GB)	footballeur de la coupe du Monde (finale)	17 ans et 41 jours
Michael Chang (USA)	vainqueur de Roland Garros (tennis) simple messieurs	17 ans et 109 jours
Boris Becker (Allemagne)	vainqueur de Wimbledon (tennis) simple messieurs	17 ans et 227 jours
Fred Lindstrom (USA)	joueur de baseball World Series	18 ans et 339 jours
Jermaine O'Neal (USA)	joueur NBA	18 ans et 53 jours
Pete Sampras (USA)	vainqueur de l'US Open (tennis) simple messieurs	19 ans et 28 jours
Marco Andretti (USA)	vainqueur du tournoi Indycar	19 ans et 167 jours
Henri Cornet (France)	vainqueur du tour de France	19 ans et 350 jours

★LE SKIEUR ALPIN MÉDAILLÉ D'OR AUX JO

Kjetil André Aamodt (Norvège) a remporté la première de ses 4 médailles d'or olympiques à Albertville (France), le 16 février 1992, à 20 ans et 167 jours.

LE CHAMPION DU MONDE DE FORMULE 1

Fernando Alonso (Espagne) a décroché son premier titre de championnat mondial de Formule 1 le 25 septembre 2005, à Interlagos (Brésil), à 24 ans et 59 jours.

★LE GOLFEUR À GAGNER UN TOURNOI PRO

Ryo Ishikawa (Japon) avait 15 ans et 245 jours lorsqu'il a remporté la Munsingwear Open KSB Cup du Tojigaoka Marine Hills Golf Club, à Okayama (Japon), le 20 mai 2007.

PLUS D'INFOS

Le golf vous tente ? Alors pour d'autres records de golf, voir p. 204, le chapitre Sport.

★LA GOLFEUSE À RÉUSSIR UN HOLE-IN-ONE

Soona Lee-Tolley (USA) n'avait que 5 ans et 103 jours lorsqu'elle a réussi un hole-in-one au 7e trou par 3, au club de golf Manhattan Woods de West Nyack (New York, USA), le 1er juillet 2007.

●LE PROFESSEUR

Alia Sabur (USA, née le 22 février 1989) a obtenu un poste de professeur au département Fusion et Technologie avancée de l'université de Konkuk (Séoul, Corée du Sud) avec prise de fonction le 19 février 2008, à 18 ans et 362 jours.

★LA CHAMPIONNE DU MONDE DE KITESURF

Gisela Pulido (Espagne) a remporté son premier titre de Kiteboard Pro World Tour (KPWT) le 4 novembre 2004, à 10 ans et 294 jours. Le 26 août 2007, à 13 ans et 224 jours, elle a décroché son premier championnat professionnel de kiteboard.

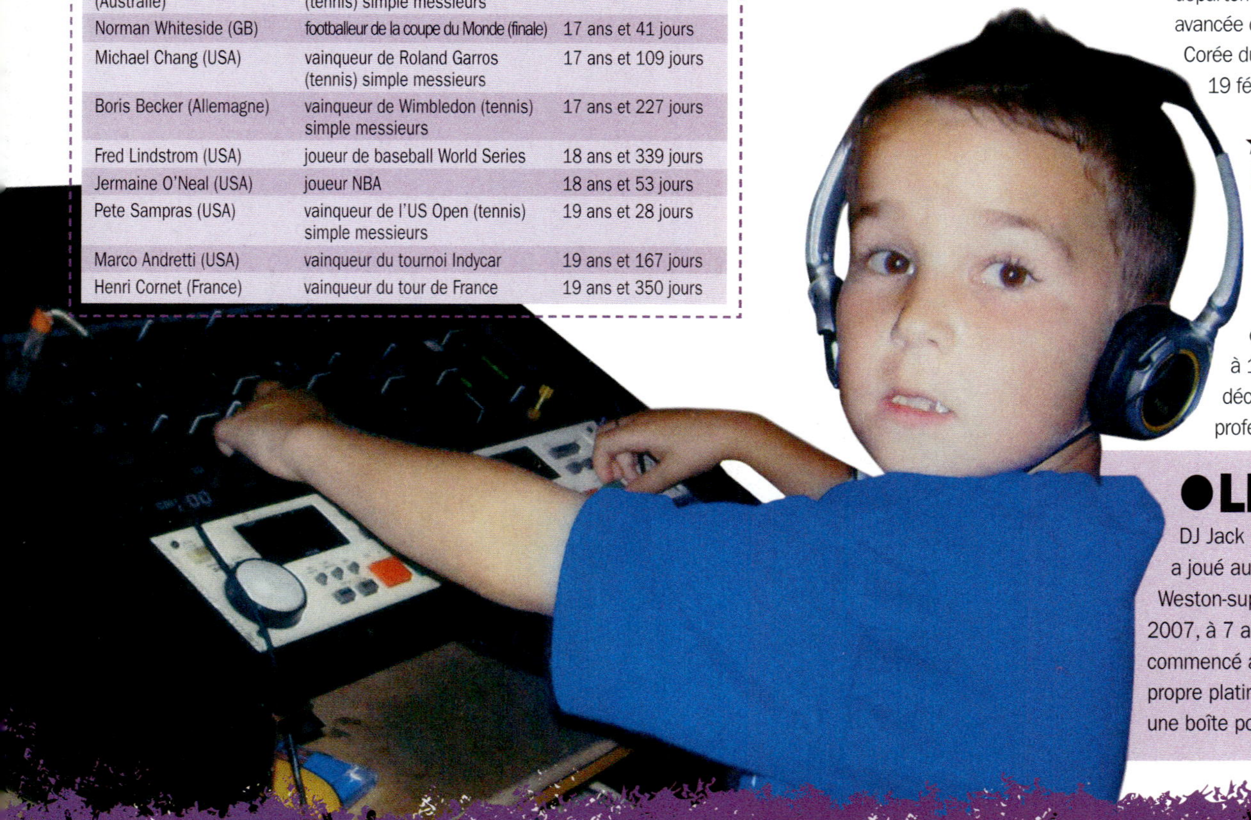

●LE DJ

DJ Jack Hill (GB, né le 20 mai 2000) a joué au CK's Bar and Club de Weston-super-Mare (GB), le 26 août 2007, à 7 ans et 98 jours. Jack a commencé à mixer à 3 ans ! Il a sa propre platine, mais il doit monter sur une boîte pour en atteindre les manettes.

« Facebook compte 52 millions d'utilisateurs et pourrait atteindre les 200 millions à la fin 2008. »

www.portfolio.com, novembre 2007

★ NOUVEAU RECORD
● MISE À JOUR

● LE MILLIARDAIRE

Avec un revenu net de 1,5 milliard $, Mark Zuckerberg (USA, né le 14 mai 1984) est le plus jeune milliardaire américain. Il avait 23 ans et 296 jours lorsque son record a été listé sur Forbes.com, le 5 mars 2008. Mark Zuckerberg est le directeur général du site de réseau social Facebook, qu'il a fondé en février 2004.

LE PRIX NOBEL DE LA PAIX

En 1992, Rigoberta Menchú Tum (Guatemala) a reçu le prix Nobel de la paix « en récompense de son combat pour la justice sociale et la réconciliation ethnoculturelle fondées sur le respect des droits des populations indigènes ». À 33 ans, elle a été la première personne indigène et la plus jeune femme à recevoir cet honneur.

LE CHAMPION DU MONDE DE BILLARD

Chia-ching Wu (Taiwan) avait 16 ans et 121 jours lorsqu'il a remporté le championnat du monde de billard, à Kaohsiung (Taiwan), le 10 juin 2005.

LE CHAMPION DU MONDE DE RODÉO

Après plus de 40 ans, le record d'Anne Lewis (USA) perdure. Elle avait 10 ans lorsqu'elle a remporté le championnat de rodéo WPRA en 1968. Durant le concours, cette cavalière émérite avait guidé sa monture autour de 3 tonneaux en suivant un parcours en feuille de trèfle.

● LE PORTEUR D'UN DENTIER INTÉGRAL

Daniel Sánchez-Ruiz (GB) a porté un dentier intégral le 25 février 2005, à 3 ans et 301 jours, après avoir perdu ses dents à cause d'une dysplasie ectodermique anidrotique.

● VOYAGEUR SUR LES 7 CONTINENTS

Thomas Lucian Staff (GB) est né le 14 janvier 2006. Le 4 janvier 2007, à 355 jours, il a visité l'Antarctique – le 7e continent depuis sa naissance. Avec ses parents, Neil Staff et Susan Crawford, Thomas a également visité l'Asie (14-19 avr.), l'Amérique du Nord (8-13 juin), l'Australie (2-9 sept.), l'Europe (20-22 oct.), l'Afrique (30 nov.-12 déc.), l'Amérique du Sud (29 déc. 2006-11 janv. 2007) et l'Antarctique (4-8 janv.).

LES PLUS ÂGÉS

★L'ÉLÈVE D'ÉCOLE PRIMAIRE LE PLUS ÂGÉ

Kimani Ng'ang'a Maruge (Kenya) est entré à l'école primaire de Kapkenduiyo, Eldoret (Kenya) le 12 janvier 2004, à l'âge de 84 ans. Le 6 avril 2004, Ng'ang'a a réussi ses premiers examens trimestriels avec des A en anglais, en kiswahili et en mathématiques.

LE GOLFEUR HOLE-IN-ONE

Otto Bucher (Suisse, né le 12 mai 1885) a décroché un hole-in-one à 119 m au 12e trou à La Manga GC (Espagne), le 13 janvier 1985. Au moment de l'exploit, il avait 99 ans et 244 jours.

★LE SKIEUR ALPIN MÉDAILLÉ D'OR AUX JO

Kjetil André Aamodt (Norvège, né le 2 septembre 1971) a décroché sa 4e médaille d'or olympique en ski alpin à Turin (Italie), le 18 février 2006, à 34 ans et 169 jours.

LE RODÉO SUR TAUREAU PROFESSIONNEL

Adriano Moraes (Brésil, né le 10 avril 1970) a participé en 2005 au Professional Bull Riders World Finals, à 35 ans.

LE RECORD SPORTIF

Le 25 mai 1974, à 41 ans et 71 jours, Gerhard Weidner (Allemagne de l'Ouest, né le 15 mars 1933) a parcouru 32 km en marchant en 2 h, 30 min et 38,6 s. C'est le sportif le plus âgé à avoir établi un record mondial ouvert à toute catégorie d'âge.

★LA PERSONNE À RALLIER LES DEUX PÔLES À SKI

Norbert H. Kern (Allemagne, né le 26 juillet 1940) a skié jusqu'au pôle Sud le 18 janvier 2007 et jusqu'au pôle Nord le 27 avril 2007. Il avait 66 ans et 275 jours.

●LE MAÎTRE-NAGEUR

Edwin McCarthy (USA, né le 8 avril 1925) travaille comme maître-nageur depuis 1992.

●LE ROI EN FONCTION

Abdullah bin Abdulaziz Al-Saud, le roi d'Arabie Saoudite, est né en août 1924. Le 11 mai 2007, à 82 ans et 253 jours, il est devenu le monarque en exercice le plus âgé.

LE CHEF DE GOUVERNEMENT

En 1940, à la suite de l'invasion allemande en France, Henri Philipe Pétain (1856-1951) a été rappelé au gouvernement comme conseiller du ministre de la Guerre. Le 16 juin 1940, à 84 ans, il a succédé à Paul Reynaud en tant que Premier ministre de la France.

★L'ÉLÈVE D'ÉCOLE PRIMAIRE

Kimani Ng'ang'a Maruge (Kenya) s'est inscrit au cours élémentaire de l'école primaire Kapkenduiyo, à Eldoret (Kenya), le 12 janvier 2004, à 84 ans.

LE PRIX NOBEL

En 1966, le professeur Francis Peyton Rous (USA, 1879-1970) a partagé le prix Nobel de physiologie ou médecine, à 87 ans.

●LA DANSEUSE DE REVUE

Dorothy Kloss (USA, née le 27 octobre 1923) se produit régulièrement dans le spectacle *The Fabulous Palm Springs Follies* de Palm Springs (Californie, USA).

★LE DIPLÔMÉ

Allan Stewart (Australie, né le 7 mars 1915) a été diplômé en droit le 7 octobre 2006, à 91 ans et 214 jours, après des études à l'université de New England (Nouvelle-Galles du Sud, Australie).

LE BRAQUEUR DE BANQUE

J. L. Hunter Rountree (USA, né en 1911) a reconnu avoir dérobé 1 999 $ dans une banque du Texas (USA) et a été condamné le 3 janvier 2004, à 92 ans, à 151 mois de prison.

Sale, mal habillé et désagréable !

Jeanne Louise Calment, la personne la plus âgée de l'histoire, à propos de Vincent van Gogh, qu'elle avait connu.

LES SPORTIFS LES PLUS ÂGÉS

NOM/NATIONALITÉ	PLUS ÂGÉ...	ÂGE
Firmin Lambot (Belgique)	vainqueur du Tour de France	36 ans et 4 mois
Kenneth Robert Rosewall (Australie)	vainqueur de l'Open d'Australie simple messieurs	37 ans et 62 jours
William Larned (USA)	vainqueur de l'US Open simple messieurs	38 ans et 242 jours
P. J. "Babe" McDonald (USA)	médaillé d'or d'athlétisme olympique (lancer du poids de 25,4 kg)	42 ans et 26 jours
Albert Roger Milla (Cameroun)	footballeur et marqueur coupe du Monde	42 ans et 39 jours
Robert Parish (USA)	basketteur NBA	43 ans et 231 jours
W. H. "Billy" Meredith (GB)	footballeur international	45 ans et 229 jours
Juan Manuel Fangio (Argentine)	champion du monde de F1	46 ans et 41 jours
Martina Navratilova (USA)	gagnante de Wimbledon simple	46 ans et 261 jours
Tebbs Lloyd Johnson (GB)	médaillé d'athlétisme olympique (marche de 50 000 m)	48 ans et 115 jours
Wilfred Rhodes (GB)	joueur de cricket test	52 ans et 165 jours
Louis Alexandre Chiron (Monaco)	pilote de Grand Prix de F1	55 ans et 292 jours
Leroy "Satchel" Page (USA)	joueur de baseball	59 ans et 80 jours
Oscar Swahn (Suède)	médaillé d'or olympique (tir au cerf courant par équipe)	64 ans et 258 jours
●Julia Jones (GB)	joueur de hockey	71 ans
Tércio Mariano de Rezende (Brésil)	footballeur	Né le 31 décembre 1921
Arthur Sweeney (GB)	joueur de tennis de table	88 ans
Dimitrion Yordanidis (Grèce)	marathonnien	98 ans
José Guadalupe Leal Lemus (Mexique)	tennisman	Né le 13 décembre 1902

Rountree, surnommé Red, prétend avoir braqué sa première banque à 80 ans. Il voulait se venger des banques qui l'avaient ruiné.

●LE GARÇON D'HONNEUR

Gerald W. Pike (USA, né le 12 octobre 1910) a été garçon d'honneur au mariage de Nancy Lee Joustra et Clifford Claire Hill (USA), le 26 mars 2004, à Kent County (USA). Il avait 93 ans et 166 jours.

●LE MILLIARDAIRE

John Simplot (USA, né le 4 janvier 1909) est le milliardaire américain vivant le plus âgé. Le 8 mars 2007, à 98 ans et 63 jours, Forbes.com le créditait d'un revenu de 3,2 milliards $. Le nonagénaire de Boise (Idaho, USA) a construit sa fortune sur l'agriculture, notamment sur les pommes de terre.

★L'ARTISTE PROFESSIONNEL

Moses Aleksandrovich Feigin (Russie, né le 23 octobre 1904) a exposé ses œuvres à la Maison des artistes de Moscou (Russie) du 27 avril au 10 mai 2007. Il avait 102 ans et 199 jours.

LE PRISONNIER

Bill Wallace (Australie, 1881-1989) est le prisonnier le plus âgé à ce jour. Il a passé 63 ans de sa vie à l'hôpital psychiatrique Aradale d'Ararat (Australie), après avoir tué un homme en décembre 1925. Il est resté en prison jusqu'à sa mort le 17 juillet 1989, peu avant ses 108 ans. Interrogé sur les raisons de son emprisonnement, il répondait : « Il y avait un homme… À vrai dire, je ne sais pas. »

●LE PLUS VIEUX COIFFEUR

Anthony Mancinelli (USA, né le 2 mars 1911) est coiffeur depuis 1924. Âgé de 97 ans, il n'a pas cessé son activité.

L'ACTRICE

Jeanne Louise Calment (France, 1875-1997) joua son propre rôle à 114 ans dans *Vincent et Moi* (Canada, 1990). Calment, **la doyenne de l'humanité**, dont l'âge a été officiellement authentifié (voir p. 74), fut la dernière personne vivante à avoir connu le peintre Vincent van Gogh.

★NOUVEAU RECORD
●MISE À JOUR

★L'ORCHESTRE LE PLUS ÂGÉ

Peace Old Jazz compte 6 musiciens, dont la moyenne d'âge était de 76 ans en novembre 2007. Ils se produisent chaque soir à Shanghai (Chine) depuis plus de 20 ans.

PAS TRÈS CONSEILLÉ...

★RECORD DE CHAISES EN ÉQUILIBRE

Luo Jun (Chine), du groupe acrobatique Zun Yi, a mis en équilibre 11 chaises sur le plateau de l'émisssion *Zheng Da Zong Yi – Guinness World Records Special*, à Pékin (Chine), le 15 septembre 2007.

●BAIN AVEC DES SERPENTS À SONNETTE

Jackie Bibby (USA), alias « The Texas Snake Man » (L'Homme aux serpents du Texas), est resté 45 min dans une baignoire avec 87 serpents, le 5 novembre 2007, à Dublin (Texas, USA), lors du GWR Day.

●LA PLUS LONGUE APNÉE

Le 23 février 2008, dans une piscine installée sur le plateau de *Lo Show dei Record* à Madrid (Espagne), Tom Sietas (Allemagne) a retenu sa respiration pendant 16 min et 13 s.

★L'IMMERSION SOUS-MARINE LA PLUS LONGUE

Du 14 au 18 juin 2007, Ronny Frimann (Norvège) est resté sous l'eau 4 jours et 4 h (soit 100 h) afin de collecter des fonds pour le World Wildlife Fund (WWF). Il portait une combinaison de plongée et un casque équipé d'un cathéter et de tubas pour son approvisionnement en aliments et en oxygène. L'expérience lui a fait perdre 7,5 kg.

●LE TAPIS DE FAKIR LE PLUS ÉPAIS

Le 25 juin 1998, sur le plateau de *Guinness World Records : Primetime*, 5 personnes de Tallmadge (Ohio, USA) ont créé un tapis de fakir composé de 3 épaisseurs de clous de 15,25 cm, espacés de 5 cm.

PLUS D'INFOS

Envie d'autres records fous ? Alors jetez vite un œil sur **Bizarre Bizarre** (p. 100-101). Et si d'aventure, l'héroïsme pur vous tentait, reportez-vous au chapitre **Esprit d'aventure** (p. 106-117).

★RECORD DE COLLISIONS AUTOMOBILES

Dietmar Loffler (Allemagne) s'est fait entré dedans par une voiture 8 fois en 2 min sur le plateau de GWR – *Die Größten Weltrekorde*, à Cologne, le 23 novembre 2007.

LA CHARGE LA PLUS LOURDE PORTÉE PAR DE LA COLLE

Le 11 octobre 2007, à Bühl (Allemagne), une grue à laquelle on avait collé un vérin métallique de 7 cm de diamètre 1 h plus tôt a soulevé pendant 1 h une camionnette Ford de 4 140 kg. La colle utilisée était la UHU® Alleskleber Super Strong & Safe.

★LE TRAIN LE PLUS LOURD TRACTÉ PAR UNE VENTOUSE ABDOMINALE

En pressant un bol de riz contre ses abdominaux, Zhang Xingquan (Chine) a généré un effet ventouse suffisant pour tracter un train de 36,15 t sur 40 m, à Dehai City (province de Jilin, Chine), le 3 août 2007.

★RECORD DE BARRES DE FER BRISÉES AVEC LA TÊTE

Wang Xianfa (Chine) a brisé 26 barres de fer sur son crâne en 1 min, sur le plateau de *Zheng Da Zong Yi – Records Special*, à Pékin (Chine), le 18 septembre 2007.

●LE RECORD DE POIDS SOULEVÉ PAR UNE BARBE

Antanas Kontrimas (Lithuanie) a soulevé avec sa barbe une jeune fille de 63,2 kg à 10 cm du sol sur le plateau de *Zheng Da Zong Yi – Guinness World Records Special*, à Pékin (Chine), le 16 septembre 2007.

★ NOUVEAU RECORD
● MISE À JOUR

Il n'y a rien d'impossible à qui est en harmonie avec son soi intérieur.

Ashrita Furman (USA), recordman extraordinaire

★ RECORD DE ROTATIONS AVEC PERCEUSE

The Guy Hiang (Allemagne) a effectué 141 rotations en 1 min, tout en se balançant au bout d'une foreuse électrique, sur le plateau de *Guinness World Records – Die Größen Weltrekorde*, à Cologne (Allemagne), le 1er septembre 2007.

★ RECORD DE BANCS PORTÉS AVEC LES DENTS

Guo Guozhi (Chine) a porté avec ses dents 14 bancs empilés sur le plateau de *Zheng Da Zong Yi – Guinness World Records Special,* à Pékin (Chine), le 19 décembre 2006.

★ LA PLUS GRANDE DISTANCE PARCOURUE AVEC UNE QUEUE DE BILLARD SUR LE MENTON

Ashrita Furman (USA) a parcouru 400 m avec une queue de billard en équilibre sur le menton, au Barcelo Bavaro Resort Convention Centre de Punta Cana (République dominicaine), le 18 décembre 2007.

● LA PLUS LONGUE VIRÉE EN MOTO À TRAVERS UN TUNNEL DE FEU

Sur sa moto, Clint Ewing (USA) a traversé un tunnel de feu de 60,96 m de long, à Universal City (Los Angeles, USA), le 27 janvier 2008. Cet exploit a été tenté pour l'émission de NBC, *Special Guinness World Records Live – The Top 100.*

● RECORD DE POIDS SOULEVÉ AVEC LES DENTS

Le 17 mai 2007, Frank Simon (USA) a soulevé avec les dents un réfrigérateur de 63,5 kg qu'il a tenu pendant 10 s sur le plateau du *Circo Massimo Show,* à Rome (Italie).

★ RECORD DE VITESSE SUR POGO STICK EN JONGLANT AVEC 3 BALLES

Le 26 septembre 2007, sur la Brooklyn Promenade (New York, USA), Ashrita Furman (USA) a parcouru 1,6 km en 23 min et 28 s sur un pogo stick en jonglant avec 3 balles.

● LE MUR DE FEU LE PLUS LONG

Le 16 septembre 2007, Rich's Incredible Pyro (USA) a créé un mur de feu de 2 022 m de long lors de la Terre-Haute Air Fair, à Terre-Haute (Indiana, USA).

● LA PLUS LONGUE MARCHE SUR BRAISES

Trever McGhee (Canada) a marché sur 181,9 m de braises (entre 657,67 et 853,33 °C), aux Symons Valley Rodeo Grounds de Calgary (Alberta, Canada), le 9 novembre 2007.

● LA PLUS HAUTE FLAMME SOUFFLÉE PAR UN CRACHEUR DE FEU

Tim Black (Australie) a craché une flamme de 7,2 m sur le plateau de *Zheng Da Zong Yi – GWR Special,* à Pékin (Chine), le 15 septembre 2007.

● LE PLUS GRAND NOMBRE DE CRACHEURS DE FEU

Le 14 mars 2007, 115 cracheurs de feu ont fait simultanément une démonstration de leur talent au Heuvelplein de Tilburg (Pays-Bas).

ÇA VOUS TENTE ?

PUZZLES INDIVIDUELS

RUBIK'S CUBE

●**Temps record de résolution :** 9, 55 s, par Ron van Bruchem (Pays-Bas), le 24 novembre 2007.

●**Temps record de résolution, yeux bandés :** 41,16 s, par Chen Danyang (Chine), le 28 octobre 2007.

BEDLAM CUBE

★**Temps record d'assemblage :** 7, 77 s, par Aleksander Iljasov (Norvège), le 28 septembre 2007.

★**Temps record d'assemblage, yeux bandés :** 36,41 s, par Danny Bamping (GB), le 8 novembre 2007.

PUZZLE GWR HASBRO

●**Assemblage le plus rapide :** 14 min et 58 s, par Elaine Lewis (GB), le 11 juin 2007.

TETRIS

★**Le plus petit jeu** s'est joué en novembre 2002 à l'université Vrije (Amsterdam, Pays-Bas) par microscope avec des tétraminos constitués de minuscules sphères de verre. Chaque pièce mesurait 1 micromètre (0,001 mm).

★NOUVEAU RECORD
●MISE À JOUR

●RECORD DE JEUX DE CARTES MÉMORISÉS

Après un seul visionnage, Dave Farrow (Canada) a mémorisé 59 jeux de cartes différents tirés de façon aléatoire (soit 3 068 cartes au total), aux studios CTV du Daily Planet (Toronto, Canada), le 2 avril 2007.

RECORD DE TEMPS POUR...

●ÉCLATER 1 000 BALLONS

Les employés de OC & C Strategy Consultants (GB) ont percé 1 000 ballons en 8,78 s dans le cadre de leur Séminaire international annuel à Barcelone (Espagne), le 8 septembre 2007.

★CRÉER 5 SCULPTURES DE BALLONS, YEUX BANDÉS

Le 16 février 2008, Daniele Bottalico, alias "Mago Ciccio" (Italie), a mis 1 min et 24 s pour créer 5 sculptures de ballons, les yeux bandés, sur le plateau de l'émission *Lo show dei record,* à Madrid (Espagne).

●FAIRE 100 M À CLOCHE-PIED

Le 31 mars 2007, Rommell Griffith (Barbade) a parcouru 100 m à cloche-pied en 15, 57 s, dans le cadre du Barbados World Record Festival au stade national de La Barbade à St Michael.

PLUS D'INFOS

Le corps humain est fabuleux. Vous découvrirez des exploits ou statistiques absolument incroyables en jetant un œil au chapitre **Le corps humain** (p. 56-75).

RECORD DE YO-YO LANCÉS SIMULTANÉMENT

Eric Lindeen (Suède) a lancé et contrôlé 9 yo-yo en simultané, au centre commercial Gallerian de Stockholm (Suède), le 4 novembre 2006.

●LA PLUS GROSSE BALLE EN CAOUTCHOUC

Bryce, Tanner Austin, Nicole et Steve Milton (USA) ont fabriqué une balle en caoutchouc de 2 083, 8 kg. L'exploit a été homologué au DePaul University Plaza de Chicago (Illinois, USA), le 21 novembre 2006.

●COURIR 100 M AVEC UN CONCURRENT SUR LE DOS

Lors du Barbados World Record Festival, le 31 mars 2007, au stade national de La Barbade, Rommell Griffith a établi un record en 16,97 s, en portant Ulinda Griffith (La Barbade).

●BANANES PELÉES ET MANGÉES EN 1 MIN

Le 17 septembre 2007, Christopher « Big Black » Boykin (USA) a pelé et dévoré 3 bananes lors de l'émission de MTV *The Rob & Big Show,* à Los Angeles (Californie, USA).

●DATES DE NAISSANCE MÉMORISÉES

Jayasimha Ravirala (Inde) a mémorisé 20 dates de naissance à l'Auditorium K. S. R. de Vashakhapatnam (Inde), le 27 janvier 2008.

●ŒUFS TENUS EN MAIN

Le 20 décembre 2007, Zdenek Bradac (République tchèque) a tenu 20 œufs simultanément dans une main, au Collège Sheffield Castle (South Yorkshire, GB).

●BALLONS SCULPTÉS EN 1 H

Le 14 novembre 2007, John Cassidy (USA) a fabriqué 747 sculptures de ballons en 1 h, au Collège Buck County de Newtown (Pennsylvanie, USA).

★CUILLÈRES TORDUES EN 1 MIN

Le 18 décembre 2006, Kong Tai (Chine) a tordu à 180° et à mains nues 5 cuillères, à Pékin (Chine).

●RECORD DE TEE-SHIRTS ENFILÉS

Charlie Williams (GB) a enfilé 224 tee-shirts les uns sur les autres le 14 septembre 2007, à St. Anthony, une école primaire catholique de Woodford Green (Essex, GB).

LE PLUS DE...

●POMMES PÊCHÉES À LA BOUCHE EN 1 MIN

Le 11 juin 2007, Ashrita Furman (USA) a pêché 32 pommes avec la bouche en 1 min, à Jamaica (New York, USA).

LA PLUS LONGUE ROTATION DE POÊLE SUR UN DOIGT

Le 29 novembre 2001, Anders Björklund (Suède) a fait tourner une poêle sur un doigt pendant 14 min sur le plateau de *Guinness Rekord TV*, à Stockholm (Suède).

DÉMONSTRATIONS DE FORCE

LES POINTS FORTS DE MANJIT

Manjit Singh (GB) détient plusieurs records qui impliquent tous puissance et endurance. Manjit adore relever des défis, non seulement par plaisir personnel, mais aussi par vocation humanitaire, pour récolter des fonds. Voici ses derniers exploits :

★ LA TRACTION D'UN BUS AVEC LES OREILLES

Manjit Singh a remorqué un autobus sur 6,1 m grâce à des câbles attachés à ses oreilles. Il cherchait à récolter des fonds pour la Manjit Fitness Academy au Tesco de Loughborough (GB), le 31 mars 2008.

● LE SQUAT AVEC CHARGE

En 1 h et avec des mouvements de squat, Manjit Singh a soulevé au total 30 390 kg au Montee Hair and Beauty Salon (Leicester, GB), le 20 décembre 2007.

LE SPRINT DE 10 M LE PLUS RAPIDE AVEC UNE TABLE ET UNE CHARGE PORTÉES AVEC LA BOUCHE

Laissant tout le travail à sa mâchoire, Georges Christen (Luxembourg) a porté une femme assise sur une table sur 10 m et en 7,5 s, dans le cadre de *L'Été de tous les records*, à La Tranche-sur-Mer (France), le 28 juillet 2004.

RECORD DE POIDS SOULEVÉ AVEC LES DENTS

En ne comptant que sur ses dents, Walter Arfeuille (Belgique) a soulevé 281,5 kg sur une distance de 17 cm, à Paris (France), le 31 mars 1990.

★ RECORD DE POIDS SOULEVÉ AVEC LE COU

Frank Ciavattone (USA) a soulevé avec son cou une masse de 366,5 kg au New England Weightlifting Club de Walpole (Massachusetts, USA), le 15 novembre 2005.

● LE BATEAU TRACTÉ LE PLUS LOURD

En juin 2000, George Olesen (Danemark) a remorqué un ferry de 10 300 t sur 5,1 m, au Gothenburg Ferry Terminal (Gothenburg, Suède).

● RECORD DE POIDS SOULEVÉ AVEC UNE OREILLE

Le 30 septembre 2007, au cours de la Vienna Recordia (Vienne, Autriche), Zafar Gill (Pakistan) a soulevé en haltères l'équivalent de 61,7 kg rien qu'avec une pince attachée à son oreille droite.

★ NOUVEAU RECORD
● MISE À JOUR

★ LE PLUS LONG BLOCAGE D'UNE VOITURE À PLEINE PUISSANCE

Franz Müllner (Autriche) a bloqué une Lamborghini Diablo qui démarrait à plein régime, pendant 7 s, sur le plateau de *Die Größten Weltrekorde*, à Cologne (Allemagne), le 1er septembre 2007.

LE BRISEUR DE BÉTON

Eduardo Estrada (Mexique) détient **le ●record de blocs de béton brisés en 1 min**. Il en a cassé 386, le 22 novembre 2007, à l'université de Coahuila à Saltillo (Coahuila, Mexique).

LE PLUS HAUT LANCER DE FÛT DE BIÈRE

Heini Koivuniemi (Finlande, ci-contre) a lancé un fût de bière de 12,3 kg par-dessus une barre élevée à 3,46 m sur le plateau du *Guinness World Records*, à Helsinki (Finlande), le 9 août 2001. Côté hommes, c'est Juha Rasanen (Finlande) qui détient le record, avec le lancer d'un fût de bière de 12,3 kg par-dessus une barre placée à 7,1 m, le 26 août 2005.

★LE SOULEVÉ DE TERRE LE PLUS LOURD

Andy Bolton (GB) a soulevé 455 kg lors des demi-finales de la World Powerlifting Organization qui s'est tenue au Lake George (New York, USA), le 4 novembre 2006.

●LE SOULEVÉ DE TERRE LE PLUS LOURD AVEC LE PETIT DOIGT

Juste avec son auriculaire, Kristian Holm (Norvège) a soulevé 95,38 kg, à Herefoss (Norvège), le 24 mars 2007.

LE PLUS LOURD ÉLÉPHANT SOULEVÉ

En 1975, alors qu'il travaillait pour le cirque Gerry Cottle (GB), Khalil Oghaby (Iran) a soulevé un éléphant qui pesait environ 2 t. Il s'était placé sur une plateforme située au-dessus de l'animal et l'avait soulevé grâce à un harnais.

●LE VÉHICULE LE PLUS LOURD TRACTÉ SUR PLUS DE 30 M

Le pasteur Kevin Fast (Canada), champion d'haltérophilie, a soulevé un véhicule de 57 000 kg sur 30,48 m, à Cobourg (Ontario, Canada), le 12 mai 2007.

RECORD DE POIDS AJOUTÉ À UNE ÉPÉE AVALÉE

Matthew Henshaw (Australie) a avalé une épée non rétractable de 40,5 cm, puis il a attaché un sac de pommes de terre de 20,1 kg à la poignée et il l'a porté pendant 5 s. Cet exploit s'est déroulé aux studios du *Guinness World Records*, à Sydney (Nouvelle-Galles du Sud, Australie), le 16 avril 2005.

Franz Müllner (Autriche) détient **le ★record du blocage de camion lancé à pleine puissance**. Ainsi, le 3 novembre 2007, Franz a maîtrisé un camion de 400 cv pendant 8,40 s, sur le plateau de *Zheng Da Zong Yi – Guinness World Records Special*, à Pékin (Chine).

POUR LA BONNE CAUSE

LA COURSE HUMANITAIRE LA PLUS LUCRATIVE

Avec 24,7 millions $ Can (13,45 millions €), Terry Fox (Canada, 1958-1981) a recueilli la plus grosse somme jamais obtenue pour une course caritative. Du 12 avril au 2 septembre 1980, Terry, qui avait une jambe artificielle, a rallié St John's (Terre-Neuve, Canada) à Thunder Bay (Ontario, Canada), soit 5 373 km, en 143 jours.

●LE MARATHONIEN LE PLUS LUCRATIF

Steve Chalke (GB) a recueilli 1 841 138 £ (2 393 479 €) au profit de l'organisation humanitaire Oasis UK lorsqu'il a couru le marathon Flora London, à Londres (GB), le 22 avril 2007.

ENCHÈRES CARITATIVES : LE PLUS CHER...

CALENDRIER

« To Touch an Angel's Wings », un calendrier conçu pour la vente de charité du Muir Maxwell Trust contre l'épilepsie, a été vendu aux enchères à Stephen Winyard (GB) de Stobo Castle Health Spa (Peeblesshire, GB), le 10 décembre 2005, pour 15 000 £ (19 500 €).

NUMÉRO DE TÉLEPHONE

Lors d'une vente aux enchères caritative organisée le 23 mai 2006 par Qatar Telecom à Doha (Qatar), un enchérisseur anonyme qatari a déboursé 10 millions QAR (1,79 million €) pour s'approprier le numéro de téléphone 666-6666.

GUITARE

Une guitare Fender Stratocaster autographiée par plusieurs légendes de la musique, dont Mick Jagger, Eric Clapton et Paul McCartney (tous GB), a rapporté 2,7 millions $ lors d'une vente aux enchères au profit de Reach Out To Asia qui s'était tenue le 17 novembre 2005 à l'hôtel Ritz-Carlton, à Doha (Qatar). La campagne Reach Out To Asia soutient de nombreuses causes à travers le monde, et plus particulièrement sur le continent asiatique.

TRAVAIL CARITATIF

●LA PLUS IMPORTANTE COLLECTE DE FONDS ANNUELLE

Tenu chaque année dans les rues de Londres (GB), le marathon Flora London reste la plus importante manifestation annuelle caritative. Ainsi, l'édition 2007, du 22 avril, a généré la somme de 46,5 millions £ (60,45 millions €) recueillie par 24 750 coureurs, au profit de nombreuses organisations humanitaires. Au cours des 11 marathons courus entre 1996 et 2006, le montant des dons par édition s'élevait à 28 027 550 £ (36 435 815 €).

★LE PLUS IMPORTANT DON DE LAIT MATERNEL

Au 8 juin 2007, Erica Hines de Port Orange (Floride, USA) avait offert 135,5 l de lait maternel à la WakeMed Mother's Milk Bank de Raleigh (Caroline du Nord, USA).

●LE CONCERT DE GROUPE LE PLUS LONG

Du 27 au 29 avril 2007, l'orchestre Comaganin Raaga Priya Light Music a joué pendant 50 h au profit des malvoyants à Chennai (Inde).

L'ORGANISATION DE SECOURISME LA PLUS ANCIENNE

La Royal National Lifeboat Institution (RNLI), une organisation britannique de secourisme, a été créée par édit royal en mars 1824. Elle a donc soufflé sa 180e bougie en 2004. En 2006, elle pratiquait en moyenne 22 sauvetages quotidiens.

> ***J'ai couru mon premier marathon à 71 ans et je continuerai tant que mes jambes me porteront !***
>
> *Jenny Wood-Allen, femme la plus âgée à terminer un marathon (91 ans !)*

★ **NOUVEAU RECORD**
● **MISE À JOUR**

RECORD DE VIES SAUVÉES PAR UN PERROQUET

En décembre 1999, Charlie, un perroquet gris, a réveillé sa propriétaire, Patricia Tunnicliffe (GB), car un incendie venait d'éclater dans sa maison du Durham (GB). L'oiseau s'est mis à piailler. Ce brouhaha a réveillé Mme Tunnicliffe qui a ainsi pu sortir à temps ses 5 enfants de la maison. Hélas, Charlie a péri dans le sinistre.

SAUVETEURS

RECORD DE CIVILS SECOURUS EN MER

Le 23 janvier 1946, l'équipage du cargo USS *Brevard* (AK-164), commandé par John Elliott (USA), a secouru 4 296 civils japonais dont le bâtiment, le *Enoshima Maru*, était en train de sombrer après avoir percuté une mine au large de Shanghai (Chine).

LE HÉROS DE GUERRE LE PLUS DÉCORÉ

Audie Murphy (USA, 1924-1971) est le soldat américain le plus décoré, avec 24 médailles. Ses exploits ont fait l'objet d'un film *L'Enfer des hommes* (USA, 1956), dans lequel il joue son rôle (ci-dessous).

LE SAUVETEUR CANIN LE PLUS CÉLÈBRE

Le trophée du sauvetage canin va sans conteste à Barry, un saint-bernard qui a vécu de 1800 à 1814. Barry a secouru plus de 40 personnes au cours de ses 12 ans de bons et loyaux services dans les Alpes suisses. Il a ainsi sauvé un garçonnet à moitié gelé sous une avalanche, dans laquelle la mère avait perdu la vie. Barry s'était étendu sur l'enfant pour le réchauffer et avait léché son visage jusqu'à ce qu'il se réveille. Il l'avait alors porté jusqu'à l'habitation la plus proche.

PLUS D'INFOS

On estime à 1 million le nombre de spectateurs qui ont assisté au concert de rock simultané du Live 8, qui s'est tenu le 2 juillet 2005 dans 10 villes, dont Londres, Philadelphie, Paris, Johannesburg, Berlin, Rome et Moscou.

RECORD D'AUDIMAT POUR UN CONCERT ROCK

En termes de spectateurs, le Live Aid organisé par Bob Geldof (Irlande) a été le concert de rock humanitaire le plus important. Monté le 13 juillet 1985 à Londres (GB) et Philadelphie (USA), plus de 60 noms du rock se sont produits bénévolement devant 1,5 milliard de téléspectateurs à travers le monde. L'objectif était de recueillir des fonds pour lutter contre la famine en Afrique.

L'ŒUVRE CARITATIVE LA PLUS LUCRATIVE

Cela fait 10 ans consécutifs que l'Armée du Salut américaine recueille annuellement plus de fonds que n'importe quelle autre organisation caritative. En 2001, elle a recueilli 1,39 milliard $. Un an plus tôt, elle avait reçu 1,44 milliard $ (936 millions €). L'Armée du Salut américaine compte près de 1,6 million de volontaires efficaces et dévoués. Les membres qui adhérent aux principes de l'Armée du Salut sont appelés « soldats » et sont encadrés par des officiers.

EXPLOITS HUMAINS

BIZARRE BIZARRE...

★RECORD DE DISTANCE PARCOURUE EN « WORM »

Le 9 novembre 2007, lors du Guinness World Records Day 2007, James Rubec (Canada) a parcouru 33,14 m en « worm », au Rogers Centre de Toronto (Canada). Le « worm » est un pas de breakdance qui se pratique en s'allongeant à plat ventre et en se propulsant en avant dans un mouvement ondulatoire.

●LA PLUS IMPORTANTE CONFÉRENCE DE PRESSE SOUS-MARINE

Lors d'une conférence de presse organisée le 4 novembre 2006 par Eric J. Pittman (Canada) pour promouvoir son livre *Emails from a Nut !!! (E-mails d'un zinzin !!!)*, 61 journalistes ont plongé à 10 m de profondeur dans la piscine Crystal, à Victoria (Colombie-Britannique, Canada).

●LA PLUS GRANDE BATAILLE DE FLANS

Le 11 juillet 2007, 105 participants se sont lancés dans une méga-bataille de flans organisée au Camp Toukley (Nouvelle-Galles du Sud, Australie).

●RECORD DE DISTANCE SOUS-MARINE EN BÂTON SAUTEUR

Ashrita Furman (USA) a parcouru 512,06 m sous l'eau avec un bâton sauteur. L'exploit a été réalisé le 1er août 2007 au centre aquatique du Nassau County dans l'East Meadow (New York, USA).

★NOUVEAU RECORD
●MISE À JOUR

LA TORCHE HUMAINE LA PLUS ENDURANTE

Ted A. Batchelor (USA), un cascadeur professionnel s'est transformé en torche – sans aucune réserve d'oxygène – pendant 2 min et 38 s, le 17 juillet 2004, à Nelson (Ohio, USA), au Ledges Quarry Park.

●RECORD DE VITESSE DE POUSSE-ORANGE AVEC LE NEZ

Le 2 novembre 2007, Ashrita Furman a poussé une orange avec son nez sur 1,6 km, en 22 min et 41 s, au Green Acres Mall (New York, USA).

★LA PLUS GRANDE DANSE DE ROBOTS

Le 17 septembre 2007, 276 étudiants du Kent (GB) se sont déguisés en robots et ont dansé 5 min, à Canterbury (Kent, GB).

●LA PLUS LONGUE SUSPENSION HUMAINE PAR L'ABDOMEN

En pressant un bol de riz sur ses abdominaux, Li Kangle (Chine) a généré une succion suffisante pour se suspendre à une corde lancée d'un hélicoptère. Il a tenu 7 min et 6 s. L'exploit s'est déroulé à Pingyi (Shandong, Chine). Ce record a été réalisé le 6 septembre 2007, dans le cadre de *Zheng Da Zong Yi – Guinness World Records Spécial* à Pékin (Chine).

★LE CHEVAL DE PANTOMIME LE PLUS RAPIDE

Charles Astor et Tristan Williams (GB) ont parcouru 100 m en 13,51 s... dans leur costume de cheval ! Charles (à l'avant) et Tristan (à l'arrière) participaient à un concours organisé le 18 août 2005 par l'agence de publicité Claydon Heeley Jones Mason, à l'Harrow School de Harrow-on-the-Hill (Middlesex, GB). Le même jour, Samantha Kavanagh (à l'avant) et Melissa Archer (à l'arrière) ont décroché **le titre féminin**, en 18,13 s.

J'ai établi 183 records GWR, dont 76 encore d'actualité et toujours inégalés. Bizarre ? Pour vous peut-être… Mais pour moi, ça démontre bien les capacités illimitées de l'esprit humain.

Ashrita Furman, détenteur du plus grand nombre de titres GWR

★RECORD DE LUNETTES DE W-C BRISÉES

Lors de l'émission *GWR : Die Größten Weltrekorde* qui s'est tenue à Cologne (Allemagne) le 1er septembre 2007, Kevin Shelley (USA) a brisé 46 lunettes de toilettes en bois avec sa tête.

LE PLUS DE…

★PINCES À LINGE FIXÉES À UNE MAIN EN 1 MIN

Mohammed Ahmed Elkhouly (UAE) a accroché 48 pinces à linge à l'une de ses mains, à Bab Al Shams Desert Resort & Spa (Dubai, EAU), le 21 avril 2007.

★PERSONNES AU VISAGE PEINT AUX COULEURS D'UNE ÉQUIPE

29 688 personnes ont peint leur visage aux couleurs du club de rugby Stade français Paris (bleu et rouge) le 7 juin 2008, au Stade de France (Saint-Denis, France). L'événement a été organisé en collaboration avec la marque de crayons de maquillage Fanbrush®, le Stade français de Paris et le Stade de France.

★KILTS ENFILÉS

Invitée de l'émission *The New Paul O'Grady Show* le 7 novembre 2007, Lorraine Kelly (GB) a enfilé 3 kilts, un par un, en 1 min dans les London Studios (GB).

★GENS DÉGUISÉS EN ANIMAUX MARINS

5 590 personnes se sont déguisées en animaux marins à l'occasion d'un événement spécial au Shenjiamen Fishing Harbor, à Zhoushan (province de Zhejiang, Chine), le 10 août 2007.

●SOUS-VÊTEMENTS ENFILÉS

Au Paramount Nightclub de Perth (Australie), Joel Nathan (Australie) a mis 20 caleçons en 1 min, le 27 juillet 2007.

★ŒUFS CASSÉS AVEC LA TÊTE

Osi Anyanwu (GB) a brisé 40 œufs contre sa tête en 1 min au cours de l'émission télévisée du 7 novembre 2007, *The New Paul O'Grady Show* à Londres (GB).

●RECORD D'ESCARGOTS SUR LE VISAGE

Le 27 octobre 2007, Alastair Galpin (Nouvelle-Zélande) a gardé 8 escargots sur le visage pendant 10 s, à Sylvia Park (Auckland, Nouvelle-Zélande). Le même jour, il a décroché le record du ★**nombre de tee-shirts déchirés en 1 min**, soit 9.

Le 11 mai 2006, à la Old Homestead Community House d'Auckland, Galpin a également battu le record du ★**nombre de gants portés sur une main**, soit 7. Et le 28 avril 2007, sur le même lieu, il a établi celui du ●**nombre d'élastiques tendus sur le visage**, soit 62.

★L'OBJET LE PLUS LOURD ENFONCÉ DANS LA GORGE

Thomas Blackthorne (GB) s'est enfoncé dans la gorge la mèche de 25 mm d'épaisseur d'une foreuse Dewalt D25980 d'un poids de 38 kg. Il a ensuite porté « à bout de gorge » la foreuse et la mèche pendant plus de 3 s. Ça s'est passé à Cologne (Allemagne), le 23 novembre 2007, sur le plateau de l'émission *Guinness World Records : Die Größten Weltrekorde*.

EXPLOITS EN SOLO

★LA PLUS LONGUE DISTANCE SUR UNE BARRE VERTICALE

Nele Bruckmann (Allemagne) a réussi à escalader une barre verticale sur 9,73 m en 1 min, à l'envers, sur le plateau de *Guinness World Records – Die Größten Weltrekorde*, à Cologne (Allemagne), le 1er septembre 2007.

★LE PLUS DE PIÈCES DE BOIS COUPÉES EN DEUX

Le 23 novembre 2007, Robert Ebner (Allemagne) a coupé 70 morceaux de bois en deux en 30 s, sur le plateau de *Guinness World Records – Die Größten Weltrekorde*, à Cologne (Allemagne).

LE PLUS RAPIDE...

●POUR S'EXTRAIRE D'UNE CAMISOLE DE FORCE

Le 17 septembre 2007, au Media Center Hotel de Pékin (Chine), il a fallu 18,80 s à Matt the Knife (USA) pour s'extraire d'une camisole. Il détient aussi **le ●record de vitesse pour s'extraire d'une camisole sous l'eau**. Il s'est acquitté de cette tâche en 15,41 s, sur le plateau de *Zheng Da Zong Yi – Guinness World Records Special*, à Pékin, le 13 septembre 2007.

●MESSAGE

Le 12 novembre 2006, Ang Chuang Yang (Singapour) a saisi un texte de 160 caractères sur son téléphone portable, en 41,52 s, au Suntec Convention Centre (Singapour).

●POUR SCULPTER UN BALLON LES MAINS DANS LE DOS

Les mains dans le dos, Daniele Bottalico, alias Mago Ciccio (Italie), a façonné un caniche en ballon de baudruche en 4,54 s, à Cassano delle Murge, Bari (Italie), le 10 novembre 2007.

●EN SAUTS DE GRENOUILLE (10 M)

Avec 8,22 s, Ashrita Furman (USA) a battu le record de vitesse à sauts de grenouille (sur la pointe des pieds), sur 10 m, à Jamaica (New York, USA), le 7 novembre 2007.

LE PLUS DE...

★ROTATIONS SUR LA TÊTE

Aichi Ono (Japon)a effectué 101 rotations sur la tête en 1 min, sur le plateau de *Zheng Da Zong Yi – Guinness World Records Special*, à Pékin (Chine), le 18 septembre 2007.

●BAISERS REÇUS

Adrian Chiles (GB) a reçu 78 baisers en 1 min, sur le plateau de *The One Show*, à Londres (GB), le 8 novembre 2007, dans le cadre du GWR Day.

★CALCUL MENTAL

Chen Ranran (Chine) a résolu 8 problèmes de calcul mental en 1 min sur le plateau de *Zheng Da Zong Yi – Guinness World Records Special*, à Pékin (Chine), le 2 novembre 2007. Chaque calcul, fourni sous enveloppe cachetée par l'Abacus and Mental Arithmetics Federation, comportait 11 nombres totalisant 120 chiffres.

JONGLAGE AVEC DES TRONÇONNEUSES

Stupéfiant de bravoure (ou d'inconscience !), Aaron Gregg (Canada) a jonglé avec 3 tronçonneuses allumées, qu'il a réussi à rattraper 86 fois au total, à Portland (Oregon, USA), le 23 septembre 2005. Pour ceux qui seraient tentés de l'imiter (n'en faites rien surtout !), il s'agissait du modèle Echo CS-301.

★LA PLUS RAPIDE SUR 100 M EN BALLON SAUTEUR

Le 26 septembre 2004, Dee McDougall (GB) a parcouru 100 m en 39,88 s sur un ballon sauteur, à l'université de St Andrews, à Fife (GB).

●RICOCHETS

Pour faire des ricochets, on lance un caillou lisse et plat à la surface de l'eau pour le faire rebondir le plus de fois possible avant qu'il coule. Le record incroyable du nombre de ricochets consécutifs est de 51. Il est détenu par Russell Byars (USA), qui l'a établi le 19 juillet 2007 au parc de Riverfront, à Franklin (Pennsylvanie, USA).

PLUS D'INFOS

Dans cette édition, les records relatifs à l'espace sont infiniment nombreux. Pour les découvrir, propulsez vous aux rubriques **Explorations spatiales** (p. 28), **Étoiles** (p. 18), **Galaxies & nébuleuses** (p. 20), **Corps célestes** (p. 22) et **Astéroïdes, comètes & météorites** (p. 24).

MARATHONS

●Batterie : 85 h et 30 min, Gery Jallo (Belgique), Pakenhof, Heverlee (Belgique), les 22-25 février 2007.

★Boîte à rythme : 24 h, Michael Krappel (Autriche), Vienne (Autriche), le 30 septembre 2007.

●Chant : 75 h, Marcus LaPratt (USA), Heartland Health Care Center, Allen Park, Michigan (USA), les 28-31 août 2007.

●Clavier : 70 h et 57 min, Patricia Jones (USA), *Teresa's Piano Gallery,* Jacksonville, Floride (USA), les 12-15 novembre 2007.

●Conférence : 120 h, Jayasimha Ravirala (Inde), Inde, les 24-29 mars 2007.

Danse : 100 h, Suresh Joachim (Australie), Mississauga, Ontario (Canada), les 16-20 février 2005.

★Harpe : 24 h et 30 min, Laurita Pacheco (Pérou), Bolivar Hotel, Lima (Pérou), les 20-21 mai 2004.

●Jonglage la tête en bas (3 objets) : 2 min et 11 s, Ashrita Furman (USA), Jamaica (New York, USA), le 24 décembre 2007.

●Karaoke : 38 h et 30 min, Thomas Brian Jones (GB), Vienne (Autriche), le 30 septembre 2007.

★LE PLUS RAPIDE POUR SAUTER SUR 5 KM SANS CORDE

Ashrita Furman (USA) a parcouru 5 km en sautant, sans corde, en 35 min et 19 s, au Wat Pa Luangta Bua Yannasampanno Forest Monastery de Kanchanaburi (Thaïlande), le 5 février 2007. Ashrita a été accompagné sur une partie du trajet par un tigre !

★NOUVEAU RECORD
●MISE À JOUR

LE PLUS DE POMMES COUPÉES EN L'AIR AVEC UNE ÉPÉE

Kenneth Lee (USA), maître en arts martiaux, a coupé 23 pommes en l'air en 1 min, à l'aide d'une épée de samouraï sur le plateau de *Live With Regis & Kelly*, à New York (USA), le 14 septembre 2006.

UN TRAVAIL D'ÉQUIPE

★LE PLUS DE BOULES DE GLACE LANCÉES ET RATTRAPÉES EN 1 MIN PAR 2 PERSONNES

Le 1er septembre 2007, Gabriele (lanceur, à gauche) et Lorenzo Soravia (tous deux Allemagne) se sont lancé sans les faire tomber 25 boules de glace en 1 min, sur le plateau de *Guinness World Records – Die Größten Weltrekorde*, à Cologne (Allemagne).

LE PLUS LONG...

●CONCERT (PLUSIEURS ARTISTES)

Du 4 au 12 novembre 2006, un concert a rassemblé plusieurs artistes pendant 200 h, au *Manhattan's Pizza Bistro and Music Club* de Gelph (Ontario, Canada).

★DISTANCE SUR TAPIS DE COURSE

Les 4 et 5 juin 2008, la marque de lingerie de sport Shock Absorber a réalisé sur le parvis de la Défense à Paris (France), le record du monde féminin de la plus longue distance parcourue sur tapis de course. En 24 h, douze femmes se sont relayées pour atteindre la distance record de 260,92 km.

★ROULEAU DE GRAFFITIS

Le 2 novembre 2007, les élèves de la Technical High School du comté de Bergen, à Paramus (USA), ont couvert de graffitis un rouleau de papier de 609,6 m de long.

LE PLUS DE...

★DANSEURS SUR LES POINTES

Le 25 février 2006, 190 danseurs de ballet réunis lors d'un événement organisé par la Reach for a Dream Foundation et le South African Ballet Theatre (Afrique du Sud) à Pretoria (Afrique du Sud) se sont tous mis sur les pointes pendant 1 min.

●RAMASSEURS DE DÉCHETS

Le 7 août 2005, une opération de ramassage de déchets organisée à Oita (Japon) a attiré 146 679 volontaires.

●SCHTROUMPFS RÉUNIS

451 participants se sont déguisés en Schtroumpfs lors d'un événement organisé par le syndicat d'étudiants de l'université de Warwick, à Coventry (GB), le 20 juin 2007.

●PERSONNES DANS UNE BULLE DE SAVON

Fan Yang (Canada) a fait tenir 42 personnes dans une bulle de savon, sur le plateau de *Live with Regis and Kelly* à New York (USA), le 7 août 2007.

●LE PLUS DE PERSONNES SE BROSSANT LES DENTS (DIVERS LIEUX)

177 003 personnes se sont brossées les dents dans 380 lieux différents, lors d'un événement organisé en Inde par Colgate-Palmolive Ltd, le 9 octobre 2007.

●LE PLUS GRAND ENSEMBLE DE GUITARISTES

Le 26 juin 2007, à Leinfelden-Echterdingen (Allemagne), un ensemble composé de 1 802 guitaristes a joué *Smoke on the Water* de Deep Purple, sous la conduite du groupe Party Blues in Bb.

●LE RECORD DE DALEKS RÉUNIS

Le 26 août 2007, les visiteurs du musée des Sciences et de l'Industrie (MOSI) de Manchester (GB) ont bien cru à une attaque de la Terre par des extra-terrestres lorsque 70 Daleks – en fait, des gens déguisés en Daleks, personnages de la série télévisée *Doctor Who* – ont surgi dans le musée.

RECORDS DE PARTICIPATION

ÉVÉNEMENT	PARTICIPANTS	LIEU	DATE
●Bunny hop	3 841	Delta (Utah, USA)	4 juil. 2007
★Cours de danse (barres)	551	Pretoria (Afrique du Sud)	25 févr. 2006
●Cours de musique	1 577	Chicago (Illinois, USA)	7 août 2007
●Danse en couple	540	Hong Kong (Chine)	7 juil. 2007
●Ensemble de batteries complètes	533	Seattle, Washington (USA)	13 mai 2006
★Ensemble de Bodhran	980	Sydney (Australie)	17 mars 2006
★Ensemble de cuillères	481	Saskatchewan (Canada)	2 juin 2007
●Ensemble d'harmonicas	3 898	Trossingen (Allemagne)	9 sept. 2007
●Ensemble de kazoos	2 600	Rochester, New York (USA)	31 déc. 2006
★Ensemble de matouqin	1 199	Province de Jilin (Chine)	1 sept. 2006
★Ensemble d'ocarinas	103	Les-Ponts-de-Martel (Suisse)	24 juin 2006
★Ensemble de trompettes	1 166	Oruro (Bolivie)	19 févr. 2006
★Rassemblement d'Halloween	63	Somerville, MA (USA)	27 oct. 2007
★Rassemblement de jouets en peluche	2 304	Washington DC (USA)	6 déc. 2006
●Rassemblement de mascottes	119	Edmonton, Alberta (Canada)	30 août 2004
★Rassemblement de pirates	1 140	Soltau (Allemagne)	2 juin 2007
●Réunion d'élèves	3 299	Tacoma, Washington (USA)	16 sept. 2006
★Sirtaki	268	Agia Napa (Chypre)	16 sept. 2007
★Speed-dating	120	Vienne (Autriche)	30 sept. 2007

●DRIBBLES SIMULTANÉS

Le 17 mai 2007, aux BAA Edinburgh Youth Games, au centre sportif de Meadowbank à Édimbourg (GB), 1 289 personnes ont dribblé simultanément.

★SIFFLEURS

Le 30 juin 2007, le « Whistle Off » organisé dans le cadre du festival de la fraise de Whitchurch-Stouffville (Ontario, Canada) a attiré 199 siffleurs.

★ÉPOUVANTAILS

Le 12 octobre 2003, 3 311 épouvantails ont été exposés au festival Flower and Farm de la société d'horticulture de Cincinnati, à Coney Island (Ohio, USA).

★PARTICIPANTS À LA DANSE DE LA PLUIE

Le Rotary Club de Brisbane Planetarium a réuni 113 personnes pour une danse de la pluie, au Royal National Association, à Brisbane (Australie), le 11 novembre 2007.

●LE PLUS DE BAISERS SIMULTANÉS

32 649 personnes se sont embrassées simultanément (en fait, elles ont froncé les lèvres), à Weston-super-Mare (GB), le 22 juillet 2007, lors de l'émission télévisée *On The Beach* sur T4 TV.

★NOUVEAU RECORD
●MISE À JOUR

ESPRIT D'AVENTURE

SOMMAIRE

● LA MARCHE SUR CÂBLE LA PLUS HAUTE

Christian Schou (Norvège), en photo ci-dessus, a parcouru 12 m sur un câble de 2,5 cm d'épaisseur déployé à 1 000 m au-dessus du sol, à Kjerag Lysefjorden (Norvège), le 3 août 2006.
Le 7 octobre 2007, Aleksandar Mork (Norvège, ci-contre) a réalisé le même exploit.

AUTOUR DU MONDE

LES PIONNIERS

Le premier tour du monde en avion Deux hydravions Douglas DWC de l'armée américaine ont fait le tour du monde en 57 « escales » du 6 avril au 28 septembre 1924, avec Seattle (Washington, USA) comme point de départ et d'arrivée. Le *Chicago* était piloté par le lieutenant Lowell H. Smith et le lieutenant Leslie P. Arnold, tandis que les lieutenants Erik H. Nelson et John Harding (USA) commandaient le *New Orleans*. Ils ont mis 371 h et 11 min pour couvrir les 42 398 km du voyage.

Le premier tour du monde en avion sans escale Richard G. « Dick » Rutan et Jeana Yeager (USA) ont fait le tour du monde en partant de la base militaire d'Edwards (Californie, USA). Ce voyage sans escale a duré 9 jours, du 14 au 23 décembre 1986.

Le premier tour du monde en avion via les deux pôles Le capitaine Elgen M. Long (USA) a réalisé le premier tour du monde en avion en passant par les pôles à bord d'un Piper PA-31 Navajo bimoteur. Le vol a eu lieu du 5 novembre au 3 décembre 1971, couvrant 62 597 km en 215 h.

La première femme à faire le tour du monde à la voile (en solitaire et sans escale) Kay Cottee (Australie) a quitté Sydney (Australie) le 29 novembre 1987 à bord de son yacht de 11 m, le *First Lady*, pour y revenir 189 jours plus tard, le 5 juin 1989.

★NOUVEAU RECORD
●MISE À JOUR

LE PREMIER...

TOUR DU GLOBE

Le 20 septembre 1519, le vaisseau espagnol *Vittoria* est parti de Sanlúcar de Barrameda (Andalousie, Espagne) en compagnie de quatre autres vaisseaux. Cette expédition était dirigée par l'explorateur Ferdinand Magellan (Portugal).Sous le commandement du navigateur Juan Sebastián de Elcano (Espagne), la *Vittoria* a contourné le cap Horn, traversé le Pacifique via les Philippines avant de retourner en Europe et d'atteindre Séville (Espagne), le 8 septembre 1522. L'objectif du voyage était de rapporter les richesses des « îles des Épices » (actuelle Indonésie) au roi Charles Quint. L'expédition fut mouvementée et subit de grosses pertes, Magellan lui-même trouvant la mort le 27 avril 1521 lors d'une bataille contre des Philippins. Au moment de quitter les îles des Épices, il ne restait plus que deux vaisseaux, mais seule la *Vittoria* est parvenue à bon port avec 18 des 270 hommes de son équipage.

TOUR DU MONDE EN AVION EN SOLITAIRE

Wiley Post (USA) a réussi le premier vol autour du monde en solitaire entre les 15 et 22 juillet 1933, à bord d'un Lockheed Vega nommé Winnie Mae. Post était secondé par le navigateur Harold Gatty (Australie). Le duo a effectué 14 escales dans ce voyage de 25 089 km qui a nécessité en tout 8 jours, 15 h et 51 min de vol. Le point de départ et d'arrivée était Roosevelt Field sur Long Island (New York, USA).

TOUR DU MONDE PAR VOIE TERRESTRE VIA LES DEUX PÔLES

Le 2 septembre 1979, Sir Ranulph Fiennes et Charles Burton (GB) de la British Trans-Globe Expedition sont partis de Greenwich (Londres, GB) et ont traversé le pôle Sud le 15 décembre 1980, puis le pôle Nord le 10 avril 1982, avant de revenir à Greenwich le 29 août 1982. Au total, ils ont parcouru 56 000 km.

★LE TOUR DU MONDE À LA VOILE EN SOLITAIRE LE PLUS RAPIDE

À bord de son maxi-trimaran *IDEC II* de 29,5 m, Francis Joyon (France) a fait le tour du monde à la voile en 57 jours, 13 h, 34 min et 6 s, du 23 novembre 2007 au 20 janvier 2008. Joyon a commencé et achevé son périple de 38 900 km à Brest (France), battant le record d'Ellen MacArthur (GB) de 14 jours.

LE PLUS RAPIDE...

TOUR DU MONDE EN BATEAU À MOTEUR

Le *Cable & Wireless Adventurer* a fait le tour du monde en 74 jours, 20 h, 58 min et 30 s, du 19 avril au 3 juillet 1998. Piloté par le capitaine Ian Bosworth (GB), le vaisseau de 35,05 m de long a couvert plus de 41 841 km.

★LE PREMIER TOUR DU MONDE EN HÉLICOPTÈRE VIA LES DEUX PÔLES

À bord de leur *Bell 407*, Jennifer Murray et Colin Bodill (GB) ont été les premiers (et les plus rapides) à effectuer un tour du monde en hélicoptère. Leur périple a débuté le 5 décembre 2006 de Fort Worth (Texas, USA) et s'est achevé le 23 mai 2007 au même endroit.

LA PLUS FAIBLE CONSOMMATION DE CARBURANT POUR UN TOUR DU MONDE EN VOITURE

Utilisant le nouveau carburant de Shell, Fuel Economy Formula, John et Helen Taylor (Australie) ont fait le tour du monde à bord d'une voiture ordinaire, du 17 janvier au 4 avril 2006 – couvrant au moins 28 970 km avec à peine 24 pleins.

●TOUR DU MONDE À LA VOILE EN SOLITAIRE (FÉMININ)

À bord de son trimaran *B & Q*, Ellen MacArthur (GB) a mis 71 jours, 14 h, 18 min et 33 s pour faire le tour du globe en solitaire et sans escale. Partie d'Ouessant (France) le 28 novembre 2004, elle a contourné le cap de Bonne-Espérance (Afrique du Sud), a fait voile au sud de l'Australie et a franchi le cap Horn avant de traverser l'Atlantique et d'arriver à son point de départ, le 7 février 2005.

TOUR DU MONDE EN VOITURE

Le record du premier et du plus rapide tour du monde en voiture par un homme et une femme sur les six continents, selon les règles en vigueur en 1989 et 1991, pour un trajet dépassant la longueur de l'équateur (40 075 km) est détenu par Saloo Choudhury et son épouse Neena Choudhury (tous deux Inde). Leur voyage a duré 69 jours, 19 h et 5 min, du 9 septembre au 17 novembre 1989. Ils conduisaient une « Contessa Classic » de 1989. Dehli étant leur point de départ et d'arrivée.

TOUR DU MONDE EN AVION VIA LES DEUX PÔLES

Un Boeing 747 SP piloté par le capitaine Walter H. Mullikin (USA) a effectué un tour du monde via les deux pôles en 54 h, 7 min et 12 s (arrêts pour ravitaillement compris), entre les 28 et 31 octobre 1977. Le voyage s'est terminé là où il avait commencé, à San Francisco (USA), avec des escales au Cap (Afrique du Sud) et à Auckland (Nouvelle-Zélande).

●LE TOUR DU MONDE EN VÉLO LE PLUS RAPIDE

Mark Beaumont (GB) a fait le tour du monde en vélo en 194 jours et 17 h, couvrant 29 445,81 km. Son voyage a débuté à Paris (France) le 5 août 2007 pour se terminer au même point le 15 février 2008. Il a traversé l'Europe, le Pakistan, la Malaisie, l'Australie, la Nouvelle-Zélande et les États-Unis.

ESPRIT D'AVENTURE

VOYAGES ÉPIQUES

LE PLUS JEUNE RAMEUR À AVOIR TRAVERSÉ L'ATLANTIQUE

Martin Adkin (GB, né le 7 janvier 1986) est **le plus jeune à avoir traversé un océan à la rame**. Il avait 19 ans et 327 jours quand, avec les trois autres membres du *All Relative*, il a quitté les Canaries, le 30 novembre 2005, pour traverser l'Atlantique d'est en ouest. Le voyage s'est achevé à Antigua, le 8 janvier 2006.

★LA TRAVERSÉE D'UN OCÉAN SUR LE PLUS PETIT CANOT À RAMES

Entre les 3 février et 13 mai 2007, Graham Walters (GB) a traversé l'Atlantique en ramant, d'est en ouest, à bord de son canot, le *Puffin*, de 4,65 m de long et 1,65 m de large.

★LA TRAVERSÉE DE LA MANCHE PAR ÉQUIPE LA PLUS RAPIDE (FEMMES)

Le 10 août 2007, les six nageuses de l'équipe Altamar 66K (toutes Mexique) se sont relayées pour traverser la Manche dans les deux sens en 18 h et 59 min.

LES CHAMPIONS DE LA MANCHE

Le plus jeune nageur à avoir traversé la Manche est Thomas Gregory (GB, né le 6 octobre 1976). Il avait 11 ans et 336 jours lorsqu'il a accompli cet exploit en 11 h et 54 min, le 6 septembre 1988. **La plus jeune nageuse à détenir ce record** est Samantha Druce (GB, née le 22 avril 1971). Elle a effectué la traversée en 15 h et 27 min, à 12 ans et 118 jours, le 18 août 1983.

(NB : selon la réglementation actuelle, les nageurs doivent avoir au moins 16 ans.)

Le nageur le plus âgé à avoir traversé la Manche est George Brunstad (USA, né le 25 août 1934). Il avait 70 ans et 4 jours, lorsqu'il est parti de Douvres (GB), le 29 août 2004, pour atteindre Sangatte (France), 15 h et 59 min plus tard.

Linda Ashmore (née le 21 octobre 1946, GB) est **la●femme la plus âgée à avoir traversé la Manche à la nage**. Elle a réalisé cet exploit en 15 h et 11 min, à 60 ans et 302 jours, le 19 août 2007.

Kevin Murphy (GB) est **l'★homme à avoir traversé le plus de fois la Manche**, avec 34 traversées entre 1968 et 2006. Chez les femmes, Alison Streeter (GB) est devenue la reine de la Manche après l'avoir traversée 43 fois à la nage, de 1982 au 24 juillet 2004 (dont 7 fois en 1992). Elle détient donc **le ★record du nombre de traversées de la Manche à la nage**.

●LA PLUS LONGUE DISTANCE À LA NAGE

Entre les 10 juin et 30 juillet 2004, Martin Strel (Slovénie) a parcouru 4 003 km en nageant sur toute la longueur du Yangzi Jiang (Chine).

●L'ATLANTIQUE À LA RAME LE PLUS RAPIDEMENT

Menés par Leven Brown (GB), les 14 membres de l'équipage anglais et irlandais de *La Mondiale* ont traversé l'Atlantique d'est en ouest en 33 jours, 7 h et 30 min. Le 15 décembre 2007, ils ont quitté Puerto Mogan (Espagne) et sont arrivés à Port-Saint-Charles (Barbades), le 17 janvier 2008.

L'EXPLOIT DE WEBB

Capitaine de la marine marchande, Matthew Webb (GB) est **la première personne à avoir traversé la Manche d'une rive à l'autre sans gilet de sauvetage**. Il aurait parcouru à la nage 61 km pour traverser les 33 km séparant Douvres (GB) des plages de Calais (France), en 21 h et 45 min, de 12 h 56 à 10 h 41, les 24 et 25 août 1875. Près du cap Gris-Nez, de forts courants ont repoussé son arrivée de 5 h.

★ NOUVEAU RECORD
● MISE À JOUR

RECORD DE RAPIDITÉ POUR TRAVERSER LA MANCHE

Le 24 août 2007, Petar Stoychev (Bulgarie) a battu un **● record de vitesse en traversant la Manche dans le sens Angleterre-France** en 6 h, 57 min et 50 s. Il est parti de Shakespeare Beach (GB) et est arrivé au cap Gris-Nez (France). Chez les femmes, Yvetta Hlavacova (Tchéquie) a réalisé **la ● traversée la plus rapide**, en 7 h et 25 min pour se rendre d'Angleterre en France à la nage, le 5 août 2006.

★ LA PERSONNE LA PLUS ÂGÉE À AVOIR TRAVERSÉ UN OCÉAN À LA RAME

Le 13 septembre 2005, Pavel Rezvoy (Ukraine, né le 28 novembre 1938) avait 66 ans et 289 jours, lorsqu'il a quitté les îles Cocos (Australie), pour traverser l'océan Indien à bord d'*Ukraine*. Il a atteint l'île de Mahé (Seychelles), le 9 novembre 2005.

LES TRAVERSÉES LES PLUS RAPIDES DE L'OCÉAN SUR DES BATEAUX SOLAIRES

La ★ traversée la plus rapide de l'Atlantique grâce à l'énergie solaire a duré 29 jours pour les 5 hommes du *sun21* (Suisse), qui ont navigué entre Las Palmas (Canaries) et Le Marin (Martinique), du 4 janvier au 2 février 2007.

La traversée la plus rapide du Pacifique grâce à l'énergie solaire a été effectuée par Kenichi Horie (Japon). Il a parcouru 16 092 km entre Salinas (Équateur) et Tokyo (Japon) en 148 jours, du 20 mars au 5 août 1996.

LA TRAVERSÉE DU PACIFIQUE LA PLUS RAPIDE À LA RAME ET EN SOLITAIRE (D'EST EN OUEST)

Jim Shekhdar (GB) a traversé le Pacifique Sud à la rame en 273 jours, 13 h et 12 min. Il est parti d'Ilo (Pérou), le 29 juin 2000, et est arrivé près de Brisbane (Australie), le 30 mars 2001, après avoir parcouru 14 650 km sur *Le Shark*, un bateau de 10 m.

★ LE PARCOURS LE PLUS RAPIDE À LA VOILE ET EN SOLITAIRE DE SAN FRANCISCO À TOKYO

Il a fallu 34 jours, 6 h et 26 min à Peter Hogg (Nouvelle-Zélande) pour relier San Francisco (USA) à Tokyo (Japon), à bord d'un voilier, du 13 avril au 19 mai 1992.

★ LE PLUS LONG VOYAGE SANS ESCALE SUR UN BATEAU À FOND PLAT

Ralph et Robert Brown (tous deux USA) ont parcouru 1 245,63 km sans s'arrêter sur l'océan, à bord d'un *flat boat* (barque à fond plat aux extrémités carrées). Partis de St George (Bermudes), le 9 mai 2007, ils sont arrivés dans le port de New York (USA), le 11 mai 2007.

LA PREMIÈRE FEMME AYANT TRAVERSÉ LA MANCHE À LA NAGE

La première femme à avoir accompli cet exploit est Gertrude Caroline Ederle (USA, née le 23 octobre 1906). Partie du cap Gris-Nez (France), le 6 août 1926, elle a atteint Deal (GB) en 14 h et 39 min.

VOYAGES ÉPIQUES

AU VOL

Le plus long vol sans escale à bord d'un avion habité a été réalisé par Steve Fossett (USA), qui a parcouru 42 469,4 km à bord du *Virgin Atlantic GlobalFlyer*. Fossett a décollé du Kennedy Space Center (Floride, USA), le 8 février 2006 et atterri 76 h et 45 min plus tard à Bournemouth (Dorset, GB), le 11 février 2006. Il a ainsi battu de 165,4 km le précédent record détenu par le ballon *Breitling Orbiter 3*.

●LE PLUS LONG VOYAGE EN AUTORICKSHAW

Susi Bemsel et Daniel Snaider (tous deux Allemagne) ont effectué en autorickshaw un trajet de 37 410 km entre Bangkok (Thaïlande) et Eichstatt (Allemagne), du 8 février au 17 décembre 2005. Ils ont visité la Thaïlande, le Laos, le Cambodge, le Japon, la Russie, la Mongolie, le Kazakhstan, le Kirghizistan, l'Ouzbékistan, le Turkménistan, la Turquie, la Syrie, la Jordanie, l'Égypte, la Libye, la Tunisie, l'Italie, la France, l'Espagne et l'Allemagne.

●LE PLUS LONG PÈLERINAGE EN COURS

La plus longue distance parcourue dans le cadre d'un pèlerinage autour du monde est de 60 353 km. Arthur Blessit est ainsi parti le 25 décembre 1969. Il a visité les 7 continents et traversé 310 nations, archipels et territoires en portant une croix en bois de 3,7 m de haut sans cesser de prêcher la Bible.

LE PLUS LONG TRAJET EN TAXI

Le plus long trajet en taxi a couvert 34 908 km et coûté 40 210 £ (52273 €). Jeremy Levine, Mark Aylett (tous deux GB) et Carlos Arrese (Espagne) ont ainsi fait l'aller et retour entre Londres et le Cap (Afrique du Sud) du 3 juin au 17 octobre 1994.

LE PLUS LONG PARCOURS EN MOTOCYCLETTE

Emilio Sotto de Buenos Aires (Argentine) a effectué le plus long parcours jamais accompli en motocyclette, soit 735 000 km, en traversant 214 pays et territoires, du 17 janvier 1985 au 2 avril 1995.

●LE PLUS LONG VOYAGE EN VOITURE

Emil et Liliana Schmid (tous deux Suisse) ont parcouru 617 359 km avec leur Toyota Land Cruiser depuis le 16 octobre 1984, et ont traversé ainsi 156 pays et territoires.

★LA PREMIÈRE TRAVERSÉE DE LA FOSSE DE DARIEN PAR VOIE TERRESTRE

Richard E. Bevir (GB) et Terence John Whitfield (Australie) ont effectué la première traversée de la fosse de Darien dans leur Land Rover *La Cucaracha*. La fosse, qui comprend une jungle et de nombreux fleuves, est connue pour être la région où s'interrompt la route qui relie l'Amérique du Nord et du Sud. Les deux hommes sont partis de Chepo (Panamá), le 3 juin 1960, et ont atteint Quibdo (Colombie), le 17 juin suivant.

LA PLUS LONGUE DISTANCE EN BALLON

Le record de distance de vol d'un ballon habité enregistré par la Fédération aéronautique internationale (FAI) est de 40 814 km. Il a été établi par Bertrand Piccard (Suisse) et Brian Jones (GB), à bord du *Breitling Orbiter 3*, du 1er au 21 mars 1999.

★NOUVEAU RECORD
●MISE À JOUR

●LE VOYAGE À PIED LE PLUS RAPIDE À TRAVERS L'AUSTRALIE (DE PERTH À SYDNEY)

Donnie Maclurcan (Australie) a accompli le voyage à pied le plus rapide en Australie. Il a traversé le pays en courant depuis Cottesloe Beach, à Perth (Australie-Occidentale), jusqu'à Bondi Beach, à Sydney (Nouvelle-Galles du Sud), en 67 jours, 2 h et 57 min, du 5 janvier au 13 mars 2002.

PLUS D'INFOS

Ayant été suivi par environ 12 millions d'Australiens, la course de Donnie Maclurcan permit de recueillir plus de 30 000 $ AUS (10 179 €) destinés à la fondation Fred Hollows, qui dispense des soins ophtalmologiques gratuits.

★LA PLUS LONGUE DISTANCE PARCOURUE SUR UN SKATEBOARD EN 24 H

Le 11 mai 2007, James Peters (USA) a parcouru 296,12 km en 24 h sur son skate à Seattle (Washington, USA).

★LA PLUS LONGUE DISTANCE PARCOURUE À MOTOCYCLETTE EN 24 H (INDIVIDUEL)

Eduardo Vergara Schaffner (Uruguay) a parcouru 1508,89 km en motocyclette en 24 h, les 2 et 3 novembre 2002, à Colonia (Uruguay). Il a voyagé à une vitesse moyenne de 63 km/h sur une motocyclette Vince Lifan de 125 cm^3.

LE PLUS LONG TRAJET EN CARAVANE

Harry B. Coleman et Peggy Larson ont parcouru 231 288 km et traversé 113 pays dans une Volkswagen Camper du 20 août 1976 au 20 avril 1978.

★LA PLUS GRANDE DISTANCE SUR UN VÉHICULE À PROPULSION HUMAINE (24 H)

La plus grande distance parcourue dans un véhicule à propulsion humaine durant une période de 24 h est de 1041,24 km. L'exploit a été accompli par Greg Kolodziejzyk (Canada) sur le circuit de Redwood Acres, à Eureka (Alberta, Canada), le 18 juillet 2006.

SIR RICHARD BRANSON ÉVOQUE STEVE FOSSETT

Steve Fossett (USA), multiple détenteur de records, a été porté disparu le 3 septembre 2007 alors qu'il volait au-dessus du Nevada (USA). Malgré des recherches effectuées sur des centaines de km², son avion léger n'a pas été retrouvé. Il a été officiellement déclaré mort le 26 février 2008. Sir Richard Branson, son ami, également détenteur de records (GB, en photo en bas à gauche), partage ici les souvenirs qu'il a de Steve :

J'ai fait la connaissance de Steve Fossett durant une fête, par une journée glaciale de janvier, au stade Busch de Saint-Louis. Il s'apprêtait à effectuer une circumnavigation en solo en ballon et, même s'il était mon rival, je le considérais avec l'esprit sportif qui caractérise encore l'univers des records. En m'approchant de son ballon, je vis qu'une équipe de télévision me filmait en train de discuter avec un homme dont je pensais qu'il faisait partie de l'équipe. L'Américain paisible qui se tenait devant moi me regarda avec sympathie et dit alors : « Je suis Steve Fossett. »

Ce fut le début d'une longue et profonde amitié avec l'une des personnes les plus généreuses, faciles à vivre et gentilles que j'aie jamais rencontrées, mais aussi avec l'un des aventuriers et explorateurs les plus courageux et déterminés de tous les temps. Il détenait plus de records mondiaux que quiconque. Il avait commencé modestement, en traversant la Manche à la nage en 1985. Durant les 22 années qui suivirent, il remporta 115 records en avion, en sports de glisse, en ballon, à la voile, en hors-bord, en alpinisme, en ski, en triathlon et en traîneau à chiens. C'était le plus grand des aventuriers. C'est au cours de sa circumnavigation à bord du *Virgin Atlantic GlobalFlyer* que Steve montra le plus de talent. Il décrivit cette aventure plus tard dans son autobiographie, *Chasser le vent*, comme l'une de ses plus belles réussites. L'avion, aujourd'hui exposé au Smithsonian Institute, était unique, fabriqué en composite de carbone, précurseur dans le domaine des nouvelles technologies économes en énergie développées par Boeing et Airbus. Steve a prouvé qu'il était possible de voler à haute altitude avec un avion ultraléger fonctionnant avec un carburant appauvri. Il vola ainsi 3 jours et 4 nuits sans se reposer (à l'exception de ses siestes légendaires) dans des conditions climatiques difficiles à plus de 50 000 pieds (15 000 m) ; à l'extérieur de la vitre du cockpit en Perspex, la température était de – 80 °C. Steve était un véritable détenteur de records, un homme qui se mettait lui-même à l'épreuve, mais testait aussi des technologies et des matériaux écologiques.

Beaucoup vont le regretter, non seulement ceux d'entre nous qui le connaissions et l'aimions, mais aussi les millions de personnes qui pensent que les records sont faits pour être battus, ce qu'il faisait régulièrement.

ESPRIT D'AVENTURE

PIONNIERS DES PÔLES

★RECORD DE VITESSE VERS LES « TROIS PÔLES »

Adrian Hayes (GB) a atteint les trois extrémités du globe – Everest, pôle Nord et pôle Sud (alias les « Trois Pôles ») –, en 1 an et 217 jours. Il a escaladé l'Everest le 25 mai 2006, a rejoint le pôle Nord le 25 avril 2007 (depuis l'île de Ward Hunt, Canada), avant de terminer son périple au pôle Sud en passant par le bras de mer Hercules, le 28 décembre 2007.

★LA PERSONNE LA PLUS ÂGÉE À VISITER LE PÔLE NORD

Dorothy Davenhill Hirsch (USA, née le 11 mai 1915) a atteint le pôle Nord à bord du brise-glace nucléaire russe *Yamal*, le 28 août 2004.

LE TREK VERS LE PÔLE NORD EN SOLITAIRE ET EN AUTONOMIE LE PLUS RAPIDE

Børge Ousland (Norvège) a skié vers le pôle Nord à partir de l'archipel de Severnaya Zemlya (Russie). Sans la moindre assistance, il a mis 52 jours, du 2 mars au 23 avril 1994. Il est aussi **la première personne à avoir atteint le pôle Nord par voie terrestre en solitaire et en autonomie totale**.

L'EXPÉDITION TERRESTRE VERS LE PÔLE NORD LA PLUS RAPIDE

Après avoir voyagé pendant 36 jours, 22 h et 11 min, l'équipe constituée de Tom Avery (GB), Matty McNair (Canada), Andrew Gerber (Afrique du Sud), George Wells (GB) et Hugh Dale-Harris (Canada), et escortée de 16 huskies, a atteint le pôle Nord le 26 avril 2005. Partie du cap Columbia sur l'île d'Ellesmere dans le Canada arctique, l'expédition cherchait à reproduire le périple controversé entrepris en 1909 par l'explorateur américain Robert Peary (voir page ci-contre). Tout comme Peary, l'équipe avait prévu quatre ravitaillements.

LA PREMIÈRE EXPÉDITION EN SOLITAIRE VERS LE PÔLE SUD

Le 7 janvier 1993, à 29 ans, Erling Kagge (Norvège) a été le premier à atteindre le pôle Sud, après un trek en solitaire et en autonomie totale. Son voyage de 1 400 km, initié de l'île de Berkner, a duré 50 jours.

LE VOYAGE EN SOLITAIRE ET EN PARAPLANE VERS LE PÔLE SUD LE PLUS RAPIDE

Børge Ousland (Norvège) a rejoint le pôle Sud à ski, en s'aidant d'un paraplane. Il a mis 34 jours pour y arriver, du 15 novembre au 19 décembre 1996. Le périple s'est effectué en solitaire et sans la moindre assistance extérieure.

★NOUVEAU RECORD
●MISE À JOUR

> ***Combien de fois ai-je remercié le Ciel pour un morceau de chien cru !***
>
> L'explorateur polaire Robert Peary (USA, 1856-1920)

LA PREMIÈRE PERSONNE À VISITER LES DEUX PÔLES

Le Dr Albert Paddock Crary (USA, 1911-1987), géophysicien polaire et glaciologue, a atteint le pôle Nord à bord d'un avion Dakota le 3 mai 1952. Le 12 février 1961, il est arrivé au pôle Sud dans un Sno Cat, en compagnie d'une équipe scientifique qui était partie de la station McMurdo le 10 décembre 1960.

LE PREMIER VOL AU-DESSUS DE L'ANTARCTIQUE

À bord d'un Lockheed Vega, Hubert Wilkins (Australie) et Carl Ben Eielson (USA) ont été les premiers à survoler le continent Antarctique, le 16 novembre 1928.

LE PREMIER VOL AU-DESSUS DU PÔLE SUD

Le pionnier de l'aviation, Richard Byrd (États-Unis), a effectué le premier vol au-dessus du pôle Sud le 29 novembre 1929. L'aller-retour depuis et vers la plate-forme de Ross a duré 19 h.

LA PREMIÈRE PERSONNE À ATTEINDRE LE PÔLE SUD

À la tête d'une équipe norvégienne composée de 5 hommes et partie de la baie des Baleines, le capitaine Roald Amundsen (Norvège, 1872-1928) a atteint le pôle Sud le 14 décembre 1911, à 11 h, après 53 jours de voyage en traîneau à chiens.

LA PREMIÈRE PERSONNE À ATTEINDRE LE PÔLE NORD

Le titre de « première personne à avoir atteint le pôle Nord » est sujet à controverse. Deux explorateurs américains le revendiquent. Robert Peary affirme avoir conduit une expédition (photo ci-dessous) qui aurait atteint le pôle Nord le 6 avril 1909. Frederick Cook, lui, prétend avoir réalisé l'exploit un an plus tôt, le 21 avril 1908.

LES PÔLES

Sauf précision, les records mentionnés ici se réfèrent aux pôles géographiques (Nord et Sud). Pourtant, saviez-vous qu'il existe en fait 8 pôles ?

Le **pôle Nord**, ou **pôle Nord géographique**, est le point du globe le plus au nord. Il s'agit du « vrai » pôle Nord. Il flotte sur une mer de glace, de sorte que les explorateurs utilisent un GPS pour déterminer son emplacement exact. Le **pôle Sud**, ou **pôle Sud géographique**, lui, est le point du globe le plus au sud.

Grâce à son noyau et à sa rotation, la Terre a son propre champ magnétique. Les points nord et sud de ce champ sont appelés respectivement **pôle magnétique Nord** et **pôle magnétique Sud**. Ces pôles fluctuent sans cesse.

La Terre, qui fait une rotation sur un axe incliné à 11°, se comporte comme si elle possédait un aimant à l'intérieur de son noyau. Le **pôle géomagnétique Nord** et le **pôle géomagnétique Sud** sont respectivement les points les plus au nord et les plus au sud de son champ magnétique.

On appelle **pôle Nord de l'inaccessibilité** le point arctique le plus éloigné de toute côte ; il s'agit d'une référence géographique et non d'un emplacement physique. Le **pôle Sud de l'inaccessibilité** marque, lui, le point antarctique le plus éloigné de toute côte.

LA PREMIÈRE EXPÉDITION EN SOLITAIRE VERS LE PÔLE NORD

Naomi Uemura (1941-1984), explorateur et alpiniste japonais, a été le premier à rejoindre le pôle Nord au cours d'un trek en solitaire, en passant par la mer de glace arctique, le 1er mai 1978 à 4 h 45 GMT. Parti le 7 mars 1978 du cap Edward sur l'île d'Ellesmere au nord du Canada, il a parcouru en tout 725 km.

ESPRIT D'AVENTURE

ESCALADE

LES SOMMETS

Quand on parle des « 7 Sommets », on sous-entend l'ascension des plus hautes montagnes présentes sur les 7 continents : Afrique, Antarctique, Asie, Amérique du Nord, Amérique du Sud, Europe et Océanie. Mais alors pourquoi y a-t-il 8 montagnes et 2 listes distinctes ?

En fait, selon la délimitation géographique des continents, deux candidats se disputent le titre de la plus haute montagne en Australie continentale.

La pyramide de Carstensz (en indonésien, Puncak Jaya) est la montagne la plus haute d'Océanie, une région qui comprend l'Australie, la Nouvelle-Zélande et la Nouvelle-Guinée.

Mais si on considère l'Australie comme un continent à part entière (sans aucune frontière terrestre avec d'autres pays), c'est alors le mont Kosciuszko, près de Sydney, qui devient la montagne la plus élevée.

Quelle que soit la liste élue, l'ascension des monts reste un véritable exploit. Pour éviter toute équivoque, les alpinistes choisissent souvent de faire les deux !

● L'ASCENSION DES 7 SOMMETS (LISTE CARSTENSZ) LA PLUS RAPIDE

Daniel Griffith (Canada) a gravi les plus hauts sommets de chaque continent en 187 jours. Il a débuté le 24 mai 2006 avec l'ascension de l'Everest (Népal) et a achevé son exploit le 27 novembre 2006 par celle du massif Vinson (Antarctique).

● LE CONCERT TERRESTRE LE PLUS ÉLEVÉ EN ALTITUDE

Le 17 octobre 2005, plusieurs artistes ont participé à un concert au profit du Nepal Balbalika Trust, à Kalar Pattar (Népal), au-dessus du camp de base de l'Everest. Ils ont dû grimper 5 545 m pour jouer !

★ LA PLUS JEUNE PERSONNE À GRAVIR LES 7 SOMMETS

Samantha Larson (USA, née le 7 octobre 1988) est la plus jeune alpiniste à avoir gravi les 7 sommets (liste Kosciuszko). Elle a atteint le septième pic – l'Everest –, le 17 mai 2007, à l'âge de 18 ans et 222 jours. Samantha s'est attaquée ensuite à la pyramide de Carstensz, le 4 août 2007. Elle avait alors 18 ans et 301 jours, ce qui fait d'elle **la ★ plus jeune personne à gravir les sommets incluant Carstensz**.

★ L'ESCALADE LA PLUS RAPIDE DES 7 SOMMETS (LISTE KOSCIUSZKO)

Mastan Babu Malli (Inde) a escaladé le plus haut sommet de chaque continent en 172 jours. Il a débuté son périple le 19 janvier 2006, avec l'ascension du massif Vinson (Antarctique), et l'a achevé le 10 juillet 2006, avec l'escalade du mont Denali (USA).

● LE PLUS HAUT SOMMET À NE PAS AVOIR ÉTÉ GRAVI

Haut de 7 570 m, le Gangkar Punsum (Bhoutan) est le 40e sommet le plus haut et la montagne la plus haute à n'avoir pas été gravie. Ce n'est pas faute d'essais dans les années 1980, avant qu'en 1994, un décret interdise l'alpinisme. Depuis 2003, le Bhoutan a prohibé toute escalade, pour des raisons religieuses. Le Gangkar Punsum ne risque donc pas d'être gravi de sitôt. Le plus haut sommet non prohibé à ne pas avoir été

KOSCIUSZKO
La plus haute montagne d'Australie (2 228 m) porte le nom d'un général militaire polonais et se trouve au centre de la cordillère australienne.

EL CAPITAN
Cette formation rocheuse de 2 307 m de haut est située à Yosemite National Park, en Californie (USA).

PYRAMIDE DE CARSTENSZ
Aussi appelé Puncak Jaya, le plus haut sommet d'Océanie, 4 884 m, se situe dans la partie indonésienne de la Nouvelle-Guinée

MASSIF VINSON
Ce sommet de l'Antarctique culmine à 4 892 m et se situe dans le massif Sentinel, à 1 200 km du pôle Sud.

ELBROUZ
Avec ses 5 642 m, il s'agit de la montagne la plus élevée d'Europe. L'Elbrouz se trouve dans le Caucase (Russie).

●L'ESCALADEUSE À GRAVIR LES 7 SOMMETS (LISTE KOSCIUSZKO) LA PLUS ÂGÉE

Jeanne Stawiecki (USA, née le 24 juin 1950) est la femme la plus âgée à avoir gravi les 7 sommets – mont Kosciuszko compris. Elle a en effet achevé son périple par l'Everest (Népal) le 22 mai 2007, à l'âge de 57 ans et 36 jours.

●LA PLUS HAUTE ALTITUDE ATTEINTE PAR UNE VOITURE

Le 21 avril 2007, dans leur Suzuki Samurai 1986 modifiée, Gonzalo Bravo et Eduardo Canales (tous deux Chili) ont grimpé à 6 688 m d'altitude sur les versants du volcan Ojos del Salado, situé près du désert de l'Atacama (Chili).

PLUS D'INFOS

En alpinisme, la « Death Zone » fait référence à une altitude supérieure à 8 000 m. À cette altitude, l'organisme ne s'adapte plus aux conditions climatiques, il dépérit !

escaladé est, avec 7 518 m, le Saser Kangri II (versant Est), dans le Cachemire indien.

★L'ANNÉE LA PLUS FRUCTUEUSE EN ASCENSIONS

2007 a compté 526 ascensions de l'Everest, qui ont vu périr 7 personnes.

L'ASCENSION DE L'EVEREST (FLANC NORD) LA PLUS RAPIDE

Hans Kammerlander (Italie) a été le plus rapide à gravir le versant Nord de l'Everest. Les 23 et 24 mai 1996, il a en effet rallié le camp de base au sommet en 16 h et 45 min.

L'ASCENSION DE L'EVEREST (FLANC SUD) LA PLUS RAPIDE

Il a fallu 8 h et 10 min à Pemba Dorje Sherpa (Népal) pour rallier le camp de base au sommet de l'Everest. L'exploit s'est déroulé le 21 mai 2004 et reste l'ascension du plus haut sommet du monde la plus rapide.

★LA 1RE ASCENSION DU K2 (FLANC OUEST)

Andrew Mariev et Vadim Popovich (Russie) ont été les premiers à gravir le redoutable flanc Ouest du K2. L'expédition – menée par Viktor Kozlov (Russie) – a atteint le sommet (8 500 m), le 21 août 2007, après 10 semaines d'un périple exténuant.

●LA PERSONNE LA PLUS ÂGÉE À GRAVIR L'EVEREST

Avec son équipe Himex, Katsusuke Yanagisawa (Japon, né le 20 mars 1936), ancien instituteur, a atteint le sommet de l'Everest par le flanc Nord le 22 mai 2007. Notre héros avait 71 ans et 63 jours.

★NOUVEAU RECORD
●MISE À JOUR

KILIMANDJARO
Surplombant du haut de ses 5 895 m les plaines africaines de la Tanzanie, le « Kili » est considéré comme un strato-volcan inactif, même si on n'a jamais relevé la moindre éruption.

DENALI
Le Denali, ou mont McKinley, est une montagne d'Alaska de 6 194 m d'altitude. C'est aussi le plus haut sommet d'Amérique du Nord.

ACONCAGUA
Le plus haut sommet d'Amérique du Sud est situé dans la cordillère des Andes (Argentine). D'une hauteur de 6 962 m, l'Aconcagua a été gravie pour la première fois le 14 janvier 1897.

K2
Fort de ses 8 611 m, le K2 – sommet du Karakoram à la frontière sino-pakistanaise – est la 2e plus haute montagne du monde. Sa première ascension date du 31 juillet 1954.

EVEREST
Situé dans l'Himalaya, c'est la plus haute montagne, avec 8 848 m. Il s'appelle aussi Sagarmatha en népalais et Chomolungma en tibétain.

SOCIÉTÉ MODERNE

SOMMAIRE

LE CHIEN LE PLUS ÂGÉ

Long de 2,32 m (du museau à la queue), Mon Ami von der Oelmühle est le chien le plus âgé du monde. Ce lévrier irlandais a été élevé par Jürgen Rösner (photo) et appartient à Joachim et Elke Müller de Wegberg-Arsbeck (Allemagne).

COLLECTIONS

TÉLÉPHONES

Au 20 avril 2007, Zhang Dafang (Chine) avait réuni 600 téléphones de toutes les époques et du monde entier, y compris un appareil en forme de bouteille de whisky. Il a trouvé sa pièce la plus ancienne, datant de 1900, sur un marché aux puces russe.

★ SONNETTES

Myrtle B. Eldridge (USA) collectionne les sonnettes depuis les années 1980 et en possède actuellement 9 638.

● JEUX DE SOCIÉTÉ

Au 21 février 2007, Brian Arnett (USA) avait à son actif 1 345 jeux de société différents. Brian a débuté sa collection en 1996.

★ BOUGIES

Kathrin Koch (Allemagne) avait amassé 1 820 bougies différentes au 3 mai 2007. Sa passion a vu le jour en 1993.

● TRÈFLES À 4 FEUILLES

Collectionneur depuis 1999, Edward Martin Sr (USA) possédait, en mai 2007, 111 060 trèfles à 4 feuilles.

★ COCCINELLES

Sheri Gartner (USA) a monté une collection de 2 050 objets ayant pour thème les coccinelles (chiffre arrêté en novembre 2007).

● VOITURES MINIATURES

Au 14 février 2007, Michael Zarnock (USA) avait 8 128 voitures Hot Wheels différentes. Il a débuté sa collection en 1968.

PLUS D'INFOS

En janvier 2001, étudiants et enseignants de l'école St Joseph à Cairo (Illinois, USA) ont produit **le plus grand chapelet du monde** : 52,9 m de long. Pour d'autres méga-records, rendez-vous p. 148 avec **Grands formats**.

● CHAPELETS

Mohammed Yahya Al-Aseeri (Arabie Saoudite) possédait 3 220 chapelets au 31 août 2007. Les chapelets – colliers de perles utilisés pendant les prières – sont souvent associés au catholicisme, mais d'autres religions les utilisent aussi.

● LE PLUS DE MASQUES

Gerold Weschenmoser (Allemagne) avait acquis 5 121 masques au 22 janvier 2008 (il en a même un de son propre visage !). Il a débuté sa collection en 1957.

Nous voulions partager nos anges avec un large public...

Joyce Berg (USA), copropriétaire de la plus grande collection d'anges et cofondatrice de l'Angel Museum de Beloit (USA)

TOP 20 DES COLLECTIONS LES PLUS INSOLITES

COLLECTION	NOMBRE	DÉTENTEUR (NATIONALITÉ)
● Affichettes « Do Not Disturb »	7 806	Jean-François Vernetti (Suisse)
★Anges	13 165	Joyce & Lowell Berg (USA)
★Cartes de Noël motif « Rouge-Gorge »	11 010	Joan Gordon (GB)
Cheveux de personnages historiques	115	John Reznikoff (USA)
Coupe-ongles	505	Andrè Ludwick (Afrique du Sud)
★Crèches	874	Sue Koenig (USA)
Empreintes de rouge à lèvres	39 537	Breakthrough Breast Cancer & Avon Cosmetics (GB)
★Étiquettes de sachets de thé	8 661	Felix Rotter (Allemagne)
★Jetons de casino	374	Bruce & Sue Wunder (USA)
Labels de boîtes d'allumettes	743 512	Teiichi Yoshizawa (Japon)
★Parcmètres	292	Lotta Sjölin (Suède)
★Plaques d'église commémoratives	1 206	Tom & Barbara Southwell (USA)
★Pommes artificielles	2 300	Erika & Kurt Werth (Italie)
Repose-cuiller	635	Frank Cassa (USA)
●Sacs vomitoires	5 180	Niek Vermeulen (Pays-Bas)
★Tickets de bus	21 000	G. Vasanthakumar (Inde)
★Timbres à l'effigie de bateaux	6 459	Celso Fernandes (Canada)
Tondeuses à gazon *vintage*	790	Andrew Hall & Michael Duck (GB)
★Trolls	490	Sophie Marie Cross (GB)
Véhicules blindés	229	Jacques Littlefield (USA)

●CARS ET BUS MINIATURES

Au 4 décembre 2007, la collection d'autocars et d'autobus miniatures commencée en 1959 par Geoff Price (GB) comptait 10 017 pièces.

★PLAQUES D'IMMATRICULATION

Mohammed Yahya Al-Aseeri (Arabie Saoudite) avait 80 plaques d'immatriculation au 31 août 2007.

★POUPÉES DE PAPIER

Malin Fritzell (Suède) collectionne les poupées de papier depuis les années 1960. Au 23 mars 2006, elle en possédait 4 720.

★TAILLE-CRAYONS

Depuis 1997, Demetra Koutsouridou (Grèce) a amassé 8 514 taille-crayons.

★PÈRE NOËL

Depuis 1988, Jean-Guy Laquerre (Canada) a réuni 13 014 objets ayant pour thème le père Noël.

★LES SIMPSONS

Au 23 avril 2007, après 5 ans de collection, Cameron Gibbs (Australie) avait dans sa collection 951 objets différents sur les Simpsons.

★BONSHOMMES DE NEIGE

Au 23 mars 2007, Kathleen G. Sauk (USA) possédait, après 9 ans de collection, 1 693 objets différents liés aux bonshommes de neige.

★MASCOTTES SPORTIVES

Soeren Christian Hesse (Allemagne) a dévoilé sa collection record composée de 161 mascottes sportives le 28 mars 2007, à l'AOL Arena de Hambourg (Allemagne).

●THÉIÈRES

On doit la plus grande collection de théières à Tang Yu (Chine) qui en a réuni 30 000, datant de la dynastie Song à nos jours. Sa passion remonte à 1955.

GRATTEURS DE DOS

Manfred S. Rothstein (USA) a 518 gratteurs de dos qu'il conserve dans sa clinique de dermatologie de Fayetteville (USA). Il a débuté sa collection dans les années 1970.

★NOUVEAU RECORD
●MISE À JOUR

CUISINE EXTRÊME

★ LE PLUS DE BOMBES MENTHOS ET SODA

Le 3 octobre 2007, les résidents du sud-est du Missouri ont confectionné 973 « bombes » en bouteilles avec des Menthos et du soda, à l'Arena Park de Cape Girardeau (Missouri, USA). Chaque éruption atteignait 4 m de haut.

CONTRE LA MONTRE

● LE COCKTAIL LE PLUS CHER

Le *Skyview Bar* de l'hôtel Burj Al Arab à Dubaï propose un cocktail dénommé « 27321 » au prix de 27 321 dirhams (soit 7 439 $). Ce cocktail est une version ultra luxueuse du traditionnel Old Fashioned. Il se compose de whisky Macallan de 55 ans d'âge, de glace issue de l'eau utilisée dans la distillerie, d'une goutte du très rare bitter de fruits secs et de sucre parfumé au fruit de la Passion. Le tout est agité avec une tige en bois provenant d'un fût de Macallan et servi dans un verre fabriqué dans la ville de Baccarat, en France.

LE PLUS DE POMMES CUEILLIES EN 8 H

En 8 h, George Adrian d'Indianapolis (Indiana, USA) a cueilli 7 180,3 kg de pommes, le 23 septembre 1980.

● RECORD POUR MANGER UN OIGNON CRU

Il a suffi de 48 s à Samuel Grazette (Barbade) pour manger un oignon cru, au cours du Barbados World Records Festival 2007 qui s'est tenu au National Stadium (Barbade), le 31 mars 2007.

★ RECORD POUR OUVRIR 2 000 BOUTEILLES DE BIÈRE

Krunoslav Budiselic (Croatie) a décapsulé 2 000 bouteilles de bière en 37 min et 39 s, à Karlovac (Croatie), le 25 août 2007.

● LE PLUS DE PANCAKES CUISINÉS EN 8 H

Plusieurs membres du Fargo Kiwanis Club de Fargo (Dakota du Nord, USA) ont fait 34 818 pancakes en 8 h, dans le cadre du 50e Karnival de pancakes qui s'est tenu au Fargo Civic Auditorium le 9 février 2008. Les visiteurs du Karnival ont pu déguster tous les pancakes réalisés.

● RECORD POUR PELER ET MANGER UN CITRON

Ashrita Furman (USA), recordman tous azimuts, a pelé et mangé un citron en 10,97 s au *Panorama Cafe* de Jamaica (New York, USA), le 24 août 2007.

● LE PLUS DE NOIX DE COCOS BRISÉES EN 1 MIN

Le 6 décembre 2007, à Hambourg (Allemagne), Muhamed Kahrimanovic (Allemagne) a brisé 81 noix de coco en 1 min, avec une seule main.

● LE PLUS DE CORNETS DE GLACE PRÉPARÉS EN 1 MIN

Mitch Cohen (USA) de Baskin-Robbins a préparé 19 cornets de glace en 1 min. Il a réalisé cet exploit sur le plateau de l'émission *Paula's Party*, du Food Network TV, le 28 juin 2007.

★ NOUVEAU RECORD
● MISE À JOUR

● LE RECORD DE GRAINS DE RIZ MANGÉS EN 3 MIN

Rob Beaton (USA) a mangé 78 grains de riz, un à un, en utilisant une paire de baguettes. Il a réalisé cet exploit en 3 min à Ocean Gate (New Jersey, USA), le 9 novembre 2007.

★LE PLUS DE MALTESER ATTRAPÉS

Ranald Mackechnie (à gauche) a jeté à 2 m de distance 19 Malteser (boules de chocolat au fourrage croquant au lait malté) que Stuart Hendry (tous deux GB) a rattrapés dans les bureaux de Guinness World Records à Londres (GB), le tout en 1 min, le 28 septembre 2007.

LA PLUS GRANDE...

★TOUR DE BISCUITS

Plusieurs Girl Scouts – Seal of Ohio Council – ont monté une tour en biscuits de 1,57 m de haut, à Columbus (Ohio, USA), le 15 septembre 2007.

★PILE DE BEIGNETS

Pour célébrer la sortie du film *Les Simpsons* (USA, 2007), des employés de la Twentieth Century Fox et de Capital Radio ont monté une pile de beignets de 11,05 m de haut à Londres (GB), le 25 juillet 2007.

●FONTAINE DE CHAMPAGNE

Luuk Broos (Pays-Bas) et son équipe ont créé avec 41 664 coupes une pyramide de champagne de 62 étages, au Zeelandhallen de Goes (Pays-Bas), le 12 septembre 2007.

EN BREF

★LE FROMAGE LE PLUS DANGEREUX

Fait avec du lait de brebis, le *casu marzu* (« fromage pourri ») est le fromage le plus dangereux au monde. Même si sa vente est illégale, il est très apprécié en Sardaigne (Italie). Le *casu marzu* est du pecorino moisi. Les mouches y pondent leurs œufs, générant des milliers d'asticots. Les enzymes produites par ces vers participent à la fermentation du fromage, ajoutant une saveur supposée délicate. Une fois le *casu marzu* ingéré, si les asticots survivent dans les sucs gastriques, ils provoquent vomissements, douleurs abdominales et diarrhées avec écoulements sanguins.

★RECORD POUR OUVRIR 100 MOULES

Kannha Keo (Nouvelle-Zélande) a ouvert 100 moules en 2 min et 11 s, lors du festival de la moule d'Havelock (Nouvelle-Zélande), le 17 mars 2007.

★LA PLUS GRANDE BATAILLE D'ŒUFS

La Wrangell Chamber of Commerce (USA) a réuni 338 personnes pour la plus grande bataille d'œufs du monde, à Wrangell (Alaska, USA), le 3 juillet 2007.

★LE PLUS DE VERRES À VIN DANS UNE MAIN

Reymond Adina (Philippines) a réussi à tenir d'une seule main (et sans aucun ustensile) 39 verres à vin, au restaurant *Els Quatre Gats* de Barcelone (Espagne), le 24 octobre 2007. Les serveurs barcelonais se disputent sans merci ce record.

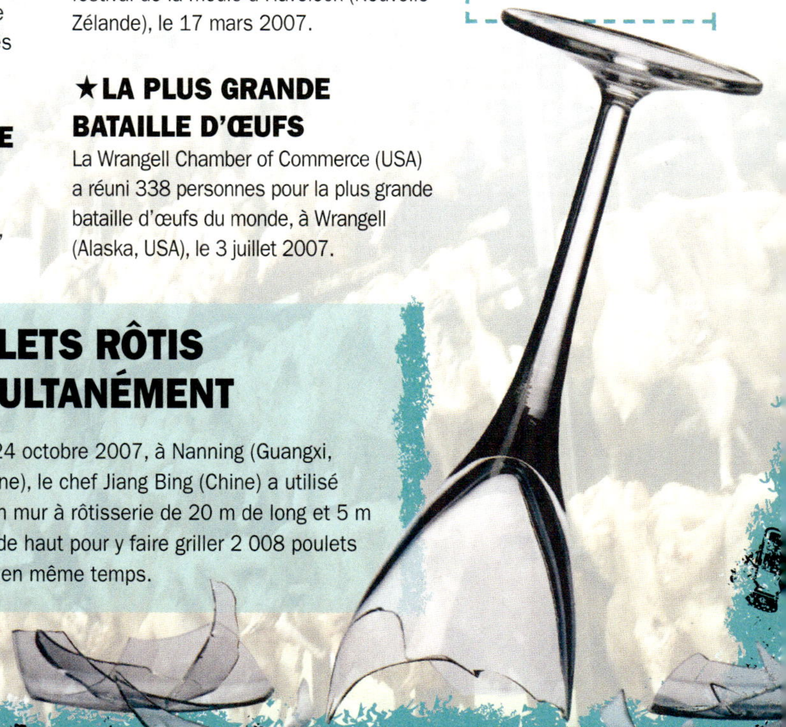

★LE PLUS DE POULETS RÔTIS SIMULTANÉMENT

Le 24 octobre 2007, à Nanning (Guangxi, Chine), le chef Jiang Bing (Chine) a utilisé un mur à rôtisserie de 20 m de long et 5 m de haut pour y faire griller 2 008 poulets en même temps.

METS INCROYABLES

●LE SANDWICH LE PLUS CHER

Composé de pain au levain, de jambon ibérique, de poulet de Bresse, de truffes blanches, d'œufs de caille et de tomates séchées italiennes, le von Essen Platinum Club Sandwich est le sandwich le plus cher du monde. Inventée par Daniel Galmiche (GB) pour le menu du Cliveden (Buckinghamshire, GB), cette merveille gastronomique, en vente depuis mars 2007, coûte 100 £ (130 €).

★LE RECORD D'ÉTAGES POUR UN GÂTEAU

Le 4 juillet 2006, Jayn Parenti (USA) a fabriqué un gâteau de 230 couches superposées. Jayn a préparé sa création aux couleurs du drapeau américain, au Country Club de Springdale (Arkansas, USA), où elle a été exposée.

●LE SAUT DE CRÊPE LE PLUS HAUT

Bill Weir (USA), un des présentateurs de l'émission *Good Morning America !* (ABC, USA), a fait sauter une crêpe à 4,2 m de haut. Ce record a été enregistré le 7 août 2006, devant les studios ABC de Times Square (New York, USA).

★LE PLUS LONG NOUGAT

Avec l'Associazione Turistica Pro Camerino, le chef Paolo Attili (Italie) a fabriqué un nougat de 408,61 m. La friandise célébrait le « Jour du Torrone » (nougat), à Camerino (Italie), le 7 janvier 2007.

★LA PLUS LONGUE GUIRLANDE D'OIGNONS

Dans le cadre de la fête de l'Oignon de Pericei, 48 habitants de Pericei (comté de Salaj, Roumanie) ont élaboré la plus longue guirlande d'oignons du monde (4,518 km), le 8 septembre 2007.

★LE PLUS LONG DESSERT GLACÉ

Afin de fêter le 25e anniversaire de son très populaire dessert glacé, Viennetta, le fabricant Unilever–Wall a concocté une Viennetta géante de 22,75 m de long, à l'usine Barnwood de Gloucester (GB), le 11 juillet 2007.

★LE PLUS GRAND BOL DE CÉRÉALES

Le plus gros bol de céréales du monde peut contenir 1 000 kg de corn-flakes Kellogg's. Ce bol, de 2,6 m de diamètre et 1,5 m de haut, a été fabriqué par Kellogg's South Africa, Sync Communications and Automatic, à Johannesburg (Afrique du Sud), le 2 juillet 2007.

●LA PLUS LONGUE GUIRLANDE D'AIL

Le 8 septembre 2006, à l'occasion du festival annuel de l'Ail de Mako (Hongrie), une guirlande d'ail de 255 m a vu le jour.

●LE SALAMI LE PLUS LONG

Un salami de 718,9 m a été confectionné à Donà di Piave (Venise, Italie), le 4 décembre 2005. On doit ce record à Giuseppe Vidotto (Italie).

MAXI TAILLE

ALIMENT	TAILLE	NOM (NATIONALITÉ)	ANNÉE
●Barre chocolatée	3 580 kg	Elah Dufour – Novi (Italie)	2007
●Confiture de lait	1 419,65 kg	Rosario Olvera (Mexique)	2007
★Fricadelle de poisson	106,59 kg	Dover Downs Hotel & Casino et Handy International (USA)	2006
●Fudge (bloc)	2,29 t	Chantelle Gorham de la Northwest Fudge Factory (Canada)	2007
★Goulash (bol)	7 200 l	Orizont TV (Roumanie)	2007
●Guacamole (portion)	1 819,7 kg	APEAM, A.C. (Ind. avocatière du Mexique) et la FECADEMI (Féd. Michoacán)	2007
★Nougat	1 300 kg	Jérôme Guigon et Bernard Morin (France)	2005
★Œuf écossais	5,435 kg	Magazine *Loaded* (GB)	2007
★Okonomiyaki	1,6 t	Association coopérative de Kamigata Okonomiyaki Takoyaki (Japon)	2002
●Pain d'épice	593,53 kg	Chambre du commerce de Smithville (USA)	2006
★Potée	208,904 kg	Garstang et District Partnership (GB)	2007
★Pupusa	3,09 m	Chambre du commerce d'El Salvador-Californie et Liborio Markets, Inc. (USA)	2007
★Ravioli	16 kg	16 cuisiniers de Saas-Fee (Suisse)	2007
★Salade	10 260 kg	Association agricole de Sde Warburg (Israël)	2007
●Soupe (bol)	15 000 l	Ministerio del poder popular para la alimentación (Venezuela)	2007
●Tasse de café	3 613 l	Vinacafe Bien Hoa (Vietnam)	2007
★Tiramisu	305,95 kg	Groupe Alpini de Caronno Pertusella et Bariola (Italie)	2007

★LE SUNDAE GLACÉ LE PLUS CHER

Le Frrrozen Haute Chocolate est à la carte du restaurant *Serendipity 3* (New York, USA) depuis le 7 novembre 2007 au prix de 25 000 $. Confectionné en partenariat avec les joailliers de luxe Euphoria de New York, ce sundae nécessite 28 cacaos différents – dont 14 des plus chers au monde. Il est décoré de 5 g d'or 23 carats comestible et servi dans un gobelet garni d'or, également comestible. La base du gobelet est constituée d'un bracelet en or 18 carats et de diamants blancs de 1 carat. Enfin, le sundae se déguste avec une cuillère en or et en diamant que l'heureux gourmet peut emporter.

★LA PLUS HAUTE PILE DE POPPADOMS

Dans le cadre d'une opération contre la faim en Inde, Richard Bradbury, Kristopher Growcott, Marley Bradbury et Millie Bradbury (GB) ont créé une pile de poppadoms de 1,42 m, au restaurant *La Porte des Indes*, à Londres (GB), le 8 novembre 2007.

★LA PIZZA LA PLUS CHÈRE

La pizza la plus chère actuellement sur le marché consiste en une pâte fine cuite au feu de bois et garnie de purée d'oignon, de pâte de truffes blanches, de fromage fontina, de mozzarella, de pancetta, de cèpes et de pousses fraîches de salade mizuna, le tout parsemé de copeaux frais de truffe blanche italienne à 1 400 £ (1 820 €) le kilo. En fonction du prix et de la disponibilité des truffes, une pizza coûte aux clients du restaurant *Gordon Ramsay's Maze* de Londres (GB) environ 100 £ (130 €).

★LE PLUS LONG TAMALE

Le plus long tamale (galette de maïs cuite à la vapeur), qui mesurait 15,78 m, a été fabriqué à El Chico de Jackson (Tennessee, USA), le 5 mai 2006.

●LA PLUS LONGUE BANDE DE PÂTE

Gewerbe-Verein Siblingen (association professionnelle de Siblingen, Suisse) a confectionné une bande de pâte de 3 333 m de long, à Siblingen (Suisse), le 12 septembre 2004.

★NOUVEAU RECORD
●MISE À JOUR

●LE PLUS GROS BURGER

Un hamburger de 60,78 kg est proposé au menu du Mallie's Sports Grill & Bar de Michigan (USA), pour 350 $. Il faut trois personnes pour retourner ce « Burger Totalement Ridicule », 12 h pour le préparer. Son poids est celui d'un homme adulte.

★LA PLUS GRANDE SALADE

Le Sde Warburg Agricultural Association, à Sde Warburg (Israël) a confectionné une salade de 10 260 kg, le 10 novembre 2007. Celle-ci contenait 9 000 kg de laitue, 1 500 kg de carottes, 500 kg de tomates cerises et 800 litres de sauce salade.

GÉANTS DES JARDINS

●LE CHOU FRISÉ LE PLUS LOURD

Lors de l'Alaska State Fair de Palmer (Alaska, USA), le 29 août 2007, Scott Robb (USA) a présenté un chou frisé de 48,04 kg.

★LE PLUS GROS PLANT DE CONCOMBRE

Recouvrant une aire de 56,7 m², c'est à l'Epcot Science Project de Walt Disney World Resort de Lake Buena Vista (Floride, USA) que l'on peut admirer le plus gros plant de concombre du monde.

Au même endroit, le visiteur peut également s'extasier devant **le ★plus gros plant de tomate du monde** qui recouvrait 56,7 m² lorsqu'il a été mesuré le 27 mars 2007. Les plants de concombre et de tomate sont tous deux cultivés sur un treillis rectangulaire de 6,1 x 9,3 m.

LES FRUITS ET LÉGUMES LES PLUS LOURDS

FRUIT/LÉGUME	POIDS	NOM/NATIONALITÉ	ANNÉE
Ananas	8,06 kg	E. Kamuk (Papouasie-Nouvelle-Guinée)	1994
Avocat	1,99 kg	Anthony Llanos (Australie)	1992
Betterave	71,05 kg	Piet de Goede (Pays-Bas)	2005
Brocoli	15,87 kg	John & Mary Evans (USA)	1993
Carotte	8,1 kg	John Evans (USA)	1998
Céleri	28,7 kg	Scott & Mardie Robb (USA)	2003
Cerise	21,69 g	Gerardo Maggipinto (Italie)	2003
Chou	56,24 kg	Bernard Lavery (GB)	1989
Chou de Bruxelles	8,3 kg	Bernard Lavery (GB)	1992
Chou-fleur	24,6 kg	Alan Hattersley (GB)	1999
●Chou frisé	48,04 kg	Scott Robb (USA)	2007
Chou-rave	43,98 kg	Scott Robb (USA)	2006
Chou rouge	19,05 kg	R. Straw (GB)	1925
Citron	5,26 kg	Aharon Shemoel (Israël)	2003
●Citrouille	766,12 kg	Joseph Jutras (USA)	2007
Coing	2,34 kg	Edward Harold McKinney (USA)	2002
Coloquinte	42,8 kg	Robert Weber (Australie)	2001
Concombre	12,4 kg	Alfred J. Cobb (GB)	2003
Courge	62 kg	Mark Baggs (GB)	2005
Courgette	29,25 kg	Bernard Lavery (GB)	1990
Gousse d'ail	1,19 kg	Robert Kirkpatrick (USA)	1985
Grenade	1,04 kg	Katherine Murphy (USA)	2001
Groseille à maquereau	61,04 g	Kelvin Archer (GB)	1993
Jaque	34,6 kg	George & Margaret Schattauer (USA)	2003
Mangue	3,1 kg	Tai Mok Lim (Malaisie)	2006
Melon	29,4 kg	Scott & Mardie Robb (USA)	2004
Myrtille	7 g	Brian Carlick (GB)	2005
Nectarine	360 g	Tony Slattery (Nouvelle-Zélande)	1998
Oignon	7,49 kg	John Sifford (GB)	2005
●Pamplemousse	3,21 kg	Cloy Dias Dutra (Brésil)	2006
●Panais	4,95 kg	Joe Atherton (GB)	2007
Patate douce	37 kg	Manuel Pérez Pérez (Espagne)	2004
Pêche	725 g	Paul Friday (USA)	2002
Poire	2,1 kg	Warren Yeoman (Australie)	1999
Poireau	8,1 kg	Fred Charlton (GB)	2002
Pomélo	4,86 kg	Seiji Sonoda (Japon)	2005
Pomme	1,84 kg	Chisato Iwasaki (Japon)	2005
Pomme de terre	3,5 kg	K. Sloane (GB)	1994
Radis	31,1 kg	Manabu Oono (Japon)	2003

★LA PLUS GROSSE RÉCOLTE ANNUELLE DE CONCOMBRES PAR PLANT

Sur la récolte qui s'est étendue du 24 mars 2006 au 5 juillet 2006, le gigantesque plant de concombre de l'Epcot Science Project (voir record précédent) a produit 943 kg de cucurbitacées.

●LA CAROTTE LA PLUS LONGUE

Lors du concours du légume géant qui s'est tenu dans le Somerset (GB), le 2 septembre 2007, Joe Atherton (GB) a présenté une carotte de 5,841 m de long. Il l'avait cultivée dans un tube spécial incliné à 45 degrés.

●LA PLUS LOURDE CITROUILLE

C'est à Joseph Jutras (USA) que l'on doit cette fabuleuse citrouille de 766,12 kg. Présentée le 29 septembre 2007, dans le cadre d'un concours de cultivateurs de citrouilles géantes à Topsfield (Massachusetts, USA), la gigantesque courge de Joseph dépasse le record précédent de 84,8 kg.

★ NOUVEAU RECORD
● MISE À JOUR

● LA PLUS LONGUE COLOQUINTE

Le 12 octobre 2006, au jardin de Beidaihe Jifa Agriculture à Beidaihe (Chine), on a mesuré une coloquinte de 4,05 m de long.

★ RECORD DE FLEURS SUR UN HELLÉBORE

Le 4 mai 2006, Anna Maclean (GB) a dénombré 66 fleurs sur un hellébore (*Helleborus*) cultivé dans son jardin de Richmond (Surrey, GB).

★ RECORD DE GREFFES DE FLEURS SUR UNE MÊME PLANTE

Dans le cadre de la 9e édition de l'exposition de chrysanthèmes chinois de la ville de Xiaolan (Chine), qui s'est tenue le 23 novembre 2007, on a observé un record de 513 variétés différentes de chrysanthèmes greffées sur un seul et unique plant hôte.

LE PLUS HAUT TOPIAIRE

Depuis 1983, Moirangthem Okendra Kumbi de Manipur (Inde) entretient les pousses de son vanillier de Cayenne (*Duranta repens variegata*) dans son jardin appelé « Des haies vers le ciel ». Son arbuste a atteint une hauteur de 18,59 m. En tout, et à l'aide d'une échelle spécialement conçue, notre jardinier a taillé 41 motifs structuraux, répétant le dessin d'un parapluie arrondi et de deux disques. On avait pourtant affirmé à Moirangthem que son vanillier ne dépasserait pas 6 m. Mais c'était sans compter avec les tailles biquotidiennes !

LE PLUS GROS GINGEMBRE

Le 1er juillet 1999, Don et Joy Hoogesteger (USA), de Ridgefield (Washington, USA), ont dévoilé un gingembre de 0,92 kg.

● LE CHOU VERT LE PLUS HAUT

À Leesburg (Floride, USA), on a découvert un chou vert (variante de la famille des crucifères) de 4,06 m de haut. Mesuré officiellement le 24 mai 2007, on doit ce chou géant à Woodrow Wilson Granger (USA).

LES PLUS GRANDES PLANTES

PLANTE	TAILLE	NOM/NATIONALITÉ	ANNÉE
●Amarante	7,06 m	Brian Moore (USA)	2007
Haricot	14,1 m	Staton Rorie (USA)	2003
Chou de Bruxelles	2,8 m	Patrice & Steve Allison (USA)	2001
Cactus (en jardin)	21,3 m	Pandit S. Munji (Inde)	2004
Céleri	2,74 m	Joan Priednieks (GB)	1998
Chrysanthème	4,34 m	Bernard Lavery (GB)	1995
Coléus	2,5 m	Nancy Lee Spilove (USA)	2004
●Chou vert	4,06 m	Woodrow Wilson Granger (USA)	2007
Cosmos	3,75 m	Cosmos Executive Committee, Okayama (Japon)	2003
●Coton	9,04 m	D. M. Williams (USA)	2007
Jonquille	1,55 m	M. Lowe (GB)	1979
●Pissenlit	1,28 m	Jeppe, Elise & Simon Hvelplund (Danemark)	1991
Aubergine	5,5 m	Abdul Masfoor (Inde)	1998
Fuchsia (grimpant)	11,40 m	Reinhard Biehler (Allemagne)	2005
Herba cistanches	1,95 m	Yongmao Chen (Chine)	2006
Papayer	13,4 m	Prasanta Mal (Inde)	2003
●Persil	1,82 m	Herbert Jonas (Allemagne)	2007
Poivron	4,87 m	Laura Liang (USA)	1999
Pervenche	2,19 m	Arvind, Rekha, Ashish & Rashmi Nema (Inde)	2003
Pétunia	5,8 m	Bernard Lavery (GB)	1994
Rosier (arbuste)	4,03 m	Paul & Sharon Palumbo (USA)	2005
Rosier (grimpant)	27,7 m	Anne & Charles Grant (USA)	2004
Canne à sucre	9,5 m	M. Venkatesh Gowda (Inde)	2005
Tournesol	7,76 m	Martien Heijms (Pays-Bas)	1986
Maïs	9,4 m	D. Radda (USA)	1946
Lupin du Texas	1,64 m	Margaret Lipscomb & Arthur Cash (USA)	2005
Tomate	19,8 m	Nutriculture Ltd, Lancashire (GB)	2000
Magnolia parasol	8,22 m	Konstantinos Xytakis & Sara Guterbock (USA)	2002
Zinnia	3,81 m	Everett Wallace Jr & Melody Wagner (USA)	2004

LE CHAMPIGNON COMESTIBLE LE PLUS LOURD

Qui dit mieux que ce polypore soufré (*Laetiporus sulphureus*) de 45,35 kg trouvé le 15 octobre 1990 par Giovanni Paba de Broadstone (Dorset, GB), à New Forest (Hampshire, GB) ?

● LA PLUS GRANDE COLLECTION DE GRAINES

Au 10 janvier 2008, le Millennium Seed Bank Project, établi dans l'immeuble du Wellcome Trust Millennium, à Wakehurst Place (West Sussex, GB), possédait 20 495 espèces de graines stockées dans des chambres froides souterraines pour un projet de sauvegarde international dirigé par les Royal Botanical Gardens de Kew (GB). L'objectif est de préserver des milliers d'espèces contre une éventuelle extinction. En avril 2007, le projet a recueilli sa milliardième graine, une espèce de bambou appelée *Oxytenanthera abyssinica*.

● LE TRÈFLE LE PLUS FEUILLU

Le 25 mai 2002, Shigeo Obara de la ville d'Hanamaki (Iwate, Japon) a trouvé un trèfle (*Trifolium repens*) à 18 feuilles. Ce spécimen doit sans doute porter encore plus chance que son homologue à 4 petites feuilles !

ANIMAUX DOMESTIQUES

★LE CHIEN LE PLUS GRAND ET LE PLUS PETIT

Le plus grand chien s'appelle Gibson. Ce danois arlequin faisait 107 cm lorsqu'il a été mesuré le 31 août 2004. Il appartient à Sandy Hall (Californie, USA). **Le ●chien vivant le plus petit** est une femelle chihuahua à poils longs du nom de Boo Boo. Appartenant à Lana Elswick (Kentucky, USA), cette chienne mesurait 10,16 cm le 12 mai 2007.

●RECORD DE SAUTS À LA CORDE PAR UN CHIEN

Aidé par son maître Alex Rothaker (USA), Sweet Pea, un croisé berger australien x border collie, a sauté 75 fois à la corde en 1 min, le 8 août 2007 sur le plateau de *Live with Regis and Kelly* à New York (USA).

★RECORD DE CLÉS RETIRÉES D'UN PORTE-CLÉS PAR UN PERROQUET

Smudge, le perroquet de Mark Steiger (Suisse), a retiré 20 clés d'un porte-clés en 2 min, sur le plateau du *Circo Massimo Show*, à Rome (Italie), le 23 mai 2007.

★RECORD DE QUARANTAINE POUR UN ANIMAL DOMESTIQUE

Le 28 juin 2005, Smarty, une chatte rousse, a été placée en quarantaine pour la 40ᵉ fois à Larnaka (Chypre), après son 79ᵉ vol depuis Le Caire (Égypte). Smarty – dont les propriétaires, Peter et Carole Godfrey (GB), vivent au Caire (Égypte) – détient aussi le record de trajets aériens faits par un chat.

POUR INFOS

Le poids du lapin nain néerlandais et du lapin nain polonais oscille entre 0,9-1,13 kg. Les deux races décrochent donc le trophée du **plus petit lapin**.

★LE LAPIN LE PLUS LONG

Amy, un géant des Flandres appartenant à Annette Edwards (GB), mesure 81,5 cm du museau à la queue. Le lapin a été mesuré le 23 mars 2008. Le géant des Flandres, qui peut peser jusqu'à 8 kg, est **le plus gros lapin du monde**. *NB : les records de poids d'animaux ne sont pas vérifiés par Guinness World Records.*

★LES CHEVAUX JUMEAUX LES PLUS ÂGÉS

Taff et Griff, deux jumeaux mâles Cremello, sont nés en 1982. Ils mesurent 1,16 m et appartiennent à la Veteran Horse Society du pays de Galles (GB). Ils n'ont jamais été séparés et étaient montés au zoo de Londres avant de prendre leur retraite.

●LE PERROQUET EN CAGE LE PLUS ÂGÉ

Sandra LaFollette de Chariton (Iowa, USA) a acheté son perroquet, Fred, en 1968, alors qu'il avait 6 mois. 39 ans plus tard, en 2007, Fred se portait toujours comme un charme.

★NOUVEAU RECORD
●MISE À JOUR

LE PLUS PETIT HAMSTER

Le hamster de Roborovski (*Phodopus roborovskii*) mesure en moyenne 4,5 cm de long. Les hamsters de Roborovski sont originaires de Mongolie et du nord de la Chine.

LA LANGUE DE CHIEN LA PLUS LONGUE

Brandy, un boxer, possédait une langue de 43 cm. Il vivait avec son maître, John Scheid, à St Clair Shores (Michigan, USA), lorsqu'il s'est éteint en septembre 2002.

LE PLUX VIEUX CANARI EN CAGE

Grâce aux soins de Mme K. Ross de Hull (GB), un canari du nom de Joey a soufflé sa 34e bougie. Joey a été acheté en 1941 à Calabar (Nigeria) et s'est éteint le 8 avril 1975.

LE CHIEN DE RACE LE PLUS LOURD

Le mastiff anglais et le saint-bernard se partagent le titre du chien domestique (*Canis familiaris*) le plus lourd. Un mâle pèse en moyenne 78 kg.

LA PLUS LONGUE QUEUE DE CHAT DOMESTIQUE

Lors de sa dernière mesure, le 21 mars 2001, Furball, un chat domestique qui vit chez Jan Acker (USA), à Battle Creek (Michigan, USA), possédait une queue de 40,6 cm de long.

LE PIGEON LE PLUS GROS

Un pigeon romain du Canada nommé Doc Yeck et appartenant à Leonard Yeck de Brantford (Ontario, Canada) pesait 1,8 kg avec un tour de poitrail de 12,7 cm lorsqu'il a été mesuré le 6 mars 1999.

●LA PLUS GROSSE ARAIGNÉE DOMESTIQUE

Rosi, une mygale de Leblon (*Theraphosa blondi*), avait 12 ans et pesait 175 g, le 27 juillet 2007. Cette araignée femelle qui se nourrit d'oiseaux faisait 12 cm pour une envergure de 26 cm et une mandibule de 2,5 cm. Walter Baumgartner, son propriétaire, vit à Andorf (Autriche).

RECORDS DE LONGÉVITÉ...

★POULET

En 2007, le plus vieux poulet vivant s'appelait Blacky. Ce poulet nain noir est né en 1986 et appartient à Veronika et Ladislav Seljak de Geelong (Australie).

OISEAU DOMESTIQUE

Si on excepte l'autruche, qui peut vivre jusqu'à 68 ans, le record de longévité pour un oiseau domestique revient à l'oie (*Anser a. domesticus*) qui peut atteindre 25 ans. Le 16 décembre 1976, un jars du nom de George appartenant à Florence Hull de Thornton (Lancashire, GB) est mort à 49 ans et 8 mois. Il avait vu le jour en avril 1927.

★COCHON

Né en 1988, un cochon répondant au nom de Cédric a vécu toute sa vie avec sa propriétaire, Faye Fyfe, de Nimbin (Australie). Il est mort le 5 octobre 2006, à 18 ans.

MODE

★ NOUVEAU RECORD
● MISE À JOUR

● LE PARFUM LE PLUS CHER

Un flacon de 30 ml de Clive Christian No.1 for Men ou de No.1 for Women coûte normalement 1 317 £ (1 712 €). En novembre 2005, Clive Christian a créé dans la même collection No.1 Imperial Majesty, série limitée à 10 flacons, vendus chacun 115 000 £ (149 500 €) les 500 ml. Le prix comprend la livraison du flacon en Bentley.

LE PLUS GRAND KIMONO

Le plus grand kimono du monde a été fabriqué le 23 mars 2001 dans le cadre du festival national du kimono de la ville de Cho Kagoshima (Japon). Large de 11,72 m et haut de 12,8 m, il pèse 100 kg.

● LA ROBE LA PLUS LONGUE

Créée par l'Association de la femme artisane d'Agadir, elle mesure 11,20 m de long et a été présentée au Caftan (un événement annuel de la mode traditionnelle), à Agadir (Maroc), du 7 au 11 juillet 2006.

● LE PLUS GRAND TEE-SHIRT

Ce tee-shirt de 57,19 m de haut et de 40,88 m de large a été fabriqué par OMO Safe Detergent, à Ho Chi Minh Ville (Vietnam). Il a été présenté le 9 mars 2006.

★ LE PLUS DE GENS EN BIKINI SUR UNE PHOTO

1 010 personnes ont posé ensemble en bikini lors d'une séance photo organisée par le magazine *Cosmopolitan* et *Venus Breeze* (Australie), sur Bondi Beach, à Sydney (Australie), le 26 septembre 2007.

LE PREMIER GRAND COUTURIER

Mort en 1895, Charles Frederick Worth fut le premier créateur à signer ses œuvres avec une étiquette et à les présenter sur des mannequins vivants. Né à Lincolnshire (GB), il arriva à Paris (France) en 1845 et se mit à son compte. Ses créations étaient portées par les dames de la cour sous Napoléon III. En 1871, il gagnait 14 981 £ (19 475 €) par an. Il est considéré comme **le premier grand couturier** de l'histoire.

LE SAVIEZ-VOUS ?

Le soutien-gorge le plus cher, le « Millennium Bra », fabriqué pour Victoria's Secret et présenté dans *The Tonight Show* par le top Heidi Klum, le 11 novembre 1999, coûte 10 millions $ (6,5 millions €). Il est brodé de 3 024 pierres (des diamants et 1 988 saphirs).

● LE PLUS GRAND SLIP

Le 15 novembre 2007, au Royal Botanic Garden de Sydney (Nouvelle-Galles du Sud, Australie), aussieBum, fabriquant de maillots de bain et de sous-vêtements, a fabriqué un slip mesurant 15,9 m de tour de taille et 10,5 m de la taille à l'entrejambe.

LE PLUS JEUNE GRAND COUTURIER

Yves (-Mathieu) Saint-Laurent (France, 1936-2008) devient assistant de Christian Dior à 17 ans. À la mort de celui-ci, en 1957, il est nommé à la tête de la maison Dior. En 1961, il ouvre sa propre maison de couture et crée dans les années 1970 des lignes de prêt-à-porter, de linge de maison et de parfums.

Je ne suis jamais allée en salle de sports.
Je ne fais absolument rien.

Adriana Lima (Brésil), le plus jeune top sur la liste Forbes des 100 célébrités.

★LE PLUS JEUNE TOP AU CLASSEMENT FORBES DES 100 STARS LES PLUS RICHES

Adriana Lima (Brésil, née le 12 juin 1981) avait 26 ans et 2 jours quand elle est apparue au classement Forbes, le 14 juin 2007. Connue pour ses contrats avec Maybelline et Victoria's Secret (USA), elle était à la 99e place, avec une fortune estimée à 4 millions $ (2,6 millions €).

★LE TOP LE PLUS ÂGÉ DU CLASSEMENT FORBES DES 100 STARS

Heidi Klum (Allemagne, née le 1er juin 1973) avait 34 ans et 13 jours lors de la publication de la liste des 100 stars les mieux payées sur forbes.com, le 14 juin 2007. Elle était 84e, avec une fortune estimée à 8 millions $ (5,2 millions €).

★LE SARI LE PLUS CHER

Le sari le plus cher a été vendu 3 931 627 Rs (65 013 €), le 5 janvier 2008. En soie, il a été fabriqué par Chennai Silks (Inde). Le motif est une reproduction de 11 tableaux du célèbre artiste indien Raja Ravi Varma.

LE PLUS LONG DÉFILÉ

Du 27 au 30 mai 1998, 111 mannequins se sont succédé sur un podium de 1,10 km de long construit sur le parking du centre commercial de Seacon Square, à Sri Nakarin Road (Thaïlande).

LE PLUS LONG DÉFILÉ MARATHON

Le 4 février 2005, un défilé marathon de 10 h a eu lieu au Commonwealth Club, à Londres (GB), dans le cadre des Fashion Awards décernés par le magazine *More* (GB). 24 marques de prêt-à-porter y ont présenté plus de 530 pièces (tenues estivales, chaussures et accessoires).

LES PLUS GROS REVENUS POUR UN TOP

D'après le classement Forbes, le top Gisele Bündchen (Brésil) a gagné 30 millions $ (19,5 millions €) en 2006. Découverte à 14 ans dans un McDonald, elle a travaillé pour plusieurs marques, comme Ralph Lauren, Dolce & Gabbana, Versace, Valentino, Céline ou Gianfranco Ferré.

LA FEMME LA PLUS RICHE

Liliane Bettencourt (France), âgée de 85 ans, est l'héritière de la célèbre firme de cosmétiques L'Oréal (elle est la fille du fondateur Eugène Schueller). Sa fortune est estimée à 22,9 milliards $.

SOCIÉTÉ MODERNE

RICHES & PAUVRES

★ NOUVEAU RECORD
● MISE À JOUR

VALEUR DES BILLETS DE BANQUE

LA PLUS HAUTE

Les billets de 10 000 $ émis par la Réserve fédérale américaine entre 1865 et 1945 sont **les plus gros billets de banque en circulation**. La fabrication de ces billets à la valeur fabuleuse s'est arrêtée en 1969, mais les 200 coupures de 10 000 $ encore sur le marché restent tout à fait légales.

LA PLUS BASSE

En juillet 1996, le billet indonésien d'un sen (1/100e de rupiah) valait 358 624 fois moins qu'une livre sterling (1,30 €), ce qui a fait de lui **le plus petit billet de banque de tous les temps**.

LES PLUS HAUTS ET LES PLUS BAS BUDGETS D'ÉDUCATION

Selon les derniers bilans pour 2000-2005, avec 9,8 %, Cuba est le pays qui consacre **le ● plus important taux de son PIB** à l'éducation. Avec 0,6 %, la Guinée équatoriale est le pays qui alloue **le ★ plus faible taux de son PIB** à l'éducation.

● LE PLUS GROS BUDGET DE DÉPENSES PUBLIQUES

On estime à 2,731 trillions $ le budget du gouvernement américain en 2007 – dépenses d'équipement comprises.

● LE PNB LE PLUS ÉLEVÉ PAR HABITANT

D'après les chiffres de la Banque mondiale connus en septembre 2007, le Luxembourg possédait en 2006 le produit national brut (PNB) par habitant le plus élevé, avec 76 040 $. Le PNB est la somme des biens et services produits annuellement puis divisés par le nombre d'habitants. Le PNB par habitant montre ainsi combien un citoyen du pays concerné posséderait si ce PNB était équitablement réparti.

● LE PNB LE PLUS FAIBLE PAR HABITANT

À en croire les chiffres de la Banque mondiale de septembre 2007, le Burundi affiche le PNB le plus bas : 100 $.

★ LE BUDGET DE DÉPENSES LE PLUS BAS

En décembre 2003, les îles Pitcairn, situées dans l'océan Pacifique, disposaient d'un budget de 878 119 $ – dépenses d'équipement comprises.

★ LES PLUS FAIBLES RECETTES BUDGÉTAIRES

En décembre 2003, l'archipel des Tokelau, dans le Pacifique Sud, avait des recettes budgétaires de 430 830 $.

★ TEMPS DE TRAVAIL POUR S'OFFRIR UN BIG MAC

Le géant de la finance UBS (Suisse) a inventé un index « Big Mac » qui définit le temps de travail nécessaire à un employé moyen pour acheter un Big Mac. Cet index, qui évalue 70 pays, a conclu que la moyenne mondiale est de 35 min, même si ce chiffre descend à 10 min au Japon. Cet index élimine certaines variables comme les taux de change. Ainsi, à Bogota (Colombie), on doit travailler en moyenne 97 min pour acheter un Big Mac, ce qui illustre bien que le pouvoir d'achat en Amérique du Sud et en Amérique centrale est 3 fois moins élevé que dans n'importe quelle ville d'Amérique du Nord.

L'INFLATION LA PLUS HAUTE ET LA PLUS BASSE

Avec une inflation de 349,8 % entre 2001 et 2006, le Zimbabwe (ci-dessus, à gauche) est **le ●pays le plus inflationniste du monde**.
La Libye (ci-dessus, à droite) a connu entre 2001 et 2005 des inflations négatives de – 3,1 %, soit **l'●inflation la plus faible du monde**.

●LA PLUS GROSSE DETTE PUBLIQUE

Au 17 mars 2008, la dette publique américaine affichait 9 379 249 299 253,81 $, la plus importante de tous les temps. On peut observer l'évolution de la dette sur le site Internet du Trésor américain : www.treasurydirect.gov/NP/BPDLogin?application=np.

●LE PLUS FORT TAUX DE CHÔMAGE

Avec 37,2 % de sa population active sans emploi, la Macédoine est le pays le plus touché par le chômage.

★ LE PIB LE PLUS TAXÉ (EN POURCENTAGE ET PAR PAYS)

En 2006, la Suède taxait son PIB à 50 %.

★LES RESTAURANTS LES PLUS CHERS

Selon le guide de restaurants *Zagat*, Londres reste la ville la plus chère pour dîner dehors. En 2007, un menu (entrée-plat-dessert) accompagné d'un verre de vin revenait à 39,09 £ (50,81 €) – quasiment le double de ce qu'on paierait à New York (USA), où le même repas ne coûte que 19,30 £ (25,09 €).

●LE CLUB DE FOOTBALL LE PLUS RICHE

Selon le rapport annuel du cabinet d'audit Deloitte, pour la saison 2006-2007, le Real Madrid (Espagne) était le club de football le plus riche du monde. Pour la saison, le revenu total des champions ibériques était de 318,2 millions €.

LE PLUS GROS LÉGATAIRE ANIMAL

Un caniche du nom de Toby a bénéficié du legs le plus important jamais fait à un animal. À sa mort en 1931, Ella Wendel de New York (USA) a légué 15 millions $ de l'époque à son chien favori. De nos jours, l'héritage de Toby vaudrait 220 millions $.

★LE CHIMPANZÉ LE PLUS DOUÉ DE WALL STREET

Raven, un chimpanzé femelle de 6 ans, est devenu la 22e meilleure gestionnaire de portefeuilles aux États-Unis après avoir choisi ses actions en lançant des fléchettes sur une liste de 133 sociétés Internet. Le chimpanzé a créé son propre index, surnommé « MonkeyDex ». En 1999, notre golden girl a généré un bénéfice de 213 % – dépassant plus de 6 000 courtiers professionnels de Wall Street. « Elle a quadruplé les performances du Dow et doublé celles du Nasdaq », constate Roland Perry, éditeur de la revue *Internet Stock Review*.

●LE COÛT DE LA VIE LE PLUS ÉLEVÉ

Selon une étude économique sur le coût de la vie, en mars 2007, Oslo (Norvège) était la ville la plus chère de la planète.

CRIMES & CHÂTIMENTS

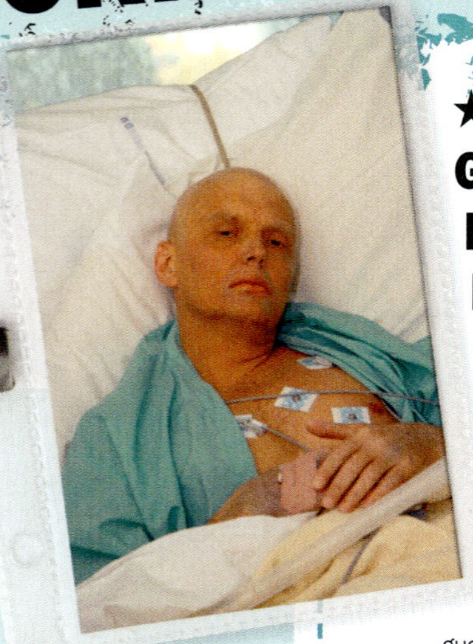

★ LE PLUS GROS PRODUCTEUR D'OPIUM

L'Afghanistan est le plus gros producteur d'opium du monde. En 2007, 193 000 ha de pavot ont été cultivés, soit une augmentation de 17 % par rapport à 2006. Ce pays pourtant déchiré par la guerre a réussi à produire 8 200 t d'opium en 2007, ce qui représente 93 % du marché mondial des opiacés.

★ LE PREMIER MEURTRE PAR IRRADIATION

Le 23 novembre 2006, Alexander Litvinenko, ancien membre des services secrets russes, a été empoisonné par irradiation à Londres (GB). C'est la première victime connue du syndrome aigu de contamination par du polonium 210. L'affaire n'est toujours pas résolue.

★ LE PREMIER DÉTOURNEMENT D'UN AVION DE LIGNE

Le premier détournement d'un avion de ligne a eu lieu le 17 juillet 1948. Des terroristes ont tenté de prendre le contrôle d'un hydravion de la Cathay Pacific reliant Macao à Hong Kong. Il a fini par s'écraser au large des côtes de Macao. Un seul des 26 passagers a survécu.

★ LA PLUS GROSSE INDEMNISATION POUR ABUS SEXUEL

La plus grosse indemnisation jamais accordée à des victimes d'abus sexuels s'élève à 660 millions $ (429 millions €). Le 15 juillet 2007, l'archevêché de Los Angeles (USA) a versé cette somme à 508 personnes ayant été victimes de prêtres sur une période de 50 ans.

LE SAVIEZ-VOUS ?

La province d'Helmand, dans le sud de l'Afghanistan, où ont lieu la plupart des combats entre forces de l'OTAN et talibans, fournit 50 % de la production d'opium du pays.

★ LE PLUS D'ACTES DE PIRATAGE DE NAVIRES

La région du monde qui connaît le plus d'actes de piratage de navires est l'Asie du Sud-Est, notamment les eaux indonésiennes. 43 attaques (sur un total mondial de 263) y ont eu lieu en 2007.

★LE PREMIER DÉTOURNEMENT D'AVION

Le premier détournement d'avion a eu lieu le 21 février 1931 à Arequipa (Pérou). Byron Rickards (USA), qui pilotait un trimoteur Ford en provenance de Lima (Pérou), fut assailli dès son atterrissage par des soldats qui le déclarèrent prisonnier d'une organisation révolutionnaire. Il fut relâché le 2 mars.

★LA PLUS LONGUE CARRIÈRE D'OFFICIER DE POLICE

Le lieutenant détective Andrew F. Anewenter (USA, né le 12 janvier 1916) a travaillé pendant 61 ans sans interruption comme officier de police à Milwaukee (Wisconsin), du 1er juin 1942 à sa retraite le 15 mai 2003.

●LE PLUS DE MEURTRES PAR AN (PAYS)

D'après les Nations unies, les Philippines ont connu le plus grand nombre de meurtres en 2004 (derniers chiffres disponibles), avec 3 515 homicides.

★LA PREMIÈRE PREUVE APPORTÉE PAR LA BIOMÉCANIQUE ADMISE PAR UN TRIBUNAL

La biomécanique de la marche permet d'identifier une personne à partir de l'analyse de sa façon de marcher. Le 12 juillet 2000, ce genre de preuve a été admis pour la première fois par un tribunal de Londres (GB), dans l'affaire R contre Saunders. Haydn Kelly (GB), podologue consultant, a réussi à confondre John Saunders (GB), un voleur de bijoux, à partir d'un film de vidéosurveillance. Même si le voleur portait deux pantalons, un masque et des gants, M. Kelly a été en mesure de confirmer que moins de 5 % de la population britannique marchait de la même façon que lui. Cette preuve a contribué à mettre fin à la carrière lucrative de John Saunders.

★LE PLUS DE MEURTRES PAR HABITANT (PAYS)

D'après le 9e rapport de l'ONU sur l'évolution de la criminalité et le fonctionnement des systèmes judiciaires, l'Équateur est le pays ayant connu le plus de meurtres par habitant en 2004, avec un taux de 18,87 pour 100 000 habitants.

★LA PLUS GRANDE POPULATION DE FEMMES EMPRISONNÉES

D'après l'International Centre for Prison Studies du King's College de Londres (GB), qui recense le nombre de femmes emprisonnées dans le monde, les États-Unis détiennent le record dans ce domaine, avec 183 400 détenues en avril 2006, soit 8,6 % de la population carcérale américaine.

●LA PLUS GRANDE POPULATION DE PRISONNIERS RECENSÉE

D'après les chiffres du service officiel américain des statistiques judiciaires, les États-Unis détiennent le record des incarcérations par habitant. Fin 2006, 2 258 983 personnes étaient enfermées dans les prisons fédérales ou locales.

★NOUVEAU RECORD
●MISE À JOUR

★LA PLUS GROSSE FRAUDE ORGANISÉE PAR UN TRADER

Le 24 janvier 2008, la Société Générale, l'une des plus grandes banques françaises, a révélé qu'elle avait perdu 4,9 milliards € à la suite des malversations d'un de ses employés. Le 26 janvier 2008, Jérôme Kerviel (France), l'un de ses traders, a été mis en examen et inculpé après qu'il a reconnu avoir caché ses activités à ses supérieurs.

GUERRE

★LES SOLDATS LES PLUS JEUNES

Au Laos, en Asie orientale, l'âge minimum pour faire son service militaire est de 15 ans.

★LE PREMIER EXPORTATEUR D'ARMES

D'après les données du Stockholm International Peace Research Institute sur les transferts d'armes (mise à jour : mars 2008), le montant des exportations annuelles d'armes – armes ou systèmes conventionnels – des États-Unis s'élève à 9 392 100 000 $ en moyenne depuis 10 ans.

★LA PREMIÈRE UNITÉ FÉMININE DE MAINTIEN DE LA PAIX

Pour la première fois, l'ONU a déployé une unité de police de maintien de la paix entièrement féminine en vue d'aider le Liberia à remettre sur pied ses forces de police rongées par la corruption. Cette unité de 103 femmes a été envoyée par l'Inde.

●LE TAUX LE PLUS ÉLEVÉ DE MILITAIRES POUR UN PAYS

En 2007, 4,75 % des 23 301 725 Nord-Coréens effectuaient leur service militaire actif.

★LE PREMIER IMPORTATEUR D'ARMES

Depuis 10 ans, la Chine est en tête des pays qui importent le plus d'armes, avec un budget annuel moyen de 2 392 300 000 $.

★LE PREMIER FABRICANT D'ARMES

Si l'on exclut les sociétés chinoises, aux données peu fiables, le premier fabricant d'armes (fabrication, R & D, entretien, services et réparation d'équipements militaires) est Boeing (USA). En 2005, ses ventes ont atteint 54 845 000 000 $, principalement pour des avions, des missiles et du matériel électronique et spatial.

●LA PLUS GRANDE FLOTTE DE SOUS-MARINS ARMÉS

L'US Navy dispose de 71 sous-marins armés (14 dotés de missiles balistiques stratégiques et 57 navires tactiques). Tous sont des sous-marins nucléaires.

★LE PAYS LE PLUS DANGEREUX POUR LES MÉDIAS

D'après Reporters Sans Frontières, 210 journalistes et professionnels des médias sont morts en Irak depuis mars 2003. C'est plus que pendant la guerre du Vietnam (1955-1975).

★NOUVEAU RECORD
●MISE À JOUR

« Si les femmes policiers sont moins menaçantes, elles sont aussi dures que des hommes. »

Seema Dhundiya, commandant de la première unité féminine envoyée par l'ONU

● LES PLUS GRANDES FORCES NAVALES SANS ACCÈS À LA MER

En 2007, les forces navales boliviennes comptaient 4 800 personnes, dont 1 700 marins pour surveiller les fleuves et le lac Titicaca. Le QG de la Marine se trouve à Puerto Guayaramerín.

PLUS D'INFOS
Pour en savoir plus sur **les armes et l'équipement militaire**, reportez-vous à la page 158.

★ LES INSURGÉS LES PLUS RICHES

On pense que les Forces armées révolutionnaires de Colombie (FARC) sont le groupe révolutionnaire le plus riche du monde, surtout grâce aux revenus tirés du trafic de drogue, des extorsions et des rançons. On estime leur capital à 1 milliard $, avec des revenus annuels tirés du trafic de drogue s'élevant de 200 millions à 300 millions $, d'après l'US Council on Foreign Relations.

★ LE PLUS GRAND CONFLIT TERRITORIAL

D'après la CIA, le conflit entre la Chine, l'Inde et le Pakistan concernant le Cachemire est aujourd'hui le conflit territorial armé le plus important de la planète, malgré le violent tremblement de terre qui a ravagé la région en 2005, tuant 80 000 personnes. Cet ancien État indien est convoité depuis l'indépendance de l'Inde et la partition du pays en 1947. L'Inde refuse de reconnaître la cession du Cachemire à la Chine par le Pakistan (1964) et elle a récemment affirmé que la Chine avait doté le Pakistan de l'arme nucléaire. Plus de 1 million de soldats s'affrontent de part et d'autre de la ligne de cessez-le-feu qui sépare l'Inde et le Cachemire, contrôlée par le Pakistan.

★ LA PLUS VASTE OPÉRATION MILITAIRE AMPHIBIE

Le débarquement des Alliés en France durant la Seconde Guerre mondiale – ou Opération Overlord – demeure la plus vaste opération militaire amphibie de l'Histoire. Le 6 juin 1944, plus de 155 000 hommes ont débarqué sur les plages normandes en 24 h, sur 176 000 soldats engagés dans l'opération. La bataille de Normandie a duré jusqu'au 21 août.

LE TERRORISTE LE PLUS RECHERCHÉ

Oussama Ben Laden (Arabie Saoudite), leader du réseau terroriste Al-Qaida, est recherché par de nombreux pays pour ses activités terroristes présumées. Il est le seul terroriste sur la liste des 10 fugitifs les plus recherchés par le FBI.

● LA PLUS GRANDE OPÉRATION DE MAINTIEN DE LA PAIX

Le 31 juillet 2007, l'ONU a autorisé le déploiement d'une force commune Nations unies/Union africaine pour faire respecter l'accord de paix sur le Darfour au Soudan, en Afrique. Il s'agira, à terme, de la plus grande mission de maintien de la paix dans le monde, avec près de 26 000 hommes engagés.

LE PLUS GRAND VÉHICULE TERRESTRE

Fabriqué par TAKRAF GmbH de Leipzig (Allemagne), l'excavateur rotatif RB293 est le plus grand véhicule autonome du monde. Il est actuellement utilisé dans une mine à ciel ouvert de RWE Rheinbraun à Hambach (Allemagne). 18 pelles sont installées sur l'immense roue située à l'avant du véhicule. Au fur et à mesure que la roue tourne, les pelles creusent la terre et la déposent sur un tapis roulant qui se charge de la transporter.

- **POIDS** : 14 196 t – 3 fois plus lourd qu'une navette spatiale
- **LONGUEUR** : 220 m – aussi long que deux terrains de football américain
- **HAUTEUR** : 94,5 m – un peu plus haut que la statue de la Liberté et son piédestal
- **HAUTEUR DE LA ROUE** : 21,6 m – la hauteur d'un immeuble de quatre étages
- **VOLUME DE CHAQUE PELLE** : 6 600 l – chaque pelle contient le même volume que 80 baignoires
- **SOL PELLETÉ PAR JOUR** : 240 000 m³ – suffisamment pour remplir le *Hindenburg*, le plus grand dirigeable jamais construit !

SOMMAIRE

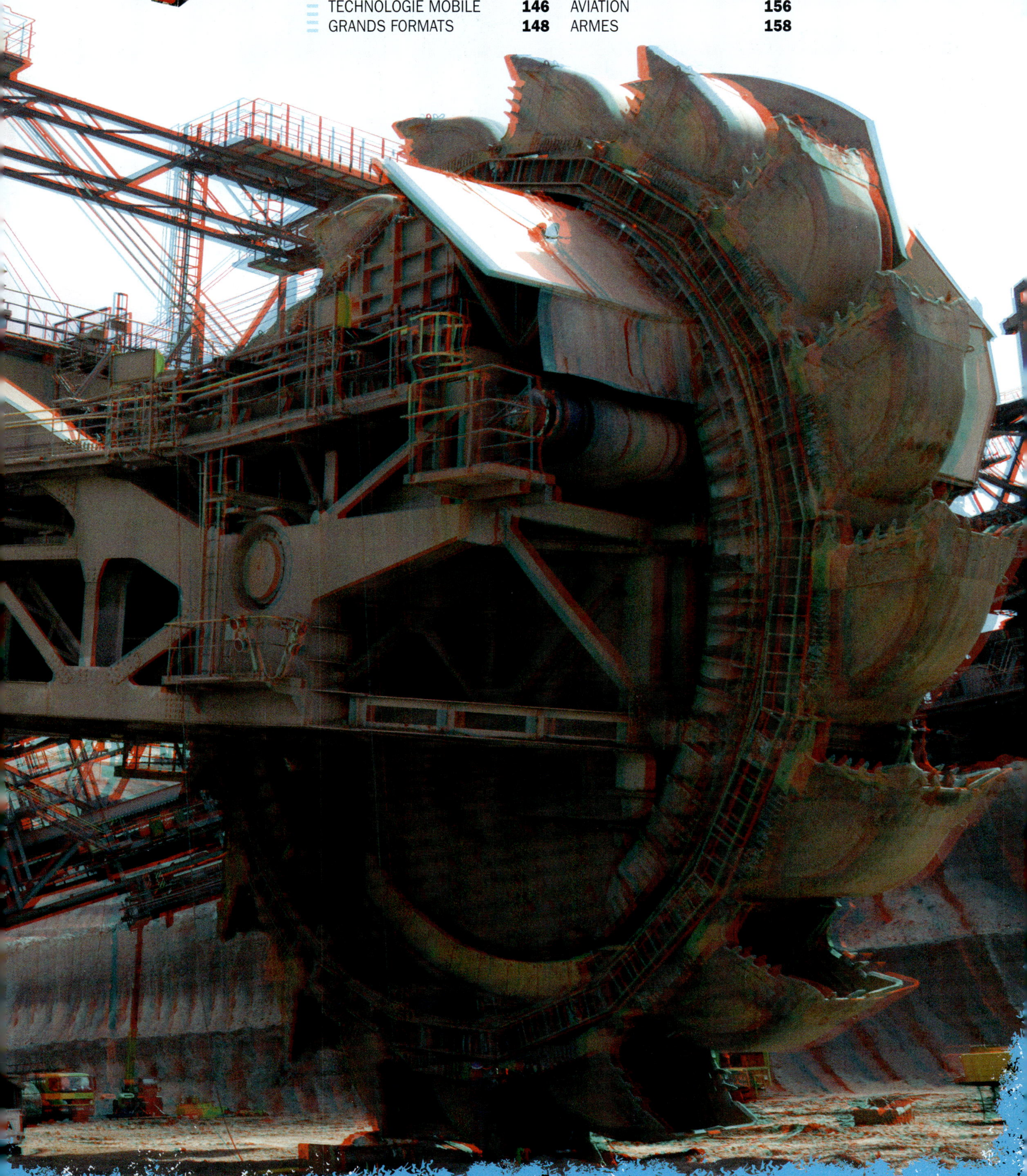

TECHNOLOGIE DE POINTE

★LA PILE AA LA PLUS RESISTANTE

Les piles alcalines EVOLTA de Panasonic – produites par Matsushita Battery Industrial Co. et Matsushita Electric Industrial Co. (toutes deux Japon) – sont les piles alcalines AA les plus résistantes, avec une durée de vie supérieure de 20 % à celle des autres piles actuelles. Pour les évaluer, des tests ont été menés conformément aux instructions de la Commission électrotechnique internationale (CEI).

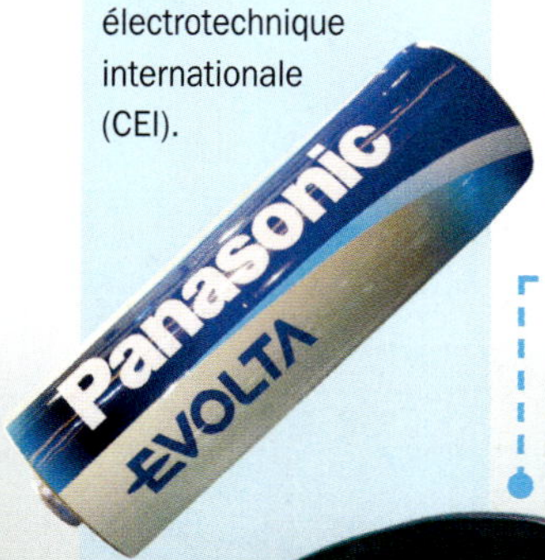

★LA BOBINE TESLA LA PLUS PUISSANTE

La bobine Tesla du Mid-America Science Museum à Hot Springs (Arkansas, USA) produit un courant électrique de 1 500 000 volts (un tue-mouche électrique produit un courant de 1 500 volts). Elle est entourée par une cage de Faraday qui protège les visiteurs des effluves électriques.

●LA SUBSTANCE LA PLUS SOMBRE

La substance artificielle la plus sombre est un tapis de nanotubes de carbone de faible densité créé par des chercheurs du Rensselaer Polytechnic Institute (Zu-Po Yang, James A. Bur, Shawn-Yu Lin) et de la Rice University (Lijie Ci, P. M. Ajayan). Une peinture noire normale réfléchit de 5 à 10 % de la lumière ; or, cette matière ne réfléchissait que 0,045 % de la lumière lors de tests menés au Rensselaer Polytechnic Institute le 24 août 2007.

●L'HORLOGE ATOMIQUE LA PLUS PRÉCISE

Le National Institute of Standards and Technology de Boulder (Colorado, USA) a créé une horloge optique à base de mercure qui – si elle fonctionnait sans arrêt – n'avancerait ni ne retarderait pas d'une seconde en 400 millions d'années.

●LE PLUS GRAND NOMBRE PREMIER CONNU

Le plus grand nombre premier connu est $2^{32\,582\,657}-1$, découvert par une équipe de la Central Missouri State University en septembre 2006. Avec ses 9 808 358 chiffres, il n'est pas loin de mériter les 100 000 $ de récompense pour la découverte du premier chiffre premier à 10 millions de chiffres.

★LE PLUS GRAND TOURBILLON ARTIFICIEL

Le musée Mercedes-Benz de Stuttgart (Allemagne) a un système d'évacuation des fumées unique en son genre. Quand un incendie est détecté, de l'air est envoyé dans la cour intérieure du musée de sorte que se crée une tornade artificielle de 34,4 m de haut. Celle-ci ramasse la fumée qui est ensuite rejetée vers l'extérieur grâce à un ventilateur spécial placé en haut du bâtiment.

★LE HAUT-PARLEUR LE PLUS PUISSANT

Créé par Curt Graber de la société Wattre Corporation (USA), le haut-parleur Hyperspike HS-60 est capable de produire un rayon acoustique cohérent, tel un rayon laser semblable à la voix humaine. Lors d'essais homologués menés en mars 2007, son rayon est resté cohérent sur 264 m, avec un volume mesuré à 140,2 décibels (dB), sur une portée de 128 m, en consommant moins de 3 kW d'électricité. Sa puissance est donc équivalente à 182 dB à une distance de 1 m et, dans des conditions optimales, il peut transmettre des messages vocaux audibles à une cible qui se trouve à plus de 3 km.

●LE PLUS PETIT ROBOT HUMANOÏDE

Du haut de ses 153 mm, *Be-Robot* est capable de marcher, de donner des coups de pied et de faire des pompes. Fabriqué par GeStream (Taïwan), il a été présenté lors du salon Global SMEs 2007, le 6 septembre 2007, à Kuala Lumpur (Malaisie).

★LE PLUS GROS DÉTECTEUR DE PARTICULES

Le détecteur ATLAS, qui fait partie du Grand collisionneur de hadrons (LHC) du CERN – situé sous terre à la frontière franco-suisse – mesure 46 m de long, 25 m de large et 25 m de haut. Il pèse 7 000 t et ses 100 millions de capteurs examinent les particules produites par les collisions entre protons dans le solénoïde compact à muons (CMS, ci-dessus). Le dernier composant d'ATLAS, qui fait partie de son spectromètre à muons, a été installé en mars 2008.

LE SAVIEZ-VOUS ?

Le LHC a coûté plus de 6 milliards $ (4,6 milliards €) et mesure 27 km de circonférence. Il sert à provoquer des collisions entre particules à une vitesse proche de celle de la lumière. Grâce aux résultats de ces collisions, les chercheurs espèrent en apprendre davantage sur la matière.

★LE PLUS PETIT OBJET MOBILE FILMÉ

En février 2008, des chercheurs suédois ont annoncé avoir filmé un électron se déplaçant sur une onde lumineuse après avoir été arraché à un atome.

★LA DISTANCE RECORD POUR UNE COMMUNICATION QUANTIQUE

En mars 2008, des chercheurs ont annoncé avoir détecté et identifié des photons de lumière ayant rebondi sur un satellite en orbite à 1 485 km de la Terre. C'est une grande avancée vers la création d'un réseau de communication quantique dans l'espace, lequel assurerait la sécurité et la confidentialité absolues des messages transmis.

●LA PLUS GRANDE SOURCE DE NEUTRONS PAR SPALLATION

La source de neutrons par spallation du Laboratoire national d'Oak Ridge (USA) est la plus puissante de son genre au monde. Son faisceau de protons frappe sa cible avec une énergie supérieure à 300 kW, produisant 4,8 x 10^{16} neutrons par seconde. Plus tard, ces neutrons seront regroupés en rayons grâce auxquels on procédera à l'analyse moléculaire de matériaux de pointe.

★LE LASER LE PLUS PUISSANT

La puissance qu'il libère en watts fait du laser Texas Petawatt de l'université du Texas (USA), le laser le plus puissant au monde. Le 31 mars 2008, il a généré 1 petawatt, soit 1 000 000 000 000 000 watts, en fonctionnant un dixième de billionième de seconde (0,0000000000001 s).

●LE LASER À MAIN LE PLUS PUISSANT

Testé 3 fois durant 5 min, avec deux instruments de mesure, le laser Hercules 500 a produit une lumière laser verte (532 nm) d'une puissance maximale de 1 W et de 940 mW (+/- 20 mW) en moyenne. Fabriqué par Laserglow Technologies (Ontario, Canada), ce laser à piles de classe IV est équipé de 5 dispositifs de sécurité qui rendent son utilisation légale dans le monde. Il peut notamment servir pour la construction et l'alignement des antennes.

★ NOUVEAU RECORD
●MISE À JOUR

GÉNÉTIQUE

★L'ANIMAL QUI ÉVOLUE LE PLUS VITE

Sphenodon punctatus, reptile connu sous le nom de tuatara, évolue près de 10 fois plus vite que tous les autres animaux en moyenne. En mars 2008, un rapport a révélé que cette espèce subit environ 1,37 substitution par paire de base en 1 million d'années, contre 0,2 en moyenne.

★LA SOURIS GÉNÉTIQUEMENT MODIFIÉE LA PLUS ENDURANTE

En novembre 2007, des chercheurs américains ont annoncé avoir créé une souris génétiquement modifiée dotée de capacités physiques extraordinaires. Lors de tests, elle a couru sans arrêt à 20 m/min pendant 5 h. Elle vit en outre plus longtemps que les souris normales et serait 10 fois plus active.

LE PLUS GROS FÉLIN HYBRIDE

Issu du croisement entre un lion et une tigresse, le plus gros spécimen hybride de la famille des félidés est le ligre. Les ligres sont généralement plus gros que leurs parents, atteignant 3-3,6 m de long. Leur taille comme leur aspect varie en fonction de la sous-espèce de lion ou de tigre concernée. Si ces animaux peuvent naître dans la nature, partout où cohabitent des lions et des tigres – par exemple dans la forêt de Gir en Inde –, c'est souvent dans les zoos ou les ménageries privées que l'on procède à ces croisements.

LE PREMIER CHIEN CLONÉ

Le premier chien cloné à avoir survécu est Snuppy, un lévrier afghan créé par Hwang Woo-Suk (Corée du Sud) et son équipe de la Seoul National University (SNU, d'où le nom du chien) en Corée du Sud. Snuppy a été conçu en fusionnant un ovule avec de l'acide désoxyribonucléique (ADN) prélevé dans l'oreille d'un lévrier afghan mâle de 3 ans, Tie, avant de l'implanter dans une femelle porteuse. Après 60 jours de gestation, Snuppy est né le 25 avril 2005.

LA PLUS GRANDE DIVERSITÉ GÉNÉTIQUE CHEZ L'HOMME

Les Pygmées et les Boschimans d'Afrique possèdent la plus grande diversité génétique. Pour certaines caractéristiques génétiques, ils présentent pas moins de 17 combinaisons, quand celles-ci se limitent en général à 2 ou 3. On pense que nos ancêtres (environ 200 000 ans) vivaient peut-être dans ces régions et que certains y sont restés.

LE PREMIER BÉNÉFICIAIRE D'UNE THÉRAPIE GÉNIQUE

La première tentative de traitement d'une maladie génétique sur un humain date de septembre 1990. Ashanthi DeSilva (USA), 4 ans, souffrait d'un déficit en adénosine désaminase (ADA) qui entraînait une grande fragilité de son système immunitaire ; elle avait donc été malade toute sa vie. Ses médecins ont inséré dans son organisme un gène sain produisant de l'ADA, par le biais d'un virus modifié qui a pu atteindre ses cellules sanguines. Elle est aujourd'hui en pleine santé.

★LE PLUS GROS PRODUCTEUR DE GRAINES GÉNÉTIQUEMENT MODIFIÉES

Monsanto (USA) domine actuellement de 70 à 100 % du marché mondial des graines génétiquement modifiées. En 2006, ses recettes mondiales ont atteint 7,344 milliards $.

★ NOUVEAU RECORD
● MISE À JOUR

★ LE PREMIER GÉNOME HUMAIN RENDU PUBLIC

En septembre 2007, le chercheur et homme d'affaires Craig Venter (USA) a rendu public son propre génome dans son intégralité. Ce séquençage complet comprend quelque 6 milliards de lettres et son obtention aurait coûté 35 millions $ selon les estimations.

PLUS D'INFOS

Le génome du Dr. Venter confirme que ce dernier a les yeux bleus et indique qu'il est génétiquement protégé contre l'addiction au tabac. Certaines des séquences révèlent un risque accru de comportement antisocial, de maladie d'Alzheimer et de troubles cardio-vasculaires.

LA PREMIÈRE CONDAMNATION FONDÉE SUR UN TEST ADN

Le premier criminel condamné sur la base de preuves provenant d'une analyse ADN est Robert Melias (GB), jugé coupable de viol et condamné le 13 novembre 1988. Peu après, aux États-Unis, Tommy Lee Andres (USA) a été le premier Américain reconnu coupable à la suite de tests ADN.

LE PREMIER CONDAMNÉ INNOCENTÉ PAR UNE EMPREINTE GÉNÉTIQUE

Le premier prisonnier dont la peine a été annulée grâce à une analyse ADN est Gary Dotson (USA), accusé à tort du viol de Cathleen Crowell (GB) et condamné à 25-50 ans de réclusion en juillet 1979. En 1988, des tests ADN (qui n'existaient pas auparavant) ont prouvé son innocence. Ces résultats, ainsi que le manque de crédibilité de la victime ont mené à la libération de Dotson le 14 août 1989, après 8 ans de prison.

LE PREMIER SUSPECT INNOCENTÉ PAR UNE EMPREINTE GÉNÉTIQUE

La première chasse à l'homme fondée sur la génétique a eu lieu entre 1986 et 1988 à Enderby (Leicestershire, GB), lors d'une enquête portant sur deux viols et meurtres. Richard Buckland (GB), le principal suspect, a avoué le second meurtre, mais des tests ADN effectués sur les victimes ont révélé qu'il n'était pas le tueur. Buckland est ainsi devenu le premier suspect innocenté par une empreinte génétique. Colin Pitchfork (GB), qui avait remplacé son échantillon de sang par celui d'un autre lorsque 5 000 hommes de la région avaient été testés, a été arrêté. Son ADN correspondant à celui du tueur, il a été condamné à la prison à perpétuité en 1988.

L'ANCÊTRE LE PLUS LOINTAIN IDENTIFIÉ PAR L'ADN

Adrian Targett, enseignant à Cheddar (Somerset, GB), a reconstitué son arbre généalogique sur 300 générations. Il descend, par sa mère, de l'Homme de Cheddar, qui vivait il y a 9 000 ans et dont le squelette est le plus ancien retrouvé intact en Grande-Bretagne.

● LE PLUS VIEIL ADN

En juillet 2007, des chercheurs ont annoncé la découverte d'un ADN vieux de 800 000 ans dans de la glace prélevée dans l'inlandsis groenlandais. Cet ADN révèle que de nombreux papillons de nuit et papillons diurnes vivaient dans les forêts d'épicéas et de pins du Groenland à cette période bien plus chaude.

DATES CLÉS

1859 – Charles Darwin publie *L'Origine des espèces*
1882 – Walter Fleming découvre des éléments de forme allongée : les chromosomes
1906 – Première apparition du mot « génétique »
1952 – Martha Chase et Alfred Hershey montrent que les traits héréditaires sont transmis par l'ADN
1953 – James Watson et Francis Crick découvrent la forme en double hélice de l'ADN
1977 – Fred Sanger invente une méthode de séquençage de l'ADN
1984 – Alec Jeffreys invente la notion d'empreinte génétique
1990 – Lancement du projet Génome humain
1997 – Ian Wilmut crée la brebis Dolly, premier mammifère cloné
2001 – Advanced Cell Technologies clone des embryons humains pour la 1re fois
2003 – Fin et publication des conclusions du projet Génome humain

SCIENCES & INGÉNIERIE
INTERNET

★NOUVEAU RECORD
●MISE À JOUR

★LE POURCENTAGE LE PLUS ÉLEVÉ DE MUSIQUE TÉLÉCHARGÉE ILLÉGALEMENT (PAYS)

Selon un rapport de janvier 2008 de la Fédération internationale de l'industrie phonographique, 99 % des fichiers numériques musicaux diffusés en Chine sont piratés sur Internet. Les Chinois, qui présentent « le plus gros potentiel d'achat de musique en ligne », n'ont officiellement dépensé que 76 millions $ en 2007 en téléchargements de titres.

●LA PREMIÈRE AMBASSADE VIRTUELLE

Le 30 mai 2007, la Suède a ouvert sur *Second Life* une copie virtuelle de son ambassade de Washington DC (USA). L'avatar de Carl Bildt, ministre des Affaires étrangères (Suède), a inauguré l'ambassade virtuelle qui est destinée à donner aux joueurs des informations sur la Suède.

★LE MMORPG LE PLUS POPULAIRE

Avec 10 millions d'abonnés en ligne en janvier 2008, *World of Warcraft* est le plus populaire des jeux de rôle en ligne massivement multijoueur (MMORPG). D'après son développeur, Blizzard Entertainment, *World of Warcraft* compte plus de 2 millions d'abonnés en Europe, plus de 2,5 millions en Amérique du Nord et environ 5,5 millions en Asie.

★LA PRINCIPALE SOURCE DE SPAM

D'après Sophos, spécialiste du spam et des virus, au 3e trimestre 2007, 28,4 % des e-mails non sollicités dans le monde venaient des États-Unis. La Corée du Sud arrive derrière, avec 5,2 % du spam mondial.

★LE PLUS GRAND ENTREPÔT DE DONNÉES

Sybase et Sun Microsystems (toutes deux USA) gèrent un entrepôt de données contenant 1 péta-octet (1 000 téra-octets) de données brutes. Sa capacité lui permettrait de retrouver toutes les transactions par carte bancaire effectuées dans le monde ces 7 dernières années.

●LA PERSONNE LA PLUS « RECHERCHÉE » SUR INTERNET

En 2007, la chanteuse Britney Spears (USA) a fait l'objet du plus grand nombre de recherches sur Internet. Elle a passé l'année en diverses cures de désintoxication, s'est vu retirer la garde de ses enfants, s'est rasé la tête, a été accusée de délit de fuite après un accident et de conduite sans permis, et a fait un come-back musical décrié par la critique mais salué par le public lors des MTV Video Music Awards (avec *Gimme More*).

★LES 1ERS VŒUX ROYAUX PODCASTÉS

En décembre 2006, les vœux de Sa Majesté la Reine Elizabeth II ont été mis à la disposition du public par podcast. La reine possède un mini iPod 6 Go argenté et a sa propre chaîne sur YouTube, lancée 50 ans après ses premiers vœux télévisés en 1957. Un porte-parole de Buckingham Palace a affirmé que la reine « se tient très au courant des nouveaux modes de communication ».

★LA PIRE COUPURE INTERNET

En 1 semaine, en janvier 2008, 4 câbles Internet sous-marins ont été endommagés, interrompant la connexion de millions d'utilisateurs en Asie, au Moyen-Orient et en Afrique du Nord. Des experts ont mis en cause des ancres de bateaux, d'autres ont évoqué un acte de sabotage anonyme.

★LA CONNEXION INTERNET INDIVIDUELLE LA PLUS RAPIDE

Sigbritt Lothberg (Suède) a une connexion à large bande dont le débit est de 40 Gbps – des milliers de fois supérieure à une connexion individuelle moyenne. Sa connexion est le fruit des expériences de son fils, le gourou suédois de l'Internet, Peter Lothberg. Elle permet de télécharger un DVD en HD en 2 s.

★LE PLUS DE PERSONNES À TÉLÉCHARGER VOLONTAIREMENT UN VIRUS

Lors d'une expérience menée pendant 6 mois sur Google Adwords par l'informaticien Didier Stevens (Belgique), en 2007, 409 personnes ont volontairement téléchargé un virus sur leur ordinateur. Stevens proposait un virus gratuit avec ce slogan : « Pas de virus sur votre PC ? Contaminez-le ici ! »

★LA PREMIÈRE COMPÉTITION DE « SPEEDCABLING »

La première compétition de « speedcabling » a eu lieu à Los Angeles (Californie, USA), en janvier 2008. Ce nouveau « sport » inventé par l'informaticien Steven Schkolne (USA) consiste à dénouer des câbles électriques le plus vite possible, de sorte qu'ils puissent transmettre un signal réseau. Le vainqueur – les concurrents ont dû démêler 12 cordons Ethernet (jusqu'à 7,5 m de long), puis les porter au-dessus de leur tête – est le concepteur Web Matthew Howell (USA).

★LE PREMIER BOMBARDEMENT GOOGLE

Un bombardement Google consiste à manipuler des recherches sur Internet pour renvoyer vers certaines pages. Le premier bombardement Google d'importance a eu lieu en 1999 : les mots-clés de recherche « plus diabolique que Satan lui-même » renvoyaient à la page d'accueil Microsoft. De même, en 2005, les mots « pauvre raté » renvoyaient à la biographie de George W. Bush.

★LE FILM LE PLUS TÉLÉCHARGÉ

Le film le plus téléchargé en 2007 grâce au protocole P2P BitTorrent est *Transformers* (USA, 2007), téléchargé 569 259 fois rien que sur le site Mininova. À l'échelle mondiale, étant donné le large éventail de sites P2P, le nombre de téléchargements est bien supérieur à cela.

2007 TOP 10 DES FILMS TÉLÉCHARGÉS

FILM (PAYS, ANNÉE)	RÉALISATEUR	NOMBRE
1. *Transformers* (USA, 2007)	Michael Bay	569 259
2. *En cloque, mode d'emploi* (USA, 2007)	Judd Apatow	509 314
3. *Shooter tireur d'élite* (USA, 2007)	Antoine Fuqua	399 960
4. *Pirates des Caraïbes : Jusqu'au bout du monde* (USA, 2007)	Gore Verbinski	379 749
5. *Ratatouille* (USA, 2006)	Brad Bird & Jan Pinkava	359 904
6. *300* (USA, 2006)	Zack Snyder	358 226
7. *Next* (USA, 2007)	Lee Tamahori	354 044
8. *Hot Fuzz* (UK, 2007)	Edgar Wright	352 905
9. *La Vengeance dans la peau* (USA, 2007)	Paul Greengrass	336 326
10. *Zodiac* (USA, 2007)	David Fincher	334 699

Source : www.mininova.org

TECHNOLOGIE MOBILE

●LA VOITURE MINIATURE TÉLÉGUIDÉE LA PLUS RAPIDE

Le 20 juillet 2007, lors d'une démonstration à l'Auto Club Dragway de Fontana (Californie, USA), la voiture Associated Nitro TC3, à échelle 1:10, a atteint la vitesse de 216,29 km/h. Cette maquette, dotée d'une télécommande à piles, a été assemblée et conduite par Nic Case (USA).

LES PREMIERS MOTS CÉLÈBRES

● On doit l'invention du téléphone à Alexander Graham Bell (GB), qui en a déposé le brevet le 14 février 1876. **Le premier appel intelligible** a eu lieu en mars 1876, à Boston (Massachusetts, USA), lorsque Bell a téléphoné à son assistant qui se trouvait dans la pièce voisine en lui demandant : « M. Watson – venez me rejoindre – j'ai besoin de vous. »

● Le concept du téléphone portable a vu le jour en 1947 dans les laboratoires Lucent Technologies' Bell (New Jersey, USA), mais **le tout premier téléphone mobile physique** a été inventé par Martin Cooper (USA) chez Motorola. Le 3 avril 1973, Cooper a passé **le premier appel** depuis un portable à son rival, Joel Engel, directeur de la recherche aux laboratoires Bell. Mais il faudra attendre 1979 pour voir naître **le premier réseau de téléphonie mobile** – au Japon.

● Le 28 avril 1999, à 10 h 30 (GMT), des employés de la NASA, Mike Comberiate et Andre Fortin (tous deux USA), ont passé **le premier appel d'un pôle à l'autre**.

TÉLÉPHONES PORTABLES

★LE RÉSEAU HAUT DÉBIT NATIONAL LE PLUS RAPIDE

Proposé par Telstra (Australie) en février 2007, Next G offre une bande passante en débit descendant de 14,4 Mbps – autrement dit, 250 fois plus rapide qu'une connexion standard en accès commuté.

●LE PLUS GROS TÉLÉPHONE PORTABLE

Le 20 septembre 2007, une version agrandie du W810i de Sony Ericsson a été dévoilée au MTN ScienCenter du Cap (Afrique du Sud). Ce méga-téléphone mesurait 2,5 x 1,14 x 0,49 m. L'appareil fonctionnait parfaitement et était constitué des mêmes matériaux que ses homologues courants.

●LE TÉLÉPHONE PORTABLE LE PLUS FIN

Avec 5,9 mm d'épaisseur, l'Ultra Edition II de Samsung était le téléphone portable le plus fin du monde en février 2008. Le combiné possède un appareil photo de 3 méga-pixels et peut stocker 11 h de musique. L'Ultra Edition 8.4 de Samsung, lui, est **le téléphone mobile 3G le plus fin**, ayant un appareil photo de 2 méga-pixels dans ses 8,4 mm d'épaisseur.

LA PLUS HAUTE RÉSOLUTION D'APPAREIL PHOTO POUR PORTABLE

En mars 2006, Samsung a dévoilé le SCH-B600, un portable doté d'un appareil photo dont la résolution est la plus haute du monde, avec 10 méga-pixels. Son écran LCD peut reproduire 16 millions de couleurs et les utilisateurs peuvent aussi y regarder la télévision par liaison satellite DMB (Digital Multimedia Broadcasting).

●LE NUMÉRO DE TÉLÉPHONE PORTABLE LE PLUS PÉRENNE

David Contorno de Lemont (Illinois, USA) possède et utilise le même numéro de téléphone portable depuis le 2 août 1985. Son premier téléphone était un Ameritech AC140 et son fournisseur d'accès, Ameritech Mobile Communications. Cette compagnie a été la première à proposer un service de téléphonie mobile grand public aux États-Unis. Depuis, David Contorno n'en a pas changé.

LE TÉLÉPHONE PORTABLE LE PLUS CHER

Le 2 septembre 2006, lors de la Millionaire Fair de Cannes (France), un téléphone portable conçu par GoldVish de Genève (Suisse) s'est vendu 1 million €.

★LA PLUS PETITE PUCE POUR GPS

En février 2008, la firme NXP Semiconductors (Pays-Bas) a annoncé le lancement du GNS7560, sa puce pour GPS. Conçue pour être incorporée dans les téléphones portables et les PDA, la puce mesure à peine 3,6 x 2,4 x 0,6 mm et consomme moins de 15 mW.

★LE PLUS GRAND ÉCRAN DE TÉLÉPHONE PORTABLE

Produit par la société néerlandaise Polymer Vision, le Readius est prévu pour fin 2008. Ce téléphone portable permet de surfer sur le Net et de lire aussi des e-books. Son écran flexible révolutionnaire mesure 13 cm de diagonale et se replie dans le combiné du Readius lorsqu'on ne s'en sert plus.

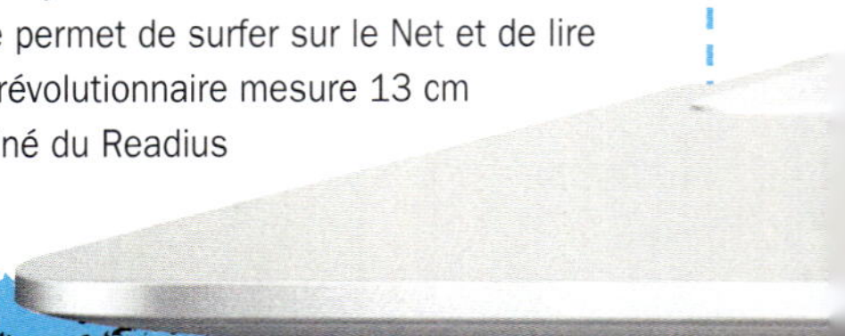

★L'ÉTUI DE PSP LE PLUS CHER

Pour la coquette somme de 35 000 $, on peut s'offrir un étui pour PlayStation portable en or 14 carats orné de diamants noirs et jaunes de 8 carats sur le devant. Conçu par Simmons Jewelry Co. (USA), cet étui a été lancé le 14 mars 2005 au Pacific Design Center de West Hollywood (Californie, USA).

PLUS D'INFOS

Lors d'un défilé de mode pour joueurs chics, Kimora Lee Simmons a conçu un étui pour PSP doublé en peau de crocodile. De nombreuses célébrités étaient présentes, parmi lesquelles Marc Jacobs, Nicole Richie et Jennifer Lopez.

★LE PORTABLE LE PLUS LÉGER

Fabriqué par Modu Ltd (Israël) et mis sur le marché le 11 février 2008, le Modu pèse à peine 40,1 g et mesure 72,1 x 37,6 x 7,8 mm. Il possède un écran couleur et une mémoire interne de 1 Go.

100 %

MÉDIAS MOBILES

★LE CHARGEUR SANS FIL LE PLUS ADAPTABLE

Créé par WildCharge, le WildCharger est un pad qui permet de recharger à la volée des gadgets portables, sans fil. Tout gadget muni d'un adaptateur spécial peut se recharger sur le pad conducteur WildCharger. Un même pad peut recevoir jusqu'à cinq gadgets en même temps. Il existe des adaptateurs pour le Motorola RAZR V3, l'iPod nano 2G, l'iPhone, le Blackberry Pearl, le Blackberry 8800 et l'iPod.

★LE PC PORTABLE LE MOINS CHER

Conçu par Nicholas Negroponte (USA), le programme « One Laptop Per Child » (« un portable par enfant ») est un projet qui propose des PC portables très bon marché aux pays émergents. En février 2008, 110 000 ordinateurs portables ont été produits, à un prix unitaire de 187 $.

LA PLUS HAUTE RÉSOLUTION SUR UN ÉCRAN DE MONTRE

Grâce à ses 130 338 pixels, la NHJ TV Wristwatch offre la meilleure résolution d'image sur un écran de télévision mobile. Pour offrir une si belle définition, cet écran couleur, d'à peine 3,8 cm, s'appuie sur la technologie TFT (Thin Film Transistor).

★LE FORMAT MUSICAL LE PLUS POPULAIRE

Le CD reste le format le plus populaire pour écouter de la musique. En 2005, cette petite galette a généré plus de 17 milliards $ – même si ce chiffre est de 6 % inférieur à celui de l'année précédente.

★NOUVEAU RECORD
●MISE À JOUR

★ LE MAC LE PLUS FIN

Lancé par Apple Inc. (USA) en janvier 2008, le MacBook Air est actuellement le Mac le plus fin en production. À son point le plus large, cet ordinateur portable mesure 1,94 cm et à peine 0,4 cm au plus bas. L'écran du MacBook Air fait 33,7 cm. Enfin, l'ordinateur pèse 1,63 kg. À en croire Apple, la finesse du MacBook Air résulte de nombreuses innovations techniques, dont un disque dur plus mince et une batterie profilée.

100 %

★LE SMARTPHONE LE PLUS VENDU

Selon les analystes de iSuppli, l'iPhone d'Apple était le smartphone le plus vendu aux États-Unis en juillet 2007, le premier mois de son lancement. Au cours des 4 derniers mois de 2007, Apple a vendu 2 315 000 iPhones, dégageant ainsi des bénéfices nets de 1,58 milliard $. Il s'agit du meilleur bilan jamais relevé par Apple – faisant donc de l'iPhone le smartphone le plus vendu de tous les temps.

GRANDS FORMATS

NOËL COLOSSAL

• La ●**plus grande chaussette de Noël** mesurait 32,56 m de long et 14,97 m de large (de la pointe au talon). On la doit à la Children's Society (GB) de Londres (GB) qui l'a créée le 14 décembre 2007.

• Le ●**plus grand sapin de Noël flottant** mesure 85 m de haut. Dressé à Rio de Janeiro (Brésil) pour Noël 2007, l'arbre était sponsorisé par Bradesco Seguros e Previdência.

LE PLUS GRAND...

●CALENDRIER DE L'AVENT

Pour marquer la réfection de la gare de St Pancras (Londres, GB), un maxi-calendrier de l'Avent de 71 m de haut et 23 m de large y a été exposé en décembre 2007.

●FEU DE JOIE

Le plus grand feu de joie avait un volume de 1 715,7 m^3. Façonné par ŠKD mladi Boštanj, il a été allumé le 30 avril 2007, à Boštanj (Slovénie), pour la fête du Travail.

Avec ses 43,44 m de haut, il détient aussi **le ★record de feu de joie le plus haut**.

●BOÎTE EN CARTON

Le 30 octobre 2007, des étudiants de l'Aarhus Business College d'Aarhus (Danemark) ont conçu et fabriqué une boîte en carton de 11,53 x 4,61 x 2,31 m.

★LA PLUS GROSSE PAIRE DE CISEAUX

Michael Fish (Canada) et son équipe de Keir Surgical Ltd ont fabriqué une paire de ciseaux fonctionnels de 1,78 m de long. On pouvait admirer ces ciseaux le 24 avril 2007, à la 20e Conférence nationale de l'Association canadienne des infirmiers en chirurgie (ORNAC), qui s'est tenue à Victoria (Canada).

●BOULE À FACETTES

Raf Frateur (Belgique) de Frateur Events a fabriqué une boule à facettes d'un diamètre de 7,35 m. Les clubbeurs ont pu l'admirer au *Studio 54* d'Anvers (Belgique), le 20 juillet 2007.

●BALLON DE FOOTBALL

MTN Sudan a fabriqué un ballon de football de 10,54 m de diamètre, à Khartoum (Soudan), le 23 août 2007.

●MAISON EN PAIN D'ÉPICE

Roger A. Pelcher (USA) a construit une maison en pain d'épice d'un volume intérieur de 1 036 m^3, au Mall of America, à Bloomington (Minnesota, USA), le 22 novembre 2006. La maison mesurait 13,86 m de long, 10,81 m de large et 18,28 m de haut à son sommet.

★PIÈCE D'OR

La plus grosse pièce d'or pèse 100 kg et mesure 50 cm de diamètre pour 3 cm d'épaisseur. Elle a été fabriquée à partir de lingots d'or d'une pureté de 99,999 %. Cette pièce légale a été émise le 3 mai 2007, par la Royal Canadian Mint. Elle a une valeur de 1 million $Can (585 243 €).

★LE CHÂTEAU DE SABLE LE PLUS HAUT

le 1er sept. 2007, Camp Sunshine a bâti un château de 9,6 m à Casco (Maine, USA).

★LE STYLO-BILLE LE PLUS LONG

Le plus long stylo-bille mesure 3,33 m de long et pèse 8 kg. Olaf Fügner (Allemagne) de Sachsen (Allemagne) a réalisé ce prodigieux stylo en 2005.

★ NOUVEAU RECORD
● MISE À JOUR

« Nous l'avons conçu comme pour un défilé. »
Maria Reidelbach (USA), à propos du nain de jardin le plus grand

★ LE PLUS GRAND CANARD EN PLASTIQUE

Dans le cadre du projet de l'estuaire de la Loire de 2007, qui prévoyait l'installation de créations artistiques le long du fleuve, de juin à septembre 2007, Saint-Nazaire (France) a accueilli un canard en plastique haut de 25 m.

LE SAVIEZ-VOUS ?

La plus grande collection de canards en plastique est celle de Charlotte Lee (USA), laquelle a commencé sa collection en 1996 lorsqu'elle a acheté un paquet de canards en plastique pour sa salle de bains. Ses amis n'ont pas tardé à lui en offrir d'autres. C'est ainsi que le 3 avril 2006, Charlotte avait réuni 2 583 canards, exposés en vitrines dans toute sa maison.

★ TROMBONE

Le 12 juillet 2007, la Town of Kipling (Saskatchewan, Canada) a fabriqué un trombone métallique de 4,62 m de haut.

★ ALBUM PHOTOS

Dodge Brand (USA) a fabriqué un album photos de 3,6 x 2,7 m, à Orlando (Floride, USA), le 6 septembre 2007. Il contenait 21 pages recto-verso et toutes les photos étaient à l'échelle.

★ POMPON

Les enfants, parents et personnel de l'école primaire Ribby with Wrea Endowed Church of England de Preston (GB) ont confectionné un pompon de 90 cm de diamètre et 2,56 m de circonférence, le 16 mars 2007.

★ PLAN IMPRIMÉ

En décembre 2006, Stiefel Eurocart (Allemagne) a produit un plan sur papier de 4,35 x 3,09 m, à Lenting (Allemagne).

● MARIONNETTE

Le 7 septembre 2007, une marionnette de 15, 21 m de haut répondant au nom de Zozobra a été présentée par le club Kiwanis, à Santa Fe (Nouveau-Mexique, USA), aux Fiestas de Santa Fe.

★ TIMBRE À SÉRIE LIMITÉE

Le plus gros timbre à tirage limité mesure 6 x 4,93 cm. Créé par Koninklijke Joh. Enschedé, il a été émis par la TNT Post pour la Team Nationaal Schoolontbijt (campagne pour le déjeuner scolaire) des Pays-Bas, le 6 novembre 2007.

● PULL

Le 18 octobre 2007, Dalang Woollen Trade Center (Chine) a confectionné un pull géant à Dongguan City (Guangdong, Chine). Ce pull est fait pour un tour de poitrine de 8,6 m, un corps de 5 m et des bras de 4,3 m de long.

★ PANTALON

Le 27 décembre 2006, la société Value Planning Co. a sorti un pantalon de 10,83 m de long et 6,48 m de ceinture. Le pantalon a été exposé au gymnase central de Kobe City (Kobe City, Japon).

LE PLUS GRAND NAIN DE JARDIN

Conçu par Maria Reidelbach, avec l'aide de Ken Brown et John Hutchison (USA), le nain de jardin le plus haut mesure 4,11 m. Il réside au minigolf Gnome on the Grange de Kedler's Farm, à Kerhonkson (New York, USA).

● LE PLUS GRAND SKATEBOARD

Le 17 août 2007, des étudiants qui suivaient le cours « Résolution d'incidents » de Jerry Havill au collège Bay de Noc (USA) ont conçu et fabriqué un skateboard de 9,4 m de long, 2,4 m de large et 1,19 m de haut. Le skate a été manufacturé à Escanaba (Michigan, USA).

PROUESSES TECHNIQUES

CHÂTEAU DE CARTES

Le 12 décembre 2004, au Walt Disney World d'Orlando (Floride, USA), Bryan Berg (USA) a construit une réplique du château de Cendrillon uniquement avec des cartes à jouer. Il en a fallu 162 000 pour édifier ce monument de 4,22 m de haut, 3,60 m de large et 2,61 m de profondeur.

★ NOUVEAU RECORD
● MISE À JOUR

● LE CHÂTEAU DE CARTES LE PLUS HAUT

Bryan Berg (USA) a construit un château de cartes de 7,86 m de haut. Il a été achevé le 15 octobre 2007 dans le cadre de la State Fair of Texas, une foire qui se tient à Dallas (Texas, USA).

★ LA DIGUE LA PLUS LONGUE

La digue de Saemangeum se trouve sur la côte sud-ouest de la Corée du Sud. Longue de 33 km, elle relie deux promontoires à proximité du port industriel de Gunsan. Elle a permis la création de 400 km² de terres cultivables et d'un réservoir d'eau douce dans ce qui était autrefois un estuaire. Elle a été achevée en avril 2006.

LE RÉSEAU FERROVIAIRE SOUTERRAIN LE PLUS LONG

Le réseau du métro de New York (USA) s'étend sur 1 355 km, dont 299 km de ligne réservés aux hangars, ateliers et entrepôts.

LE PLUS GRAND ARCHIPEL ARTIFICIEL

World Islands est un projet qui prévoit la création de plus de 300 îles artificielles reproduisant la forme des cinq continents, à 4 km au large des côtes de Dubaï. Une fois achevé, l'archipel couvrira une superficie de 9 x 6 km, chaque île mesurant entre 23 000 et 86 000 m². En décembre 2006, plus de 90 % des « fondations » de ces îles étaient déjà « sorties de mer ».

LE PONT EN PLASTIQUE LE PLUS LONG

Le pont en plastique renforcé ayant la plus longue portée est la passerelle du Golf Club d'Aberfeldy dans la région de Perth and Kinross (Écosse, GB). Il mesure 113 m de long. La travée la plus longue fait 60 m de long.

LE TUNNEL ROUTIER LE PLUS LONG

Le tunnel à deux voies de Lærdal, sur la route qui relie Bergen à Oslo (Norvège), mesure 24,5 km. Ouvert au public en 2001, il aurait coûté 113,10 millions $.

LE PLUS GRAND RÉSEAU FERROVIAIRE

Avec 227 236 km de voies ferrées, les États-Unis possèdent le plus grand réseau ferroviaire du monde.

LE PONT LE PLUS LARGE

Le pont en arc le plus large du monde est celui du port de Sydney (Australie). Inauguré le 19 mars 1932, il mesure 503 m de long et 48,80 m de large. Il comporte deux voies ferrées, huit voies de circulation pour les voitures, une piste cyclable et une voie piétonnière.

● LA PLUS GRANDE ÉOLIENNE

La plus grande éolienne du monde est l'Enercon E-126, dont le mât mesure 135 m de haut et l'hélice 127 m de diamètre. Elle peut produire 6 MW (soit 20 millions de kilowatts par heure), de quoi alimenter 5 000 foyers de quatre personnes ! Fabriquée par Enercon GmbH (Allemagne), elle a été installée à Rysumer Nacken à Emden (Allemagne) et a commencé à fonctionner en novembre 2007.

Plus de 2 200 ans après la publication de la liste des Sept Merveilles du monde par les Anciens, Bernard Weber, cinéaste, aviateur et homme d'affaires canado-suisse, a lancé en 2000 un concours visant à établir la liste des 7 Nouvelles Merveilles du monde, afin de célébrer les grandes réalisations accomplies au cours de ces deux millénaires.

Le processus de sélection a été déclaré « première campagne électorale mondiale ». Il était ouvert à tous ceux qui avaient un accès à Internet ou un téléphone portable.

Le 7 juillet 2007, après 7 ans de campagne, durant lesquels 100 millions de votes ont été recueillis, les résultats de ce concours ont été annoncés à Lisbonne (Portugal). Au cours d'un show à l'Estadio da Luz, devant 50 000 spectateurs et plusieurs millions de téléspectateurs. Les 7 Nouvelles Merveilles du monde sont la pyramide de Chichén Itzá (800) (péninsule du Yucatán, Mexique) ; Cristo Redentor (1931) (Rio de Janeiro, Brésil) ; le Colisée (70-82) (Rome, Italie) ; la Grande Muraille de Chine (220 av. J.-C. et 1368-1644) (Chine) ; le Machu Picchu (1460-1470) (Pérou) ; Petra (9 av. J.-C.-40 apr. J.-C.) (Jordanie) et le Taj Mahal (1630) (Agra, Inde). Parmi ces monuments, trois détiennent des records homologués par Guinness World Records.

La Grande Muraille de Chine est **le mur le plus long**, avec 3 460 km de muraille et 3 530 km de ramifications ; découverte en 1911 par une expédition de l'université de Yale menée par l'historien américain Hiram Bingham, le Machu Picchu est **le plus grand vestige de la civilisation inca** ; Cristo Redentor (Brésil) détient le record de **la plus grande statue du Christ** (voir ci-contre).

★LA PLUS GRANDE STATUE DU CHRIST

Achevée en 1931, la statue en béton du Christ Rédempteur (Cristo Redentor) érigée à Rio de Janeiro (Brésil) mesure 39,60 m de haut et pèse plus de 700 t.

LE PLUS VASTE PROGRAMME D'IRRIGATION

Great Manmade River est un projet de fleuve artificiel initié en 1984. L'objectif est de transporter l'eau d'immenses nappes souterraines jusqu'aux villes côtières de Libye. En 2007, plus de 5 000 km de canalisations avaient été réalisés, avec un débit de 6,5 millions de m³ d'eau par jour, puisés dans quelque 1 000 puits du désert de Libye.

LE PLUS GRAND RÉSEAU DE TRAINS À GRANDE VITESSE

D'après l'International Union of Railways (UIC), le Japon est le pays qui possède le réseau de trains à grande vitesse le plus important du monde. 2 700 km de voies ferrées fonctionnent ou sont en cours de construction. La première ligne à grande vitesse, qui relie Tokyo à Osaka, a été ouverte en 1964.

★LA LIGNE ÉLECTRIQUE LA PLUS LONGUE

Inga-Shaba est une ligne électrique à haute tension qui relie le barrage hydroélectrique d'Inga, à l'embouchure du Congo (République démocratique du Congo), aux régions abritant des mines de cuivre, à 1 700 km de là. Débutée en 1982, sa construction a duré 10 ans.

★LA POMPE À EAU LA PLUS PUISSANTE

Fabriquée en 2004 par Nijhuis Pumps, à Winterswijk (Pays-Bas), la pompe à eau la plus puissante du monde a un débit de 60 000 litres par seconde.

LE TUNNEL FERROVIAIRE LE PLUS LONG

Le tunnel ferroviaire de Seikan (Japon) mesure 53,85 km de long. Il relie Tappi Saki (Honshu) à Fukushima (Hokkaido). Le premier test de mise en service a eu lieu le 13 mars 1988.

LE BARRAGE EN CAOUTCHOUC LE PLUS LONG

Le barrage en caoutchouc de Xiaobudong, sur le fleuve Yihe (province de Shadong, Chine), a été achevé le 1er juillet 1997. Long de 1 135 m, il est constitué de 16 sections de 70 m de long.

LE PONT EN PORTE-À-FAUX LE PLUS LONG

Le pont de Québec, sur le Saint-Laurent (Canada), a une travée centrale indépendante de 549 m de long s'appuyant sur les deux piliers principaux. D'une longueur totale de 987 m, le pont supporte une voie ferrée et deux voies de circulation automobile. Sa construction a débuté en 1899. Son inauguration a eu lieu le 3 décembre 1917.

HÔTELS

LE PLUS GRAND

Situé à 15 km au sud de Dubai (Émirats arabes unis), le *Burj Al Arab* (*La Tour arabe*) est le plus grand hôtel du monde. Mesuré le 26 octobre 1999, il mesurait 320,94 m de haut, du rez-de-chaussée à son sommet. Érigé sur une île artificielle, cet hôtel en forme d'escargot dispose de 202 suites, 28 étages à « double hauteur » et couvre une superficie totale de 111 480 m^2.

★LE PLUS GRAND GROUPE

En nombre de chambres, InterContinental Hotels est le plus important groupe hôtelier mondial. Il compte 537 500 chambres réparties dans 3 606 hôtels. En 2005, le groupe affichait un chiffre d'affaires de 1,239 milliard £ (1,611 milliard €) provenant de près de 100 pays.

LE PLUS IMPOSANT

Le *First World Hotel* compte 6 118 chambres. Inauguré en 2005, il fait partie du Genting Highlands Resort de Pahang Darul Makmur (Malaisie).

LE PLUS ÉLEVÉ EN ALTITUDE

L'hôtel *Everest View* situé au-dessus de Namche (Népal) – le plus proche village du camp de base de l'Everest – se trouve à 3 962 m d'altitude.

LA PLUS GROSSE RELOCALISATION

Construit en 1906, l'hôtel de briques à 3 étages *Fairmount* de San Antonio (Texas, USA) pesait 1 451 t quand il a été déplacé à travers la ville et par-dessus un pont qui avait dû être renforcé pour l'occasion. La relocalisation (par 36 chariots montés sur pneumatiques) a duré 6 jours et s'est étalée du 30 mars au 4 avril 1985.

●LA CHAMBRE LA PLUS CHÈRE

En juillet 2006, la chambre d'hôtel la plus chère était la suite présidentielle de l'hôtel *Martinez* de Cannes (France). Pour y résider une nuit, il fallait débourser 29 600 €. Insonorisée, la suite se trouve au 7e étage et dispose de 4 chambres et d'une terrasse privée avec jacuzzi.

★RECORD DE RESTAURANTS POUR UN HÔTEL

Ouvert en mai 1999 à Las Vegas (Nevada, USA), le *Venetian Resort Hotel Casino* propose 17 restaurants différents à ses clients.

PLUS D'INFOS

Le groupe Peninsula gère 8 hôtels à Hong Kong, New York, Chicago, Beverly Hills, Tokyo, Bangkok, Pékin et Manille. Le *Peninsula Shanghai* (Chine) ouvrira en 2009.

RECORD DE ROLLS-ROYCE POUR UN HÔTEL

Le groupe Peninsula a acquis 50 Rolls-Royce depuis sa première commande de 7 Brewster Green Silver Shadows en 1970.

★LA BIBLIOTHÈQUE LA PLUS HAUTE

Situé au Tomorrow Square de Shanghai (Chine), la bibliothèque de l'hôtel *J. W. Marriott* se trouve au 60e étage de l'édifice, soit à 230,9 m au-dessus du sol. Ouverte au public, la bibliothèque compte 103 étagères d'ouvrages en chinois et en anglais.

RECORD DE FONTAINES POUR UN HÔTEL

On trouve plus de 1 000 fontaines sur les 4,8 ha du lac artificiel de l'hôtel *Bellagio* à Las Vegas (USA).

★ NOUVEAU RECORD
● MISE À JOUR

LE PLUS VIEIL HÔTEL

Le *Hoshi Ryokan* au village d'Awazu (Japon) est le plus vieil hôtel du monde. Construit par Taicho Daishi près d'une source d'eau chaude à laquelle on prêtait de miraculeuses vertus, il date de 717 avant notre ère. Les eaux séduisent toujours autant et le *Ryokan* dispose à présent de 100 chambres.

LE PLUS DE CHAMBRES D'HÔTEL

Las Vegas (Nevada, USA) propose 120 000 chambres – presque 1 chambre pour 4 de ses 456 000 habitants. Las Vegas dispose de 1/30e de la totalité des chambres d'hôtels aux États-Unis.

● LE PLUS GRAND CASINO

Les 51 100 m² d'aire de jeux du *Venetian Macau*, un casino-hôtel appartenant à la Las Vegas Sands Corporation (USA), font de lui le plus grand casino du monde. Ouvert à Macau (Chine) le 27 août 2007, il propose à ses invités de se divertir sur 3 400 machines à sous ou à 870 tables de jeu, tout en profitant d'une de ses 3 000 suites.

★ LA PLUS HAUTE PORTE PIVOTANTE

Elle mesure 4,8 m et se trouve à l'hôtel Novotel Citygate Hong Kong de Tung Chung (Hong Kong). La gigantesque porte a été mesurée le 12 juin 2006, lors de l'inauguration de l'hôtel.

LA SUITE PRÉSIDENTIELLE LA PLUS SPACIEUSE

La plus vaste suite présidentielle, qui s'étend sur 1 542 m², se trouve à la Villa Salaambo rattachée à hôtel *Hasdrubal Thalassa* de Yasmine Hammamet (Tunisie).

LE PLUS GRAND HÔTEL DE GLACE

Le *Ice Hotel* de Jukkasjärvi (Suède) a une superficie comprise entre 4 000 et 5 000 m². En hiver 2004-2005, l'hôtel comptait 85 chambres, un bar et une église, tout en glace. Situé à 200 km au nord du cercle arctique, l'hôtel est recréé (et agrandi) en décembre de chaque année depuis 1990.

L'HÔTEL LE PLUS AU NORD

Le *Radisson SAS Polar Hotel* de Longyearbyen à Svalbard (Norvège) est l'hôtel situé le plus au nord. Svalbard est constituée de plusieurs îles bordées au sud par Bjornoya et au nord par Rossoya, le point le plus au nord de l'Europe. L'archipel est recouvert de glace à environ 60 %.

LE CONCIERGE À DISTANCE

Anna Morris officie à 130 km de l'hôtel pour lequel elle travaille comme concierge. Les clients du *Westin Hotel* de Santa Clara (Californie, USA) lui parlent via une Webcam interactive, tandis qu'Anna voit ses interlocuteurs grâce à une caméra située dans l'hôtel.

LA PLUS GROSSE DÉMOLITION

Le 26 mai 1972, les 21 étages du *Traymore Hotel* d'Atlantic City (New Jersey, USA) ont été démolis. L'hôtel de 600 chambres avait un volume de 181 340 m³.

LA PLUS GRANDE SURFACE CARRELÉE EN MARBRE

Ouvert au public le 3 mai 1999, l'hôtel-casino *Venetian Resort* de Las Vegas (USA) possède 139 354 m² recouverts de marbre crème, brun et noir, importé d'Italie et d'Espagne. Cet espace équivaut à 535 courts de tennis.

MÉGA-ENGINS

BRÈVES AUTOMOBILES

- La Bugatti « Royale » Type 41, ou « Golden Bugatti », est **la plus grosse voiture jamais produite pour un usage privé**. Conçue en 1927, elle mesure plus de 6,7 m de long.
- Le 12 avril 1990, une Bugatti Type 41 « Royale » Sports Coupé de 1931 dessinée par Kellner a été vendue par Nicholas Harley (GB) à la Meitec Corp. (Japon) pour 15 millions $, c'est **la somme la plus importante déboursée pour une voiture**.
- Lancée en 1997 au prix de 1 547 620 $, la Mercedes Benz CLK/LM est **la voiture en production la plus chère du monde**. Ce bijou peut atteindre 320 km/h et il ne lui faut que 3,8 s pour passer de 0 à 100 km/h.
- Dotée d'une turbine à gaz Allison de Rolls-Royce, la MTT Turbine Superbike se négociait en 2004 quelque 185 000 $ – **un record pour une moto en production**. Le moteur de cet engin génère une puissance de 213 kW (286 cv) sur la roue arrière.
- À bord de sa voiture Thrust SSC, Andy Green (GB) a atteint 1 227,985 km/h (Mach 1 020) sur 1,6 km, ce qui en fait **la voiture la plus rapide du monde**. Ce record terrestre a été enregistré le 15 octobre 1997, dans le désert Black Rock (Nevada, USA).

★LA PREMIÈRE VOITURE DE SPORT SUBMERSIBLE

Fabriquée par Rinspeed (Suisse), la voiture Rinspeed sQuba se conduit sur terre, flotte à la surface de l'eau et peut aussi plonger à 10 m de profondeur. Un équipement adapté a été prévu pour le conducteur.

★LA VOITURE À PILES SÈCHES LA PLUS RAPIDE

Le 4 août 2007, à Ibaraki (Japon), l'Oxyride Racer, chargée de 194 piles de type « AA », a atteint une vitesse de croisière de 105,95 km/h. On doit ce record à l'Oxyride Speed Challenge Team, fruit d'une collaboration entre la société Matsushita Electric Industrial Co. et l'université d'Osaka Sangyo (Japon). Le châssis très léger de l'Oxyride Racer est en plastique renforcé de fibre carbone et ne pèse que 38 kg.

LE CAMION DE POMPIER TURBO LE PLUS RAPIDE

Shannen Seydel de Navarre (Floride, USA) possède le camion de pompier turbo le plus rapide du monde. En effet, le 11 juillet 1998, dans l'Ontario (Canada), son Hawaiian Eagle a atteint 655 km/h. Ce bolide rouge est un Ford 1940, muni de deux moteurs Bristol Viper Rolls-Royce. Chaque moteur produit une puissance de 4 470 kW (6 000 cv), soit une poussée de 5 443 kg.

★ NOUVEAU RECORD
● MISE À JOUR

● LA VOITURE EN PRODUCTION LA PLUS RAPIDE

Construite par Shelby Supercars (USA), l'Ultimate Aero TT Super Car est la voiture la plus rapide actuellement en production. Le 13 septembre 2007, sur l'autoroute 221 à Washington (USA), le bolide a atteint 412 km/h.

● LA CAMIONNETTE EN PRODUCTION LA PLUS RAPIDE

Âgé de 39 ans, le pilote de course automobile Mark Skaife (Australie) a pulvérisé le record de vitesse sur sa camionnette standard VZ HSV Maloo R8. Le 25 mai 2006, sur une route désaffectée de Woomera (Australie), il a atteint 271,44 km/h.

★ LE PLUS GROS MOTEUR AUTOMOBILE EN PRODUCTION

Le moteur V10 8,275 l installé sur la Viper SRT-10 de Dodge est actuellement le plus gros moteur livré avec une voiture en série. D'une puissance de 373 kW (500 cv) et d'une puissance réelle de 712 Nm, ce moteur permet à la Viper d'atteindre 96,5 km/h en moins de 4 s.

PLUS D'INFOS

La SSC Ultimate Aero TT se négocie autour de 585 000 $. Initialement destinée à une production limitée à 25 véhicules, cette voiture abrite un moteur twin-turbo V8 Chevrolet de 1 183 cv et peut atteindre 96 km/h en 2,78 s. Lors de tests, la voiture a couvert 400 m en 9,9 s, à 89,4 km/h.

★ LE MOTEUR DE VÉHICULE LE PLUS CYLINDRÉ

Simon Whitelock (GB) a élaboré une moto dotée d'un moteur deux temps, qui possède 48 cylindres et une capacité de 4 200 cm³. Ce moteur est constitué de 16 autres moteurs à trois cylindres Kawasaki KH250 disposés en six rangées de huit ; il reste conforme aux normes en vigueur.

LA MOTO LA PLUS PUISSANTE

D'après son constructeur, la MTT Turbine Superbike à turbine à gaz Allison de Rolls-Royce serait la moto la plus puissante jamais produite en série. Ce bijou, d'un prix de 185 000 $, générerait une puissance arrière de 213 kW (286 cv), avec une puissance réelle de 577 Nm et un régime de moteur de 2 000 tr/min.

★ LA VOITURE LA PLUS ANCIENNE

La Marquise est une voiture à vapeur à quatre roues et quatre sièges, fabriquée en 1884 par De Dion, Bouton et Trépardoux (France). En 1887, elle a remporté la première course automobile du monde, avec une vitesse moyenne de 42 km/h sur un parcours de 30,5 km, reliant Paris à Neuilly (France). Le 19 août 2007, la Marquise a été vendue aux enchères pour 3 520 000 $.

★ LA MOTO LA PLUS LOURDE

Avec un poids de 4 749 t, la Harzer Bike Schmiede conçue par Tilo Niebel de Zilly (Allemagne) était la moto la plus lourde du monde au 23 novembre 2007. Long de 5,28 m et haut de 2,29 m, cet impressionnant engin est doté d'un moteur de tank russe. Il a fallu un an de travail aux soudeurs et mécaniciens pour la monter.

★ LE PLUS GRAND CONVOI DE CAMIONS

Le 6 novembre 2004, à Dronten (Pays-Bas), 416 camions, tous conduits par des femmes, ont pris part au convoi organisé par VTL.

AVIATION

★LE PLUS GROS CONTRAT DE PRODUCTION DE RÉACTEURS MILITAIRES

Le contrat concernant le programme de production Eurojet EJ200 prévoit la fabrication de plus de 1 400 réacteurs pour l'avion de combat Eurofighter Typhoon – **l'★avion de combat multirôles le plus perfectionné au monde** : c'est donc **le ★plus gros contrat de production de réacteurs militaires**. Chaque réacteur a une force de 90 kilonewtons avec postcombustion et de 60 kN sans.

★LE PLUS PETIT PILOTE AUTOMATIQUE

Pesant seulement 16,65 g et ne mesurant que 5 x 3,4 x 1,2 cm, le pilote automatique Kestrel est le plus petit et le plus léger des pilotes automatiques de pointe commercialisés aujourd'hui. Fabriqué par Procerus Technologies (USA), il est conçu pour équiper les véhicules aériens sans pilote (UAV) à des fins de surveillance et de reconnaissance.

LES VOLS TRANSATLANTIQUES

LE PREMIER

Le contre-amiral Albert Cushing Read (1887-1967) a piloté l'hydravion à coque NC-4 US Navy/Curtiss de Terre-Neuve (actuel Canada) à Lisbonne (Portugal), via les Açores, du 16 au 27 mai 1919.

LE PREMIER SANS ESCALE

Le 14 juin 1919, John William Alcock et Arthur Whitten Brown (tous deux GB) ont relié St John's (Terre-Neuve-et-Labrador, actuel Canada) à Clifden (Irlande), à bord d'un biplan Vickers Vimy.

LE PLUS RAPIDE

Le 1er septembre 1974, les majors James V. Sullivan et Noel F. Widdifield de l'USAF ont traversé l'Atlantique à bord d'un Lockheed SR-71A Blackbird en 1 h, 54 min et 56,4 s.

★LE PREMIER VOL EN MONOPLAN

Le premier monoplan à avoir réussi à voler est le *Traian Vuia 1*, construit par l'inventeur roumain Trajan Vuia qui vivait à Paris (France). Ce monoplan s'est envolé à 1 m d'altitude sur 12 m à Montesson (France), le 18 mars 1906.

★L'AVION DE LIGNE VENDU LE PLUS VITE

Le nouveau Boeing 787 Dreamliner est l'avion de ligne qui s'est vendu le plus vite, avec 857 commandes de 56 clients du monde entier, à la suite d'une commande de 16 Boeing 787 pour Gulf Air au début de l'année 2008. Ce modèle a été lancé en avril 2004 et sa mise en service était à l'origine prévue pour mai 2008. Le Dreamliner transportera de 210 à 250 passagers (les futurs modèles auront une capacité supérieure) et atteindra une vitesse de Mach 0,85.

★LE PLUS GROS JET PRIVÉ

On a appris en novembre 2007 que Sa Majesté royale le prince Walid Ben Talal (Arabie Saoudite) avait commandé le premier Airbus A-380 privé pour environ 300 millions $. Avec une envergure de 79,8 m et une masse au décollage maximale de 560 t, cet avion est le plus gros jet privé au monde.

★LE JET D'AFFAIRES LE PLUS RAPIDE

Le 13 juin 2005, le Bombardier Global 5000 a établi un nouveau record sur un vol transcontinental en jet d'affaires. Il a parcouru 3 510 milles marins (6 500 km) de Chicago (Palwaukee Airport, USA), à Paris-Le Bourget (France), en 7 h et 15 min, à Mach 0,88. Cet avion a été mis en service le 18 avril 2005.

★LE PLUS LONG CHARGEUR DE FRET

Afin de transporter les grosses pièces du Boeing 787 Dreamliner depuis les sites de production du monde entier jusqu'au site d'assemblage de la société à Everett (USA), Boeing a présenté le 12 juin 2006 le plus long chargeur de fret au monde. Conçu par la société TLD au Québec (Canada), il mesure 35,96 m de long et sera utilisé avec des avions-cargos Boeing 747-400 spécialement aménagés, en association avec les chargeurs de fret Boeing 747-400 modifiés, les Dreamlifter.

★ NOUVEAU RECORD
● MISE À JOUR

● LA PLUS GRANDE CAPACITÉ POUR UN AVION DE LIGNE

L'avion à double pont Airbus A380 (produit par EADS [Airbus S.A.S.]), dont le vol inaugural a eu lieu à Toulouse (France), le 27 avril 2005, a une capacité de 555 sièges. Il peut cependant transporter jusqu'à 853 passagers, en fonction de sa configuration intérieure.

PLUS D'INFOS

L'Airbus A380 a une envergure de 79,8 m, une autonomie de 8 000 milles marins (15 000 km) et une vitesse de croisière de Mach 0,85 (1 049 km/h). Pour en savoir plus sur les prouesses des constructeurs, reportez-vous aux pages 150–51 consacrées à l'Épopée de l'ingénierie.

★ LE VOL LE PLUS RAPIDE POUR UN AVION SANS PILOTE (NON VALIDÉ PAR LA FAI)

Spécialiste britannique des technologies de la défense, Qinetic a conçu le Zephyr, un véhicule aérien sans pilote (UAV) de haute altitude et de grande autonomie qui fonctionne grâce à l'énergie solaire. Lors d'essais à la base militaire de White Sands Missile Range au Nouveau-Mexique (USA), le 10 septembre 2007, il a volé 54 h, à 17 786 m d'altitude. En l'absence d'un représentant de la Fédération aéronautique internationale (FAI), ce record n'est pas reconnu officiellement.

Le plus long vol d'UAV conventionnel reconnu par la FAI est celui du Global Hawk Southern Cross II de l'USAF fabriqué par Northrop Grumman. L'avion a parcouru 13 840 km : il a décollé de la base Edwards Air Force Base en Californie (USA), le 22 avril 2001, et s'est posé à la base RAAF d'Edinburgh (Australie-Méridionale), 23 h et 23 min plus tard, le 23 avril 2001.

★ LE PLUS LONG VOL POUR UN MICRO-UAV

Dans le cadre du projet « Pterosoar », mené conjointement par l'Oklahoma State University et la California State University (USA), un microvéhicule aérien sans pilote (UAV) a parcouru 120 km à Lancaster (Californie, USA), en ne consommant que 16 des 64 g d'hydrogène contenus dans son réservoir à hydrogène sous pression. Bien qu'il s'agisse déjà d'une distance record, ce véhicule pourrait potentiellement parcourir 500 km, étant donné sa capacité de stockage de carburant.

LE PLUS LONG VOL POUR UN AVION CIVIL

Un Boeing 777-200LR Worldliner a parcouru 11 664 milles marins (21 601,7 km) non-stop sans refaire le plein de Hong Kong (Chine) à Londres (GB), entre les 9 et 10 novembre 2005, en 22 h et 42 min, accomplissant le plus long vol pour un avion civil. Cet avion est propulsé par deux moteurs GE90-115B General Electric, **les moteurs à réaction les plus puissants** au monde. Les premiers de ces avions ont été livrés début 2006.

LES GRANDES PREMIÈRES DES ÉCO-CARBURANTS

ÉLECTRICITÉ

Le 23 décembre 2006, un monoplace en bois et tissu (l'Electra F-WMDJ, ci-dessus) doté d'un moteur électrique de 18 kW fabriqué en Grande-Bretagne (souvent utilisé pour les chariots de golf) a volé 48 min sur 50 km dans les Alpes françaises, devenant **le ★premier avion électrique**.

GAZ NATUREL

Le 1er février 2008, un Airbus A-380 MSN004 a réalisé **le ★premier vol d'un avion civil fonctionnant grâce à du gaz naturel converti en carburant liquide**. Le vol, de Filton (GB) à Toulouse (France), a duré 3 h.

BIODIESEL

Le 2 octobre 2007, à Reno (Nevada, USA), un Delfin L-29 tchèque (ci-dessous) a accompli **le ★premier vol d'un chasseur à réaction alimenté avec du biodiesel**.

ARMES

★ NOUVEAU RECORD
● MISE À JOUR

★ LE TOUT DERNIER SOUS-MARIN NUCLÉAIRE

Un nouveau type de sous-marin nucléaire est né avec le lancement du *HMS Astute* par la Royal Navy (GB), le 8 juin 2007. Quatre sous-marins de ce type ont été commandés. Dotés de torpilles Spearfish et de missiles de croisière Tomahawk, ils seront les plus gros et les plus puissants des sous-marins d'attaque de la Royal Navy.

★ L'ARMÉE LA PLUS RICHE EN CHARS D'ASSAUT

On estime qu'en 2006, la Fédération de Russie possédait au moins 22 831 chars d'assaut, ce qui faisait d'elle l'armée dotée du plus grand nombre de chars du monde. La Chine en posséderait environ 7 580 et les États-Unis environ 7 620.

★ LE PREMIER PORTE-AVIONS NUCLÉAIRE

L'*USS Enterprise*, lancé en 1960 et mis en service par l'US Navy en 1961, est le premier porte-avions à propulsion nucléaire. Il a participé à de nombreuses missions, notamment pendant la crise de Cuba en 1962 et la guerre du Vietnam (1959-1975). Il est le premier navire nucléaire à avoir traversé le canal de Suez et il a contribué aux opérations menées en Afghanistan et en Irak. Il doit normalement rester en service jusqu'en 2015.

★ LE MISSILE ANTICHAR LE PLUS RAPIDE

Le missile LOSAT (Line of Sight Anti-Tank) fabriqué par Lockheed Martin atteint une vitesse de plus de 154 m/s. Avec une portée de 8 km, il n'a pas d'explosifs puisque son énergie cinétique lui permet d'enfoncer son barreau de pénétration dans les chars ennemis. Ses essais en vol ont été réalisés au centre White Sands Missile Range, au Nouveau-Mexique (USA), en juin 2003.

LE PREMIER SOUS-MARIN NUCLÉAIRE

L'*USS Nautilus* de l'US Navy, premier sous-marin à propulsion nucléaire, a été lancé à Groton (Connecticut, USA), le 21 janvier 1954. Construit par General Dynamics Electric Boat, il mesurait 98,7 m et avait un barrot de 26,8 m. Le *Nautilus* est aussi **le ★ premier sous-marin à avoir navigué sous la calotte glaciaire jusqu'au pôle Nord**, qu'il a atteint le 3 août 1958, à 11 h 15.

PLUS D'INFOS

Le sous-marin de 7 800 t *HMS Astute* est doté d'un réacteur à eau sous pression PWR 2 Rolls-Royce lui permettant d'atteindre une vitesse de plus de 20 nœuds (37 km/h). Il est conçu pour rester en service plus de 25 ans sans refaire le plein de carburant.

★ LE CANON ÉLECTROMAGNÉTIQUE LE PLUS PUISSANT

Les canons électromagnétiques se servent d'une intensité de courant très élevée pour produire une force électromagnétique capable de propulser des projectiles à des vitesses supérieures à Mach 7.0 et de détruire des cibles grâce à la force de l'impact (sans explosifs), avec une portée supérieure à 200 milles marins (370 km). Le 16 janvier 2007, lors d'un tir d'essai au centre US Naval Warfare Center Dahlgren Division, une énergie initiale de 7,4 mégajoules a permis d'atteindre une vitesse de 2 146 m/s.

●L'ARME CONVENTIONNELLE NON NUCLÉAIRE LA PLUS PUISSANTE

L'arme conventionnelle non nucléaire la plus puissante aurait été testée avec succès par la Russie le 11 septembre 2007. Cette arme qui détruit grâce à une onde de choc ultrasonique et à des températures extrêmement élevées serait 4 fois plus puissante que la précédente détentrice du record, la *Massive Ordnance Air Blast Bomb* (MOAB) américaine (surnommée « mère de toutes les bombes »), arme guidée de précision de 9 752 kg.

★LE NAVIRE DE GUERRE LE PLUS PERFORMANT

Le HMS *Daring* de la Royal Navy, qui doit être mis en service en 2009, est le bâtiment de défense aérienne le plus performant. Doté d'un système principal de missile antiaérien (PAAMS), il assure sa protection (et celle des autres) face à des avions ou des missiles ennemis s'approchant à des vitesses subsoniques ou supersoniques.

★LE PREMIER AVION DE COMBAT DOTÉ D'UN LASER

Le premier avion de combat équipé d'un laser a été construit à la base de Kirtland au Nouveau-Mexique (USA), le 4 décembre 2007. Boeing a équipé un avion C-130H Hercules d'un laser chimique à haute énergie. Cette innovation est perçue comme un pas de plus vers la mise au point d'un laser tactique de pointe capable de détruire des cibles au sol avec davantage de précision et moins de dommages collatéraux.

LE PLUS GRAND ÉQUIPAGE D'UN NAVIRE DE GUERRE

Les porte-avions nucléaires Nimitz de l'US Navy peuvent transporter au moins 5 680 hommes lorsqu'ils sont prêts au combat, parmi lesquels 3 200 membres d'équipage du navire et au moins 2 280 hommes pour l'escadre aérienne. 5 porte-avions Nimitz, parmi lesquels l'*USS Ronald Reagan*, ont un déplacement de 102 000 t à pleine charge, une longueur de 317 m et un barrot de 40,8 m, ce qui fait d'eux **les plus gros navires de guerre** à flot.

★LE PREMIER TEST RÉUSSI DE VOL COOPÉRATIF D'UAV

La première démonstration probante de vol coopératif de véhicules aériens sans pilote (UAV) parfaitement autonomes a été réalisée par l'armée de l'air américaine (USAF), sous le contrôle des spécialistes de la base aérienne Creech Air Force Base (Nevada, USA), entre les 1er et 11 juillet 2007. Des UAV *SkyWatcher* et *SkyRaider* ont participé à ces tests, chacun guidé par son propre pilote virtuel à bord, mais contrôlé par le système SkyForce Distributed Management System (DMS) : ainsi un seul opérateur pouvait gérer 4 avions.

ARMES : LES GRANDES PREMIÈRES

CANON

Le plus ancien canon conservé à ce jour est le canon des Dardanelles, réalisé en 1464 pour le sultan Mehmet II en Turquie. Fabriqué en bronze, il pèse 16,8 t et mesure 5,2 m de long.

TANK

La société William Foster Co. a fabriqué le « No. 1 Lincoln », à Lincoln (Lincolnshire, GB). Devenu ensuite le « Little Willie », il a roulé pour la première fois le 6 septembre 1915 et bien qu'il n'ait jamais servi au front, il est considéré comme **le premier tank**.

ROQUETTES

Les premières roquettes dateraient de 1232, lors du conflit opposant les Chinois et les Mongols. Durant la bataille de Kai-Keng, les Chinois ont repoussé les envahisseurs mongols grâce à un barrage de « flèches de feu ».

PISTOLET

Des sources écrites attestent l'existence de pistolets dès 1326. **Le plus ancien pistolet** que l'on ait retrouvé se trouvait dans les ruines du château de Monte Varino en Italie, détruit en 1341.

ARTS & MÉDIAS

●LANCEMENT MÉDIATIQUE LE PLUS RENTABLE

Le 29 avril 2008, le lancement du jeu vidéo très controversé de Rockstar, *Grand Theft Auto IV*, a généré 310 million US$ de bénéfices dès le premier jour de vente dans le monde. C'est 5 fois plus que les 60 millions US$ que le film *Spider-Man 3* (USA, 2007) a rapporté le premier jour de sa sortie. Le lancement nocturne de *Grand Theft Auto* dans des milliers de magasins à travers le monde fait de ce quatrième volet le produit au lancement médiatique le plus rentable de tous les temps.

SOMMAIRE

TOP DES VENTES DE JEUX VIDÉO 2007

RANG	JEU	VENTES	ÉDITEUR
01	*Space Invaders (1978)*	Arcade	Midway
02	*PAC-MAN (1980)*	Arcade	Namco
03	*The Legend of Zelda: Ocarina of Time (1998)*	N64	Nintendo
04	*Super Mario World (1992)*	SNES	Nintendo
05	*Donkey Kong (1981)*	Arcade	Nintendo
06	*Tetris (1985)*	Various	Various
07	*Halo: Combat Evolved (2001)*	Xbox	Microsoft
08	*Grand Theft Auto IV (2008)*	Various	Take 2/Rockstar
09	*Tomb Raider (1996)*	Playstation	Eidos
10	*Half-Life (1998)*	PC	Sierra

Chiffres fournis par NPD Group, Famitsu, Chart Track, GFK Group et VG Chartz.

ART & SCULPTURE

CHEFS-D'ŒUVRE EN MOSAÏQUE

DESSINS
Dans le cadre d'un concours, Liberty Life a demandé à des enfants de 3 à 12 ans de dessiner leurs rêves. Il en est résulté **la ★plus grande mosaïque dessinée du monde**, avec 8 064 dessins colorés disposés en une mosaïque géante de 1 005 m², et reproduisant le drapeau d'Afrique du Sud. Cette œuvre a été dévoilée à l'école primaire Sharonlea (Johannesburg, Afrique du Sud), le 12 mars 2007, avec pour titre « Ce qu'on peut faire avec des rêves ».

FRUITS
Les 25 et 26 septembre 2007, 341 969 pommes ont été rassemblées pour créer **la ★plus grande mosaïque de fruits du monde**. Cette mosaïque de 1 500 m² a été imaginée par le gouvernement de Zhaoyang (Yunnan, Chine).

CURE-DENTS
Saimir Strati (Albanie) a réalisé **la ★plus grande mosaïque en cure-dents**. L'œuvre de 8 m² a été exposée le 4 septembre 2007 à Tirana (Albanie).

LA PLUS GRANDE…

★SCULPTURE ANIMALE
Milka (Allemagne) a créé la plus grande sculpture animale du monde : il s'agit d'une vache. Mesurée à Berlin (Allemagne), le 11 novembre 2007, la sculpture fait 14,18 m de haut, 11,77 m de large et 21,24 m de long.

★PEINTURE MURALE PAR UN ARTISTE
Pontus Andersson (Suède) a peint la plus grande fresque du monde, soit 696,3 m², sur un mur en béton de Gothenburg (Suède). La fresque qui représente le port et la côte de Gothenburg a nécessité 250 jours de travail (répartis sur 6 ans).

★LE MATÉRIAU BRUT LE PLUS CHER UTILISÉ POUR UNE ŒUVRE D'ART
En 2007, *For the Love of God*, de l'artiste Damien Hirst (GB), nécessita 12 millions £ (15,6 millions €) de matériau. Ce crâne d'un Européen qui vivait entre 1720 et 1810 a été moulé dans 2 156 g de platine et serti de 8 601 diamants sans défaut et issus de sources éthiques. Les 1 106,18 carats de ces pierres précieuses comprenaient un diamant rose en poire de 52,4 carats lui-même entouré de 14 diamants poire blanc brillant (37,81 carats). De plus, la mâchoire a été reconstituée avec les dents originales du crâne. Ce petit bijou de joaillerie a été dévoilé le 1er juin 2007 à la White Cube Gallery de Londres (GB).

●SCULPTURE EN POP-CORN
50 membres du Sri Chinmoy Center de Jamaica (New York, USA) ont réalisé un gâteau en pop-corn à cinq étages de 6,35 m de haut et 3,88 m de large. Le public a pu admirer cette gourmandise de 5 301,59 kg, le 27 août 2006.

★TOILE EN LITE-BRITE
Mark Beekman (USA) s'est servi de 124 418 pions de jeu Lite-Brite pour reproduire l'œuvre de Léonard de Vinci, *Le Dernier Souper*. Cette création originale a été dévoilée le 6 novembre 2006 à Malvern (Pennsylvanie, USA).

★LA PLUS GRANDE SCULPTURE EN SACS PLASTIQUE
Le 16 février 2007, le public pouvait admirer au Thinktank du Millennium Point (Birmingham, GB) une sculpture de dinosaure, de 4 m de haut et 15 m de long, fabriquée avec 16 651 sacs plastique.

●LA PLUS GRANDE SCULPTURE GLACÉE
600 sculpteurs originaires de 40 pays différents ont utilisé 3 398 m³ de neige pour réaliser un paysage inspiré des villages français. La sculpture, intitulée *Romantic Feelings*, comprend une cathédrale et une Vierge, et mesure 35 m de haut et 200 m de long. Elle a été créée dans le cadre du festival international annuel de sculpture sur glace et neige Harbin qui s'est déroulé dans la province de Heilongjiang (Chine), le 20 décembre 2007.

Liz a prouvé avec brio que le Blu-Tack permettait de modeler tout ce dont on avait envie. *Bostik, créateurs du Blu-Tack.*

★NOUVEAU RECORD
●MISE À JOUR

★LA PLUS GRANDE SCULPTURE BLU-TACK

Spiderus Biggus est une maquette géante d'araignée domestique imaginée par l'artiste Elizabeth (Liz) Thompson (GB, ici à côté de sa création). Cette sculpture a été exposée dans le cadre de l'exposition BUGS ! qui se tenait au zoo de Londres (GB) en octobre 2007, à l'occasion du lancement du concours *Spider-Man 3*. La sculptrice a employé 4 000 packs de pâte adhésive Blu-Tack pour composer son œuvre qui pèse 200 kg pour une envergure de 1,2 m.

LE PLUS LONG...

●DESSIN

3 573 participants des villes de Kinokawa et Iwade (Japon) ont créé un dessin intitulé *The Longest Train*. Cette œuvre, débutée le 6 mai 2007 et achevée le 5 août 2007, mesurait 4 662,6 m.

★TABLEAU PAR NUMÉROS

Le 17 juillet 2007, l'école Knights Templar de Baldock (GB) a terminé une peinture par numéros de 144 m de long.

●TABLEAU

Le Círculo Artístico e Cultural Artur Bual et la ville d'Amadora (Portugal) ont produit un tableau de 4 001,8 m de long, le 15 septembre 2007.

LE SAVIEZ-VOUS ?

Afin de soutenir le poids du Blu-Tack utilisé (environ celui de 3 adultes), Liz a dû construire un cadre métallique. Elle a ensuite utilisé une machine à pâtes pour former les bandelettes de Blu-Tack qu'elle a enroulées autour de la structure.

★NÉGATIF DE PHOTO

À partir d'un négatif pris avec un appareil photo panoramique, Shinichi Yamamoto (Japon) en a tiré le 18 décembre 2000 une photographie de 145 m de long et 35,6 cm de large. Le négatif original, lui, mesurait, 30,5 m de long et 7 cm de large.

★BOIS GRAVÉ

Le 29 mars 2007, Christopher Brady (USA) a exposé une gravure sur bois de 85,87 m de long au Vaught-Hemingway Stadium (Mississippi, USA). Cette œuvre faisait partie de sa thèse de master et lui a demandé 4 mois de travail.

★LA PLUS GRANDE SCULPTURE DE CINTRES

David Mach (GB) a créé une sculpture entièrement composée de cintres en métal. Intitulée *Silver Back*, cette œuvre, représentant un gorille, mesure 2,1 m de haut, 2,7 m de long et 1,5 m de large. *Silver Back* a nécessité 7 500 cintres en métal et plus de 2 705 h de travail. L'œuvre a été exposée pour la première fois, en octobre 2007, lors de la FIAC, à Paris (France).

●LA PLUS GRANDE SÉANCE DE PHOTO DE NU

Le 6 mai 2007, 18 000 personnes nues ont posé sur le Zócalo à Mexico (Mexique). L'instigateur du projet, le photographe Spencer Tunick (USA), souhaitait montrer un traitement du corps artistique et non pornographique.

CHRONOLOGIE CINÉMATOGRAPHIQU

★2007 : PREMIER TÉLÉCHARGEMENT HD PIRATÉ

Le film de science-fiction *Serenity* (USA, 2005) est le premier film HD DVD en pleine résolution piraté. Le fichier de 19,6 Go a été diffusé sur BitTorrent sous forme de fichier EVO, confirmant que la protection du HD DVD avait bien été « craquée ».

1893 : LE PREMIER STUDIO DE CINÉMA

Le *Black Maria* de Thomas Edison, un célèbre bâtiment couvert de papier bitumé noir, a été construit dans les laboratoires Edison à West Orange (New Jersey, USA), et réalisé pour 414,48 € (132,15 £ à l'époque), le 1er février 1893.

★2007 : LA PLUS GRANDE SORTIE D'UN FILM 3D

Beowulf (USA, 2007) de Robert Zemeckis est sorti le 16 novembre 2007 dans 1 000 cinémas pour le format 3D, battant le record précédent du cinéaste pour *Le Pôle Express* (USA, 2004). Entre la sortie des deux films, le nombre de cinémas équipés pour les films 3D est passé à plus de 1 100, sans compter les 120 écrans IMAX et les 80 cinémas Dolby 3D Digital.

1925 : LE PREMIER FILM PROJETÉ DANS LES AIRS

Le Monde perdu (USA, 1925) de la First National a été le premier film présenté dans un avion. Il a été projeté durant le vol d'un bombardier Handley-Page transformé de l'Imperial Airways qui a relié Londres à Paris en avril 1925.

2007 : LA MEILLEURE RECETTE POUR UN FILM (JOUR DE SA SORTIE)

Spider-Man 3 (USA, 2007), avec Tobey Maguire (USA), a réalisé une recette de 59,8 millions de $ le jour de sa sortie aux États-Unis, le 4 mai 2007.

1935 : LA PREMIÈRE UTILISATION DU TECHNICOLOR

Becky Sharp (USA, 1935) de Rouben Mamoulian (Russie), une adaptation du roman de William Thackeray *Vanity Fair* (1847), qui met en scène Cedric Hardwicke et Miriam Hopkins, est le premier long-métrage filmé en Technicolor – un procédé de coloration qui donne un aspect « saturé » particulier au film.

GUINNESS WORLD RECORDS CONTRE LE PIRATAGE DES FILMS

La fabrication, la vente ou la distribution de films ou de programmes de télévision sans le consentement du détenteur de leurs droits d'auteur sont illégales. Si vous voulez télécharger des films, utilisez des sites légaux. Signalez les cas de piratage sur **http://www.mpaa.org/**

★ NOUVEAU RECORD
● MISE À JOUR

1954 : LE PREMIER FILM ADAPTÉ D'UNE SÉRIE TÉLÉVISÉE

Dragnet (USA, 1954) mettait en scène Jack Webb (USA), qui interprétait le sergent Joe Friday, un rôle qu'il avait créé pour NBC (1951-1959).

1971 : LE PREMIER FILM AVEC UN SON DOLBY

Le Dolby – un système qui supprime les grésillements des enregistrements – a été utilisé pour la première fois sur les copies d'*Orange mécanique* (GB, 1971) de Stanley Kubrick.

1975 : LE PREMIER BLOCKBUSTER

Les Dents de la mer (USA, 1975) de Steven Spielberg est considéré comme le premier blockbuster de l'été. Non seulement les spectateurs firent la queue pour le voir, mais celui-ci fut en outre **le premier film à rapporter 100 millions de $**.

1985 : LE PREMIER PERSONNAGE CG

Conçu par John Lasseter (USA), le créateur de *Toy Story* (USA, 1995), le chevalier d'un vitrail qui prend vie dans *Le Secret de la pyramide* (USA/GB, 1985) a été le premier personnage d'un long-métrage entièrement créé par ordinateur.

1994 : LE PREMIER BUDGET D'UN FILM SUPÉRIEUR À 100 MILLIONS $

Avec Arnold Schwarzenegger (Autriche) et Jamie Lee Curtis (USA), *True Lies* (USA, 1994) est le premier film à coûter plus de 100 millions de $. Il en a rapporté 365 millions.

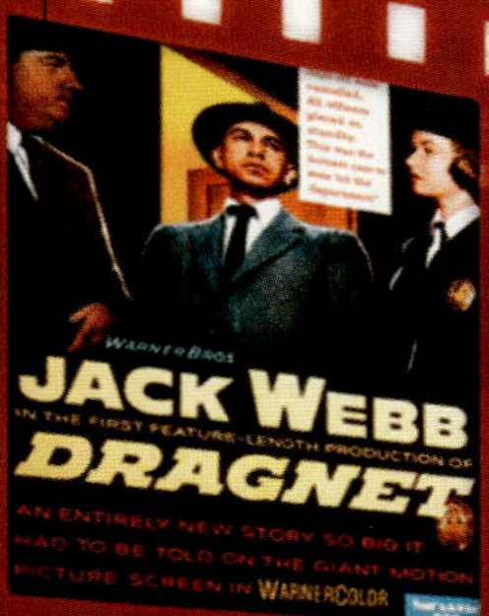

2006 : LA FRANCHISE CINÉMATOGRAPHIQUE LA PLUS RÉMUNÉRATRICE

Les 21 *James Bond*, de *James Bond 007 contre docteur No* (GB, 1962) à *Casino Royale* (GB/USA, 2006), ont rapporté plus de 4,49 milliards de $. Le 22e opus, *Quantum of Solace* (2008), sort en novembre 2008.

2004 : LE PREMIER FILM AU DÉCOR ENTIÈREMENT CRÉÉ PAR ORDINATEUR

Able Edwards (USA, 2004) est le premier film diffusé publiquement dans lequel le décor entièrement créé à partir d'une imagerie générée par ordinateur. Les acteurs ont été filmés sur un fond vert.

1997 : LA PLUS GROSSE RECETTE CINÉMATOGRAPHIQUE

Titanic (USA, 1997) est le film ayant réalisé les plus grosses recettes avec 1 834 165 466 $ au box-office. Il est aussi **le premier film à avoir rapporté 1 milliard de $**.

2003 : LA RECETTE DE 1 MILLIARD DE $ LA PLUS RAPIDEMENT OBTENUE

Le Seigneur des Anneaux : Le Retour du roi (Nouvelle-Zélande/USA, 2003) a rapporté 1 milliard de $ en 9 semaines et 4 jours. Il a établi un autre record en remportant 11 Oscars (voir ci-contre).

1895 LE PREMIER CINÉMA

Le Cinématographe Lumière du Salon indien – une ancienne salle de billard du *Grand Café* au 14 boulevard des Capucines, à Paris – accueillit pour la première fois le public le 28 décembre 1895. 35 personnes assitèrent à la première projection du film des frères Lumière intitulé *L'Arrivée d'un train en gare de La Ciotat* (France, 1895).

CHRONOLOGIE DES OSCARS

1929 : la première cérémonie des Oscars Les premiers Academy Awards ont été organisés à l'hôtel *Hollywood Roosevelt* le 16 mai 1929.

1936 : la première personne à refuser un Oscar Dudley Nichols (USA), scénariste du film *Le Mouchard* (USA, 1935), refusa son Oscar, car les syndicats boycottaient la cérémonie cette année-là.

1949 : la première personne à remporter l'Oscar du Meilleur acteur en se dirigeant elle-même Il s'agit de Laurence Olivier (GB), pour son rôle dans *Hamlet* (GB, 1948). Il reçut les Oscars du Meilleur acteur et de la Meilleure photographie (ce qui fit de lui le premier non-Américain à remporter la Meilleure photographie).

1953 : le record d'Oscars en 1 an Walt Disney (USA) a remporté 4 Academy Awards cette année-là.

1959 : le record d'Oscars *Ben Hur* (USA, 1959) a remporté 11 Oscars sur 12 nominations ; les autres films ayant obtenu 11 récompenses sont *Titanic*, sur 14 nominations, et *Le Seigneur des Anneaux : Le Retour du roi* (Nouvelle-Zélande/USA, 2003), sur 11 nominations.

1977 : le premier Oscar posthume du Meilleur acteur Peter Finch (GB) mourut le 14 janvier 1977 alors qu'il faisait la promotion de *Network* (USA, 1976).

1999 : la plus longue cérémonie des Oscars La 71e cérémonie des Academy Awards, animée par Whoopi Goldberg (USA), le 21 mars 1999, et diffusée par ABS, a duré 4 h et 2 min.

2003 : le premier dessin animé ayant remporté un Oscar *Sen to Chihiro no kamikakushi*, ou *Le Voyage de Chihiro* (Japon, 2001), a remporté l'Oscar du Meilleur film d'animation le 23 mars 2003.

POP STARS

★LE 1ER SINGLE LE PLUS TÉLÉCHARGÉ AU ROYAUME-UNI

Le 6 octobre 2007, *About You Now* de Sugababes (GB) est le 1er morceau d'un groupe britannique à atteindre la 1re place du top britannique des singles, uniquement grâce aux téléchargements payants. La chanson a connu **l'●ascension la plus fulgurante**, passant directement de la 35e à la 1re place.

★LE MEILLEUR PREMIER ALBUM (USA)

La New-Yo'kaise Alicia Keys (née Alicia Cook) a sorti 4 albums depuis 2001 et chacun a été n° 1 du Top 50 américain. C'est **le meilleur résultat pour une chanteuse**.

●LA PROGRESSION LA PLUS LENTE AU HOT 100

Le 2 juin 2007, *Before He Cheats* de Carrie Underwood (USA), 2e de l'émission *American Idol* (*La Nouvelle Star* en France), a obtenu la 10e place au bout de sa 38e semaine au Hot 100.

★LA PLUS JEUNE DU CLASSEMENT BRITANNIQUE DES ALBUMS

Arrivée 2e de *Britain's Got Talent* (ITV, GB), Connie Talbot (GB, née le 20 novembre 2000) est la plus jeune artiste à figurer au classement britannique des meilleures ventes d'albums. Son premier enregistrement *Over The Rainbow* y est entré le 8 décembre 2007, 18 jours après ses 7 ans.

★LE MEILLEUR DÉBUT DANS LE CLASSEMENT US DANCE CLUB

Le 8 décembre 2007, Rihanna (La Barbade, née Robyn Rihanna Fenty) était en tête du classement de Dance Club avec son 7e single, *Shut Up And Drive*. Elle avait réussi le même exploit avec ses 6 singles précédents.

★LES MEILLEURES VENTES POUR UN 1ER ALBUM

En novembre 2006, Dido (GB) avait vendu 3 millions d'exemplaires de son 1er album *No Angel* (2000), en Grande-Bretagne.

★RECORD DE LONGÉVITÉ D'UNE CHANTEUSE AU CLASSEMENT ANGLAIS DES SINGLES

Shirley Bassey (GB) est entrée au Top 50, le 4 août 2007, avec *Get The Party Started*, à 70 ans et 208 jours, plus de 50 ans après son premier tube en février 1957, *The Banana Boat Song*.

★NOUVEAU RECORD
●MISE À JOUR

★LE 1ER ALBUM D'UNE AMÉRICAINE VENDU À 1 MILLION D'EXEMPLAIRES

En 2007, Taylor Swift (USA), auteur et chanteuse de country de 17 ans née en Pennsylvanie, est devenue la première Américaine à avoir écrit tous les morceaux de son premier album (*Taylor Swift*) vendu à 1 million d'exemplaires.

RECORD DE GRAMMYS POUR AMY

Amy Winehouse détient **le ★record de Grammy Awards remportés par une Britannique en 1 an**. Lors de la 50e édition, à Los Angeles (Californie, USA), le 10 février 2008, elle en a gagné 5 : meilleur enregistrement de l'année, meilleur débutant, chanson de l'année, meilleur album de pop et meilleure performance féminine pop.

★RECORD DE SEMAINES AU CLASSEMENT ADULT CONTEMPORARY

Le morceau *Unwritten* de Natasha Bedingfield (GB) – tiré de son 1er album du même nom sorti en 2004 – a été classé n° 1, le 3 mars 2007, au bout de 51 semaines.

★RECORD DE TUBES AU CLASSEMENT DE MUSIQUE COUNTRY POUR UNE FEMME

Le 29 septembre 2007, Dolly Parton (USA) a figuré pour la 105e fois dans ce classement avec *Better Get To Livin'* tiré de son album *Backwoods Barbie*. Deux douzaines de ses 105 tubes ont été classées à la 1re place.

LE SAVIEZ-VOUS ?

En 1978, plus d'1 million dexemplaires de *The Kick Inside*, le 1er album de Kate Bush (GB), ont été vendus en Grande-Bretagne. L'artiste est devenue **la 1re femme à avoir composé un album de musique pop ayant un tel succès.**

★RECORD D'ENTRÉES CONSÉCUTIVES AU TOP 10 BRITANNIQUE POUR UN GROUPE FÉMININ

Girls Aloud (GB), le groupe qui a remporté l'émission *Popstars : The Rivals* en 2002, a figuré pour la 17e fois consécutive au Top 10 avec son single *Call The Shots*, le 1er décembre 2007.

★LES MEILLEURS VENTES POUR LE FILM D'UNE TOURNÉE MUSICALE

Mettant en scène Miley Cyrus (alias Hannah Montana), *Hannah Montana/ Miley Cyrus : Best of Both Worlds Concert Tour* est le film d'une tournée musicale ayant eu le plus grand succès. En février 2008, il a rapporté 34,71 millions € (53,4 millions $) en 2 semaines.

★L'ARTISTE LA PLUS ÂGÉE EN TÊTE DU CLASSEMENT US DANCE CLUB

À 73 ans et 321 jours, Yoko Ono (Japon), veuve de John Lennon est devenue l'artiste la plus âgée en tête du classement américain de Dance Club, avec son titre *No, No, No*, le 5 janvier 2007.

★RECORD DE TÉLÉCHARGEMENTS (GB)

En janvier 2008, l'album *Back To Black* d'Amy Winehouse (GB) a été le plus téléchargé en Grande-Bretagne avec plus de 80 000 exemplaires.

UN ALBUM PRÉSENTÉ LORS DU CONCOURS X-FACTOR

Leona Lewis (GB) a gagné le concours télévisé de chanteurs *The X Factor* (GB) en 2006 et ne cesse d'établir des records depuis. Dès la 1re semaine, en novembre 2007, son album *Spirit* s'est vendu à 375 872 exemplaires, devenant **le ★premier album d'une chanteuse à se vendre aussi bien en 1 semaine**. Son succès commercial ne s'est pas arrêté là, puisque 1 million d'exemplaires ont été vendus en 29 jours, en Grande-Bretagne. C'est donc aussi **l'★album qui s'est vendu le plus vite à 1 million d'exemplaires**.

MUSIQUE ROCK

★LE PLUS DE SEMAINES EN TÊTE DU HIT-PARADE DE ROCK

Le 29 décembre 2007, à Seattle (USA), *The Pretender* du groupe de rock, The Foo Fighters, est resté 18 semaines en tête du hit-parade américain de rock moderne.

★RECORD DE BILLETS POUR UN CONCERT

Plus de 20 millions de personnes ont essayé de se procurer un billet pour le concert exceptionnel de Led Zeppelin (GB), reformé pour l'occasion, au 02 Arena, à Londres (GB), le 10 décembre 2007. Les billets se sont arrachés au prix de 1 161 € au marché noir, soit plus de 7 fois le prix normal de 158,60 €.

TÉLÉCHARGEMENTS

●RECORD DE TÉLÉCHARGEMENTS EN 1 SEMAINE (USA)

Au cours de la semaine s'achevant le 30 décembre 2007, 43 millions de morceaux ont été téléchargés légalement aux États-Unis – soit une hausse de 42,5 % par rapport à 2006. 844,1 millions de morceaux ont été téléchargés en 2007 (45 % de plus par rapport à 2006). Ce chiffre inclut les 50 millions d'albums téléchargés, soit une hausse globale de 53,5 %.

★L'ALBUM TÉLÉCHARGÉ LE PLUS VENDU (USA)

Sleep Through The Static, le 5e album du chanteur et compositeur Jack Johnson (USA), a fait l'objet de 139 000 téléchargements au cours de la semaine qui s'est terminée le 16 février 2008.

●LE SINGLE TÉLÉCHARGÉ LE PLUS VENDU EN 1 SEMAINE (USA)

Le rappeur Flo Rida (USA, né Tramar Dillard) a vendu 467 000 téléchargements de *Low* dans la semaine du 24 décembre 2007. La même semaine, 27 morceaux avaient fait l'objet de 100 000 téléchargements payants.

INFOS

Le duo américain des White Stripes formé par Jack et Meg White a donné **le ★concert de musique le plus court**, le 16 juillet 2007, à St John (Terre-Neuve, Canada), en jouant une seule note. Ce numéro comique fut le point culminant de la tournée qui a mené les deux artistes dans chaque province et territoire du Canada.

LONGÉVITÉ AU HIT-PARADE

★RECORD DE TUBES AU HIT-PARADE

Paul McCartney (GB) est l'auteur du plus grand nombre de tubes ayant figuré au hit-parade britannique depuis sa création en 1952. Il est l'auteur ou le coauteur de 188 tubes, dont 129 chansons différentes. 91 de ses singles sont entrés au Top 10 et 33 ont été classés n° 1. Au total, ses chansons ont figuré 1 662 semaines au hit-parade (jusqu'à la fin 2007).

★NOUVEAU RECORD
●MISE À JOUR

MEILLEURES VENTES

DARK SIDE OF THE MOON

Le 12 avril 2008, l'album des Pink Floyd (GB) *The Dark Side Of The Moon* a achevé sa 1 600e semaine au classement américain, plus de 35 ans après son entrée à la 95e place, le 17 mars 1973. C'est l'album resté le plus longtemps dans le classement. *The Dark Side Of The Moon* a figuré dans 2 classements : le Billboard 200 et le Top Pop Catalogue, dans lequel les albums entrent lorsqu'ils sont sortis depuis plus de 18 mois et ne comptent plus parmi les 100 premiers du Billboard 200. On estime que l'album s'est vendu à plus de 40 millions d'exemplaires.

L'ALBUM D'UN BOYS BAND LE MIEUX VENDU

Sorti en 1999, *Millenium* des Backstreet Boys (USA) s'est vendu à 13 millions d'exemplaires en mars 2001. Le disque a été classé à la 1re place du Billboard 200 en juin 1999. Dès la 1re semaine, 1 134 000 exemplaires ont été vendus, éclipsant le record de Garth Brooks.

★RECORD D'ENTRÉES AU HIT-PARADE BRITANNIQUE EN 1 AN

En 2006, Michael Jackson (USA) a eu 19 singles classés au hit-parade, plus que tout autre chanteur la même année. Les singles, des reprises compilées dans le coffret *Visionary – The Video Singles*, sont sortis entre le 25 février et le 1er juillet 2006. Ils sont tous entrés au Top 40.

●L'INTERVALLE LE PLUS LONG ENTRE 2 SINGLES N° 1 AU HIT-PARADE (GB)

It's Now or Never d'Elvis Presley a été classée n° 1 des singles en 2005, 48 ans après *All Shook Up* en 1957.

L'ALBUM LE PLUS VENDU

2007 marque le 25e anniversaire de la sortie de *Thriller* de Michael Jackson. En 1982, selon Sony et la Recording Industry Association of America (RIAA), l'album aurait été vendu à plus de 55 millions d'exemplaires. Selon les agents du chanteur, les ventes auraient dépassé 100 millions. Ce chiffre se révèle impossible à vérifier, mais l'album est sans nul doute celui qui s'est le mieux vendu de tous les temps.

LE SINGLE LE MIEUX VENDU DEPUIS LA CRÉATION DU HIT-PARADE

Avec 33 millions d'exemplaires vendus, *Candle In The Wind 1997* d'Elton John (GB) est le plus gros succès depuis que les hits britanniques et américains ont vu le jour dans les années 1950. Le 20 octobre 1997, le single était n° 1 dans 22 pays. *(Pour savoir **quel single s'est le mieux vendu avant la création du hit-parade** – reportez-vous aux pages 14-15.)*

★LE SINGLE TÉLÉCHARGÉ LE PLUS VENDU AUX ÉTATS-UNIS EN 1 AN

Crank That (Soulja Boy) du rappeur de 17 ans, Soulja Boy Tellem (né DeAndre Cortez Way), originaire de Chicago (USA), a été vendu à 2,7 millions d'exemplaires en 2007.

SOUS PRESSE

●LE PLUS GRAND MAGAZINE

Les éditions espagnoles Bayard Revistas S.A. ont réalisé un exemplaire géant du magazine *Caracola* qui mesure 90,5 x 102,1 cm. Il est exposé au Palacio de Congresos de Madrid (Espagne), depuis le 19 mai 2007.

●LE PLUS GRAND LIVRE

Le plus grand livre publié est un exemplaire de 128 pages du *Petit Prince* de Saint-Exupéry, qui mesure 2,01 m de haut et 3,08 m de large une fois ouvert. Créé par Eidouro Publicacoes S.A. (Brésil), il a été dévoilé lors du 13e Salon bisannuel du livre de Rio de Janeiro (Brésil), le 13 septembre 2007.

PAULO COELHO

En mars 2008, *L'Alchimiste*, de Paulo Coelho (Brésil), avait été traduit en 67 langues, ce qui fait de Coelho **l'★auteur vivant le plus traduit**. Le succès de ce roman a surpris l'écrivain lui-même. Il confie au GWR qu'il ignore pourquoi ce livre en particulier – qu'il considère comme son « propre voyage » – a tant plu. Coelho admire de nombreux écrivains : le poète anglais visionnaire William Blake (« parce qu'il privilégie l'inspiration et non les souvenirs »), Henry Miller, écrivain américain controversé du xxe siècle (« car ses mots sont pleins de sang, de sueur et de larmes »), et son compatriote Jorge Amado (« parce qu'il comprend l'âme brésilienne »). Et que pense cet écrivain à succès de son record inscrit dans le Guinness World Record ? « C'est une référence – la plus respectée – pour quiconque veut dépasser ses propres limites. »

●LE PLUS PETIT JOURNAL

Le plus petit journal mesure tout juste 32 x 22 mm. Il a été réalisé par les éditions First News, à West Horsley (Surrey, GB), et publié le 8 novembre 2007 en l'honneur de la Journée Guinness World Records.

LE PLUS PETIT LIVRE

Avec ses 0,9 x 0,9 mm, le plus petit livre imprimé est une édition du *Caméléon* de l'écrivain russe Anton Tchekhov. Il a été créé et publié par Anatoliy Konenko, d'Omsk, en Sibérie (Russie), en 1996. Chaque livre compte 30 pages.

LE SAVIEZ-VOUS ?

Dorothy Straight (USA, née le 25 mai 1958) est **l'écrivain publié le plus jeune**. Elle a écrit *How the World Began* en 1962, à 4 ans. Son livre a été publié en août 1964 par Pantheon Books.

●LE PLUS GRAND ALBUM PHOTOS

Un album photos de 4 x 3 m, intitulé «Femme du Vietnam», a été créé par Canon Singapore à partir de photographies d'Hitomi Toyama (Japon). Il a été présenté à Hanoi (Vietnam), le 7 avril 2008.

●L'AUTEUR LE PLUS TRADUIT

En octobre 2005, les œuvres de William Shakespeare (Angleterre, 1564-1616) avaient été traduites en au moins 116 langues.

LE PLUS DE LETTRES PUBLIÉES

Ci-contre, Subhash Chandra Agrawal (Inde) a écrit 3 699 lettres publiées par divers journaux indiens, il est donc l'auteur du ★ **plus grand nombre de lettres publiées dans des journaux en une vie**.

Sa femme, Madhu Agrawal (Inde), photographiée ici, a écrit 447 lettres publiées en 2004 par 30 journaux indiens (tirage supérieur à 50 000 exemplaires) – soit **le ●plus de lettres publiées dans des journaux en 1 an**.

★ NOUVEAU RECORD
● MISE À JOUR

LE LIVRE PROTÉGÉ PAR DES DROITS D'AUTEUR LE PLUS VENDU

Les œuvres non protégées par des droits d'auteur mises à part, comme la Bible – **le livre le plus vendu de tous les temps** (ventes estimées à 6 milliards d'exemplaires) – et le Coran, le livre le plus vendu au monde est le *Guinness World Records*. Entre sa première publication en octobre 1955 et octobre 2003, les ventes totales en 37 langues ont dépassé 100 millions.

●LA PLUS GRANDE LIBRAIRIE EN LIGNE

Fondée en 1994 par Jeff Bezos (USA), Amazon.com a ouvert ses portes virtuelles en juillet 1995. Douze ans plus tard, la librairie a plus de 69 millions de clients dans plus de 200 pays. Avec un catalogue dépassant les 40 millions de titres, Amazon.com est **le plus grand magasin en ligne**.

★LA BD MENSUELLE LA PLUS ANCIENNE

Detective Comics a été publié sans interruption – chaque mois – par DC Comics (USA) depuis la sortie du n° 1, en mars 1937. C'est dans le n° 27 de cette BD, publié en mai 1939, qu'est né le personnage de Batman.

●LE PLUS GRAND TIRAGE POUR UN QUOTIDIEN

Fondé en 1874 et publié à Tokyo (Japon), le *Yomiuri Shimbun* avait un tirage de 14 532 694 exemplaires (éditions matin et soir) en 2005.

★LE PLUS GRAND NOMBRE DE BD POUR UN AUTEUR

Shotaro Ishinomori (Japon) est l'auteur de 770 BD publiées, d'où son surnom de « roi du manga ».

LE PLUS VIEUX...

LIVRE IMPRIMÉ

On considère que le premier livre imprimé dans son intégralité est la Bible de Gutenberg, imprimée à Mayence (Allemagne), vers 1455, par Johann Henne zum Gensfleisch zur Laden, ou Gutenberg.

ROMAN

Chéréas et Callirrhoé, sous-titré « Histoire d'amour à Syracuse », a été écrit par le Grec Chariton au Ier siècle apr. J.-C. *L'Âne d'or*, ou *Métamorphoses*, d'Apulée, qui aurait été écrit en 123 apr. J.-C., est le seul roman latin préservé dans son intégralité.

QUOTIDIEN

Le quotidien autrichien *Wiener Zeitung* a été publié pour la première fois en 1703.

ÉCRIVAIN (HOMME)

En février 2003, Constantine Kallias (Grèce, né le 26 juin 1901) a publié son premier livre, de 169 pages, intitulé *Un Coup d'œil sur ma vie*.

ÉCRIVAIN (FEMME)

Louise Delany (USA) a publié son second livre, *The Delany Sisters' Book of Everyday Wisdom* – coécrit avec sa sœur A. Elizabeth Delany –, en octobre 1994, alors qu'elle avait 105 ans.

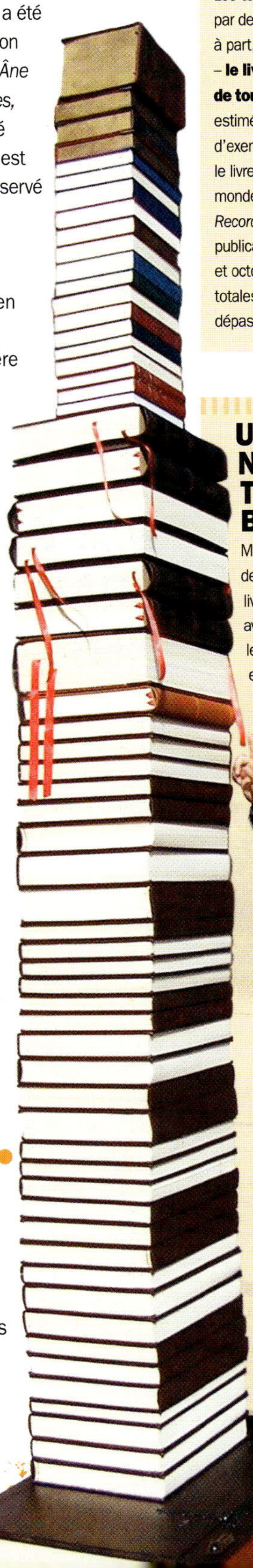

UNE NOUVELLE TOUR DE BABEL

Michele a réalisé une tour de 3,78 m de haut avec les livres qu'il a tapés à l'envers, avec tout en bas de la pile, le plus gros d'entre eux, un exemplaire du Livre des morts égyptien. Ce livre pèse 78,8 kg et compte 610 immenses pages de 104,5 x 66 cm.

LE PLUS DE LIVRES ÉCRITS À L'ENVERS

Avec un ordinateur et quatre claviers muets, et sans regarder son écran, Michele Santelia (Italie, en photo à droite) a tapé 64 livres (3 361 851 mots – 19 549 382 caractères) à l'envers, dans leur langue originale, notamment *L'Odyssée* et *Macbeth*. Il a fini de taper à l'envers les manuscrits de la Mer morte, en hébreu ancien, le 26 juillet 2007.

UNIVERS DE LA TÉLÉ

LES RECORDS D'AUDIENCE À LA TÉLÉ

COMÉDIE

125 millions de personnes auraient regardé le dernier épisode de *M*A*S*H* (CBS, USA) – *Goodbye, Farewell and Amen* –, le 28 février 1983.

ÉMISSION EN DIRECT

2,5 milliards de personnes auraient suivi les obsèques de la princesse Diana (GB, 1961-1997), diffusées en direct de l'abbaye de Westminster à Londres (GB), le 6 septembre 1997.

SÉRIE

Au sommet de sa popularité, en 1996, *Alerte à Malibu* (NBC, USA) avait une audience hebdomadaire de plus de 1,1 milliard de personnes dans 142 pays.

FOOTBALL

Le 9 juillet 2006, 300 millions de personnes ont vu l'Italie battre la France lors de la finale de la Coupe du Monde de football en Allemagne.

FOOTBALL AMÉRICAIN

138,5 millions de téléspectateurs ont regardé le Super Bowl XXX sur NBC, le 28 janvier 1996.

CACHET ANNUEL RECORD POUR UN ACTEUR DE TÉLÉ

En 1998, Jerry Seinfeld aurait gagné 267 millions $ d'après l'édition 1999 de la liste Forbes. C'est le plus gros salaire annuel jamais touché par un acteur.

CACHET ANNUEL RECORD POUR UNE ACTRICE DE TÉLÉ

Helen Hunt, l'héroïne de *Dingue de toi* (1992-1999), est l'actrice de télé la plus riche au monde, avec un salaire annuel de 31 millions $ en 1999 d'après l'édition 2000 de la liste Forbes.

LE PRODUCTEUR DE TÉLÉ LE MIEUX PAYÉ

David E. Kelley (USA), créateur d'*Ally McBeal*, est le producteur de télé le mieux payé depuis janvier 2000 : 300 millions $ pour un contrat de 6 ans avec 20th Century Fox Television (USA).

LES ACTEURS DE TÉLÉ LES MIEUX PAYÉS

D'après la liste Forbes, les acteurs de la série *Les Soprano* (HBO, USA) ont gagné 52 millions $ pour la 7e saison des aventures des mafieux du New Jersey. James Gandolfini (USA), qui joue le rôle du « parrain », aurait touché 1 million $ pour chacun des 8 derniers épisodes.

LE PRÉSENTATEUR DE TALK-SHOW LE MIEUX PAYÉ

Oprah Winfrey (USA) résiste en tête du classement des présentateurs de talk-show les mieux payés : d'après Forbes, elle a touché 225 millions $ en 2005.

BUDGET RECORD DE PRODUCTION TÉLÉ

Le budget de production du pilote de la série *Lost* (ABC, USA), diffusé le 22 septembre 2004, s'élevait à 12 millions $ – bien plus que le coût habituel d'une série. Disney a donc renvoyé Lloyd Braun (USA), président d'ABC Entertainment, qui avait donné son accord. *Lost* est ensuite devenu l'une des séries les plus prisées de la chaîne.

LE SAVIEZ-VOUS ?

Le plus grand vote par téléphone pour une émission de télé a eu lieu lors de la finale de la saison 6 d'*American Idol*. 74 030 147 personnes ont voté par téléphone et SMS pour élire le meilleur chanteur. Le 22 mai 2007, Jordin Sparks (USA) a été déclaré vainqueur.

★ L'AUDIENCE RECORD D'UNE ÉMISSION ACTUELLE (USA)

En 2007, les épisodes du mercredi soir d'*American Idol* (l'équivalent de *La Nouvelle Star*) étaient suivis par 17,3 % des ménages aux États-Unis. *American Idol* est donc devenue l'émission à diffusion régulière la plus regardée aux États-Unis (mais pas l'émission préférée des téléspectateurs).

RECORD DE LONGÉVITÉ POUR UNE ÉMISSION

L'émission *Meet the Press* (NBC, USA), diffusée pour la première fois le 6 novembre 1947, est hebdomadaire depuis le 12 septembre 1948.

★ L'ÉMISSION LA PLUS TÉLÉCHARGÉE

D'après les données du site de partage de fichiers P2P Mininova, *Heroes* (NBC) est l'émission de télé la plus téléchargée en 2007 grâce au protocole BitTorrent, avec 2 439 154 téléchargements. Étant donné que Mininova n'est qu'un site parmi d'autres, le véritable nombre est bien plus élevé.

★ NOUVEAU RECORD
● MISE À JOUR

> ***On peut tout avoir. Mais cela prend du temps.***
>
> Oprah Winfrey, sur gaia.com

★ RECORD DE VICTOIRES DES *FOUS DU VOLANT*

Quatre des concurrents habituels des *Fous du Volant* – la série animée Hannah-Barbera diffusée de 1968 à 1970 – partagent le record du nombre de victoires, avec 4 victoires chacun : Pénélope Jolicoeur (dans la *Compact Pussycat*), Al Carbone et sa bande (*Cavaillac Blindée*), Malabar et Malabille (*Coucou Casse-cou*) et Pierre de Beau-Fixe (*Turbo Terrific*). Satanas et Diabolo (*Démone Double-Zéro Grand Sport*) n'ont pour leur part remporté aucune victoire, puisqu'ils finissent chaque course en dernière position.

● L'ÉMISSION ACTUELLE LA PLUS POPULAIRE

D'après TV.com, site Internet du réseau CNET Networks Entertainment, en février 2008, l'émission préférée du public dans le monde – avec une note de 9,4 sur 10 – est la série hospitalière *Dr House* (Fox, USA), avec Hugh Laurie (UK) dans le rôle du peu banal docteur Gregory House.

LA PLUS LONGUE PUB TÉLÉ

Un spot publicitaire télévisé pour Lipton Ice Tea Green (Unilever Bestfoods, Pays-Bas) de 24 min a été diffusé par la chaîne néerlandaise Yorin TV, le 27 mars 2005.

RECORD DE PERSONNAGES DE DESSIN ANIMÉ DOUBLÉS PAR 1 PERSONNE

Kara Tritton (GB) a doublé la voix de 198 personnages d'une même série d'animation, un record pour une seule artiste. Ces personnages étaient ceux de la série *Blues Clues* (Nick Jr., GB), composée de 75 épisodes, le dernier ayant été diffusé le 15 mars 2003 sur la chaîne Nickelodeon.

LE SOAP LE PLUS SUIVI DE TOUS LES TEMPS

Lancé en 1978, *Dallas* (CBS, USA) est devenu le soap-opera le plus populaire de tous les temps. En 1980, on estime que 83 millions d'Américains le regardaient, soit à l'époque une audience record de 76 %. La série a été diffusée dans plus de 90 pays. Aux États-Unis, le dernier épisode a été diffusé le 3 mai 1991.

● LE PLUS LONG TALK-SHOW TÉLÉ

Kristijan Petrovic (Croatie) a reçu des invités et présenté un talk-show télévisé en direct pendant 36 h et 15 min, les 27-28 août 2007. Ce talk-show marathon était diffusé sur VTV Television à Varazdin (Croatie).

★ L'ÉMISSION DE TÉLÉ LA PLUS REGARDÉE EN LIGNE

Selon Hitwise, *Deal or No Deal* (NBC) est l'émission de télé la plus regardée en ligne, avec 15,46 % d'audience.

RECORD D'HEURES DE DIRECT EN 1 SEMAINE

Mino Monta (Japon) anime 11 émissions en direct chaque semaine, soit 21 h et 42 min d'antenne, ce qui lui vaut le surnom de « présentateur des présentateurs ».

TOUT UN CIRQUE

LE PLUS DE...

★BOUGIES ÉTEINTES AVEC UN FOUET EN 1 MIN

Jai Wancong (Chine) a éteint 22 bougies en 1 min juste en faisant claquer son fouet, sans toucher la cire, sur le plateau de *Zheng Da Zong Yi – Guinness World Records Special,* à Pékin (Chine), le 2 novembre 2007.

★RÉCEPTIONS DE DIABOLO EN 1 MIN

En 1 min, Wang Yueqiu (Chine) a lancé et rattrapé 16 fois un diabolo à une hauteur de 6 m à Pékin (Chine), le 20 septembre 2007.

★TOURS DE HULA HOOPS EN 1 MIN

Liu Rongrong (Chine) a réalisé 236 tours de hula hoops en 1 min sur le plateau de *Zheng Da Zong Yi – Guinness World Records Special,* à Pékin (Chine), le 17 septembre 2007.

●COUTEAUX LANCÉS EN 1 MIN

Le 26 décembre 2007, David Adamovich (USA) de Freeport (New York, USA) a lancé 102 couteaux autour d'une cible humaine. Adamovich, qui se fait appeler le Grand Throwdini, a lancé ses couteaux sur Dick Haines.

●PERSONNES SUR MONOCYCLES

1 142 personnes ont fait du monocycle en même temps, dans le cadre d'une manifestation organisée par Andrea Hardy (Allemagne) au Dultplatz de Regensburg (Allemagne), le 12 juin 2005.

LE SAVIEZ-VOUS ?

Daniel Smith, Bonnie Morgan et Leslie Tipton (USA), contorsionnistes de leur état, sont rentrés ensemble dans un caisson dont l'intérieur mesurait 66,04 x 68,58 x 55,88 cm et y sont restés 2 min et 55 s. Cet exploit a eu lieu à Madrid (Espagne), le 5 décembre 2001.

★L'ÉVASION D'UNE VALISE LA PLUS RAPIDE

Leslie Tipton (USA) s'est échappée d'une valise zippée en 13,31 s dans les locaux du Guinness World Records (Londres, GB), le 27 septembre 2007.

★FLÈCHES TIRÉES AVEC UNE ARBALÈTE SOUS-MARINE ET RATTRAPÉES EN 1 MIN

Anthony Kelly (Australie) a intercepté 5 flèches tirées avec une arbalète sous-marine dans la piscine de l'université de Nouvelle-Angleterre (UNE), à Armidale (Nouvelle-Galles du Sud, Australie), le 16 septembre 2007.

★NOUVEAU RECORD
●MISE À JOUR

●LE PLUS HAUT PLONGEON

Le plongeon le plus élevé en petit bassin est de 10,7 m. L'exploit a été réalisé par Darren Taylor (USA) sur le plateau de l'émission télévisée *Superman Kiteretsu Awards*, à Tokyo (Japon), le 25 juillet 2007.

> **_En fin de compte, un contorsionniste ne fait rien d'autre que… s'asseoir sur sa tête !_**
>
> *Leslie Tipton (USA), contorsionniste professionnelle et artiste de cirque*

★RECORD POUR PERCER 3 BALLONS AVEC LE DOS

Julia Gunthel, alias Zlata (Allemagne), a percé 3 ballons avec son dos en 12 s sur le plateau du *Guinness World Records : Die Größten Weltrekorde*, à Cologne (Allemagne), le 23 novembre 2007.

★INCLINAISON MAXIMALE POUR UNE MARCHE SUR CORDE RAIDE

Abulaiti Maijun (Chine) a parcouru 58,24 m sur une corde raide inclinée à 34,15°, à Xinjiang (Chine), le 24 août 2007. Cet exploit s'est déroulé dans le cadre de *Zheng Da Zong Yi – Guinness World Records Special*, à Pékin (Chine).

LES PREMIERS…

DOUBLE SAUT ARRIÈRE PÉRILLEUX

Eddie Silbon (GB) a réalisé le premier double saut arrière sur trapèze volant à l'hippodrome de Paris (France) en 1879.

FLÈCHE HUMAINE

Tony Zedoras (USA), alias Alar, a réalisé le premier tour de flèche humaine pour le cirque Barnum & Bailey aux États-Unis, en 1896.

BOULET DE CANON HUMAIN

Le premier boulet de canon humain s'appelait Zazel. Il a été tiré à 6,1 m à l'aquarium de Westminster (Londres, GB) en 1877.

NUMÉRO DE TRAPÈZE VOLANT

Jules Léotard (France) s'est le premier essayé au numéro de trapèze volant, au cirque Napoléon (Paris, France), le 12 novembre 1859.

Le record du numéro de trapèze volant le plus haut du monde revient à Mike Howard (GB), qui a voltigé depuis une montgolfière au-dessus de Glastonbury et de Street (Somerset, GB), à une altitude de 6 000 et 6 200 m, le 10 août 1995.

TRIPLE SAUT PÉRILLEUX SUR TRAPÈZE

Ce numéro a eu lieu pour la première fois devant un public au Chicago Coliseum (USA), en 1920.

CIRQUE À TROIS PISTES

Le cirque à trois pistes a été conçu par « Lord » George Sanger (GB) en 1860.

★RECORD DE TEMPS POUR UN DRAPEAU HUMAIN

Dominic Lacasse (Canada) a pris la pose d'un drapeau humain et l'a gardée 39 s sur le plateau du *Guinness World Records : Die Größten Weltrekorde*, à Cologne (Allemagne), le 23 novembre 2007.

★ÉPÉES AVALÉES SIMULTANÉMENT

9 membres de l'Association internationale des avaleurs d'épées (8 hommes et 1 femme, tous USA) ont avalé simultanément un total de 52 épées lors de la convention des avaleurs d'épées 2005 qui s'est tenue à Wilkes-Barre (Pennsylvanie, USA), le 2 septembre 2005.

★LE PLUS JEUNE DOMPTEUR DE LIONS

Jorge Elich (Espagne) est le plus jeune dresseur de lions. Il a appris à dompter dès l'âge de 5 ans ! En janvier 2008, il a fait son numéro au cirque Paris à El Ejido, près d'Almeria (Espagne), à 8 ans…

SPORTS

SOMMAIRE

BRETT FAVRE

Malgré un début de saison peu prometteur en National Football League (NFL) avec les Atlanta Falcons (USA) en 1991, Brett Favre (USA) est devenu l'un des plus célèbres joueurs de football américain de tous les temps. Durant cette première saison, Favre a tenté 4 passes en saison régulière, dont aucune n'a réussi. Il est tout de même passé chez les Green Bay Packers (USA) en 1992. Après la blessure du quarterback titulaire, il a démarré à l'occasion du quatrième match de la saison, le 27 septembre 1992. Entre ce match et l'annonce de sa retraite le 4 mars 2008, Favre a commencé 275 matchs consécutifs (y compris en playoffs). Il détient donc **le ★record de matchs consécutifs au poste de quarterback en NFL**. Au cours de sa carrière avec les Packers, Favre a accumulé les records : **★record de passes de touchdown** (442) ; **★record de tentatives de passes** (8 758) ; **★record de passes réussies** (5 377) ; **★record de yards gagnés à la passe** (61 655 yards) et **★record de victoires pour un quarterback débutant** (160).

SPORTS EXTRÊMES

LE PLUS DE SAUTS EN PARACHUTE

En 2007, Cheryl Stearns (USA) détenait **le ●record féminin du nombre de sauts en parachute (16 000)**. Entre 1961 et 2003, Don Kellner (USA) a effectué 34 000 sauts en chute libre – **un record chez les hommes**.

★CHAMPIONS DU MONDE D'ESCALADE (VITESSE SUR 15 M)

Le record masculin de l'épreuve de vitesse sur 15 m de la Fédération internationale d'escalade sportive est de 8,76 s. Il a été battu par Qixin Zhong (Chine) à Aviles (Espagne), le 21 septembre 2007. **Le record féminin**, qui est de 12,90 s, a été battu par Li Chun-Ha (Chine) à Macao (Chine), le 30 octobre 2007.

★PARACHUTISME : LES PLUS RAPIDES EN FREE-STYLE

L'homme le plus rapide en free-style est Marco Pflueger (Allemagne), avec 5,18 s. Le record a été battu à Eisenbach (Allemagne), le 15 septembre 2007. En free-style, les parachutistes doivent accomplir un enchaînement de figures en un minimum de temps. **La femme la plus rapide** est Tatiana Osipova (Russie) avec 6,10 s. Le record a été battu à Bekescsaba (Hongrie), le 19 septembre 1996.

●LE PLANEUR LE PLUS RAPIDE

Le 22 décembre 2006, à Zapal (Argentine), lors d'une tentative de record de vitesse en planeur homologuée par la FAI (Fédération aéronautique internationale), Klaus Ohlmann (Allemagne) a atteint la vitesse de 306,80 km/h sur un parcours (aller et retour) de 500 km, à bord d'un Schempp-Hirth Nimbus 4 DM.

★LES PLUS RAPIDES EN ULM SUR 15/25 KM EN LIGNE DROITE

Le 19 octobre 2005, à Horovice (République tchèque), Jiri Unzeitag et Vera Vavrinova (toutes deux République tchèque) ont atteint une moyenne de 274,78 km/h en ULM sur un parcours en ligne droite de 15/25 km.

●LE PLUS LONG VOL EN PARAPENTE

Le 14 novembre 2007, 3 pilotes – Frank Brown, Marcelo Prieto et Rafael Monteiro Saladini (tous Brésil) – ont parcouru chacun 461,6 km en parapente entre Quixada et Duque (Brésil).

LA PLUS JEUNE CHAMPIONNE DE KITE-SURF

Gisela Pulido (Espagne, ci-dessus et à gauche) a remporté son premier Kiteboard Pro World Tour (KPWT) World Championship, le 4 novembre 2004, à 10 ans et 294 jours. Elle a remporté son premier championnat professionnel le 26 août 2007, à 13 ans et 224 jours.

★NOUVEAU RECORD
●MISE À JOUR

★SKATEBOARD : LE SAUT SUR RAMPE (AVEC ATTERRISSAGE DANS L'EAU) LE PLUS HAUT

Le 17 septembre 2007, à Los Angeles (Californie, USA), le skateboarder professionnel Rob Dyrdek (USA) a réussi un saut sur rampe de 3,29 m. L'événement a été retransmis sur MTV, dans *The Rob & Big Show*.

★MOTONEIGE : LE PLUS LONG SAUT SUR RAMPE

Le record du monde du saut sur rampe en motoneige est de 80,31 m. Il a été battu par Ross Mercer (Canada) à Steamboat Springs (Colorado, USA), le 10 mars 2007.

●LA PLUS GRANDE FORMATION DE PARACHUTISTES (TÊTE EN BAS)

Le 3 août 2007, 69 parachutistes du monde entier se sont réunis pour un saut en chute libre, tête en bas, au-dessus de Chicago (Illinois, USA).

★RECORD DE VICTOIRES EN CHAMPIONNATS DU MONDE D'OFFSHORE CLASSE 1 (ÉQUIPE)

Bjorn Rune Gjelsten (Norvège) et Steve Curtis (GB) ont remporté 5 fois le championnat du monde d'offshore Classe 1, en 1998, 2002, 2003, 2004 et 2006.

★RECORD DE VICTOIRES EN CHAMPIONNATS DU MONDE D'OFFSHORE CLASSE 1 (INDIVIDUEL)

Steve Curtis (GB) a remporté 6 fois le championnat du monde d'offshore Classe 1, en 1998 et de 2002 à 2006. À chaque fois, il faisait équipe avec Bjorn Rune Gjelsten (Norvège), sauf en 2005 où son coéquipier était Bard Eker (Norvège).

★LA PLUS LONGUE CHUTE LIBRE EN SALLE

La plus longue chute libre en salle a duré 1 h, 18 min et 22 s. Elle a été effectuée par Andy Scott (GB) à la soufflerie d'Airkix, au Xscape Centre de Milton Keynes (GB), le 8 mars 2007.

●RECORD DE VITESSE EN STREET-LUGE

Le 28 août 2007, à Bentwaters Airfield (GB), le streetluger Joel « Gravity » King (GB) a atteint 181,37 km/h sur une streetluge (luge de rue) propulsée par un moteur à réaction. King a pulvérisé le record précédent (157 km/h) détenu par Billy Copeland (USA) depuis mai 2001.

★RECORD DE VICTOIRES EN RED BULL AIR RACE

Le Red Bull Air Race World Series (championnat de vitesse avec des avions de voltige) a été disputé 3 fois. Mike Mangold (USA) l'a remporté 2 fois, en 2005 et 2007.

FOOTBALL AMÉRICAIN

● RECORD DE MATCHS CONSÉCUTIFS GAGNÉS EN NFL

Les New England Patriots (USA) ont gagné 19 matchs consécutifs du 17 décembre 2006 au 29 décembre 2007. Avec un score de 16-0 en 2007, ils sont devenus **la ★ première équipe de National Football League invaincue en une saison régulière** depuis 1978, date à laquelle la NFL a instauré les saisons de 16 matchs.

★ LE PLUS VIEUX DUO DE QUARTERBACKS PARTANTS

Le duo de quarterbacks partants le plus âgé de l'histoire de la NFL, constitué de Vinny Testaverde (ci-dessus, à droite), 44 ans, des Carolina Panthers, et de Brett Favre, 38 ans, des Green Bay Packers, a été réuni le 18 novembre 2007.

PLUS D'INFOS

Le 2 décembre 2007, à 44 ans et 19 jours, Vinny Testaverde (USA) est devenu **le plus vieux quarterback partant à gagner un match**. Ce jour-là, son équipe, les Carolina Panthers, a battu les San Francisco 49ers (USA) 31-14, au Bank of America Stadium de Charlotte (Caroline du Nord, USA).

● LE MEILLEUR SCORE COMBINÉ EN WORLD BOWL

Le 23 juin 2007, le match de World Bowl XV (finale européenne de NFL) qui a opposé les Hamburg Sea Devils aux Frankfurt Galaxy (Allemagne) s'est terminé sur un score de 37 à 28, soit un total de 65. C'est le score combiné le plus élevé de l'histoire de la World Bowl.

★ RECORD DE YARDS GAGNÉS À LA PASSE AU COURS D'UN MATCH DE NFL PAR UN QUARTERBACK DÉBUTANT

Le 26 novembre 2006, le quarterback débutant Matt Leinart (USA), des Arizona Cardinals (USA), a totalisé 405 yards contre les Minnesota Vikings (USA) au Metrodrome de Minneapolis (Minnesota, USA).

★ LE JOUEUR DE NFL AYANT ATTEINT LE PLUS VITE 400 INTERCEPTIONS

Il fallu 67 matchs à Anquan Boldin (USA) pour totaliser 400 interceptions. Il a atteint ce record le 24 décembre 2007.

● RECORD DE MATCHS CONSÉCUTIFS JOUÉS EN NFL

Le punter Jeff Feagles (USA) a joué 320 matchs de NFL consécutifs. Il a joué chez les New England Patriots (1988-1989), les Philadelphia Eagles (1990-1993), les Arizona Cardinals (1994-1997), les Seattle Seahawks (1998-2002) et les New York Giants (2002-2007). Le 3 février 2008, en jouant le Super Bowl XLII pour les New York Giants, à 41 ans et 333 jours, il est devenu **le ● plus vieux joueur du Super Bowl**.

★ NOUVEAU RECORD
● MISE À JOUR

Pour faire gagner votre équipe, vous devez être meilleur que l'autre quarterback.

Peyton Manning, quarterback détenteur de plusieurs records

★RECORD DE TOUCHDOWNS SUR RÉCEPTION AU COURS D'UNE SAISON DE NFL

Randy Moss (USA) a effectué 23 touchdowns sur réception pour les New England Patriots au cours de la saison 2007 de NFL. Le record (22) avait précédemment été battu en 1987 par Jerry Rice (USA), des San Francisco 49ers.

●RECORD DE TOUCHDOWNS SUR RÉCEPTION EN NFL

Brett Favre (USA) a totalisé 442 touchdowns sur réception au cours de sa carrière, qui a duré de 1992 à 2008.

★RECORD D'EXTRA-POINTS CONSÉCUTIFS MARQUÉS PAR UN JOUEUR EN NFL

Jeff Wilkins (USA) a marqué 371 extra-points (coup de pied de transformation d'un touchdown) consécutifs depuis 1999, égalant ainsi le record établi par Jason Elam (USA) entre 1993 et 2002.

●RECORD DE YARDS GAGNÉS SUR COURSE SUR UNE SAISON DE NFL

Eric Dickerson (USA) a totalisé 2 105 yards sur course en 1984, chez les Los Angeles Rams (USA).

●RECORD DE PASSES DE TOUCHDOWN EN UNE SAISON DE NFL

Tom Brady (USA) a effectué 50 passes de touchdown pour les New England Patriots en 2007, dépassant le record (49) de Peyton Manning (USA) depuis 2004.

●RECORD DE MATCHS DE NFL JOUÉS (INDIVIDUEL)

Morten Andersen (Danemark) a disputé 382 matchs de NFL au poste de botteur depuis 1982, chez les New Orleans Saints, les Atlanta Falcons, les New York Giants, les Kansas Chiefs et les Minnesota Vikings (USA).

●RECORD DE SAISONS TOTALISANT 4 000 YARDS À LA PASSE EN NFL

En 2007, Peyton Manning (USA), des Indianapolis Colts (USA), a battu un record en NFL en atteignant 4 000 yards à la passe sur une saison pour la 8e fois de sa carrière.

★PREMIER MATCH DE SAISON RÉGULIÈRE DE NFL EN EUROPE

Le 28 octobre 2007, les Miami Dolphins (USA) ont joué contre les New York Giants au Wembley Stadium de Londres (GB). C'était le premier match de NFL à se jouer en Europe. Les Giants ont gagné 13-10 devant 81 176 spectateurs.

★MEILLEURE MOYENNE DE PUNTS (SAISON)

Le punter Shane Lechler (USA), des Oakland Raiders (USA), a réalisé une moyenne de 37,58 m sur la saison 2007.

★LE PLUS DE SACKS SUBIS SUR UNE CARRIÈRE EN NFL

John Elway (USA) a subi 516 sacks au cours de sa carrière chez les Denver Broncos (USA), entre 1983 et 1998.

●RECORD DE FIELD GOALS MARQUÉS PAR UN JOUEUR EN MATCH DE NFL

Rob Bironas (USA) a marqué 8 field goals pour les Tennessee Titans (USA) au cours d'un match de NFL contre les Houston Texans (USA), le 21 octobre 2007.

SUPER BOWL : STATISTIQUES

SPECTATEURS

Le record de spectateurs pour un Super Bowl a été battu lors du Super Bowl XIV. 103 985 personnes ont assisté au match Pittsburgh Steelers (USA)-LA Rams, au Rose Bowl de Pasadena (Californie, USA), le 20 janvier 1980.

VICTOIRES

Charles Hayley (USA), qui a joué chez les San Francisco 49ers en 1989-1990 et les Dallas Cowboys (USA) en 1993-1994 et 1996, est le joueur qui a remporté **le plus de victoires en Super Bowl**.

MEILLEUR JOUEUR (MVP AWARDS)

Joe Montana (USA), quarterback des San Francisco 49ers, a été élu **meilleur joueur (Most Valuable Player - MVP)** à 3 reprises, en 1982, 1985 et 1990.

SPORTS
ATHLÉTISME

SPRINT

En courant le 100 m en 9,72 s en 2008 (voir ci-dessous), Usain Bolt (Jamaïque) a atteint une vitesse moyenne de 37,03 km/h. Celle de Michael Johnson (USA) lorsqu'il a couru le 200 m en 19,32 s en 1996 était de 37,26 km/h, ce qui fait de lui – en théorie – **l'homme le plus rapide de l'histoire**.

★ NOUVEAU RECORD
● MISE À JOUR

● LE 100 M LE PLUS RAPIDE (HOMMES)

Usain Bolt (Jamaïque) a couru le 100 m en 9,72 s, lors du Grand Prix Reebok, à l'Icahn Stadium de New York (USA), le 31 mai 2008. Il a battu le précédent record, détenu par son compatriote Asafa Powell, de 0,02 s, devenant ainsi « l'homme le plus rapide du monde ».

PISTE

LE RELAIS 4 X 800 M EN SALLE LE PLUS RAPIDE (FEMMES)

L'équipe moscovite (Anna Balakshina, Natalya Pantelyeva, Anna Emashova, Olesya Chumakova ; toutes Russie) a couru le relais 4 x 800 m en 8 min et 18,54 s, au meeting de Volgograd (Russie), le 11 février 2007.

● LE 1 500 M EN SALLE LE PLUS RAPIDE (FEMMES)

Yelena Soboleva (Russie) a couru le 1 500 m en 3 min et 57,71 s, au meeting en salle de Valence (Espagne), le 9 mars 2008, battant d'un quart de seconde le record qu'elle avait elle-même établi 28 jours plus tôt à 3 min et 58,05 s.

● LE 3 000 M EN SALLE LE PLUS RAPIDE (FEMMES)

Meseret Defar (Éthiopie) a couru le 3 000 m en salle en 8 min et 23,72 s, lors de la coupe Sparkassen de Stuttgart (Allemagne), le 3 février 2007.

● LE 5 000 M LE PLUS RAPIDE (FEMMES)

Meseret Defar (Éthiopie) a couru le 5 000 m en 14 min et 16,63 s, à Oslo (Norvège), le 15 juin 2007, battant son précédent record de près de 8 s.

LE PLUS LONG LANCER DE MARTEAU (FEMMES)

Tatyana Lysenko (Russie) a effectué un lancer à 77,80 m, au meeting de Tallinn (Estonie), le 15 août 2006.

● LA PLUS LONGUE DISTANCE COURUE EN 1 H (HOMMES)

Haile Gebrselassie (Éthiopie) a couru 21 285 m en 1 h, à Ostrava (République tchèque), le 27 juin 2007. Il a ainsi battu **le ● record de vitesse sur 20 000 m** avec un temps de 56 min et 26 s.

● LE SAUT À LA PERCHE EN SALLE LE PLUS HAUT (FEMMES)

Yelena Isinbayeva (Russie) a réussi un saut de 4,95 m de haut au meeting en salle de Donetsk (Ukraine), le 16 février 2008.

ROUTE

● LE 20 KM MARCHE SUR ROUTE LE PLUS RAPIDE

Vladimir Kanaykin (Russie) a couru le 20 km marche sur route en 1 h, 17 min et 16 s, lors de la finale du Challenge IAAF de marche de Saransk (Russie), le 29 septembre 2007.

● LE PLUS DE VICTOIRES EN CHAMPIONNAT DU MONDE DE CROSS COUNTRY (HOMMES)

Kenenisa Bekele (Éthiopie) a remporté 6 fois le championnat du monde de cross long : de 2002 à 2006 et en 2008. Bekele a également remporté 5 fois le titre en cross court de 2002 à 2006.

LE 20 KM MARCHE SUR ROUTE LE PLUS RAPIDE (FEMMES)

Olimpiada Ivanova (Russie) a couru le 20 km marche sur route en 1 h, 25 min et 41 s, à Helsinki (Finlande), le 7 août 2005.

★RECORD DE VICTOIRES SUR 50 KM EN COUPE DU MONDE DE MARCHE (HOMMES)

Depuis la première édition de l'épreuve en 1961, deux marcheurs ont gagné 3 fois le 50 km en coupe du monde de marche : Christoph Hohne (ex-RDA) en 1965, 1967 et 1970 et Rául González (Mexique) en 1977, 1981 et 1983.

●RECORD DE VICTOIRES EN COUPE D'EUROPE (HOMMES)

L'Allemagne a remporté 7 fois la coupe d'Europe : de 1994 à 1996 et en 1999, 2002, 2004 et 2005.

PLUS D'INFOS

Vous avez envie de battre des records à l'image de ceux de ces formidables athlètes ? Si vous cherchez une idée, rendez-vous **p. 98-99**.

●RECORD DE VICTOIRES EN COUPE D'EUROPE (FEMMES)

La Russie a remporté 13 fois la coupe d'Europe féminine : en 1993 et 1995, et de 1997 à 2007.

●LE 20 KM SUR ROUTE LE PLUS RAPIDE (FEMMES)

Lornah Kiplagat (Pays-Bas) a couru 20 km en 1 h, 2 min et 57 s, à Udine (Italie), le 14 octobre 2007.

●LE 5 000 M EN SALLE LE PLUS RAPIDE (FEMMES)

Tirunesh Dibaba (Éthiopie) a couru le 5 000 m en salle le plus rapide de l'histoire en 14 min et 27,42 s, au meeting en salle de Boston (USA), le 27 janvier 2007.

★RECORD DE VICTOIRES EN CHAMPIONNAT DU MONDE DE SEMI-MARATHON PAR ÉQUIPE (FEMMES)

La Roumanie a remporté 7 fois l'épreuve féminine de semi-marathon: de 1993 à 1997, en 2000 et 2005.

★RECORD DE VICTOIRES EN CHAMPIONNAT DU MONDE DE COURSE SUR ROUTE PAR ÉQUIPE

Le Kenya a remporté les épreuves masculine et féminine du championnat du monde de course sur route en 2006 et 2007.

CROSS COUNTRY

RECORD DE VICTOIRES EN CHAMPIONNAT DU MONDE DE CROSS COUNTRY (FEMMES)

Grete Waitz (Norvège) a remporté 5 fois le championnat du monde de cross long : de 1978 à 1981 et en 1983.

HAIES

FEMMES

Yordanka Donkova (Bulgarie) a couru le 100 m haies en 12,21 s, le 20 août 1988.

HOMMES

Xiang Liu (Chine) a couru le 110 m haies en 12,88 s, le 11 juillet 2006.

●LE 60 M HAIES EN SALLE LE PLUS RAPIDE (FEMMES)

Susanna Kallur (Suède) a couru le 60 m haies en salle en 7,68 s, à Karlsruhe (Allemagne), le 10 février 2008.

MARATHONS

★MEILLEUR TEMPS POUR UN MARATHON COURU DANS L'ESPACE

Le 16 avril 2007, Sunita Williams (USA), astronaute de la NASA, a accompli le meilleur temps pour un marathon effectué en orbite autour de la Terre, à bord de l'ISS (Station spatiale internationale). Elle a officiellement parcouru les 42 km du 111e marathon de Boston attachée à un tapis roulant par un harnais en 4 h et 24 min.

★LE PLUS GRAND DÉGUISEMENT

Le 22 avril 2007, Tim Rogers (GB) a couru le Flora London Marathon au profit de WellChild affublé d'un déguisement de 4,27 m de haut, le plus grand jamais porté au cours d'un marathon.

★RECORD DE PARTICIPATIONS À UN TRIATHLON

James « Flip » Lyle (USA) détient le record de triathlons effectués par un même athlète. Au 18 mars 2006, il en comptait 250 à son actif.

RECORD DE VITESSE FÉMININ EN MARATHON

Le 13 avril 2003, Paula Radcliffe (GB) a couru le marathon de Londres (GB) en 2 h, 15 min et 25 s.

●RECORD DE VITESSE EN SEMI-MARATHON

Le 14 octobre 2007, Lornah Kiplagat (Pays-Bas) a remporté le semi-marathon (femmes) d'Udine (Italie) en 1 h, 6 min et 25 s. **Le record du semi-marathon** est détenu chez les hommes par Samuel Wanjiru Kamau (Kenya). Il a couru le semi-marathon de La Hague (Pays-Bas) en 58 min et 35 s, le 17 mars 2007.

MARATHONS DES 7 CONTINENTS

Richard Takata (Canada) est **le ●coureur ayant achevé le plus vite le marathon des 7 continents** avec un temps de 29 jours, 16 h et 17 min, entre les 4 février et 6 mars 2007. Dawn Hamlin (USA) est **la ●coureuse ayant achevé le plus vite le marathon des 7 continents**, avec un temps de 48 jours, 15 h, 49 min et 38 s, entre les 18 janvier et 5 mars 2008. **Le meilleur temps cumulé chez les hommes** est de 34 h, 23 min et 8 s. Il a été réalisé par Tim Rogers (GB) entre les 13 février et 23 mai 1999. **Le ●meilleur temps cumulé chez les femmes** est de 28 h, 41 min et 24 s. Il a été réalisé par Jeanne Stawiecki (USA) entre les 8 octobre 2006 et 26 février 2007.

●LES MEILLEURS MARATHONIENS

Haile Gebrselassie et Gete Wami (Éthiopie) célèbrent ici leur victoire au 34e marathon de Berlin (Allemagne), le 30 septembre 2007. Ce jour-là, en terminant la course en 2 h, 4 min et 26 s, Gebrselassie est devenu **le marathonien le plus rapide** du monde.

Le **World Marathon Majors** est une compétition inaugurée en 2006. Elle englobe les 5 grands marathons que sont celui de Berlin (Allemagne), Londres (GB), New York, Boston et Chicago (USA). Les coureurs totalisent sur 2 ans les points obtenus aux 5 classements. Les marathons du championnat du monde et des J. O. comptent aussi pour l'année durant laquelle ils ont lieu. La première coureuse à avoir remporté le titre chez les femmes en 2006-2007 est Gete Wami, avec 80 points.

★NOUVEAU RECORD
●MISE À JOUR

★DÉGUISÉ EN CLOWN

Le 13 avril 2008, à Londres (GB), Jason Westmoreland (GB) a couru le Flora London Marathon 2008 déguisé en clown en 3 h, 24 min et 4 s.

●RECORD DE VITESSE DU MARATHON SUR ÉCHASSES

Le 13 avril 2008, à Londres (GB), Michelle Frost (GB) a entièrement effectué le Flora London Marathon 2008 sur des échasses, en 8 h et 25 min.

●EN UNIFORME MILITAIRE

Le record de vitesse du marathon en uniforme militaire est de 5 h, 11 min et 42 s. Ce temps a été réalisé par Myles Morson (GB), au Flora London Marathon 2008, à Londres (GB).

LE FLORA LONDON MARATHON

Autres records GWR battus :

Record de vitesse au marathon...

★pour une équipe enchaînée : Oliver Holland, James Kennedy, James Wrighton, Eoghan Murray et Nathan Jones : 3 h, 38 min et 24 s

★pour un personnage de film : James McComish (Dark Maul) : 3 h, 55 min et 22 s

★déguisé en père Noël : Ian Sharman : 3 h, 12 min et 27 s

●déguisée en super-héroïne : Christina Tomlinson (Supergirl) : 3 h, 13 min et 33 s

★en uniforme de pompier : Mark Rogers et Paul Bartlett : 5 h, 36 min et 12 s

★pour un groupe de guerriers Massaïs : 5 h, 24 min et 47 s

★EN FAISANT REBONDIR UN BALLON DE BASKET

Jean-Yves Kanyamibwa (GB) a couru le Flora London Marathon 2008 en dribblant avec un ballon de basket en 4 h, 30 min et 29 s.

●RECORD DE COUREURS ENCHAÎNÉS

Le 13 avril 2008, à Londres (GB), 24 policiers municipaux ont couru le Flora London Marathon 2008 enchaînés avec des chaînes en plastique scotchées sur eux. Ils sont restés ainsi liés pendant toute la durée de la course.

●EN TRICOTANT UNE ÉCHARPE

La plus longue écharpe jamais tricotée en courant un marathon mesure 1,62 m. Elle a été tricotée par Susie Hewer (GB) pendant le Flora London Marathon, le 13 avril 2008.

SPORTS AUTOMOBILES

Qui aurait pensé que je serais classé deuxième dès ma première année en Formule 1 ?

Lewis Hamilton

●LEWIS HAMILTON

La saison 2007 a été marquée par les succès foudroyants du pilote débutant Lewis Hamilton (GB) en F1.
S'il a manqué de peu la victoire finale en F1, Hamilton a cependant établi un certain nombre de records.
En réalisant 6 pole positions, il a battu un **★record du nombre de pole positions en 1 saison chez les débutants** et, en gagnant 4 courses, il a égalé **le ●record de victoires en F1** en 1 saison obtenues par un débutant, record détenu à l'origine par Jacques Villeneuve (Canada), qui réalisa cette prouesse en 1996.

●RECORD DE VICTOIRES CONSÉCUTIVES AU DÉBUT D'UNE CARRIÈRE EN NASCAR

Tony Stewart (USA) a gagné différentes courses durant 9 saisons consécutives de 1999 à 2007, réalisant la plus longue série de ce type pour une carrière de pilote en National Association for Stock-car Auto Racing (NASCAR).

NASCAR

●LES PLUS GROS GAINS DURANT UNE CARRIÈRE

Jeff Gordon (USA) a encaissé jusqu'à la saison 2007 incluse les plus gros gains jamais réalisés en NASCAR, soit 89 397 060 millions $.

★RECORD DE VICTOIRES AVEC DES PLAQUES DE RESTRICTION

Jusqu'à la saison 2007, Jeff Gordon (USA) a remporté 12 courses avec plaques de restriction. Le pilote a battu le précédent record de 11 victoires détenu par Dale Earnhardt (USA) en remportant le Talladega Superspeedway à Talladega (Alabama, USA), le 7 octobre 2007. Par sécurité, des plaques de restriction sont posées sur les voitures durant certaines courses pour limiter la puissance du moteur.

LE SAVIEZ-VOUS ?

La marge de victoire la plus importante pour un champion en Busch Series est de 824 points pour Kevin Harvick (USA) en 2006. Harvick remporta le titre alors qu'il restait 4 courses, établissant un record en décrochant **la victoire la plus anticipée du championnat** le 13 octobre 2006.

●LES PLUS GROS GAINS EN UNE CARRIÈRE

Jack Sprague (USA) détient le record de gains durant une carrière aux Truck Series de la NASCAR, soit 6 762 094 $ jusqu'à la saison 2007 incluse.

●RECORD DE POLES POSITIONS EN UNE CARRIÈRE

Mike Skinner (USA) a réalisé 43 pole positions aux Truck Series de la NASCAR jusqu'à la saison 2007 incluse.

★RECORD DE PRÉSENCE DANS LE TOP 10 EN 1 AN

Le record de présence dans le top 10 en série NASCAR en 1 an, de 1972 à nos jours, est de 30 pour Jeff Gordon (USA) en 2007. Le record toutes époques confondues est de 43 pour Richard Petty (USA) en 1964.

●RECORD DE VICTOIRES EN UNE CARRIÈRE

Ron Hornaday Jr (USA) a obtenu 33 victoires durant sa carrière aux Truck Series de la NASCAR jusqu'à la saison 2007 incluse.

★NOUVEAU RECORD
●MISE À JOUR

INDYCAR

★RECORD DE DÉPARTS DE COURSE

Scott Sharp (USA) a pris le départ dans 146 courses IndyCar au cours d'une carrière s'étendant de 1996 à 2007.

★RECORD DE COURSES GAGNÉES EN UNE CARRIÈRE EN INDYCAR

Sam Hornish Jr (USA) a remporté 19 courses en IndyCar au cours de sa carrière commencée en 2000.

●RECORD DE VICTOIRES CONSÉCUTIVES EN NASCAR

Huit pilotes ont obtenu 4 victoires consécutives à l'époque contemporaine de la NASCAR (depuis 1972) ; la prouesse la plus récente est celle de Jimmie Johnson (USA, ci-dessus), en 2007. Richard Petty (USA) détient le record de victoires consécutives toutes époques confondues, avec 10 victoires en 1967.

★RECORD DE POLES POSITIONS EN UNE CARRIÈRE

Helio Castroneves (Brésil) a réalisé 23 poles positions durant sa carrière aux IndyCar Series de 2001 à 2007.

★RECORD DE TOURS MENÉS DANS UNE COURSE PAR LE VAINQUEUR

Dario Franchitti (Écosse) a effectué 242 tours sur le Richmond International Raceway de Richmond (Virginie, USA), le 30 juin 2007.

DRAG RACING

●RECORD DE VICTOIRES EN UNE CARRIÈRE EN DRAG RACING EN NATIONAL HOT ROD ASSOCIATION (NHRA)

John Force (USA) a obtenu 125 victoires en drag racing, saison 2007 incluse.

★LA PLUS GRANDE VITESSE EN PRO STOCKCAR (NHRA)

Pour une voiture à essence et à moteur à piston (Pro Stock), la plus grande vitesse d'arrivée est de 340,61 km/h, une performance réalisée par Jason Line (USA) à Gainesville (Floride, USA), le 18 mars 2007.

★LA PLUS GRANDE VITESSE EN FUNNY CAR (NHRA)

Mike Ashley (USA) a atteint une vitesse d'arrivée de 537,02 km/h dans une Dodge Charger à Las Vegas (Nevada, USA), le 13 avril 2007.

●RECORD DE VICTOIRES CONSÉCUTIVES EN COURSES INDYCAR

Trois pilotes ont remporté 3 courses consécutives en IndyCar : Scott Dixon (Nouvelle-Zélande, ci-dessus) en 2007, Dan Wheldon (GB) en 2005 et Kenny Brack (Suède) en 1998.

SPORTS DE BALLE

★RECORD DE VICTOIRES COUPE SULTAN AZLAN SHAH

La coupe Sultan Azlan Shah est un tournoi international annuel de hockey sur gazon organisé en Malaisie et que l'Australie a remporté plus souvent que toute autre nation : en 1983, 1998, 2004, 2005 et 2007.

CHAMPIONS DE HANDBALL

La Tunisie détient **le ★record de victoires au championnat d'Afrique de handball masculin** (7).

La Corée du Sud détient **le ★record de victoires au championnat d'Asie de handball masculin** (7).

●RECORD DE PARTICIPATION À DES MATCHS INTERNATIONAUX DE HOCKEY (HOMME)

Jeroen Delmee (Pays-Bas) a participé à 373 matchs dans l'équipe néerlandaise entre 1994 et 2008.

●RECORD DE VICTOIRES AU TROPHÉE DES CHAMPIONS

Le Trophée des champions existe depuis 1978 et oppose depuis 1980 les 6 meilleures équipes masculines de hockey au monde. L'Australie détient le record avec 8 victoires en 1983-1985, 1989-1990, 1993, 1999 et 2007.

●RECORD DE VICTOIRES AU CHAMPIONNAT DU MONDE DE HANDBALL FÉMININ

Le titre féminin a été remporté 3 fois par 3 équipes : la RDA (1971, 1975, 1978), l'URSS (1982, 1986, 1990) et la Russie (2001, 2005, 2007). Ci-dessous, Irina Bliznova (Russie).

★LE PLUS GRAND TOURNOI DE STREET HOCKEY

2 010 joueurs, soit 192 équipes, ont participé à un tournoi de street hockey, à Ladysmith (Colombie-Britannique, Canada), le 3 juin 2007.

●RECORD DE PASSES RÉUSSIES POUR UN QUART AU FOOTBALL CANADIEN

Le quart Damon Allen (USA) a réussi 5 158 passes au cours de sa carrière, jusqu'à la fin de la saison 2007. Allen a débuté en 1985 au sein de la Ligue de Football canadien où il a joué dans 7 équipes en 23 ans.

★RECORD DE BUTS LORS DU CHAMPIONNAT DU MONDE DE KORFBALL

L'Australie a concédé le plus de buts lors du 8e Championnat du monde de korfball en 2007 avec 615 buts encaissés. Les Pays-Bas ont quant à eux marqué 1 109 buts.

●RECORD DE TOUCHÉS EN UNE CARRIÈRE AU FOOTBALL CANADIEN

En 2007, Milt Stegall (USA) avait marqué 144 touchés pour l'équipe des Winnipeg Blue Bombers au cours de sa carrière débutée en 1995.

RECORD DE PARTICIPATIONS CONSÉCUTIVES À DES MATCHS DE L'AFL

Jared Crouch (Australie) a participé à 194 matchs consécutifs en AFL (Australian Football League) pour les Sydney Swans entre le 10 mai 1998 et son départ pour cause de blessure en juillet 2006.

●LA RÉCOMPENSE LA PLUS ÉLEVÉE EN BEACH VOLLEY

7,37 millions $ ont été offerts aux vainqueurs du Circuit mondial de beach-volley de la Fédération internationale de Volleyball en 2007.

RECORD DE REVENUS EN UNE CARRIÈRE, AVP TOUR, BEACH VOLLEY

À la fin de la saison 2007, Holly McPeak (USA) avait gagné 1 466 396 $ lors de l'AVP Tour, soit **le ●record de revenus en une carrière pour une joueuse de l'AVP Tour**.

●RECORD DE PRIX DE MEILLEUR DÉFENSEUR DE L'AVP

Mike Dodd (USA), en 1994-1997, et Todd Rogers (USA, illustration), en 2004-2007, détiennent le record de prix de défenseur de l'année au pro Beach Tour de l'AVP (Association des professionnels du volley-ball).

PLUS D'INFOS

Si tout ce qui touche à l'Australie vous intéresse, reportez-vous à la rubrique **Australie** de **Gazette**, p. 276. Pour en savoir plus sur les sports de ballon, reportez-vous à nos pages consacrées au **Football**, à partir de la **p. 200**.

À la fin de la saison 2007, Karch Kiraly (USA) avait gagné 3 198 748 $ lors de l'AVP Tour, soit **le ●record de revenus en une carrière pour un joueur de l'AVP Tour**.

●RECORD DE BROWNLOW MEDALS DÉCERNÉES

4 joueurs ont reçu 3 fois la Brownlow Medal (meilleur joueur de la Ligue australienne de football) : Haydn Bunton (1931, 1932, 1935), Dick Reynolds (1934, 1937, 1938), Bob Skilton (1959, 1963, 1968) et Ian Stewart (1965, 1966, 1971) (tous Australie).

●RECORD DE VICTOIRES AU CHAMPIONNAT ALL-IRELAND DE FOOTBALL GAÉLIQUE

L'équipe Kerry a remporté 35 victoires au Championnat All-Ireland entre 1903 et 2007.

●RECORD DE VICTOIRES AU CHAMPIONNAT ALL-IRELAND DE HURLING

2 équipes ont remporté 30 fois le Championnat All-Ireland de hurling : Cork entre 1890 et 2005, et Kilkenny entre 1904 et 2007.

★LE PLUS ANCIEN CLUB DE NETBALL

Le Poly Netball Club (Londres, GB) est le plus ancien club de netball n'ayant jamais cessé d'exister. Fondé en 1907, il a fêté son centenaire en 2007.

●RECORD DE VICTOIRES À LA NATIONAL BANK CUP

La National Bank Cup est un tournoi national néo-zélandais d'élite de netball. L'équipe Melbourne Southern Sting (Nouvelle-Zélande) l'a remportée 7 fois : de 1999 à 2004, et en 2007.

●RECORD DE TITRES MONDIAUX EN NETBALL

L'Australie a reçu 9 titres mondiaux en netball : 1963, 1971, 1975, 1979 (égalité), 1983, 1991, 1995, 1999 et 2007. Les seules autres équipes à avoir remporté ce titre sont la Nouvelle-Zélande en 1967, 1979 (égalité), 1987 et 2003 et Trinité-et-Tobago, à égalité en 1979. Ci-dessus, Mo'onia Gerrard (Australie).

★NOUVEAU RECORD
●MISE À JOUR

SPORTS
BASEBALL

★PREMIER RELEVEUR À AVOIR FAIT 500 SAUVETAGES DANS SA CARRIÈRE

Trevor Hoffman (USA), qui a joué chez les Florida Marlins (USA) et les San Diego Padres (USA) entre 1993 et 2007, est le premier releveur de l'histoire de la MLB à avoir fait 500 sauvetages dans sa carrière.

LE PLUS DE HOME RUNS…

●Au cours d'une carrière
Barry Bonds (USA) a réussi 762 home runs pour les Pittsburgh Pirates (USA) et les San Francisco Giants (USA), entre 1986 et 2007.

Pour un joueur en 1 match
Robert Lincoln « Bobby » Lowe (USA) a réussi 4 home runs, au cours du match Boston-Cincinnati, le 30 mai 1894. Cet exploit a été réitéré 11 fois depuis.

★Pour un frappeur désigné
Frank Thomas (USA) en a réussi 261 entre 1990 et 2007 pour les Chicago White Sox (USA), les Oakland Athletics (USA) et les Toronto Blue Jays (Canada).

★Au cours d'une carrière en post-saison
Manny Ramírez (République dominicaine) en a réussi 24 pour les Cleveland Indians (USA) et les Boston Red Sox (USA) depuis 1995.

●Depuis le début d'une carrière avec le même entraîneur
Chipper Jones (USA) en a réussi 386 sous la coupe de Bobby Cox (USA) pour les Atlanta Braves (USA), entre 1993 et 2007.

★LA FRANCHISE DE BASEBALL LA PLUS CHÈRE

D'après le magazine *Forbes*, les New York Yankees pesaient 1,026 milliard$ en 2007, ce qui fait d'eux le premier club de Major League américaine (MLB) – et la première franchise (club appartenant à une ligue professionnelle) – à passer la barre du milliard de dollars.

★LA 1RE FRANCHISE À PERDRE 10 000 MATCHS

En perdant 10 à 2 contre les St Louis Cardinals, le 15 juillet 2007, les Philadelphia Phillies (USA) sont devenus le premier club professionnel de l'histoire à avoir perdu 10 000 matchs. Le club a un long passé de perdant, puisqu'il a joué et perdu son premier match en mai 1883. Les Phillies n'ont gagné qu'une fois en World Series en 125 ans (en 1980).

★LE PLUS DE STRIKE OUTS EN 1 MATCH POUR UN BATTEUR

Plusieurs joueurs partagent le record de strike outs en 1 match de MLB, soit 5. Craig Monroe (USA) des Detroit Tigers est le dernier à l'avoir atteint, le 14 juin 2007.

●LE PLUS DE SAUVETAGES DANS UNE CARRIÈRE

Trevor Hoffman (USA) a realisé 524 sauvetages en MLB, chez les Florida Marlins et les San Diego Padres, entre 1993 et 2007.

★LE PLUS DE GANTS D'OR DANS UNE CARRIÈRE

Greg Maddux (USA) a reçu 17 Gold Gloves (gants d'or) au poste de lanceur en MLB, entre 1990 et 2007, en jouant chez les Chicago Cubs (USA), les Atlanta Braves (USA), les Los Angeles Dodgers (USA) et les San Diego Padres (USA).

★LE PLUS JEUNE JOUEUR À RÉUSSIR 500 HOME RUNS (CARRIÈRE)

Le 4 août 2007, au Yankee Stadium de Bronx (New-York,USA), Alex Rodriguez (USA, né le 27 juillet 1975), est devenu à 32 ans et 8 jours le plus jeune joueur de l'histoire du baseball à réussir 500 home runs en marquant contre Kyle Davies (USA), lanceur des Kansas City Royals (USA).

★LE PLUS D'ÉLIMINATIONS DANS UNE CARRIÈRE

Bobby Cox (USA) a été éliminé 132 fois d'un match alors qu'il était entraîneur des Toronto Blue Jays (Canada), entre 1978 et 2007.

★ NOUVEAU RECORD
● MISE À JOUR

★ LE PLUS DE BASES VOLÉES EN 1 CARRIÈRE EN POST-SAISON

Kenny Lofton (USA) détient le record du nombre de bases volées au cours d'une carrière (dans plusieurs équipes). Il en a 34 à son actif, alors que le record précédent, détenu par Rickey Henderson (USA), était de 33. Retrouvez Lofton dans la rubrique « Récompenses » ci-contre.

★ LA MEILLEURE MOYENNE AU BÂTON POUR UN DÉBUTANT

Ryan Braun (USA), qui jouait chez les Milwaukee Brewers, a obtenu une moyenne de 0,634 en 2007.

★ LE PLUS DE PRÉSENCES AU MARBRE EN 1 SAISON

Le record est de 778. Il est détenu depuis 2007 par Jimmy Rollins (USA) des Philadephia Phillies.

★ LE PLUS JEUNE JOUEUR À RÉUSSIR 50 HOME RUNS EN 1 SAISON

Le 25 septembre, au cours d'un match Milwaukee Brewers-St Louis Cardinals au Miller Park de Milwaukee (Wisconsin,USA), Prince Fielder (USA, né le 9 mai 1984) est devenu, à 23 ans et 139 jours, le plus jeune joueur de l'histoire de la MLB à réussir 50 home runs en 1 saison.

★ LE PLUS VIEUX JOUEUR À RÉUSSIR 1 HOME RUN

À 48 ans et 254 jours, Julio Franco (Rép. dominicaine) est devenu le plus vieux joueur de l'histoire de la MLB à réussir un home run. En sortant Randy Johnson (USA), il a aidé les New York Mets à gagner 5 à 3 contre les Arizona Diamondbacks, au Chase Field de Phoenix (Arizona,USA), le 4 mai 2007.

★ LE PLUS VIEUX DIAMANT

Le plus vieux diamant (ou champ intérieur au baseball) est celui du Labatt Park de Londres (Ontario, Canada), qui accueille des matchs depuis 1877.

★ LE PLUS DE BATTEURS ÉLIMINÉS CONSÉCUTIVEMENT PAR UN LANCEUR

Le record d'éliminations consécutives de batteurs en MLB est de 41. Il appartient à Bobby Jenks (USA), plusieurs fois lanceur pour les Chicago White Sox, entre le 17 juillet et le 12 août 2007. Celui-ci le partage avec Jim Barr (USA), joueur des San Francisco Giants, qui en a éliminé autant sur 2 matchs successifs, en août 1972 (21 batteurs des Pittsburg Pirates éliminés, le 23 ; puis 20 des St Louis Cardinals, le 29).

● LE LANCEUR LE PLUS TOUCHÉ PAR LA BALLE DANS SA CARRIÈRE

Craig Biggio (USA) a été touché 285 fois au cours de sa carrière chez les Houston Astros, entre 1988 et 2007.

● LE PLUS DE BUTS SUR BALLES EN 1 CARRIÈRE EN MAJOR LEAGUE

Barry Bonds (USA), qui a joué chez les San Fransisco Giants de 1986 à 2007, détient le record du nombre de buts sur balles au cours d'une carrière, soit 2 558.

● LA CARTE DE BASEBALL LA PLUS CHÈRE

En septembre 2007, T206 Honus Wagner, une carte éditée par l'American Tabacco Company en 1909, a été vendue aux enchères par SCP Auctions (USA) à un acquéreur anonyme pour 2,8 millions $ (1,82 million €).

RÉCOMPENSES

Kenneth Lofton est un joueur de champ extérieur sans agent dont les talents ont été récompensés à de multiples reprises :

- 6 fois All-Star (1994-1999)
- 4 fois Gold Glove (« gant d'or ») (1993-1996)
- 5 fois champion de ligue (vol de bases) (1992-1996)

● LE PLUS LONG MARATHON DE BASEBALL

Les 13 et 14 octobre 2007, sur le terrain des River City Rascals d'O'Fallon (Missouri,USA), un marathon de baseball de 32 h 29 min et 25 s a opposé les St Louis Browns aux St Louis Stars, deux clubs de la Men's Senior Baseball League. Les Browns ont battu les Stars, 119 à 81, après 92 manches.

SPORTS
BASKET-BALL

★RECORD DE SMASHS AVANT D'UN TRAMPOLINE EN 30 S

Depuis un trampoline, une équipe de 5 personnes (Willy Martinon, Lilian Martinon, Jimmy Gougaud, Mickael Richard et Florian Januel, tous France) – surnommés les « Crazy Dunkers » – ont effectué 17 smashs avant en 30 s, sur le plateau de *L'Été de tous les records*, à La Tranche-sur-Mer (France), le 28 juillet 2005.

NBA

★LE JOUEUR LE PLUS ÂGÉ DE TOUS LES TEMPS

Nat Hickey (USA) est le joueur le plus âgé de la NBA. Il participa à un match en 1948, à 46 ans, alors qu'il entraînait les Providence Steamrollers (USA).

★RECORD DE SCORES DE 50 POINTS ET PLUS DANS DES MATCHS CONSÉCUTIFS

Wilt Chamberlain a marqué au moins 50 points au cours de 7 matchs consécutifs alors qu'il jouait pour les Philadelphia Warriors (USA) en décembre 1961.

●RECORD DE MATCHS REMPORTÉS PAR UN ENTRAÎNEUR EN PHASE FINALE

Phil Jackson (USA) détient le record de victoires en phase finale durant une carrière en NBA. Il a remporté 179 matchs en tant qu'entraîneur des Chicago Bulls (1989-1997) et des Los Angeles Lakers (1999-2003 et 2005-2007).

LE SAVIEZ-VOUS ?

Christopher Eddy (USA) a marqué un panier à 27,49 m – **le plus long panier jamais lancé au cours d'un match** – pour les Fairview High School contre les Iroquois High School à Érié (Pennsylvanie, USA), le 25 février 1989. Eddy a réalisé ce tir à la fin de la durée des prolongations, donnant la victoire à son équipe, Fairview, 51 à 50.

●RECORD DE PANIERS À 3 POINTS DURANT UN MATCH (ÉQUIPE)

Le record de paniers à 3 points au cours d'un match en NBA par une équipe est de 21 pour les Toronto Raptors (Canada), le 13 mars 2005.

★LE PREMIER BASKETTEUR EUROPÉEN ÉLU MEILLEUR JOUEUR DE LA FINALE NBA

Tony Parker (France) a été élu meilleur joueur de la finale NBA alors qu'il jouait pour les San Antonio Spurs en 2007. Dirk Nowitzki (Allemagne) a été **le ★premier basketteur européen élu meilleur joueur au cours de la saison régulière NBA**. Il est parvenu à cette consécration suprême en jouant pour les Dallas Mavericks (USA) durant la saison 2006-2007.

★LE PLUS JEUNE JOUEUR À ATTEINDRE 3 000 REBONDS

À 21 ans et 343 jours, Dwight Howard (USA, né le 8 décembre 1985) est le plus jeune joueur de l'histoire de la NBA à atteindre 3 000 rebonds dans sa carrière. Il a obtenu ce score en jouant pour les Orlando Magic (USA), le 16 novembre 2007.

★NOUVEAU RECORD
●MISE À JOUR

★LE PLUS JEUNE JOUEUR AYANT ATTEINT 20 000 POINTS (CARRIÈRE)

Alors qu'il jouait pour les Los Angeles Lakers (USA), le 23 décembre 2007, Kobe Bryant (USA, né le 23 août 1978) a atteint le score de 20 000 points dans le cadre de sa carrière, à 29 ans et 122 jours.

WNBA

★LE PLUS GROS RETOURNEMENT DE SITUATION

Le plus gros retournement de situation en ligue féminine NBA a été accompli par les Indiana Fever (USA), avec 22 points à rattraper. L'équipe a renversé le score de 39-17 au second quart-temps et a battu les Connecticut Sun (USA) 93-88 après prolongations dans un match de finale de l'Eastern Conference, le 27 août 2007.

RECORD DE...

- **●matchs joués (carrière)**. Vickie Johnson (USA) a joué 346 matchs dans sa carrière chez les New York Liberty (USA), de 1997 à 2005, et chez les San Antonio Silver Stars, en 2006 et 2007.
- **●minutes de jeu (carrière)**. Johnson a joué 10 805 min dans sa carrière.
- **★minutes par match (carrière)**. Katie Smith (USA) a joué en moyenne 34,9 min par match durant sa carrière chez les Minnesota Lynx (USA), de 1995 à 2005, et les Detroit Shock (USA), de 2005 à 2007.
- **points marqués (carrière)**. Lisa Leslie (USA) a marqué 5 412 points pour les Los Angeles Sparks (USA), de 1997 à 2006.
- **paniers marqués (carrière)**. Leslie a marqué 2 000 paniers pour les Los Angeles Sparks.
- **●paniers à 3 points**. Katie Smith a marqué 598 paniers à 3 points pour les Minnesota Lynx (USA), de 1995 à 2005, et pour les Detroit Shock (USA), de 2005 à 2007.
- **●rebonds**. Lisa Leslie a totalisé 2 863 rebonds chez les Los Angeles Sparks.

★LE PLUS JEUNE JOUEUR À OBTENIR 9 000 POINTS

À 22 ans et 252 jours, LeBron James (USA, né le 30 décembre 1984) est le plus jeune joueur de l'histoire de la NBA à obtenir 9 000 points dans le cadre de sa carrière. Il a atteint ce score alors qu'il jouait pour les Cleveland Cavaliers (USA), le 18 décembre 2007.

- **●passes décisives**. Ticha Penicheiro (Portugal) a réalisé 1 851 passes décisives en 306 matchs pour les Sacramento Monarchs (USA), de 1998 à 2007.
- **●interceptions (carrière)**. Le record d'interceptions au cours d'une carrière WNBA est de 589 en 262 matchs pour Sheryl Swoopes (USA), lorsqu'elle jouait pour les Houston Comets (USA), de 1998 à 2007.
- **●blocages (carrière)**. Margo Dydek (Pologne) a réalisé 877 blocages en 321 matchs lorsqu'elle jouait pour les Utah Starzz (1998-2002) et les Connecticut Sun (2005-2007).

★LE PREMIER ENTRAÎNEUR À OBTENIR DES TITRES EN NBA ET WNBA

Paul Westhead (USA) est le premier et, à ce jour, le seul entraîneur à avoir remporté des championnats à la fois en NBA et en WNBA. Il entraînait les Los Angeles Lakers (USA) en 1980 pour le titre en NBA et les Phoenix Mercury (USA) pour le titre en WNBA en 2007.

NBA ALL-STAR JAM SESSION

La NBA All-Star Jam Session est l'occasion de vivre une expérience unique en participant aux festivités de la NBA All-Star, qui permettent notamment de rencontrer des légendes et des joueurs de la NBA et d'obtenir leurs autographes. La Jam Session consiste en des animations dédiées au basket : les fans peuvent tirer, mener, dribbler et jouer toute la journée en défiant leurs amis, ou recevoir des conseils de joueurs et de grands noms de la NBA. Elle permet aux amateurs de basket de découvrir la NBA comme jamais.

★RECORD DE REBONDS D'UN BALLON DE BASKET EN 1 MIN

Jordan Farmar (USA) des Los Angeles Lakers a dribblé le ballon 228 fois en 1 min, lors de la NBA All-Star Jam Session de La Nouvelle-Orléans (Louisiane, USA), le 16 février 2008.

★LE SMASH LE PLUS HAUT DEPUIS UN TRAMPOLINE

Jerry Burrell (USA) d'High Impact Squad a réalisé un saut de 3,22 m d'un trampoline pour réaliser un smash, durant la NBA All-Star Jam Session de La Nouvelle-Orléans (Louisiane, USA), le 17 février 2008.

★LA PLUS LONGUE ROTATION D'UN BALLON SUR UN DOIGT

Joseph Odhiambo (USA) a fait tourner un ballon de basket sur son doigt 37,46 s lors de la NBA All-Star Jam Session de La Nouvelle-Orléans (Louisiane, USA), le 13 février 2008.

★LA PLUS LONGUE ROTATION D'UN BALLON SUR UN ORTEIL

Jack Ryan (USA) a fait tourner un ballon de basket sur son orteil 9,53 s durant la NBA All-Star Jam Session de La Nouvelle-Orléans (Louisiane, USA), le 13 février 2008.

★LA PLUS LONGUE ROTATION D'UN BALLON SUR LE NEZ

Jack Ryan (USA) a fait tourner un ballon de basket sur son nez 4 s durant la NBA All-Star Jam Session de La Nouvelle-Orléans (Louisiane, USA), le 13 février 2008.

★RECORD DE LANCERS FRANCS VERS L'ARRIÈRE EN 1 MIN

Deux personnes ont réalisé 3 lancers francs vers l'arrière en 1 min : Melvin Banks (en portant le costume de Harry le faucon, la mascotte de la NBA) et Nicole Joseph Dumas (un spectateur de la Jam Session). Ils ont tous deux réalisé cette prouesse durant la NBA All-Star Jam Session de La Nouvelle-Orléans (Louisiane, USA), le 17 février 2008.

★RECORD DE TIRS DEPUIS LA MOITIÉ DU TERRAIN EN 1 MIN

Chris Paul (USA) des New Orleans Hornets a réalisé 4 tirs depuis la moitié du terrain en 1 min lors de la NBA All-Star Jam Session de La Nouvelle-Orléans (Louisiane, USA), le 16 février 2008.

★RECORD DE PASSES À TERRE AVEC SMASH EN 30 S

Les Milwaukee Bucks Rim Rockers' (photo principale) – Kevin Vandervolk, John Schwartz, Torie Gamez, Marcus Tyler et Matt Marzo (tous USA) – ont réalisé 21 passes à terre avec smash en 30 s lors de la NBA All-Star Jam Session de La Nouvelle-Orléans (Louisiane, USA), le 14 février 2008. Chaque joueur rebondit sur le trampoline et passe le ballon à la personne suivante, qui fait de même, le cycle s'achevant par un smash.

★RECORD DE LANCERS FRANCS EN 1 MIN DEPUIS UNE CHAISE ROULANTE

Les joueurs de la National Wheelchair Basketball Association (NWBA), Trooper Johnson des Golden State Warriors et Jeff Griffin des Utah Wheelin' Jazz (tous deux USA) ont chacun effectué 25 lancers francs en 1 min durant la NBA All-Star Jam Session de La Nouvelle-Orléans (Louisiane, USA), le 14 février 2008.

★RECORD DE LANCERS FRANCS EN 1 MIN (FEMME)

Becky Hammon (USA) des San Antonio Silver Stars a réalisé 38 lancers francs en 1 min durant la NBA All-Star Jam Session de La Nouvelle-Orléans (Louisiane, USA), le 16 février 2008.

★LE SMASH AVANT LE PLUS ÉLOIGNÉ DEPUIS UN TRAMPOLINE

Kevin Vandervolk (USA) des Milwaukee Bucks Rim Rockers a effectué un smash avant depuis un trampoline à 5,84 m durant la NBA All-Star Jam Session de La Nouvelle-Orléans (Louisiane, USA), le 14 février 2008.

★RECORDS DE TIRS À LA CUILLÈRE DEPUIS LA MOITIÉ DU TERRAIN EN 1 MIN

Jason Kidd (USA) des Dallas Mavericks a réussi 2 tirs à la cuillère depuis la moitié du terrain en 1 min lors de la NBA All-Star Jam Session de La Nouvelle-Orléans (Louisiane, USA), le 16 février 2008.

★RECORD DE LANCERS FRANCS LES YEUX BANDÉS EN 1 MIN

Jack Ryan (USA) a réalisé 5 lancers francs les yeux bandés en 1 min lors de la NBA All-Star Jam Session de La Nouvelle-Orléans (Louisiane, USA), le 17 février 2008.

★RECORD DE LANCERS FRANCS À LA CUILLÈRE EN 1 MIN

La légende de la NBA Rick Barry (USA) a réalisé 24 lancers francs à la cuillère en 1 min lors de la NBA All-Star Jam Session de La Nouvelle-Orléans (Louisiane, USA), le 13 février 2008.

★RECORD DE TIRS À 3 POINTS EN 2 MIN

Jason Kapono (USA) des Toronto Raptors a réalisé 43 tirs de basket-ball à 3 points en 2 min durant la NBA All-Star Jam Session de La Nouvelle-Orléans (Louisiane, USA), le 17 février 2008.

★NOUVEAU RECORD
●MISE À JOUR

CRICKET

★RECORD DE SIXES EN TEST CRICKET

Le gardien de guichet et batteur Adam Gilchrist (Australie) a marqué 100 sixes (6 points ou courses) dans sa carrière en test cricket, c'est-à-dire en 96 matchs, entre 1999 et 2008.

RECORD DE SIXES EN 1 MATCH

INTERNATIONAL

Herschelle Gibbs (Afrique du Sud) est **le 1er joueur à avoir marqué 6 sixes en 1 over (série de 6 lancers) dans un match international** contre les Pays-Bas, à Basseterre (Saint-Kitts), le 16 mars 2007.

LE PLUS JEUNE CHAMPION

Le 24 mai 2003, Anthony McMahon (GB) est devenu **le plus jeune joueur à marquer 6 sixes en 1 over**, pour Chester-le-Street contre Eppleton, au club de cricket d'Eppleton (Durham, GB). Il avait 13 ans et 261 jours.

TEST-MATCHS

●RECORD DE GUICHETS

Muttiah Muralitharan (Sri Lanka) est le meilleur *wicket-taker* en test-match. Il a pris 723 guichets (21,77 points en moyenne par guichet) en 118 matchs internationaux, d'août 1992 au 22 décembre 2007.

●RECORD DE CENTURIES

Sachin Tendulkar (Inde) a marqué 39 centuries, entre 1989 et 2008.

MEILLEURE MOYENNE POUR UN BATTEUR

Donald Bradman (Australie) a marqué en moyenne 99,94 points par manche pour l'Australie, en 52 test-matchs, entre 1928 et 1948. (Il a donc marqué 6 996 points en 80 manches.)

★RECORD DE MANCHES CONSÉCUTIVES SANS DUCK

David Gower (GB) a été à la batte pendant 119 manches consécutives de test-matchs sans être éliminé par un *duck* (score de zéro points), entre 1982 et 1990.

●RECORD DE CATCHES D'UN GARDIEN DE GUICHET

Mark Boucher (Afrique du Sud) a effectué 394 catches (interceptions) en 109 test-matchs pour l'Afrique du Sud, entre 1997 et 2008.

●RECORD D'ARBITRAGES

Steve Bucknor (Jamaïque) a arbitré 120 matchs internationaux, entre 1989 et 2008.

★RECORD DE TROPHÉES « HOMME DU MATCH »

Jaques Kallis (Afrique du Sud) a été sacré 19 fois « homme du match » dans des matchs internationaux entre 1995 et 2008.

●RECORD D'EXTRAS EN 1 MANCHE

L'Inde a concédé 76 extras (35 byes, 26 leg byes et 15 no-balls, ou balles illégales) lors de la 1re manche de la rencontre contre le Pakistan, à Bangalore (Inde), du 8 au 12 décembre 2007.

★RECORD D'INTERCEPTIONS PAR UN JOUEUR DE CHAMP EN TWENTY20 INTERNATIONALS

Ross Taylor (Nouvelle-Zélande) a effectué 11 catches en 12 matchs dans une carrière en Twenty20 Internationals pour la Nouvelle- Zélande, entre 2006 et 2008.

★NOUVEAU RECORD
●MISE À JOUR

★RECORD DE GUICHETS PRIS EN TWENTY20 INTERNATIONALS

2 joueurs ont pris 15 guichets dans leur carrière en Twenty20 Internationals : Nathan Bracken (Australie) en 12 matchs, entre 2006 et 2008, et Shaun Pollock (Afrique du Sud), entre 2005 et 2008.

On ne m'a jamais dit comment tenir une batte.

Donald Bradman, le plus grand batteur de tous les temps en test-matchs

★ RECORD DE POINTS EN TWENTY20 INTERNATIONALS

Graham Smith (Afrique du Sud) a marqué plus de points dans sa carrière en Twenty20 Internationals que tout autre joueur, soit 364 en 12 matchs pour l'Afrique du Sud, entre 2005 et 2008.

● LE MEILLEUR SCORE

Le 29 avril 2007, le club de cricket du Surrey (GB) a battu celui de Gloucestershire 496 à 4, dans un match limité à 50 overs (soit 300 lancers), au Brit Oval, à Londres (GB).

★ RECORD DE POINTS MARQUÉS EN COUPE DU MONDE (FEMMES)

Debbie Hockley (Nouvelle-Zélande) a marqué 1 501 points en 45 matchs, entre 1982 et 2000, un record pour une femme en Coupe du monde.

LE SAVIEZ-VOUS ?

Deborah Hockley (Nouvelle-Zélande) détient aussi **le record de sélections internationales** : 126 (19 en test-matchs et 107 en one-day internationals), entre 1979 et 2000.

LANCERS LIMITÉS

● LE SCORE LE PLUS BAS D'UNE ÉQUIPE EN COUPE DU MONDE

Le Canada a marqué le score le plus bas en Coupe du monde : 36 points contre le Sri Lanka au Boland Park (Afrique du Sud), le 19 février 2003.

● LE CENTURY LE PLUS RAPIDE EN COUPE DU MONDE

Le 24 mars 2007, Matthew Hayden (Australie) a marqué 101 points sur 68 balles en jeu, lors du match de son équipe contre l'Afrique du Sud pour la Coupe du monde 2007, au Warner Park de Basseterre (Saint-Kitts).

● RECORD DE VICTOIRES EN COUPE DU MONDE (FEMMES)

L'équipe d'Australie le détient, en ayant remporté 5 victoires en 1978, 1982, 1988, 1997 et 2005.

CYCLISME

★MAXIMUM D'ÉTAPES GAGNÉES AU TOUR D'ITALIE

De 1989 à 2003, Mario Cipollini (Italie) a remporté 42 étapes du Giro (Tour d'Italie), un record pour un cycliste individuel.

CYCLISME SUR ROUTE

●RECORD DE VICTOIRES AU TOUR D'ESPAGNE

Deux cyclistes ont remporté le Tour d'Espagne à 3 reprises : Tony Rominger (Suisse), de 1992 à 1994, et Roberto Heras Hernández (Espagne), en 2000, 2003 et 2004. Hernández a aussi remporté le Tour en 2005, mais un contrôle antidopage a démontré qu'il avait pris de l'EPO (érythropoiétine) ; la victoire est donc revenue à Denis Menchov (Russie).

★RECORD D'ÉTAPES REMPORTÉES AU TOUR D'ESPAGNE

Delio Rodriguez (Espagne) a gagné 39 étapes du Tour d'Espagne de 1941 à 1947.

★LA PLUS LONGUE PÉRIODE ENTRE DEUX VICTOIRES AU TOUR DE FRANCE

Gino Bartali (Italie) a remporté le Tour de France en 1938, à 24 ans, et en 1948. La période de 10 ans écoulée entre les deux victoires est la plus longue de l'histoire du Tour, qui a débuté en 1903.

LA VITESSE MOYENNE LA PLUS ÉLEVÉE AU TOUR DE FRANCE

Lance Armstrong (USA) a terminé vainqueur du Tour de France 2005 – son dernier Tour. Sa vitesse moyenne était de 41,654 km/h. Il a parcouru les 3 607 km du Tour en 86 h 15 min et 2 s.

★RECORD DE VICTOIRES AU TOUR DE GRANDE-BRETAGNE

Malcolm Elliot (GB) a gagné 3 fois le Tour de Grande-Bretagne : en 1987 (pro-am), 1988 et 1990.

●RECORD DE TITRES MONDIAUX EN CYCLO-CROSS (FEMMES)

Institués en 2000, les championnats du monde féminins de cyclo-cross ont été remportés à 4 reprises par Hanka Kupfernagel (Allemagne) : en 2000, 2001, 2005 et 2008.

●RECORD DE COUPES DU MONDE EN CROSS-COUNTRY (HOMMES)

Deux hommes ont chacun remporté 3 fois la Coupe du monde de cross-country : Thomas Frischknecht (Suisse), en 1992, 1993 et 1995, et Julien Absalon (France, ci-dessous), en 2003, 2006 et 2007.

●RECORD DE VITESSE EN DÉPART ARRÊTÉ 500 M SANS MENEUR (FEMMES)

Anna Meares (Australie) a parcouru 500 m départ arrêté sans meneur en 33,588 s, à la Palma Arena, Palma de Majorque (Espagne), le 31 mars 2007.

BMX

★NOUVEAU RECORD
●MISE À JOUR

●RECORD DE CHAMPIONNATS DU MONDE (FEMMES)

Deux cyclistes ont chacune remporté 2 fois les championnats du monde de BMX de l'Union cycliste internationale : Gabriela Diaz (Argentine), en 2001 et 2002, et Willy Kanis (Pays-Bas), en 2005 et 2006.

●RECORDS DE CHAMPIONNATS DU MONDE (HOMMES)

Kyle Bennett (USA) a remporté 3 fois les championnats du monde de BMX de l'Union cycliste internationale : en 2002, 2003 et 2007.

RECORD DE CONCURRENTS AUX CHAMPIONNATS DU MONDE DE BMX

Organisés à Paris, les championnats du monde de BMX de l'UCI 2005 ont attiré 2 560 concurrents de 39 pays, du 29 au 31 juillet.

●MAXIMUM DE TITRES MONDIAUX EN TRIAL (HOMMES)

Benito Ros Charral (Espagne) a remporté 4 fois les championnats du monde masculins de trial Elite en catégorie 20 pouces : de 2003 à 2005 et en 2007.

●RECORD DE TITRES MONDIAUX EN VTT DE DESCENTE (FEMMES)

Anne-Caroline Chausson (France) a remporté 12 titres mondiaux en VTT de descente – 3 en championnat junior, de 1993 à 1995, et 9 en catégorie senior, de 1996 à 2005.

PLUS D'INFOS

Le vainqueur le plus âgé du Tour de France est Firmin Lambot (Belgique), qui avait 36 ans et 4 mois en 1922. Pour d'autres records gagnés par des **seniors**, reportez-vous… aux exploits humains, **p. 90-91**.

VTT

★RECORD DE COUPES DU MONDE DE 4-CROSS (HOMMES)

Brian Lopes (USA) a remporté 3 coupes de 4-cross en VTT : en 2002, 2005 et 2007.

★RECORD DE TITRES DU MONDE EN RELAIS PAR ÉQUIPE

L'Espagne a remporté 3 championnats du monde de VTT en relais par équipes : en 1999, 2000 et 2005.

●MAXIMUM DE TITRES MONDIAUX EN CROSS-COUNTRY (FEMMES)

Gunn-Rita Dahle Flesjaa (Norvège) a remporté 4 fois les championnats du monde de cross-country : en 2002 et de 2004 à 2006.

★LE DÉPART ARRÊTÉ 500 M LE PLUS RAPIDE SANS MENEUR (HOMMES)

Le 13 mai 2007, à La Paz (Bolivie), Chris Hoy (GB) a établi un record de 24,758 s en cyclisme masculin sur 500 m en départ arrêté sans meneur.

SPORTS

FOOTBALL

★LE MANAGER LE MIEUX PAYÉ

Fabio Capello (Italie), le manager de l'équipe nationale anglaise, a signé avec l'English Football Association un contrat de 4 ans et demi dont le montant atteindrait 6 millions £ (7,8 millions €) par an. Capello a pris ses fonctions le 7 janvier 2008.

RECORD DE BUTS EN EUROPE

Le ★record de buts marqués dans le cadre de compétitions entre clubs européens est de 63 pour Filippo Inzaghi (Italie), alors qu'il jouait pour le Milan AC, le 4 décembre 2007.

VICTOIRES INTERNATIONALES

●RECORD DE VICTOIRES EN COUPE D'AFRIQUE DES NATIONS

L'Égypte a remporté 6 fois la Coupe d'Afrique : en 1957, 1959, 1986, 1998, 2006 et 2008.

●RECORD DE VICTOIRES FÉMININES EN COUPE DU MONDE

En 2007, l'équipe allemande a remporté la Coupe du monde de football à Shanghai (Chine), après une première victoire en 2003, égalant les États-Unis qui ont remporté cette coupe en 1991 et 1999.

★RECORD DE BUTS NON ENCAISSÉS PAR UN GARDIEN EN CHAMPIONNAT D'ANGLETERRE

David James (GB) a arrêté 159 buts (aucun but concédé) alors qu'il jouait pour Liverpool, Aston Villa, West Ham, Manchester City et Portsmouth, entre 1992 et le 20 avril 2008.

★RECORD DE VICTOIRES EN CHAMPIONNAT CONCACAF (FEMMES)

Les États-Unis ont remporté le championnat CONCACAF (Confederation of North, Central American and Caribbean Association Football) en 1991, 1993, 1994, 2000, 2002 et 2006.

●RECORD DE MÉDAILLES D'OR EN CHAMPIONNAT CONCACAF (HOMMES)

Deux équipes ont remporté 4 fois l'or au championnat CONCACAF : le Mexique, en 1993, 1996, 1998 et 2003, et les États-Unis, en 1991, 2002, 2005 et 2007.

MEILLEURS SCORES

★COUPE D'AFRIQUE DES NATIONS

Le record de buts lors de la Coupe d'Afrique des nations est de 16 pour Samuel Eto'o (Cameroun), qui a joué pour son pays de 1996 à 2008.

★COPA AMERICA

Le record de buts en Copa America est de 17 buts, pour 2 footballeurs : Zizinho (Brésil), de 1941 à 1953, et Norberto Mendez (Argentine), de 1945 à 1956.

★BUTS MARQUÉS POUR UN MAXIMUM DE CLUBS EN CHAMPIONS LEAGUE DE L'UEFA

De 1997 à 2008, Hernán Crespo (Argentine, en photo à gauche) a marqué des buts pour 5 clubs différents durant des matchs de Champions League. Ces clubs étaient Parme, Lazio, Inter de Milan, AC Milan (tous Italie) et Chelsea (GB).

★NOUVEAU RECORD
●MISE À JOUR

★LE BUT LE PLUS RAPIDE D'UN REMPLAÇANT EN CHAMPIONNAT ANGLAIS

Alors qu'il jouait pour Arsenal, Nicklas Bendtner (Danemark) a marqué 6 s après être entré sur le terrain contre Tottenham Hotspur lors du championnat anglais à l'Emirates Stadium de Londres (GB), le 22 décembre 2007.

★LE JOUEUR LE PLUS CHER (CARRIÈRE)

Le montant le plus élevé versé pour un transfert de joueur est de 84,8 millions £ (110,24 millions €) pour Nicolas Anelka (France). Entre 1997 et 2008, il a joué pour le Paris Saint-Germain (France) 2 fois, pour Arsenal (GB), le Real Madrid (Espagne), Liverpool, Manchester City, les Bolton Wanderers et Chelsea (tous GB) et Fenerbahçe (Turquie).

★COUPE DU MONDE FÉMININE DE LA FIFA

Brigit Prinz (Allemagne) a marqué 14 buts en matchs de Coupe du monde féminine de la FIFA. Ce total inclut le but qu'elle a marqué en finale au stade Hongkou de Shanghai (Chine), le 30 septembre 2007.

★MAJOR LEAGUE SOCCER

Le record de buts en une carrière en Major League Soccer (MLS) était de 115 pour Jaime Moreno (Bolivie), en mai 2008.

DIVERS

LE TRANSFERT LE PLUS CHER

Zinedine Zidane (France) aurait quitté la Juventus pour le Real Madrid pour 13 033 000 000 pesetas (61,1 millions €), le 9 juillet 2001.

LE FOOTBALLEUR LE PLUS CAPÉ

Depuis 1987, Kristine Lilly (USA) a participé à 340 matchs internationaux pour l'équipe américaine.

●RECORD D'APPARITIONS EN CHAMPIONS LEAGUE

Raúl González Blanco (Espagne) a fait 118 apparitions en Champions League, de ses débuts dans la compétition en 1994 au 5 mars 2008, en jouant pour le Real Madrid. Il détient aussi **le ●record de buts de l'Union of European Football Association (UEFA) en matchs de Champions League**, avec 61 buts.

CHAMPIONS LEAGUE UEFA RECORD DE…

●VICTOIRES

Le record de matchs de Champions League gagnés par une équipe a été de 73 pour le Real Madrid (Espagne) qui a marqué 263 buts de 1992 au 11 décembre 2007.

★BUTS NON ENCAISSÉS

En 2005, Arsenal (GB) a établi le record de buts non encaissés, soit 10, durant des matchs de Champions League.

●MATCHS EN TANT QU'ENTRAÎNEUR

Sir Alex Ferguson (GB) a été entraîneur au cours de 140 matchs de Champions League. Pour le 140e, il entraînait Manchester United durant la finale, qui a eu lieu à Moscou (Russie), le 21 mai 2008.

FOOTBALL

DU TALENT DE LA TÊTE AUX PIEDS

Le maximum de rotations d'un ballon sur le front est de 50 et a été établi par Victor Rubilar (Argentine) dans le cadre du Guinness World Records Tour en 2007, à l'ICA Maxi, à Haninge (Suède), le 2 novembre 2007.

Le record de durée de contrôle d'un ballon avec la plante des pieds est de 6 min et 1 s. Il a été établi par Tomas Lundman (Suède) au centre commercial Nordstan, à Göteborg (Suède), le 24 novembre 2007.

RECORD DE CONTRÔLE D'UN BALLON DE FOOTBALL

Les 2 et 3 août 2003, Martinho Eduardo Orige (Brésil) a jonglé avec un ballon de football réglementaire pendant 19 h et 30 min avec ses pieds, ses jambes et sa tête sans que celui-ci ne touche le sol, au Padre Ezio Julli Gym, à Ararangua (Brésil).

RECORD DE BUTS EN CORNER

Le maximum de buts marqués en corner en un match par un joueur est de 3. Steve Cromey (GB) y est parvenu pour Ashgreen United contre Dunlop FC, le 24 février 2002, à Bedworth (Warwickshire, GB), ainsi que Daniel White (GB), pour Street and Glastonbury, club des moins de 11 ans, contre Westfield Boys, le 7 avril 2002.

RECORD DE JONGLAGE

Victor Rubilar (Argentine) a jonglé avec 5 ballons de taille réglementaire durant 10 s, le minimum requis, au centre commercial Gallerian de Stockholm (Suède), le 4 novembre 2006.

LE PLUS GROS COMPLEXE DE FOOTBALL

Le National Sports Center de Blaine (Minnesota, USA) compte 57 terrains.

LE PLUS LONG MATCH DE COUPE D'ANGLETERRE

Le match de Coupe d'Angleterre entre Alvechurch et Oxford City (toutes deux GB) de la 4e rencontre de qualification en novembre 1971 a duré 6 jeux et 11 h. La série de scores était 2-2, 1-1, 1-1, 0-0, 0-0, puis Alvechurch l'a finalement emporté 1-0.

RECORD DE PAYS VISITÉS DURANT UNE TOURNÉE DE FOOTBALL

Lenton Griffins FC (GB) a visité 12 pays, du 3 juillet au 3 août 2004 : pays de Galles, Belgique, Luxembourg, Allemagne, Autriche, Liechtenstein, Italie, Suisse, France, Andorre, Espagne et Maroc.

●LE PLUS GRAND TOURNOI DE FOOTBALL

Organisée au Mexique de février à octobre 2007, la Copa Telmex a été disputée par 8 600 équipes regroupant 148 714 joueurs. Le tournoi a été organisé afin d'améliorer la qualité de vie des jeunes Mexicains.

★RECORD DE ROTATIONS DU BALLON AUTOUR DE LA TÊTE EN 1 MIN

John Farnworth (GB) a fait tourner le ballon 83 fois autour de sa tête en 1 min sur le plateau de *Zheng Da Zong Yi*, à Pékin (Chine), le 2 novembre 2007.

★ NOUVEAU RECORD
● MISE À JOUR

★NOUVEAU RECORD
●MISE À JOUR

★LE PLUS GRAND TOURNOI DE GOLF SUR UN JOUR

Le 22 juillet 2007, 614 golfeurs ont pris part au tournoi organisé à La Cala Resort de Mijas (Málaga, Espagne).

●RECORD DE VICTOIRES AU WORLD MATCH PLAY

Ernie Els (Afrique du Sud) a remporté 7 titres au World Match Play : en 1994-1996, 2002-2004 et 2007.

RECORD DE VICTOIRES DANS LES GRANDS TOURNOIS (MESSIEURS)

Entre 1962 et 1986, Jack Nicklaus (USA) a triomphé dans 18 grands tournois. Il est sorti vainqueur 6 fois des Masters, 3 fois de l'Open Championship, 4 fois de l'US Open et 5 fois de l'US PGA.

RECORD DE VICTOIRES DU BRITISH OPEN (DAMES)

Karrie Webb (Australie) – en 1995, 1997 et 2002 – et Sherri Steinhauer (USA) – en 1998, 1999 et 2006 – se partagent le titre avec 3 victoires chacune du British Open. Le British Open n'est devenu un tournoi LPGA qu'en 2006.

LES REVENUS LES PLUS ÉLEVÉS...

●CARRIÈRE – PGA EUROPÉEN

Les tournois PGA européens ont rapporté à Colin Montgomerie (GB) 22 912 717 € entre 1986 et 2008.

●CARRIÈRE – US LPGA

Annika Sorenstam (Suède) a amassé 21 069 392 $ dans les US LPGA qu'elle a disputés de 1993 à 2008.

●SAISON – PGA EUROPÉEN

Ernie Els (Afrique du Sud) a empoché 4 061 905 € au PGA européen de 2004.

●SAISON – LADIES EUROPEAN TOUR

Laura Davies (GB) a touché 471 727 € au Ladies European Tour de 2006.

●LE PLUS HAUT REVENU PAR SAISON (US PGA)

Vijay Singh (Fiji) s'est vu remettre 10 905 166 $ pour l'US PGA de 2004.

LES MASTERS

Nick Price (Zimbabwe) – en 1986 – et Greg Norman (Australie) – en 1996 – ont tous deux obtenu **un score de 63, le meilleur jamais réalisé dans les Masters** qui se tenaient à l'Augusta National Golf Course (Georgie, USA). **Le score le plus bas pour les 4 manches des Masters** est de 270 (70, 66, 65, 69), obtenu par Tiger Woods (USA) en 1997.

LE GOLFEUR LE MIEUX PAYÉ

Avec 78 865 376 $ sur l'US PGA entre 1996 et 2008, Tiger Woods (USA) est sans conteste le **●golfeur le mieux payé du monde.**

D'après Forbes, en 2007, Tiger Woods a gagné, publicités comprises, 100 millions $, soit les **●plus gros revenus annuels pour un golfeur.**

HOCKEY SUR GLACE

★LA MEILLEURE MARQUEUSE EN UNE CARRIÈRE (USA)

Cammi Granato (USA) est la meilleure marqueuse de l'histoire du hockey américain en une carrière, avec 343 points (186 buts 157 assistances) marqués jusqu'en janvier 2006. Granato a permis aux Américaines de gagner la première médaille d'or olympique dans cette discipline en 1998, puis l'argent en 2002.

★LE MEILLEUR DÉBUT DE SAISON EN NHL

Avec 26 points marqués au cours des 14 premiers matchs de la saison 2007-2008, les Ottawa Senators (Canada) ont réalisé le meilleur début de saison de toute l'histoire de la National Hockey League (NHL). Ils ont démarré par un score record de 13 à 1.

★LE JOUEUR LE PLUS ÂGÉ EN NHL

Gordie Howe (Canada, né le 31 mars 1928) a été le plus vieux joueur de l'histoire de la NHL. Il avait 52 ans quand il a pris sa retraite en 1980. En 1997, il a signé un contrat pour un match avec les Detroit Vipers, à près de 70 ans.

★LE PLUS DE MATCHS ARBITRÉS AU COURS D'UNE CARRIÈRE EN NHL

Kerry Fraser (Canada) a arbitré plus de 1 550 matchs en saison régulière de NHL depuis 1979.

LE BUT LE PLUS RAPIDE

Per Olsen (Danemark) a marqué 2 s après le début du match Rungsted contre Odense en 1re Division danoise, le 14 janvier 1990. Jorgen Palmgren Erichsen (Norvège) a marqué 3 buts en 10 s, lors d'un match Frisk contre Holmen, en ligue de Norvège Junior, le 17 mars 1991.

★LE PREMIER JOUEUR À MARQUER SUR PENALTY EN FINALE DE LA STANLEY CUP

Le 6 juin 2006, Chris Pronger (Canada), des Edmonton Oilers (Canada), a été le premier joueur à marquer sur un tir de penalty en finale de la Stanley Cup, contre le gardien de but Cam Ward (Canada) des Carolina Hurricanes (USA). C'était le neuvième tir de penalty tenté en finale dans toute l'histoire de la Stanley Cup.

★LE PLUS DE SPECTATEURS POUR UN MATCH DE NHL

Le chiffre record de 71 217 spectateurs en NHL a été atteint lors d'un match entre les Pittsburg Penguins (USA) et les Buffalo Sabres (USA), au stade Ralph Wilson d'Orchard Park (New York, USA), le 1er janvier 2008.

●LA PLUS LONGUE SUSPENSION POUR UNE FAUTE EN COURS DE MATCH

Chris Simon (Canada) des New York Islanders (USA) a écopé de la plus longue suspension (30 matchs) pour avoir donné un coup de patin dans la jambe de Jarkko Ruutu (Finlande) des Penguins de Pittsburg, le 15 décembre 2007.

★LE MEILLEUR TAUX D'ARRÊTS EN FINALE DE LA STANLEY CUP

Terry Sawchuk (Canada), qui jouait pour les Detroit Red Wings (USA) en 1952, a réalisé le meilleur taux d'arrêts en finale de la Stanley Cup, soit 0,981, avec 104 tirs arrêtés sur les 106 effectués par l'adversaire.

★LE MEILLEUR MARQUEUR LE PLUS ÂGÉ SUR 1 SAISON DE NHL

Bill Cook (Canada, né le 9 octobre 1896) avait 37 ans quand il est devenu le meilleur marqueur de la ligue pour les New York Rangers (USA), au cours de la saison 1932-1933. Cook totalisait 50 points (28 buts et 22 assistances).

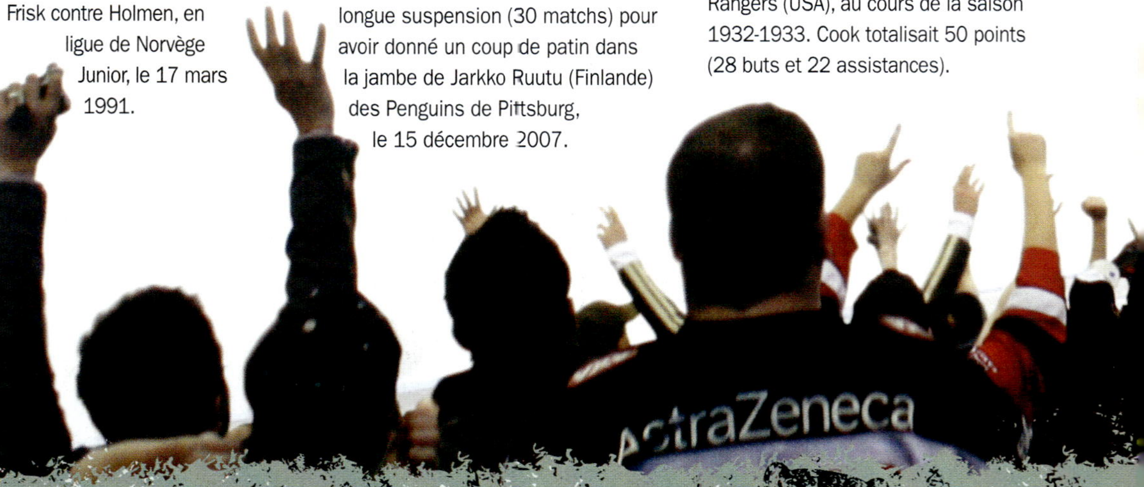

Tous les joueurs de hockey sont bilingues. Ils connaissent l'anglais et la grossièreté.

Gordie Howe, légende de la NHL

★NOUVEAU RECORD
●MISE À JOUR

★LE PLUS DE SAISONS EN PLAY-OFF (STANLEY CUP) POUR UN JOUEUR

Chris Chelios (USA), qui a joué chez les Montreal Canadiens (Canada), les Chicago Blackhawks (USA) et les Detroit Red Wings (USA), a joué les play-off de la Stanley Cup à 22 reprises depuis 1984. Il a manqué 2 saisons seulement.

●LE PLUS GRAND TOURNOI

510 équipes, totalisant 8 145 joueurs, ont participé au plus grand tournoi de hockey sur glace, la Bell Capital Cup, qui s'est tenu à Ottawa (Ontario, Canada), du 28 décembre 2006 au 1er janvier 2007.

★LE PLUS DE MATCHS JOUÉS EN UNE CARRIÈRE

Gordie Howe (Canada) a joué 1 767 matchs pour les Detroit Red Wings (USA) et les Hartford Whalers (USA) entre 1946 et 1980.

★LE PLUS DE MATCHS DE PLAY-OFF CONSÉCUTIFS DÉBUTÉS PAR UN GARDIEN

Martin Brodeur (Canada), gardien des New Jersey Devils, a débuté 137 matchs de play-off d'affilée lors de la Stanley Cup 2007.

LE HAT-TRICK LE PLUS RAPIDE

Bill Mosienko (Canada), des Chicago Blackhawks, a réalisé un hat-trick en 21 s contre les New York Rangers, le 23 mars 1952.

LE PLUS DE POINTS MARQUÉS PAR UN JOUEUR EN MATCH DE LIGUE PROFESSIONNELLE

Le record de points marqués par un joueur en match de ligue professionnelle est de 10. Il a été atteint par Jim Harrison (Canada) (3 buts, 7 assistances) pour les Alberta (puis Edmonton) Oilers, en match de WHA, à Edmonton (Canada), le 30 janvier 1973, et par Darryl Sittler (Canada) (6 buts, 4 assistances) pour les Toronto Maple Leafs contre les Boston Bruins en match de NHL, à Toronto (Canada), le 7 février 1976.

SIDNEY CROSBY

Sidney Crosby (Canada, né le 7 août 1987) est un phénomène. Depuis son premier match de NHL en tant que professionnel, chez les Penguins de Pittsburg (USA), le 5 octobre 2005, il a battu plusieurs records sans aucune difficulté. À 18 ans et 253 jours, Crosby a marqué son 100e point de la saison lors d'un match contre les New York Islanders, à Pittsburg, le 17 avril 2006, devenant **le ●plus jeune joueur de l'histoire de la NHL à marquer 100 points en 1 saison**. Il a fini la saison 2005-2006 avec 102 points. À 19 ans et 245 jours, il est devenu **le ●plus jeune joueur de l'histoire de la NHL à remporter un titre en ligue**, lors de la finale de la saison de 2006-2007, le 9 avril 2007. 52 jours plus tard, à 19 ans et 297 jours, Crosby est devenu **le ★plus jeune joueur de l'histoire de la NHL à être nommé capitaine**.

★LE PREMIER MATCH DE SAISON RÉGULIÈRE EN NHL JOUÉ EN EUROPE

Les deux premiers matchs de la saison régulière de la NHL joués en Europe ont opposé les Los Angeles Kings (USA) et les Anaheim Ducks (USA), à la patinoire The O2 de Londres (GB), les 29 et 30 septembre 2007. Les Kings ont gagné le premier 4-1, et les Ducks le deuxième sur le même score. La NHL avait déjà lancé sa saison en dehors de l'Amérique du Nord (au Japon, en 1997, 1998 et 2000), mais c'était la première fois que le coup d'envoi était donné en Europe.

ARTS MARTIAUX

●RECORD DE TITRES DE JUDO (FEMMES)

Ryoko Tani (Japon, née Tamura) a remporté 7 titres de championne du monde de judo dans la catégorie des 48 kg entre 1993 et 2007.

L'ATHLÈTE VIVANT LE PLUS LOURD

Le sumotori Emmanuel « Manny » Yarborough, de Rahway (New Jersey, USA) mesure 2,03 m et pèse 319,3 kg. Il a commencé à pratiquer le sumo sur le conseil de son entraîneur de judo et a fini à la 1re place de l'Open de sumo dans la catégorie amateurs.

●LE COMBATTANT D'UFC LE PLUS LOURD

Sean Gannon, Gan McGee, Tim Sylvia, Scott Junk et Brock Lesnar (tous USA) sont les plus lourds combattants des championnats d'Ultimate Fighting. Ils pèsent tous 120 kg.

Les ●combattants les plus légers sont Thiago Alves (Brésil) Jeff Curran et Jens Pulver (tous USA), avec 63,5 kg.

CHAMPIONNAT DU MONDE DE KATA PAR ÉQUIPE

L'équipe féminine japonaise de Kata a remporté **le ★plus de titres en championnat du monde**, soit 7 entre 1988 et 2004. L'équipe japonaise masculine a remporté **le ●plus de titres en championnat du monde**, soit 8 entre 1986 et 2002.

★RECORD DE TITRES AU CHAMPIONNAT DE L'UFC (CATÉGORIE POIDS LÉGER)

Tito Ortiz (USA, à gauche) a remporté six combats du championnat d'Ultimate Fighting Championship (UFC) dans la catégorie poids léger entre 2000 et 2002.

★RECORD DE VICTOIRES CONSÉCUTIVES EN SUMO DANS UNE CARRIÈRE

Le *yokozuna* (grand champion) Mitsugu Akimoto (Japon), alias Chiyonofuji Mitsugu, détient le record de victoires dans une carrière professionnelle, soit 1 045, entre septembre 1970 et mai 1991. Il a aussi gagné 807 matchs en *Makunouchi* (1re division).

CHAMPIONNAT DE WWE

Bruno Sammartino (Italie) a été champion du monde de catch pendant 2 803 jours, du 17 mai 1963 au 18 janvier 1971 : c'est **le ●plus long règne en WWE** (World Wrestling Entertainment). André le Géant (France) a connu **le ●plus court règne en WWE**, soit 45 s, le 5 février 1988. Il a battu Hulk Hogan dans des circonstances controversées, mais a immédiatement vendu son titre à Ted Dibiase. Jack Tunney, président de la Fédération internationale de catch (WWF), a annulé la transaction et le titre.

RECORD DE COUPS DE PIED EN 1 MIN (AVEC LES 2 JAMBES)

En 1989, sur le plateau de *Record Breakers* à Londres (GB), Scott Reave (GB), âgé de 14 ans, a lancé 218 coups de pied consécutifs en 1 min, en changeant de jambe. Il a commencé et fini avec le pied droit.

LE SAVIEZ-VOUS ?

En 2001, le World Wildlife Fund (WWF) a poursuivi en justice la fédération mondiale de catch pour l'usage du sigle WWF. Le jugement a conduit au changement de nom de la fédération qui est devenue en 2002 la WWE (World Wrestling Entertainment).

●CHAMPIONNATS DU MONDE DE JUDO

4 judokas ont remporté 4 titres de champion du monde de judo : Naoya Ogawa (Japon), entre 1987 et 1991 ; Shozo Fujii (Japon), entre 1971 et 1979 ; Yasuhiro Yamashita (Japon), entre 1979 et 1983 ; et David Douillet (France), entre 1993 et 1997.

★NOUVEAU RECORD
●MISE À JOUR

●RECORD DE PARTICIPANTS AU ROYAL RUMBLE (CATCH)

À 2 reprises, 30 catcheurs ont participé au Royal Rumble de catch. La 1re fois, le 28 janvier 2007, à San Antonio (Texas, USA), la compétition a été gagnée par The Undertaker (USA), et la 2nde fois, à New York (USA), le 27 janvier 2008, par John Cena (USA).

RECORD DE PROJECTIONS DE JUDO EN 1 H

Dale Moore et Nigel Townsend (tous deux GB) ont effectué 3 786 projections de judo en 1 h, à l'Esporta Health Club, de Chiswick Park, à Londres (GB), le 23 février 2002.

★RECORD POUR TRANCHER DES PAILLASSONS

Le 19 septembre 2007, Isao Machii (Japon) a tranché 1 000 paillassons roulés en boule avec un sabre en 36 min et 4 s, sur le plateau de *The Best House 123*, à Tokyo (Japon).

LE COUP DE PIED LE PLUS HAUT

Jessie Frankson (USA) a donné un coup de pied à une cible placée à 2,94 m de haut, sur le plateau de *Guinness World Records Primetime*, le 21 décembre 2000.

●RECORD DE TITRES DE CHAMPION D'UFC EN CATÉGORIE POIDS LOURD

Randy Couture (USA) a obtenu 6 titres de champion d'Ultimate Fighting dans la catégorie poids lourd entre 1997 et 2007.

RUGBY

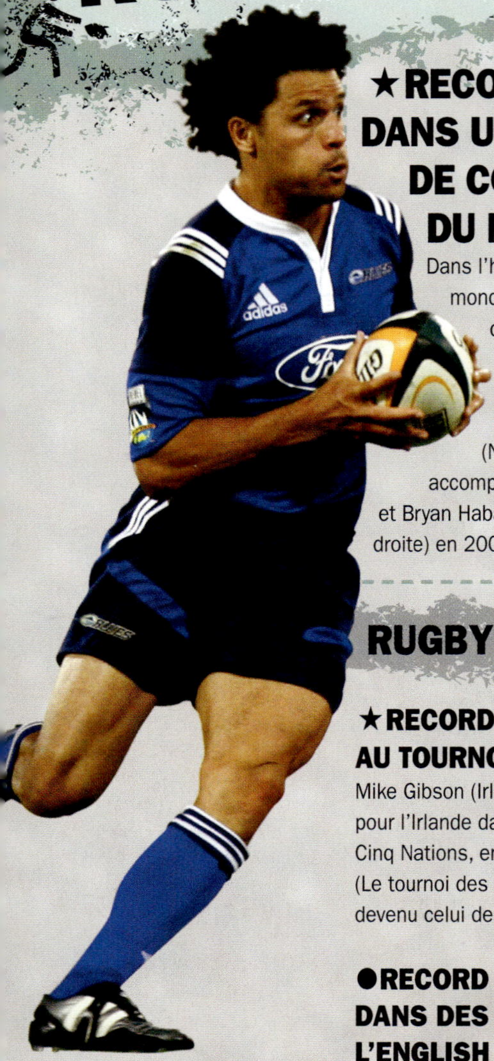

★RECORD D'ESSAIS DANS UN TOURNOI DE COUPE DU MONDE

Dans l'histoire de la Coupe du monde de Rugby, 2 joueurs ont marqué le nombre record de 8 essais en phase finale du tournoi. Jonah Lomu (Nouvelle-Zélande) a accompli cet exploit en 1999 et Bryan Habana (Afrique du Sud, à droite) en 2007.

RUGBY À 15

★RECORD DE SÉLECTIONS AU TOURNOI DES 5 NATIONS

Mike Gibson (Irlande) a joué 56 fois pour l'Irlande dans le tournoi des Cinq Nations, entre 1964 et 1979. (Le tournoi des Cinq Nations est devenu celui des Six Nations en 2000.)

●RECORD D'APPARITIONS DANS DES MATCHS DE L'ENGLISH PREMIERSHIP

Neal Hatley (GB) a participé à 193 matchs de l'English Premiership entre 1998 et 2007 pour son club, le London Irish. Le Premiership (ou Guinness Premiership) est le championnat de première division britannique de rugby à 15.

★RECORD D'ARBITRAGES DE RENCONTRES INTERNATIONALES

Derek Bevan (GB) a arbitré 44 matchs internationaux de rugby à 15, de 1985 à 2000.

★RECORD DE POINTS PAR UN JOUEUR EN TOURNOIS DES TRI-NATIONS

Andrew Mehrtens (Nouvelle-Zélande) a marqué 328 points pour les All Blacks (Nouvelle-Zélande) dans les championnats des Tri-Nations auxquels il a participé, entre 1995 et 2004.

LE SAVIEZ-VOUS ?

2 pays ont remporté 2 fois la finale de Coupe du monde de Rugby : l'Australie (1991 et 1999) et l'Afrique du Sud (1995 et 2007), soit **le plus de victoires en Coupe du monde**.

●RECORD DE TITRES AUX SÉRIES DE L'IRB SEVENS

Créées en 1999, les IRB Sevens World Series ont été remportées 7 fois par la Nouvelle-Zélande : 1999-2000, 2000-2001, 2001-2002, 2002-2003, 2003-2004, 2004-2005 et 2006-2007. Les Fidji ont interrompu cette série de victoires néo-zélandaises, en gagnant leur premier titre en 2005-2006.

★RECORD D'ESSAIS DE SUPER RUGBY

Doug Howlett (Nouvelle-Zélande, ci-dessus) a marqué 58 essais pour les Auckland Blues en Super Rugby, entre 1998 et 2007.

Alors qu'il jouait pour les Canterbury Crusaders, Andrew Mehrtens (Nouvelle-Zélande) a marqué 981 points, de 1996 à 2005. Il s'agit du **record de points réussis par un joueur dans une carrière de Super Rugby.**

●RECORD DE VICTOIRES DANS LA SÉRIE DE LA STATE OF ORIGIN

Le Queensland a remporté la série State of Origin de la ligue de rugby australienne à 16 reprises, entre 1980 et 2007.

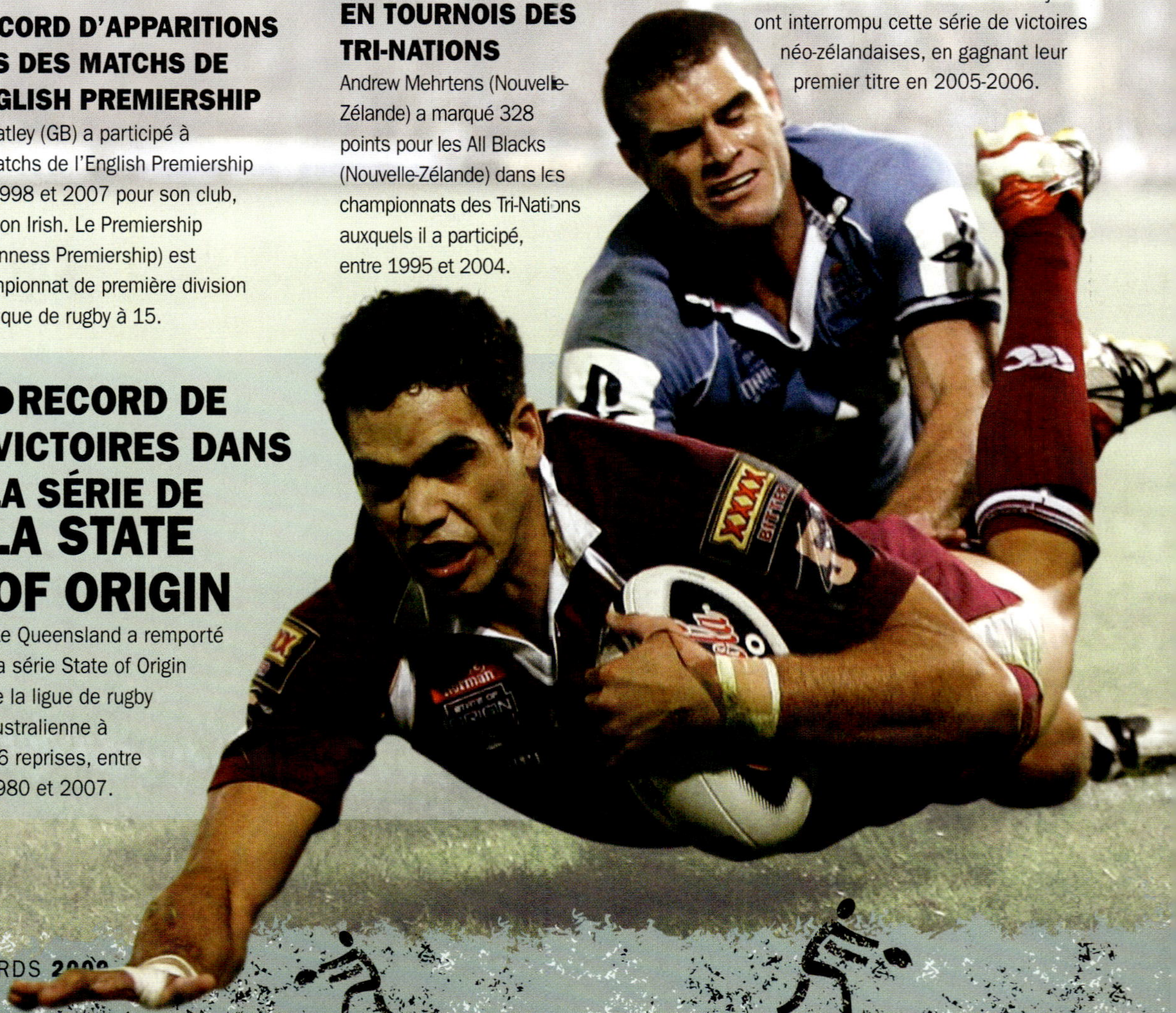

●RECORD DE TITRES EN TOURNOI DES TRI-NATIONS

Inauguré en 1996, le tournoi des Tri-Nations est une compétition internationale de rugby à 15 disputée chaque année par l'Australie, la Nouvelle-Zélande et l'Afrique du Sud. Il a été remporté 8 fois par la Nouvelle-Zélande en 1996, 1997, 1999, 2002, 2003, 2005, 2006 et 2007.

★RECORD DE TITRES EN NRL

Les Brisbane Broncos ont remporté 3 titres en National Rugby League (NRL) en 1998, 2000 et 2006. Créée en 1998, la NRL est la plus importante compétition de rugby à 13.

RUGBY À 13

●RECORD DE VICTOIRES AU WORLD CLUB TROPHY

2 équipes ont gagné le World Club Trophy à 3 reprises : les Wigan (GB) en 1987, 1991 et 1994, et les Bradford Bulls (GB) en 2002, 2004 et 2006. Le World Club Challenge trophy est disputé chaque année par les vainqueurs de la Super League (Europe) et de la National Rugby League (Australie).

★RECORD D'ESSAIS EN NATIONAL RUGBY LEAGUE

Ken Irvine (Australie) a marqué 212 essais entre 1958 et 1973 pour les North Sydney Bears et les Manly-Warringah Sea Eagles. C'est le plus grand nombre d'essais réussis par un joueur en National Rugby League.

●RECORD DE SÉLECTIONS INTERNATIONALES EN RUGBY À 15

George Gregan (Australie, né en Zambie) a été sélectionné 139 fois pour jouer dans l'équipe nationale australienne de rugby à 15, entre 1994 et 2007, soit plus que tout autre joueur.

●RECORD DE POINTS MARQUÉS

Andrew Johns (Australie) a marqué 2 176 points dans des matchs de National Rugby League entre 1993 et 2007, alors qu'il jouait pour les Newcastle Knights.

L'ESSAI LE PLUS RAPIDE

Le 6 octobre 1992, Lee Jackson a réussi un essai au bout de 9 s pour les Hull contre les Sheffield Eagles en demi-finale de la Yorkshire Cup, au Don Valley Stadium, à Sheffield (GB).

UNE MACHINE À RECORDS

Le demi d'ouverture Jonny Wilkinson (GB) a marqué 1 099 points en 75 matchs pour l'Angleterre (1 032 points en 69 matchs) et pour les British and Irish Lions (67 points en 6 matchs), du 4 avril 1998 au 8 mars 2008. C'est **le ●record de points dans une carrière de Rugby à 15.** Wilkinson a aussi marqué 249 points en 15 matchs de Coupe du monde entre 1999 et 2007, devenant **le ●meilleur marqueur du championnat,** et il est **le seul à avoir réussi à marquer des points dans 2 finales de Coupe du monde,** en 2003 et 2007. Au cours de sa brillante carrière, il s'est également distingué en marquant **le ●plus de points dans les tournois des Cinq/Six Nations,** en disputant 443 matchs entre 1998 et 2008. Lorsque le 23 février 2008, il a réussi à passer un drop contre la France dans le tournoi des Six Nations, il est devenu **le ★joueur ayant effectué le plus de drops gagnants dans des matchs internationaux de rugby,** soit 29.

★NOUVEAU RECORD
●MISE À JOUR

SPORTS
TENNIS & SPORTS DE RAQUETTE

TENNIS

★RECORD DE TITRES MONDIAUX DE TENNIS EN CHAISE ROULANTE (FEMMES)

Esther Vergeer (Pays-Bas) a gagné 8 fois le championnat du monde de tennis en chaise roulante de la Fédération internationale de tennis entre 2000 et 2007.

★LES TÊTES DE SÉRIE LES PLUS ÂGÉES À WIMBLEDON

Ricardo González (USA, né le 9 mai 1928) avait 41 ans et 45 jours lorsqu'il a participé au tournoi en 1969. **La ★joueuse la plus âgée, tête de série à Wimbledon**, est Billie Jean King (USA, née le 22 novembre 1943), qui avait 39 ans et 210 jours, en 1983.

TENNIS DE TABLE

●RECORD DE TITRES EN CHAMPIONNAT DU MONDE (HOMMES)

La Chine a remporté 16 fois la coupe Swaythling en 1961, 1963, 1965, 1971, 1975, 1977, 1981, 1983, 1985, 1987, 1995, 1997, 2001, 2004, 2006 et 2007.

RECORD DE MÉDAILLES D'OR OLYMPIQUES (DAMES)

Deng Yaping (Chine) a gagné 4 médailles d'or, en simple dames, en 1992 et 1996, et le double dames (les 2 fois avec Qiao Hang), en 1992 et 1996.

PLUS D'INFOS

La ★plus petite joueuse ayant participé au championnat du monde de tennis britannique, Gem Hoahing (GB), mesurait 1,46 m. Elle a disputé le tournoi en 1937.

★LE JOUEUR LE PLUS GRAND À WIMBLEDON

En 2003, Ivo Karlovic (Croatie) mesurait 2,08 m.

SQUASH

RECORD DE TITRES EN WORLD OPEN

Jansher Khan (Pakistan) a gagné 8 titres en World Open, en 1987, 1989 et 1990, et de 1992 à 1996. Chez les femmes, Sarah Fitzgerald (Australie) détient le record avec 5 titres, en 1996, 1997, 1998, 2001 et 2002.

●LES PLUS GROS GAINS EN 1 SAISON DE TENNIS

Le champion de tennis Roger Federer (Suisse) a gagné 6 584 903 € au cours de la saison 2007.

RECORD DE VICTOIRES EN THOMAS CUP

L'Indonésie s'est imposée 13 fois en championnat du monde de badminton par équipe (ou Thomas Cup créée en 1948), en 1958, 1961, 1964, 1970, 1973, 1976, 1979, 1984, 1994, 1996, 1998, 2000 et 2002.

La Chine détient aussi **le ★record de victoires consécutives en Sudirman Cup**, soit 4 de 1995 à 2001.

●RECORD DE VICTOIRES EN COUPE UBER (FEMMES)

L'équipe féminine chinoise s'est imposée 10 fois aux championnats du monde de badminton par équipe (la coupe Uber a été créée en 1956), en 1984, 1986, 1988, 1990, 1992, 1998, 2000, 2002, 2004 et 2006.

★RECORD DE TITRES EN DOUBLE MIXTE AU CHAMPIONNAT DU MONDE

Rachael Grinham (Australie) a remporté 2 fois la finale du double mixte au championnat du monde de squash avec David Palmer (Australie) en 2004 et Joe Kneipp (Australie) en 2006. Il y a eu à 3 reprises des doubles mixtes en 1997, 2004 et 2006.

★RECORD DE TITRES DE LA PRO SQUASH ASSOCIATION

Peter Nicol (GB) a remporté 3 titres consécutifs des Super Series de squash, en 1999, 2000 et 2001.

BADMINTON

●RECORD DE VICTOIRES EN SUDIRMAN CUP

La Chine a remporté 6 fois le championnat du monde en double mixte (ou Sudirman Cup créée en 1989), en 1995, 1997, 1999, 2001, 2005 et 2007.

★LE PLUS LONG MATCH DE DOUBLE EN GRAND CHELEM

Les 4 et 5 juillet 2006, le match de quart de finale du tournoi de Wimbledon opposant Daniel Nestor (Canada) et Mark Knowles (Bahamas) à Simon Aspelin (Suède) et Todd Perry (Australie) a duré 6 h et 9 min. Knowles et Nestor ont gagné sur le score de 5-7, 6-3, 6-7, 6-3, 23-21.

★LE MATCH DE SIMPLE DU GRAND CHELEM QUI S'EST TERMINÉ LE PLUS TARD

Un match de l'Open d'Australie opposant Lleyton Hewitt (Australie) à Marcos Baghdatis (Chypre), à Melbourne (Australie), les 19 et 20 janvier 2008, s'est terminé à 4 h 45. Hewitt l'a gagné 4-6, 7-5, 7-5, 6-7 (4-7), 6-3.

DIEUX DU TENNIS

Record de titres en simple à Wimbledon : W. C. Renshaw (GB) en a remporté 7, de 1881 à 1886 et en 1889 ; Pete Sampras (USA), de 1993 à 1995 et de 1997 à 2000.

Chez les femmes, Martina Navratilova (USA) s'est imposée 9 fois, en 1978 et 1979, de 1982 à 1987 et en 1990.

Les pionniers du grand chelem : Fred Perry (GB) a été **le premier joueur de tennis à gagner les 4 tournois du grand chelem** (Wimbledon, US Open, Open d'Australie et Roland-Garros), après sa victoire à l'Open français en 1935. Chez les femmes, Maureen Connolly (USA) a réalisé cet exploit en 1953. Elle a gagné successivement 6 tournois du grand chelem.

★NOUVEAU RECORD
●MISE À JOUR

SPORTS AQUATIQUES

PLONGÉE

★RECORD DE PROFONDEUR

Le 10 juin 2005, Nuno Gomes (Afrique du Sud) a plongé à 318,25 m dans la mer Rouge, près de Dahab (Égypte).

CHAMPIONNATS DU MONDE DE PLONGÉE

Greg Louganis (USA) a remporté 5 titres mondiaux, gagnant l'épreuve de tremplin en 1978, et les épreuves de plate-forme et de tremplin, en 1982 et 1986. Orlando Duque (Colombie) a remporté 3 fois les championnats du monde de la Fédération internationale de plongée de haut vol (2000, 2001 et 2002). Il détient **le record de victoires.**

PLONGEON

Le ★record de victoires (femmes) au Grand Prix de plongeon de la Fédération internationale de natation (FINA) dans l'épreuve de plate-forme (3 m) est détenu par Guo Jingjing (Chine, ci-dessus). Elle l'a remporté 3 fois, en 1999, 2000 et 2006.

Le ★record de victoires (hommes) au Grand Prix de plongeon de plate-forme de la FINA est détenu par Dmitri Sautine (Russie), qui a été sacré 7 fois, de 1995 à 2001.

AVIRON

●LE HUIT LE PLUS RAPIDE SUR 2 000 M

Le 15 août 2004, l'équipe américaine a parcouru le 2 000 m en 5 min et 19,85 s au championnat du monde d'Athènes (Grèce).

●RECORD SUR 2 000 M EN SKIFF (FEMMES)

Le 21 septembre 2002, Rumyana Neykova (Bulgarie) a parcouru le 2 000 m en 7 min et 7,71 s, à Séville (Espagne).

★RECORD EN DEUX DE COUPLE, POIDS LÉGERS (HOMMES)

Mads Rasmussen et Rasmus Quist (Danemark) ont réalisé le meilleur temps, soit 6 min et 10,02 s, à Amsterdam (Pays-Bas), le 23 juin 2007.

●RECORD DE VICTOIRES DANS UNE COURSE UNIVERSITAIRE

La première course entre Oxford et Cambridge (GB), remportée par Oxford, s'est déroulée le 10 juin 1829. Au cours des 154 courses qui ont eu lieu jusqu'en 2008, Cambridge a été victorieuse 79 fois, et Oxford 74 fois. Le 24 mars 1877, les deux universités ont terminé ex aequo.

●RECORD DE GAINS EN SURF

À la fin de la saison 2007, Kelly Slater (USA) avait gagné 1 587 805 $. Layne Beachley (Australie, ci-dessus) avait, elle, gagné 605 035 $ à la fin de la même saison, soit **les ●gains les plus élevés pour une surfeuse.**

RECORD DE TITRES AUX J. O. EN WATER-POLO (FEMMES)

Depuis l'introduction du water-polo aux J.O. en 2000, 2 pays se sont imposés : l'Australie en 2000 et l'Italie en 2004. À droite, Alexandra Araujo (Italie) et Georgia Lara (Grèce) au cours de la finale, à Athènes (Grèce), en 2004.

J'aurais du mal à dire que quelqu'un a un meilleur travail que moi, puisque je suis payé pour surfer !

Kelly Slater, le surfeur qui a gagné le plus d'argent

★ NOUVEAU RECORD
● MISE À JOUR

● LE 800 M NAGE LIBRE LE PLUS RAPIDE EN PETIT BASSIN (FEMMES)

Le 12 octobre 2007, Kate Ziegler (USA) a remporté le 800 m nage libre dans un bassin de 25 m, en 8 min et 9,68 s, à Essen (Allemagne).

SURF

NOM/NATIONALITÉ	RECORD	NOMBRE DE VICTOIRES
Nat Young (Australie)	★Record de titres mondiaux aux championnats de longboard de l'ASP*	4 (1986, 1988-1990)
Layne Beachley (Australie)	Record de titres mondiaux aux championnats de l'ASP* (femmes)	7 (1998-2003, 2006)
Kelly Slater (USA)	Record de titres mondiaux de Surf Pro (hommes)	8 (1992, 1994-1998, 2005-2006)
Michael Novakov (Australie)	Record de titres mondiaux aux championnats de surf amateur	3 (1982, 1984, 1986)

*Association des surfeurs professionnels

NATATION

RECORD DE MÉDAILLES D'OR OLYMPIQUES

Krisztina Egerszegi (Hongrie) a remporté 5 médailles d'or, au 100 m dos en 1992, au 200 m dos en 1988, 1992 et 1996 et au 400 m 4 nages en 1992. 6 nageurs détiennent **le record de médailles d'or olympiques**, soit 4 : Charles Meldrum Daniels (USA) au 100 m nage libre (1906 et 1908), au 220 yd nage libre (1904) et au 440 yd nage libre (1904) ; Roland Matthes (RDA) aux 100 m et 200 m dos (1968 et 1972) ; Mark Spitz (USA) aux 100 m et 200 m nage libre, aux 100 m et 200 m papillon (1972) ; Tamás Daryni (Hongrie) aux 200 m et 400 m 4 nages (1988 et 1992) ; Alexandre Popov (Russie) aux 50 m et 100 m nage libre (1992 et 1996) ; et Michael Phelps (USA) aux 100 m et 200 m papillon, ainsi qu'aux 200 m et 400 m 4 nages (2004).

RECORD DE MÉDAILLES OLYMPIQUES

Jenny Thompson (USA) a décroché 12 médailles olympiques de 1992 à 2004 : 8 d'or, 3 d'argent et 1 de bronze.

LE PLUS DE RECORDS

Ragnhild Hveger (Danemark) a battu 42 records du monde de natation, de 1936 à 1942.

WATER-POLO

RECORD DE BUTS DANS UNE RENCONTRE INTERNATIONALE

En 1982, Debbie Handley a marqué 13 buts pour l'Australie face au Canada (16 à 10), au championnat du monde, à Guayaquil (Équateur).

RECORD DE MÉDAILLES D'OR OLYMPIQUES EN WATER-POLO

5 joueurs détiennent **le record de médailles d'or olympiques de water-polo**, soit 3 : George Wilkinson (GB) en 1900, 1908 et 1912 ; Paulo « Paul » Radmilovic (GB) et Charles Sidney Smith (GB), en 1908, 1912 et 1920 ; et Desz Gyarmati et Gyorgy Karpati (tous deux Hongrie), vainqueurs en 1952, 1956 et 1964. L'équipe masculine de Hongrie détient le record de titres olympiques de water-polo avec 8 victoires, en 1932, 1936, 1952, 1956, 1964, 1976, 2000 et 2004.

SKI NAUTIQUE

RECORD DE VITESSE

Christopher Michael Massey (Australie) a atteint 230,26 km/h en ski nautique sur le fleuve Hawkesbury, à Windsor (Nouvelle-Galles du Sud, Australie), le 6 mars 1983.
Le 21 août 1977, Dawna Patterson Brice (USA) a battu le record féminin, en atteignant 178,8 km/h, à Long Beach (Californie, USA).

● RECORD DE SAUT EN SKI NAUTIQUE

Freddy Krueger (USA) a effectué un saut de 74,2 m de long en ski nautique, à Seffner (Floride, USA), le 5 novembre 2005.
Elena Milakova (Russie) détient **le record féminin** avec un saut de 56,6 m réussi à Rio Linda (Californie, USA), le 21 juillet 2002.

★ RECORD DE SKI NAUTIQUE (PIEDS NUS)

Scott Michael Pellaton (USA) a atteint 218,44 km/h à Chandler Arizona (Californie, USA), en novembre 1989.

ACROBATIES SUR ROUES

★LE PLUS LONG WHEELIE À MOTO SANS LES MAINS

AC Farias (Pays-Bas) a parcouru 89 m sur une roue, sans toucher une seule fois le guidon de sa moto, lors du MotoRAI qui s'est déroulé à Amsterdam (Pays-Bas), le 22 octobre 2004.

LE SAUT LE PLUS LONG SUR MONOCYCLE

David Weichenberger (Autriche) a effectué un saut de 2,95 m sur un monocycle lors du Vienna Recordia, à Vienne (Autriche), le 16 septembre 2006.

SKATEBOARD

★LE PLUS LONG WHEELIE

Brent Kronmueller (USA) a parcouru 40,84 m en effectuant un wheelie dans l'émission *The Rob & Big Show* de MTV à Los Angeles (Californie, USA), le 17 septembre 2007.

RECORD DE DISTANCE SUR DEUX ROUES LATÉRALES EN VOITURE

Le 25 septembre 1999, Sven-Eric Söderman (Suède) a parcouru 345,6 km en faisant rouler sa voiture sur deux roues latérales, à l'aéroport Mora Siljan Airport, de Dalarna (Suède). Au cours de l'épreuve qui a duré 10 h et 38 min, il a effectué 108 tours de piste de 3,2 km.

●RECORD DE KICKFLIPS À 360 ° (EN 1 MIN)

Kristos Andrews (USA) a réussi le plus de kickflips à 360° en 1 min, soit 23, lors des X-Games de Los Angeles (Californie, USA), le 4 août 2007.

★RECORD DE TRICKS INVENTÉS

Généralement considéré comme le plus grand skateur de tous les temps, Rodney Mullen (USA) a inventé 30 figures de skateboard entre 1997 et 2008.

INFOS

Né en 1985, David Weichenberger fait du monocycle depuis 1995. Il a été champion du monde de Downhill en 2006, médaillé de bronze de Street en 2006. En 2004, il a effectué le plus long saut et remporté la médaille d'argent en downhill et celle de bronze en Trial.

MONOCYCLE

●LE PLUS DE SAUTS (EN 1 MIN)

Daiki Izumida (Japon), alias Shiojyari, a enchaîné 214 sauts à la corde (nombre de révolutions de la corde) en 1 min sur son monocycle, au New Town Plaza à Hong Kong (Chine), le 12 août 2007.

★RECORD DE MARCHES GRAVIES (EN 30 S)

Le 1er novembre 2007, Peter Rosendahl (Suède) a gravi 56 marches en 30 s sur son monocycle, au Millennium Monument de Pékin (Chine).

★KARTING – LA PLUS GRANDE DISTANCE COUVERTE EN 24 H (OUTDOOR)

L'Equipe Vitesse a parcouru 2 056,7 km en 24 h, sur la piste de karting de Teesside, au Redcar & Cleveland Offroad Centre, à Middlesbrough (GB), les 20 et 21 septembre 2007.

LE WHEELIE LE PLUS LONG

Yasuyuki Kudo (Japon) a parcouru 331 km sur la roue arrière de sa Honda TLM220R sur le terrain d'expérimentation de l'Institut de recherche automobile du Japon, à Tsukuba (Japon), le 5 mai 1991.

★RECORD DE MARCHES GRAVIES

Benjamin Guiraud (France), alias Yoggi, a gravi les 670 marches de la tour Eiffel sur son monocycle en 22 min et 32 s, sans que ses pieds touchent le sol, à Paris, le 20 novembre 2006.

MOTO

★RECORD DE DONUTS (EN 1 MIN)

Axel Winterhoff (Allemagne) a effectué 21 donuts en 1 min, à Cologne (Allemagne), le 23 novembre 2007. Réaliser un donut consiste à bloquer la roue avant de la moto avec le frein et à accélérer avec la roue arrière pour que la moto tourne sur elle-même très vite.

●LE PLUS IMPORTANT BURN-OUT DE MOTOS

Le 26 août 2006, 213 motos ont participé au burn-out de l'équipe des Harleystunts and Smokey Mountain Harley-Davidson à Maryville (Tennessee, USA).

CYCLISME

●RECORD DE PINKY SQUEAKS (EN 1 MIN)

Andreas Lindqvist (Suède) a effectué 57 pinky squeaks (rotations de 360°) à BMX en 1 min, à Gothenburg (Suède), le 24 novembre 2007.

●LE PLUS LONG 50-50 GRIND

Rob Dyrdek (USA) a réalisé un grind de 30,62-m sur la barre de métal située en haut d'une rampe de skateboard, lors du *The Rob & Big Show* de MTV, à Los Angeles (Californie, USA), le 17 septembre 2007. Il s'agit aussi du **●plus long glissé**.

★RECORD DE DISTANCE SUR LA ROUE AVANT (SANS TOUCHER LES PÉDALES)

Le 2 novembre 2007, Andreas Lindqvist (Suède) a parcouru 154,5 m sur la roue avant de son vélo sans que ses pieds touchent les pédales, à Stockholm (Suède).

★NOUVEAU RECORD
●MISE À JOUR

COMMENT FAIT-IL ?

Pour soulever la voiture du sol, Terry Grant utilise un cric qui passe à travers son plancher et la maintient au sol. La voiture pivote alors comme une moto qui réaliserait un donut. Quand elle tournoie, Terry se tient en équilibre sur le marchepied afin d'avoir accès aux écrous de la roue. Il saute de la voiture, en la laissant tournoyer, pour prendre ses outils. Une fois que la roue est changée, Terry retire le cric et démarre.

★CHANGEMENT DE ROUE D'UNE VOITURE TOURNANT SUR ELLE-MÊME LE PLUS RAPIDE

Terry Grant (GB) a mis 3 min et 47 s pour changer la roue d'une voiture tournant sur elle-même, sur la piste de Santa Pod, à Wellingborough (Northamptonshire, GB), le 3 octobre 2007.

L'HOMME LE PLUS FORT

ÉPREUVES DE FORCE

Les premiers championnats du concours annuel de l'Homme le plus fort du monde ont eu lieu en 1977. Depuis 2001, une compétition réservée aux femmes est également organisée. Voici quelques épreuves du concours masculin :

- Marche du fermier
- Port de palanches/ Port de réfrigérateur
- Pierres d'Atlas
- Traction de camion
- Développé au-dessus des épaules
- Lancer de rondins/ Lancer de troncs d'arbre
- Decapitation Punch
- Remorqueur humain
- Fingal's Fingers
- Prise d'Hercule
- Montée des marches
- Tir de corde
- Marche des canards
- Crucifix
- Squat
- Poids mort
- Charges soulevées
- Port de voitures
- Lancer de tonneaux
- Perches poussées

★ L'OBJET LE PLUS LOURD TIRÉ LORS D'UN CONCOURS DE FORCE

L'épreuve la plus difficile pour les concurrents se disputant le titre de l'Homme le plus fort du monde consiste à tirer un avion d'environ 70 t avec 300 kg de liens et de chaînes. Les concurrents disposent de 75 s pour effectuer 30 m. Le gagnant est celui qui a parcouru cette distance le plus vite ou qui est allé le plus loin en 30 s. La photographie montre le champion de 1997 et 1999, Jouko Ahola (Finlande).

★ COFFRES-FORTS SOULEVÉS AU-DESSUS DE LA TÊTE

Les concurrents doivent soulever au-dessus de leur tête 2 coffres-forts attachés ensemble et pesant en tout 125 kg. Au cours du 3e jour de la compétition qui a eu lieu à Anaheim (Californie, USA), en 2007, Sebastian Wenta (Pologne) a accompli 19 fois cet exploit.

★ RECORD DE RAPIDITÉ DANS L'ÉPREUVE FINGAL'S FINGERS

En 2007, à Anaheim (Californie, USA), le dernier jour de la compétition, Sebastian Wenta (Pologne) est devenu la première personne à réussir l'épreuve de Fingal's Fingers en moins de 31 s, avec un temps de 30,92 s. L'épreuve de Fingal's Fingers consiste à renverser 5 mâts en bois, en leur faisant faire aussi vite que possible une rotation à 180°. Ces derniers pèsent de 200 à 300 kg et sont maintenus au sol par des charnières.

★ RECORD DE VICTOIRES PAR PAYS

La compétition s'est déroulée dans de nombreux pays : Zambie, Islande, île Maurice, Malaisie, Maroc et Chine pour n'en nommer que quelques-uns et les participants sont aussi des représentants d'un grand nombre de pays. Depuis que cette compétition existe, elle a été remportée 8 fois par un Islandais, en 1984, 1986, 1988, 1990, 1991, 1994, 1995 et 1996. Magnús Ver Magnússon, qui a gagné 3 fois la compétition, est le dernier Islandais à avoir obtenu le titre, il y a plus de 10 ans.

★ RECORD DE FINALES

Magnus Samuelsson (Norvège) est arrivé 10 fois en finale en 13 ans de compétition, entre 1995 et 2007. Il a remporté le titre en 1998.

★ LE DOYEN DES PARTICIPANTS

Odd Haugen (Norvège, né le 16 janvier 1960) avait 46 ans au championnat de Sanya, en Chine, en septembre 2006.

★ LE PLUS JEUNE PARTICIPANT

Kevin Nee (USA, né le 21 août 1985) avait 20 ans, 1 mois et 6 jours au début de la compétition à Chengdu (Chine), le 27 septembre 2005. Il n'a pas réussi à se qualifier lors de ses deux premières années de compétition, mais, en 2007, à Anaheim (Californie, USA), il a terminé 6e.

Le championnat de l'Homme le plus fort du monde est un divertissement stupéfiant… comprenant des épreuves de force primitives.
Jay Weiner, MinnPost

★NOUVEAU RECORD
●MISE À JOUR

★LA VICTOIRE LA PLUS LARGE

En 1980, Bill Kazmaier (USA) a devancé de 23,5 points son rival Lars Hedlund (Suède). Il a remporté le titre 3 fois, en 1980, 1981 et 1982. Il a participé pour la dernière fois à la compétition en 1989.

★RECORD DE TITRES D'HOMME LE PLUS FORT

3 participants se partagent ce record. Mariusz Pudzianowski (Pologne, photographié ici) a été vainqueur en 2002, 2003, 2005 et 2007, Jón Páll Sigmarsson (Islande), en 1984, 1986, 1988 et 1990 et Magnús Ver Magnússon (Islande), en 1991, 1994, 1995 et 1996.

★RECORD DE VICTOIRES CONSÉCUTIVES

2 « poids lourds » ont remporté le titre de l'Homme le plus fort du monde 3 fois de suite : Bill Kazmaier (USA), de 1980 à 1982 et Magnús Ver Magnússon (Islande, photographié en 1995), de 1994 à 1996.

★LA VICTOIRE LA PLUS SERRÉE

En 1990, seul un demi-point séparait le vainqueur Jon Pall Sigmarsson (Islande) du 2e O.D. Wilson (USA). On voit ici Sigmarsson en train de tirer un camion lors de la compétition de 1984.

★LE PLUS PETIT VAINQUEUR DU CHAMPIONNAT

L'haltérophile et culturiste gallois Gary Taylor (GB), qui mesurait 1,82 m, a été sacré l'Homme le plus fort du monde en 1993. Sa carrière se termina en 1997 lorsque ses jambes ont été broyées lors d'une épreuve visant à renverser des pneus de tracteur.

★LE VAINQUEUR LE PLUS GRAND

Ted van der Parre (Pays-Bas) mesurait 2,13 m lorsqu'il a gagné le titre en 1992. Avec ses 159 kg, il est **le vainqueur le plus lourd** et le seul Néerlandais à avoir remporté la compétition. Il est aussi le champion dont l'indice de masse corporelle (IMC) de 35 est le plus bas. (Cette mesure du poids par rapport à la taille détermine de manière approximative la corpulence.)

SPORTS
X-GAMES

ÉTÉ

RECORD D'AFFLUENCE À UNE COMPÉTITION DE SPORTS EXTRÊMES

En 1999, les 10 jours des 5e X-Games d'été de l'ESPN, qui ont eu lieu à San Francisco (Californie, USA), ont attiré 268 390 visiteurs.

RECORD DE MÉDAILLES D'OR

David Mirra (USA) a remporté 14 médailles d'or en individuel lors des X-Games de l'ESPN X en 2007.

LE PREMIER « 900 » EN SKATEBOARD

Le 27 juin 1999, aux 5e X-Games, à San Francisco (Californie, USA), Tony Hawk (USA), la légende du skateboard, a accompli un « 900 » (2,5 rotations en plein vol) en compétition. Cette figure est considérée comme l'une des plus difficiles de la catégorie « vert ».

LE SAUT DE RAMPE LE PLUS LONG À BMX

Le 3 août 2005, Mike Escamilla (USA, alias « Rooftop ») a réalisé un saut de 15,39 m de long en faisant tourner son BMX à 360° après s'être élancé d'une « Mega Ramp », aux 11e X-Games, à Los Angeles (Californie, USA).

LE MÉDAILLÉ D'OR LE PLUS JEUNE

Le 17 août 2003, Ryan Sheckler (USA, né le 30 décembre 1989) avait 13 ans et 230 jours lorsqu'il remporta une médaille d'or en skateboard aux 9e X-Games, à Los Angeles (Californie, USA).

RECORD DE MÉDAILLES EN MOTOCROSS

Travis Pastrana (USA) a remporté 11 médailles aux 12e X-Games de l'ESPN qui se sont tenus à Los Angeles (Californie, USA) du 3 au 6 août 2006. Il a décroché l'or de 1999 à 2005 en Freestyle ; l'argent en 2001 en Step Up ; et le bronze en 2004, l'argent en 2005 et l'or en 2006 dans l'épreuve de Best Trick.

PLUS D'INFOS

Danny Way a remporté sa 3e médaille d'or en Big Air, lors des X-Games de 2006. Pour connaître d'autres records de skateboard (kickflips et grinds) ou d'autres exploits sur une, deux ou quatre roues, rendez-vous p. 216-217.

●LE PLUS LONG SAUT D'UNE RAMPE EN SKATEBOARD

Le 8 août 2004, Danny Way (USA) a fait un tour à 360° en effectuant un saut de 24 m de long sur une « Mega Ramp », lors des 10e X-Games de Los Angeles (Californie, USA).

HIVER

RECORD DE MÉDAILLES D'OR

Shaun Palmer et Shaun White (tous deux USA) ont remporté chacun 6 médailles d'or aux X-Games d'hiver. Palmer en Skicross en 2000, en Snowboard extrême de 1997 à 1999, en Snow Mountain Biking en 1997 et en UltraCross en 2001 ; White en Snowboard Superpipe en 2003 et 2006, et en Slopestyle de 2003 à 2006.

RECORD DE MÉDAILLES EN SKATEBOARD

Tony Hawk et Andy Macdonald (tous deux USA, sur la photographie) ont obtenu 16 médailles en skateboard, aux X-Games d'été.

PREMIER DOUBLE BACK FLIP À MOTO

Le 4 août 2006, Travis Pastrana (USA) a réussi le premier double backflip (saut périlleux arrière) à moto, aux 12e X-Games, à Los Angeles (Californie, USA).

RECORD DE MÉDAILLE EN WAKEBOARD

Darin Shapiro (photographié ici), Dallas Friday et Tara Hamilton (tous USA) ont remporté chacun 6 médailles en wakeboard aux X-Games.

★ NOUVEAU RECORD
● MISE À JOUR

> ***Ils vont beaucoup plus vite et sont moins faciles à contrôler.***
> *Shaun White expliquant pourquoi les skateboards sont plus difficiles à manœuvrer que les snowboards*

RECORD DE MÉDAILLES EN SLOPESTYLE

Tanner Hall (USA) et Jon Olsson (Suède) ont tous deux remporté 4 médailles en Slopestyle. Hall a décroché l'or de 2002 à 2004 et l'argent en 2005. Olsson a obtenu 4 fois le bronze de 2002 à 2005.

RECORD DE MÉDAILLES EN SUPERPIPE (HOMMES)

Jon Olsson (Suède), Tanner Hall et Simon Dumont (tous deux USA) ont gagné 4 médailles en ski SuperPipe lors des X-Games d'hiver de l'ESPN. Olsson a décroché l'or en 2002, l'argent en 2004 et le bronze en 2003 et 2005 ; Hall, l'or en 2006 et 2007, et l'argent en 2003 et 2005 ; Dumont, l'or en 2004 et 2005, le bronze en 2006 et l'argent en 2007.

RECORD DE MÉDAILLES EN SNOWBOARD SLOPESTYLE (FEMMES)

Barrett Christy et Janna Meyen (toutes deux USA) ont remporté chacune 5 médailles en Slopestyle lors des X-Games d'hiver de l'ESPN. Christy a obtenu l'or en 1997, l'argent en 1998 et 1999, et le bronze en 2000 et 2002. Meyen a décroché 4 médailles d'or de 2003 à 2006 et l'argent en 2002.

RECORD DE MÉDAILLES EN SNOCROSS

Blair Morgan (Canada) a remporté 8 médailles en SnoCross : l'or de 2001 à 2003, en 2005 et 2006, l'argent en 1999 et 2000, et le bronze en 2004. Le SnoCross figure aux X-Games d'hiver depuis 1998.

RECORD DE MÉDAILLES EN SNOWBOARD SUPERPIPE (HOMMES)

Danny Kass et Shaun White (tous deux USA) ont remporté chacun 4 médailles en SuperPipe lors des X-Games d'hiver de l'ESPN. Kass a eu l'or en 2001, l'argent en 2003 et 2004, et le bronze en 2005 ; White a obtenu l'or en 2003 et 2006, et l'argent en 2002 et 2007.

RECORD DE MÉDAILLES EN SNOWBOARD

Barrett Christy et Shaun White (tous deux USA) ont remporté chacun 10 médailles en individuel lors des X-Games d'hiver. Chez les femmes, en Slopestyle, Christy a décroché l'or en 1997, l'argent en 1998 et 1999, et le bronze en 2000 et 2002 ; en Big Air, elle a eu l'or en 1997 et 1999, l'argent en 1998 et 2001. Elle a aussi gagné une médaille d'argent en SuperPipe en 2000. Chez les hommes, en Slopestyle, White a décroché l'argent en 2002, l'or de 2003 à 2006, et le bronze en 2007. Dans le SuperPipe, il a obtenu l'argent en 2002 et 2007, et l'or en 2003 et 2006.

RECORD DE MÉDAILLES EN SNOWBOARD SUPERPIPE (FEMMES)

Kelly Clark (USA) a remporté 4 médailles : l'or en 2002 et 2006, et l'argent en 2003 et 2004.

LA DOYENNE DES X-GAMES

Angelika Casteneda (USA), **l'athlète la plus âgée des X-Games**, avait 53 ans lorsqu'elle a participé à la X-Venture Race en 1996. John Howard, Keith Murray et elle-même (tous USA) formaient l'équipe de 3 qui remporta la course de 6 jours. Grâce à cette prouesse, elle est devenue **la médaillée d'or la plus âgée des X-Games**.

RECORD DE MÉDAILLES EN SNOWBOARD EXTRÊME (FEMMES)

Lindsey Jacobellis (USA) a gagné 4 médailles en Snowboard extrême lors des X-Games d'hiver de l'ESPN. Elle a obtenu l'or de 2003 à 2005 et l'argent lors des 10e X-Games d'hiver à Aspen/Snowmass (Colorado, USA), en janvier 2007.

RECORD DE MÉDAILLES EN ROLLER AGRESSIF
Fabiola da Silva (Brésil) a remporté 8 médailles en roller agressif aux X-Games, dont 7 d'or.

RECORD DE MÉDAILLES EN INDIVIDUEL
Dave Mirra (USA) a remporté 21 médailles dans l'épreuve de Freestyle de BMX, aux X-Games.

ATHLÉTISME (OUTDOOR & INDOOR SUR PISTE, LONGUE DISTANCE)

TABLEAUX SPORTIFS

2 000 M HOMMES

Le 7 septembre 1999, Hicham El Guerrouj (Maroc) remporte le 2 000 m en 4 min et 44,79 s, à Berlin (Allemagne).

●5 000 M FEMMES

Le 15 juin 2007, lors de la Golden League de la Fédération internationale d'associations d'athlétisme (IIAF) aux jeux de Bislett à Oslo (Norvège), Meseret Defar (Éthiopie) a couru le 5 000 m en extérieur en 14 min et 16,63 s.

ATHLÉTISME – EN PLEIN AIR SUR PISTE

HOMMES	TEMPS/DISTANCE	NOM ET NATIONALITÉ	LIEU	DATE
●100 m	9"72	Usain Bolt (Jamaïque)	New York (USA)	31 mai 2008
200 m	19"32	Michael Johnson (USA)	Atlanta (USA)	1er août 1996
400 m	43"18	Michael Johnson (USA)	Séville (Espagne)	26 août 1999
800 m	1'41"11	Wilson Kipketer (Danemark)	Cologne (Allemagne)	24 août 1997
1 000 m	2'11"96	Noah Ngeny (Kenya)	Rieti (Italie)	5 sept. 1999
1 500 m	3'26"00	Hicham El Guerrouj (Maroc)	Rome (Italie)	14 juill. 1998
1 mile	3'43"13	Hicham El Guerrouj (Maroc)	Rome (Italie)	7 juill. 1999
2 000 m	4'44"79	Hicham El Guerrouj (Maroc)	Berlin (Allemagne)	7 sept. 1999
3 000 m	7'20"67	Daniel Komen (Kenya)	Rieti (Italie)	1er sept. 1996
5 000 m	12'37"35	Kenenisa Bekele (Éthiopie)	Hengelo (Pays-Bas)	31 mai 2004
10 000 m	26'17"53	Kenenisa Bekele (Éthiopie)	Bruxelles (Belgique)	26 août 2005
●20 000 m	56'26"00	Haile Gebrselassie (Éthiopie)	Ostrava (Rép. tchèque)	26 juin 2007
●1 h	21 285 m	Haile Gebrselassie (Éthiopie)	Ostrava (Rép. tchèque)	27 juin 2007
25 000 m	1 h 13'55"80	Toshihiko Seko (Japon)	Christchurch (Nouvelle-Zélande)	22 mars 1981
30 000 m	1 h 29'18"80	Toshihiko Seko (Japon)	Christchurch (Nouvelle-Zélande)	22 mars 1981
3 000 m steeple	7'53"63	Saif Saaeed Shaheen (Qatar)	Bruxelles (Belgique)	3 sept. 2004
110 m haies	12"88	Xiang Liu (Chine)	Lausanne (Suisse)	11 juill. 2006
400 m haies	46"78	Kevin Young (USA)	Barcelone (Espagne)	6 août 1992
Relais 4 x 100 m	37"40	USA (Michael Marsh, Leroy Burrell, Dennis Mitchell, Carl Lewis)	Barcelone (Espagne)	8 août 1992
	37"40	USA (John Drummond Jr, Andre Cason, Dennis Mitchell, Leroy Burrell)	Stuttgart (Allemagne)	21 août 1993
Relais 4 x 200 m	1'18"68	Santa Monica Track Club, USA (Michael Marsh, Leroy Burrell, Floyd Heard, Carl Lewis)	Walnut (USA)	17 avr. 1994
Relais 4 x 400 m	2'54"20	USA (Jerome Young, Antonio Pettigrew, Tyree Washington, Michael Johnson)	Uniondale (USA)	22 juill. 1998
Relais 4 x 800 m	7'02"43	Kenya (Joseph Mutua, William Yiampoy, Ismael Kombich, Wilfred Bungei)	Bruxelles (Belgique)	25 août 2006
Relais 4 x 1 500 m	14'38"80	Allemagne de l'Ouest (Thomas Wessinghage, Harald Hudak, Michael Lederer, Karl Fleschen)	Cologne (Allemagne)	17 août 1977

FEMMES	TEMPS/DISTANCE	NOM ET NATIONALITÉ	LIEU	DATE
100 m	10"49	Florence Griffith-Joyner (USA)	Indianapolis (USA)	16 juill. 1988
200 m	21"34	Florence Griffith-Joyner (USA)	Séoul (Corée du Sud)	29 sept. 1988
400 m	47"60	Marita Koch (RDA)	Canberra (Australie)	6 oct. 1985
800 m	1'53"28	Jarmila Kratochvílová (République tchèque)	Münich (Allemagne)	26 juill. 1983
1 000 m	2'28"98	Svetlana Masterkova (Russie)	Bruxelles (Belgique)	23 août 1996
1 500 m	3'50"46	Qu Yunxia (Chine)	Pékin (Chine)	11 sept. 1993
1 mile	4'12"56	Svetlana Masterkova (Russie)	Zürich (Suisse)	14 août 1996
2 000 m	5'25"36	Sonia O'Sullivan (Irlande)	Édimbourgh (GB)	8 juill. 1994
3 000 m	8'06"11	Wang Junxia (Chine)	Pékin (Chine)	13 sept. 1993
●5 000 m	14'16"63	Meseret Defar (Éthiopie)	Oslo (Norvège)	15 juin 2007
10 000 m	29'31"78	Wang Junxia (Chine)	Pékin (Chine)	8 sept. 1993
20 000 m	1 h 05'26"60	Tegla Loroupe (Kenya)	Borgholzhausen (Allemagne)	3 sept. 2000
1 h	18 340 m	Tegla Loroupe (Kenya)	Borgholzhausen (Allemagne)	7 août 1998
25 000 m	1 h 27'05"90	Tegla Loroupe (Kenya)	Mengerskirchen (Allemagne)	21 sept. 2002
30 000 m	1 h 45'50"00	Tegla Loroupe (Kenya)	Warstein (Allemagne)	6 juin 2003
3 000 m steeple	9'01"59	Gulnara Samitova-Galkina (Russie)	Héraklion (Grèce)	4 juill. 2004
100 m haies	12"21	Yordanka Donkova (Bulgarie)	Stara Zagora (Bulgarie)	20 août 1988
400 m haies	52"34	Yuliya Pechonkina (Russie)	Tula (Russie)	8 août 2003
Relais 4 x 100 m	41"37	RDA (Silke Gladisch, Sabine Rieger, Ingrid Auerswald, Marlies Göhr)	Canberra (Australie)	6 oct. 1985
Relais 4 x 200 m	1'27"46	United States "Blue" (LaTasha Jenkins, LaTasha Colander-Richardson, Nanceen Perry, Marion Jones)	Philadelphie (USA)	29 avr. 2000
Relais 4 x 400 m	3'15"17	URSS (Tatyana Ledovskaya, Olga Nazarova, Maria Pinigina, Olga Bryzgina)	Séoul (Corée du Sud)	1er oct. 1988
Relais 4 x 800 m	7'50"17	URSS (Nadezhda Olizarenko, Lyubov Gurina, Lyudmila Borisova, Irina Podyalovskaya)	Moscou (Russie)	5 août 1984

ATHLÉTISME – EN SALLE SUR PISTE

HOMMES	TEMPS	NOM ET NATIONALITÉ	LIEU	DATE
50 m	5"56 5"56	Donovan Bailey (Canada) Maurice Greene (USA)	Reno (USA) Los Angeles (USA)	9 févr. 1996 13 févr. 1999
60 m	6"39 6"39	Maurice Greene (USA) Maurice Greene (USA)	Madrid (Espagne) Atlanta (USA)	3 févr. 1998 3 mars 2001
200 m	19"92	Frankie Fredericks (Namibie)	Liévin (France)	18 févr. 1996
400 m	44"57	Kerron Clement (USA)	Fayetteville (USA)	12 mars 2005
800 m	1'42"67	Wilson Kipketer (Danemark)	Paris (France)	9 mars 1997
1 000 m	2'14"96	Wilson Kipketer (Danemark)	Birmingham (GB)	20 févr. 2000
1 500 m	3'31"18	Hicham El Guerrouj (Maroc)	Stuttgart (Allemagne)	2 févr. 1997
1 mile	3'48"45	Hicham El Guerrouj (Maroc)	Gand (Belgique)	12 févr. 1997
3 000 m	7'24"90	Daniel Komen (Kenya)	Budapest (Hongrie)	6 févr. 1998
5 000 m	12'49"60	Kenenisa Bekele (Éthiopie)	Birmingham (GB)	20 févr. 2004
50 m haies	6"25	Mark McKoy (Canada)	Kobe (Japon)	5 mars 1986
60 m haies	7"30	Colin Jackson (GB)	Sindelfingen (Allemagne)	6 mars 1994
Relais 4 x 200 m	1'22"11	GB & Irlande du Nord (Linford Christie, Darren Braithwaite, Ade Mafe, John Regis)	Glasgow (GB)	3 mars 1991
Relais 4 x 400 m	3'02"83	USA (A. Morris, D. Johnson, D. Minor, M. Campbell)	Maebashi (Japon)	7 mars 1999
Relais 4 x 800 m	7'13"94	Global Athletics & Marketing, USA (Joey Woody, Karl Paranya, Rich Kenah, David Krummenacker)	Boston (USA)	6 févr. 2000
Marche 5 000 m	18'07"08	Mikhail Shchennikov (Russie)	Moscou (Russie)	14 févr. 1995

FEMMES	TEMPS	NOM ET NATIONALITÉ	LIEU	DATE
50 m	5"96	Irina Privalova (Russie)	Madrid (Espagne)	9 févr. 1995
60 m	6"92 6"92	Irina Privalova (Russie) Irina Privalova (Russie)	Madrid (Espagne) Madrid (Espagne)	11 févr. 1993 9 févr. 1995
200 m	21"87	Merlene Ottey (Jamaïque)	Liévin (France)	13 févr. 1993
400 m	49"59	Jarmila Kratochvílová (République tchèque)	Milan (Italie)	7 mars 1982
800 m	1'55"82	Jolanda Ceplak (Slovénie)	Vienne (Autriche)	3 mars 2002
1 000 m	2'30"94	Maria de Lurdes Mutola (Mozambique)	Stockholm (Suède)	25 févr. 1999
●1 500 m	3'57"71	Yelena Soboleva (Russie)	Valence (Espagne)	9 mars 2008
1 mile	4'17"14	Doina Melinte (Roumanie)	East Rutherford (USA)	9 févr. 1990
3 000 m	8'23"72	Meseret Defar (Éthiopie)	Stuttgart (Allemagne)	3 févr. 2007
5 000 m	14'27"42	Tirunesh Dibaba (Éthiopie)	Boston (USA)	27 janv. 2007
50 m haies	6"58	Cornelia Oschkenat (RDA)	Berlin (Allemagne)	20 févr. 1988
●60 m haies	7"68	Susanna Kallur (Suède)	Karlsruhe (Allemagne)	10 févr. 2008
Relais 4 x 200 m	1'32"41	Russie (Yekaterina Kondratyeva, Irina Khabarova, Yuliva Pechonkina, Yulia Gushchina)	Glasgow (GB)	29 Jan 2005
Relais 4 x 400 m	3'23"37	Russie (Yulia Gushchina, Olga Kotlyarova, Olga Zaytseva, Olesya Krasnomovets)	Glasgow (GB)	28 Jan 2006
Relais 4 x 800 m	8'18"54	Région de la Moskovskaya (Anna Balakshina, Natalya Pantelyeva, Anna Emashova, Olesya Chumakova)	Volgograd (Russie)	11 févr. 2007
Marche 3 000 m	11 h 40"33"	Claudia Stef (Roumanie)	Bucarest (Roumanie)	30 Jan 1999

ATHLÉTISME – LONGUE DISTANCE (PISTE)

HOMMES	TEMPS/DISTANCE	NOM ET NATIONALITÉ	LIEU	DATE
50 km	2 h 48'06"	Jeff Norman (GB)	Timperley (GB)	7 juin 1980
100 km	6 h 10'20"	Donald Ritchie (GB)	Londres (GB)	28 oct. 1978
100 miles	11 h 28'03"	Oleg Kharitonov (Russie)	Londres (GB)	2 oct. 2002
1 000 miles	11 jours 13 h 54'58"	Peter Silkinas (Lituanie)	Nanango (Australie)	11–23 mars 1998
24 h	303,306 km	Yiannis Kouros (Grèce)	Adelaïde (Australie)	4–5 oct. 1997
48 h	473,495 km	Yiannis Kouros (Grèce)	Surgères (France)	3–5 mai 1996
6 jours	1 023,2 km	Yiannis Kouros (Grèce)	Colac (Australie)	26 nov.–2 déc. 1984

FEMMES	TEMPS/DISTANCE	NOM ET NATIONALITÉ	LIEU	DATE
50 km	3h 18'52"	Carolyn Hunter-Rowe (GB)	Barry (Galles du Sud, GB)	3 mars 1996
100 km	7 h 14'06"	Norimi Sakurai (Japon)	Vérone (Italie)	27 sept. 2003
100 miles	14 h 25'45"	Edit Berces (Hongrie)	Vérone (Italie)	21–22 sept. 2002
1 000 miles	13 jours 1 h 54'02"	Eleanor Robinson (GB)	Nanango (Australie)	11–23 mars 1998
24 h	250,106 km	Edit Berces (Hongrie)	Vérone (Italie)	21–22 sept. 2002
48 h	377,892 km	Sue Ellen Trapp (USA)	Surgères (France)	2–4 mai 1997
6 jours	883,631 km	Sandra Barwick (Nouvelle-Zélande)	Campbelltown (Australie)	18–24 nov. 1990

●1 500 M FEMMES

Yelena Soboleva (Russie) célèbre sa médaille d'or en 1 500 m dames en salle. Elle a concouru durant les 12e championnats du monde en salle de l'IAAF à Valence (Espagne), le 9 mars 2008, atteignant un nouveau record de 3 min et 57,71 s.

★ NOUVEAU RECORD
● MISE À JOUR

SITES OFFICIELS

ATHLÉTISME :
www.iaaf.org

LONGUE DISTANCE :
www.iau.org.tw

800 M HOMMES

Deux records du monde en salle ont été établis par Wilson Kipketer (Danemark) : le 800 m et le 1 000 m. Ci-dessous, Kipketer vient de courir le 800 m en plein air en 1 min et 41,11 s, lors de la rencontre de l'International Track and Field à Cologne (Allemagne), le 24 août 1997.

COURSE SUR ROUTE, MARCHE, ATHLÉTISME (OUTDOOR & INDOOR), CYCLISME

TABLEAUX SPORTIFS

ATHLÉTISME – COURSE SUR ROUTE

HOMMES	TEMPS	NOM ET NATIONALITÉ	LIEU	DATE
10 km	27'02	Haile Gebrselassie (Éthiopie)	Doha (Qatar)	11 déc. 2002
15 km	41'29	Felix Limo (Kenya)	Nijmegen (Pays-Bas)	11 nov. 2001
●20 km	55'48	Haile Gebrselassie (Éthiopie)	Phoenix (USA)	15 janv. 2006
●Semi-marathon	58'33	Samuel Wanjiru (Kenya)	La Hague (Pays-Bas)	17 mars 2007
25 km	1 h 12'45	Paul Malakwen Kosgei (Kenya)	Berlin (Allemagne)	9 mai 2004
30 km	1 h 28'00	Takayuki Matsumiya (Japon)	Kumamoto (Japon)	27 févr. 2005
●Marathon	2 h 04'26	Haile Gebrselassie (Éthiopie)	Berlin (Allemagne)	30 sept. 2007
100 km	6 h 13'33	Takahiro Sunada (Japon)	Tokoro (Japon)	21 juin 1998
Relais sur route	1 h 57'06	Kenya (Josephat Ndambiri, Martin Mathathi, Daniel Mwangi, Mekubo Mogusu, Onesmus Nyerere, John Kariuki)	Chiba (Japon)	23 nov. 2005

FEMMES	TEMPS	NOM ET NATIONALITÉ	LIEU	DATE
10 km	30'21	Paula Radcliffe (GB)	San Juan (Porto Rico)	23 févr. 2003
15 km	46'55	Kayoko Fukushi (Japon)	Marugame (Japon)	5 févr. 2006
●20 km	1 h 02'57	Lornah Kiplagat (Pays-Bas)	Udine (Italie)	14 oct. 2007
●Semi-marathon	1 h 06'25	Lornah Kiplagat (Pays-Bas)	Udine (Italie)	14 oct. 2007
25 km	1 h 22'13	Mizuki Noguchi (Japon)	Berlin (Allemagne)	25 sept. 2005
30 km	1 h 38'49	Mizuki Noguchi (Japon)	Berlin (Allemagne)	25 sept. 2005
Marathon	2 h 15'25	Paula Radcliffe (GB)	Londres (GB)	13 avr. 2003
100 km	6 h 33'11	Tomoe Abe (Japon)	Tokoro (Japon)	25 juin 2000
Relais sur route	2 h 11'41	Chine (Jiang Bo, Dong Yanmei, Zhao Fengdi, Ma Zaijie, Lan Lixin, Li Na)	Pékin (Chine)	28 févr. 1998

●SEMI-MARATHON HOMMES

Samuel Wanjiru (Kenya) concourt pour le Great North Run à Newcastle-Upon-Tyne (GB), le 30 septembre 2007. Plus tôt la même année, il avait battu le record mondial de semi-marathon en 58 min et 33 s.

ATHLÉTISME – MARCHE

HOMMES	TEMPS	NOM ET NATIONALITÉ	LIEU	DATE
20 000 m	1 h 17'25"6	Bernardo Segura (Mexique)	Bergen (Norvège)	7 mai 1994
●20 km (route)	1 h 17'16"	Vladimir Kanaykin (Russie)	Saransk (Russie)	29 sept. 2007
30 000 m	2 h 01'44"1	Maurizio Damilano (Italie)	Cuneo (Italie)	3 oct. 1992
50 000 m	3 h 40'57"9	Thierry Toutain (France)	Héricourt (France)	29 sept. 1996
50 km (route)	3 h 35'47"	Nathan Deakes (Australie)	Geelong (Australie)	2 déc. 2006

FEMMES	TEMPS	NOM ET NATIONALITÉ	LIEU	DATE
10 000 m	41'56"23	Nadezhda Ryashkina (URSS)	Seattle (USA)	24 juill. 1990
20 000 m	1 h 26'52"3	Olimpiada Ivanova (Russie)	Brisbane (Australie)	6 sept. 2001
20 km (route)	1 h 25'41"	Olimpiada Ivanova (Russie)	Helsinki (Finlande)	7 août 2005

●20 KM HOMMES MARCHE (ROUTE)

En juillet 2002, au National Stadium de Kingston (Jamaïque), Vladimir Kanaykin (Russie) se réjouit après avoir passé la ligne d'arrivée en vainqueur de la marche homme de 10 km durant les championnats du monde junior d'athlétisme de l'IAAF. Kanaykin a battu le record du 20 km hommes, le 29 septembre 2007, à Saransk (Russie), en 1 h, 17 min et 16 s.

SITES OFFICIELS

ATHLÉTISME & MARCHE :
www.iaaf.org

CYCLISME :
www.uci.ch

★ NOUVEAU RECORD
● MISE À JOUR

ATHLÉTISME – OUTDOOR

HOMMES	RECORD	NOM ET NATIONALITÉ	LIEU	DATE
Saut en hauteur	2,45 m	Javier Sotomayor (Cuba)	Salamanque (Espagne)	27 juill. 1993
Saut à la perche	6,14 m	Sergei Bubka (Ukraine)	Sestriere (Italie)	31 juill. 1994
Saut en longueur	8,95 m	Mike Powell (USA)	Tokyo (Japon)	30 août 1991
Triple saut	18,29 m	Jonathan Edwards (GB)	Gothenburg (Suède)	7 août 1995
Lancer du poids	23,12 m	Randy Barnes (USA)	Los Angeles (USA)	20 mai 1990
Lancer du disque	74,08 m	Jürgen Schult (RDA)	Neubrandenburg (Allemagne)	6 juin 1986
Lancer du marteau	86,74 m	Yuriy Sedykh (URSS)	Stuttgart (Allemagne)	30 août 1986
Lancer du javelot	98,48 m	Jan Železný (République tchèque)	Jena (Allemagne)	25 mai 1996
Décathlon*	9 026 points	Roman Šebrle (République tchèque)	Götzis (Autriche)	27 mai 2001

** 100 m : 10,64 s ; saut en longueur : 8,11 m ; lancer du poids : 15,33 m ; saut en hauteur : 2,12 m ; 400 m 47,79 s ; 110 m haies : 13,92 s ; lancer du disque : 47,92 m ; saut à la perche : 4,80 m ; lancer du javelot : 70,16 m ; 1 500 m : 4 min et 21,98 s*

FEMMES	RECORD	NOM ET NATIONALITÉ	LIEU	DATE
Saut en hauteur	2,09 m	Stefka Kostadinova (Bulgarie)	Rome (Italie)	30 août 1987
Saut à la perche	5,01 m	Yelena Isinbayeva (Russie)	Helsinki (Finlande)	12 août 2005
Saut en longueur	7,52 m	Galina Chistyakova (URSS)	Saint-Petersbourg (Russie)	11 juin 1988
Triple saut	15,50 m	Inessa Kravets (Ukraine)	Gothenburg (Suède)	10 août 1995
Lancer du poids	22,63 m	Natalya Lisovskaya (URSS)	Moscou (Russie)	7 juin 1987
Lancer du disque	76,80 m	Gabriele Reinsch (RDA)	Neubrandenburg (Allemagne)	9 juill. 1988
Lancer du marteau	77,80 m	Tatyana Lysenko (Russie)	Tallinn (Estonie)	15 août 2006
Lancer du javelot	71,70 m	Osleidys Menéndez (Cuba)	Helsinki (Finlande)	14 août 2005
Héptathlon†	7 291 points	Jacqueline Joyner-Kersee (USA)	Séoul (Corée du Sud)	24 sept. 1988
Décathlon**	8 358 points	Austra Skujyte (Lituanie)	Columbia (USA)	15 avr. 2005

† 100 m haies : 12,69 s ; saut en hauteur : 1,86 m ; lancer du poids : 15,80 m ; 200 m : 22,56 s ; saut en longueur : 7,27 m ; lancer du javelot : 45,66 m ; 800 m : 2 min et 8,51 s

*** 100 m : 12,49 s ; saut en longueur : 6,12 m ; lancer du poids : 16,42 m ; saut en hauteur : 1,78 m ; 400 m : 57,19 s ; 100 m haies : 14,22 s ; lancer du disque : 46,19 m ; saut à la perche : 3,10 m ; lancer du javelot : 48,78 m ; 1 500 m : 5 min et 15,86 s*

ATHLÉTISME – INDOOR

HOMMES	RECORD	NOM ET NATIONALITÉ	LIEU	DATE
Saut en hauteur	2,43 m	Javier Sotomayor (Cuba)	Budapest (Hongrie)	4 mars 1989
Saut à la perche	6,15 m	Sergei Bubka (Ukraine)	Donetsk (Ukraine)	21 févr. 1993
Saut en longueur	8,79 m	Carl Lewis (USA)	New York (USA)	27 janv. 1984
Triple saut	17,83 m 17,83 m	Aliecer Urrutia (Cuba) Christian Olsson (Suède)	Sindelfingen (Allemagne) Budapest (Hongrie)	1er mars 1997 7 mars 2004
Lancer du poids	22,66 m	Randy Barnes (USA)	Los Angeles (USA)	20 janv. 1989
Héptathlon*	6 476 points	Dan O'Brien (USA)	Toronto (Canada)	14 mars 1993

** 60 m : 6,67 s ; saut en longueur : 7,84 m ; lancer du poids : 16,02 m ; saut en hauteur : 2,13 m ; 60 m haies : 7,85 s ; saut à la perche : 5,20 m ; 1 000 m : 2 min et 57,96 s*

FEMMES	RECORD	NOM ET NATIONALITÉ	LIEU	DATE
Saut en hauteur	2,08 m	Kajsa Bergqvist (Suède)	Arnstadt (Allemagne)	4 févr. 2006
●Saut à la perche	4,95 m	Yelena Isinbayeva (Russie)	Donetsk (Ukraine)	16 févr. 2008
Saut en longueur	7,37 m	Heike Drechsler (RDA)	Vienne (Autriche)	13 févr. 1988
Triple saut	15,36 m	Tatyana Lebedeva (Russie)	Budapest (Hongrie)	6 mars 2004
Lancer du poids	22,50 m	Helena Fibingerová (Rép. tchèque)	Jablonec (Rép. tchèque)	19 févr. 1977
Pentathlon†	4 991 points	Irina Belova (Russie)	Berlin (Allemagne)	15 févr. 1992

† 60 m haies : 8,22 s ; saut en hauteur : 1,93 m ; lancer du poids : 13,25 m ; saut en longueur : 6,67 m ; 800 m : 2 min et 10,26 s

CYCLISME SUR PISTE

HOMMES	TEMPS/DISTANCE	NOM ET NATIONALITÉ	LIEU	DATE
200 m (départ lancé)	9"772	Theo Bos (Pays-Bas)	Moscou (Russie)	16 déc. 2006
●*500 m (départ lancé)*	24"758	Chris Hoy (GB)	La Paz (Bolivie)	13 mai 2007
1 km (départ arrêté)	58"875	Arnaud Tournant (France)	La Paz (Bolivie)	10 oct. 2001
4 km (départ arrêté)	4'11"114	Christopher Boardman (GB)	Manchester (GB)	29 août 1996
Équipe 4 km (départ arrêté)	3'56"610	Australie (Graeme Brown, Luke Roberts, Brett Lancaster, Bradley McGee)	Athènes (Grèce)	22 août 2004
1 h	49,7 km*	Ondrej Sosenka (République tchèque)	Moscou (Russie)	19 juill. 2005

FEMMES	TEMPS/DISTANCE	NOM ET NATIONALITÉ	LIEU	DATE
200 m (départ lancé)	10"831	Olga Slioussareva (Russie)	Moscou (Russie)	25 avr. 1993
500 m départ lancé)	29"655	Erika Salumäe (Estonie)	Moscou (Russie)	6 août 1987
●*500 m (départ arrêté)*	33"588	Anna Meares (Australie)	Palma de Majorque (Espagne)	31 mars 2007
3 km (départ arrêté)	3'24"537	Sarah Ulmer (Nouvelle-Zélande)	Athènes (Grèce)	22 août 2004
1 h	46,65 km*	Leontien Zijlaard-van Moorsel (Pays-Bas)	Mexico (Mexique)	1 oct. 2003

** Certains athlètes ont réalisé de meilleures distances en 1 h avec des bicyclettes qui ne sont plus autorisées par l'Union cycliste internationale (UCI). Les records pour 1 h indiqués ici sont conformes aux nouvelles règles de l'UCI.*

●CYCLISME 500 M FEMMES

Anna Meares (Australie), en train de remporter le 500 m sur piste (départ arrêté) en 33,588 s aux championnats du monde de cyclisme sur piste de l'UCI, à Palma de Majorque (Espagne), le 31 mars 2007.

PLONGÉE EN APNÉE, AVIRON, PATINAGE DE VITESSE
TABLEAUX SPORTIFS

PLONGÉE EN APNÉE

IMMERSION (HOMMES)	PROF./TEMPS	NOM ET NATIONALITÉ	LIEU	DATE
●Poids constant avec palmes	112 m	Herbert Nitsch (Autriche)	Sharm el Sheikh (Égypte)	1er nov. 2007
●Poids constant sans palmes	86 m	William Trubridge (Nouvelle-Zélande)	Bahamas	10 avr. 2008
Poids variable	140 m	Carlos Coste (Venezuela)	Sharm el Sheikh (Égypte)	9 mai 2006
No limit	214 m	Herbert Nitsch (Autriche)	Spetses (Grèce)	14 juin 2007
●Immersion libre	108 m	William Trubridge (Nouvelle-Zélande)	Bahamas	11 avr. 2008
APNÉE DYNAMIQUE (HOMMES)				
●Avec palmes	244 m	Dave Mullins (Nouvelle-Zélande)	Wellington (Nouvelle-Zélande)	23 sept. 2007
●Sans palmes	186 m	Stig Aavall Severinsen (Danemark)	Maribor (Slovénie)	7 juill. 2007
APNÉE STATIQUE (HOMMES)				
Durée	9 min et 8 s	Tom Sietas (Allemagne)	Hambourg (Allemagne)	1er mai 2007
IMMERSION (FEMMES)				
●Poids constant avec palmes	90 m	Sara Campbell (GB)	Dahab (Égypte)	20 oct. 2007
●Poids constant sans palmes	* 57 m	Natalya Avseenko (Russie)	Bahamas	8 avr. 2008
Poids variable	122 m	Tanya Streeter (USA)	Îles Turks et Caicos	19 juill. 2003
No limit	160 m	Tanya Streeter (USA)	Îles Turks et Caicos	17 août 2002
●Immersion libre	81 m	Sara Campbell (GB)	Dahab (Égypte)	19 oct. 2007
APNÉE DYNAMIQUE (FEMMES)				
●Avec palmes	205 m	Natalia Molchanova (Russie)	Maribor (Slovénie)	5 juill. 2007
●Sans palmes	149 m	Natalia Molchanova (Russie)	Maribor (Slovénie)	7 juill. 2007
APNÉE STATIQUE (FEMMES)				
Durée	8 min	Natalia Molchanova (Russie)	Maribor (Slovénie)	6 juill. 2007

** NB : ces records attendent toujours d'être ratifiés au moment de la mise sous presse.*

AVIRON

HOMMES	TEMPS	NOM ET NATIONALITÉ	RÉGATES	DATE
Skiff	6'35"40	Mahe Drysdale (Nouvelle-Zélande)	Eton (GB)	26 août 2006
2 de couple	6'03"25	Jean-Baptiste Macquet, Adrien Hardy (France)	Poznan (Pologne)	17 juin 2006
4 de couple	5'37"31	Konrad Wasielewski, Marek Kolbowicz, Michal Jelinski, Adam Korol (Pologne)	Poznan (Pologne)	17 juin 2006
2 sans barreur	6'14"27	Matthew Pinsent, James Cracknell (GB)	Séville (Espagne)	21 sept. 2002
4 sans barreur	5'41"35	Sebastian Thormann, Paul Dienstbach, Philipp Stüer, Bernd Heidicker (Allemagne)	Séville (Espagne)	21 sept. 2002
2 barré*	6'42"16	Igor Boraska, Tihomir Frankovic, Milan Razov (Croatie)	Indianapolis (USA)	18 sept. 1994
4 barré*	5'58"96	Matthias Ungemach, Armin Eichholz, Armin Weyrauch, Bahne Rabe, Jörg Dederding (Allemagne)	Vienne (Autriche)	24 août 1991
8 barré	5'19"85	Deakin, Beery, Hoopman, Volpenhein, Cipollone, Read, Allen, Ahrens, Hansen (USA)	Athènes (Grèce)	15 août 2004
POIDS LÉGERS				
Skiff *	6'47"82	Zac Purchase (GB)	Eton (GB)	26 août 2006
●2 de couple	6'10"02	Mads Rasmussen and Rasmus Quist (Danemark)	Amsterdam (Pays-Bas)	23 juin 2007
4 de couple*	5'45"18	Francesco Esposito, Massimo Lana, Michelangelo Crispi, Massimo Guglielm (Italie)	Montréal (Canada)	1992
2 sans barreur*	6'26"61	Tony O'Connor, Neville Maxwell (Irlande)	Paris (France)	1994
4 sans barreur	5'45"60	Thomas Poulsen, Thomas Ebert, Eskild Ebbesen, Victor Feddersen (Danemark)	Lucerne (Suisse)	9 juill. 1999
8 barré*	5'30"24	Altena, Dahlke, Kobor, Stomporowski, Melges, März, Buchheit, Von Warburg, Kaska (Allemagne)	Montréal (Canada)	1992
FEMMES				
Skiff	7'07"71	Rumyana Neykova (Bulgarie)	Séville (Espagne)	21 sept. 2002
2 de couple	6'38"78	Georgina et Caroline Evers-Swindell (Nouvelle-Zélande)	Séville (Espagne)	21 sept. 2002
4 de couple	6'10"80	Kathrin Boron, Katrin Rutschow-Stomporowski, Jana Sorgers, Kerstin Köpper (Allemagne)	Duisburg (Allemagne)	19 mai 1996
2 sans barreur	6'53"80	Georgeta Andrunache, Viorica Susanu (Roumanie)	Séville (Espagne)	21 sept. 2002
4 sans barreur*	6'25"35	Robyn Selby Smith, Jo Lutz, Amber Bradley, Kate Hornsey (Australie)	Eton (GB)	26 août 2006
8 barré	5'55"50	Mickelson, Whipple, Lind, Goodale, Sickler, Cooke, Shoop, Francia, Davies (USA)	Eton (GB)	27 août 2006
POIDS LÉGERS				
Skiff *	7'28"15	Constanta Pipota (Roumanie)	Paris (France)	19 juin 1994
2 de couple	6'49"77	Dongxiang Xu, Shimin Yan (Chine)	Poznan (Pologne)	17 juin 2006
4 de couple*	6'23"96	Hua Yu, Haixia Chen, Xuefei Fan, Jing Liu (Chine)	Eton (GB)	27 août 2006
2 sans barreur*	7'18"32	Eliza Blair, Justine Joyce (Australie)	Aiguebelette-le-Lac (France)	7 sept. 1997

**Désigne des catégories d'embarcations non olympiques.*

PATINAGE DE VITESSE – PISTE LONGUE

HOMMES	TEMPS/POINTS	NOM ET NATIONALITÉ	LIEU	DATE
●500 m	34"03	Jeremy Wotherspoon (Canada)	Salt Lake City (USA)	9 nov. 2007
●2 x 500 m	68"31	Jeremy Wotherspoon (Canada)	Calgary (Canada)	15 mars 2008
●1 000 m	1'07"00	Pekka Koskela (Finlande)	Salt Lake City (USA)	10 nov. 2007
●1 500 m	1'42"01	Denny Morrison (Canada)	Calgary (Canada)	14 mars 2008
3 000 m	3'37"28	Eskil Ervik (Norvège)	Calgary (Canada)	5 nov. 2005
●5 000 m	6'06"32	Sven Kramer (Pays-Bas)	Calgary (Canada)	17 nov. 2007
10 000 m	12'41"69	Sven Kramer (Pays-Bas)	Salt Lake City (USA)	10 mars 2007
500/1 000/500/1 000 m	137 230 points	Jeremy Wotherspoon (Canada)	Calgary (Canada)	18-19 janv. 2003
500/3 000/1 500/5 000 m	146 365 points	Erben Wennemars (Pays-Bas)	Calgary (Canada)	12-13 août 2005
500/5 000/1 500/10 000 m	145 742 points	Shani Davis (USA)	Calgary (Canada)	18-19 mars 2006
Poursuite par équipe (8 tours)	3'37"80	Pays-Bas (Sven Kramer, Carl Verheijen, Erben Wennemars)	Salt Lake City (USA)	11 mars 2007

FEMMES	TEMPS/POINTS	NOM ET NATIONALITÉ	LIEU	DATE
●500 m	37"02	Jenny Wolf (Allemagne)	Salt Lake City (USA)	16 nov. 2007
2 x 500 m	74"42	Jenny Wolf (Allemagne)	Salt Lake City (USA)	10 mars 2007
1 000 m	1'13"11	Cindy Klassen (Canada)	Calgary (Canada)	25 mars 2006
1 500 m	1'51"79	Cindy Klassen (Canada)	Salt Lake City (USA)	20 nov. 2005
3 000 m	3'53"34	Cindy Klassen (Canada)	Calgary (Canada)	18 mars 2006
5 000 m	6'45"61	Martina Sábliková (République tchèque)	Salt Lake City (USA)	11 mars 2007
500/1 000/500/1 000 m	149 305 points	Monique Garbrecht-Enfeldt (Allemagne), Cindy Klassen (Canada)	Salt Lake City (USA) Calgary (Canada)	11-12 janv. 2003 24-25 mars 2006
500/1 500/1 000/3 000 m	155 576 points	Cindy Klassen (Canada)	Calgary (Canada)	15-17 mars 2001
500/3 000/1 500/5 000 m	154 580 points	Cindy Klassen (Canada)	Calgary (Canada)	18-19 mars 2006
Poursuite par équipe (6 tours)	2'56"04	Allemagne (Daniela Anschütz, Anni Friesinger, Claudia Pechstein)	Calgary (Canada)	13 nov. 2005

●PISTE LONGUE 1 500 M (HOMMES)

Denny Morrison (Canada) lors des championnats de patinage de vitesse en épreuve individuelle (distance) à Nagano (Japon), le 8 mars 2008. Quelques jours plus tard, le 14 mars, il a battu dans son propre pays le record du monde sur piste longue (1 500 m) en réalisant un temps de 1 min et 42,01 s.

PATINAGE DE VITESSE – PISTE COURTE

HOMMES	TEMPS	NOM ET NATIONALITÉ	LIEU	DATE
●500 m	41"051	Sung Si-Bak (Corée du Sud)	Salt Lake City (USA)	10 févr. 2008
●1 000 m	1'23"815	Michael Gilday (Canada)	Calgary (Canada)	14 oct. 2007
1 500 m	2'10"639	Ahn Hyun-Soo (Corée du Sud)	Marquette (USA)	24 oct. 2003
3 000 m	4'32"646	Ahn Hyun-Soo (Corée du Sud)	Pékin (Chine)	7 déc. 2003
Relais 5 000 m	6'39"990	Canada (Charles Hamelin, Steve Robillard, François-Louis Tremblay, Mathieu Turcotte)	Pékin (Chine)	13 mars 2005

FEMMES	TEMPS	NOM ET NATIONALITÉ	LIEU	DATE
●500 m	43"216	Wang Meng (Chine)	Salt Lake City (USA)	9 févr. 2008
●1 000 m	1'29"495	Wang Meng (Chine)	Harbin (Chine)	15 mars 2008
●1 500 m	2'16"729	Zhou Yang (Chine)	Salt Lake City (USA)	9 févr. 2008
●3 000 m	4'46"983	Jung Eun-Ju (Corée du Sud)	Harbin (Chine)	15 mars 2008
●Relais 3 000 m	4'09"938	Corée du Sud (Jung Eun-Ju, Park Seung-Hi, Shin Sae-Bom, Yang Shin-Young)	Salt Lake City (USA)	10 févr. 2008

SITES OFFICIELS

PLONGÉE EN APNÉE : www.aida-international.org

AVIRON : www.worldrowing.com

PATINAGE DE VITESSE : www.isu.org

●PISTE COURTE 1 000 M (FEMMES)

Wang Meng (Chine) concourt en demi-finale du 1 000 m aux championnats du monde 2008 de patinage de vitesse sur piste courte de 1 000 m, le 9 mars 2008, à Gangneug (Corée du Sud). Quelques jours plus tard, le 15 mars, elle a battu le record du monde des 1 000 m en réalisant un temps de 1 min et 29,495 s, à Harbin (Chine).

★NOUVEAU RECORD
●MISE À JOUR

NATATION
TABLEAUX SPORTIFS

800 M NAGE LIBRE (HOMMES)

Le 27 juillet 2005, Grant Hackett (Australie) a remporté la médaille d'or du 800 m nage libre en course longue en 7 min et 38,65 s, durant les XIe championnats du monde de la FINA à Montréal (Québec, Canada). Le nageur détient aussi le record du monde du 1 500 m nage libre.

NATATION – COURSE LONGUE (BASSIN DE 50 M)

HOMMES	TEMPS	NOM ET NATIONALITÉ	LIEU	DATE
50 m nage libre	21"64	Alexander Popov (Russie)	Moscou (Russie)	16 juin 2000
100 m nage libre	47"84	Pieter van den Hoogenband (Pays-Bas)	Sydney (Australie)	19 sept. 2000
200 m nage libre	1'43"86	Michael Phelps (USA)	Melbourne (Australie)	27 mars 2007
400 m nage libre	3'40"08	Ian Thorpe (Australie)	Manchester (GB)	30 juill. 2002
800 m nage libre	7'38"65	Grant Hackett (Australie)	Montréal (Canada)	27 juill. 2005
1 500 m nage libre	14'34"56	Grant Hackett (Australie)	Fukuoka (Japon)	29 juill. 2001
Relais 4 x 100 m nage libre	3'12"46	USA (Michael Phelps, Neil Walker, Cullen Jones, Jason Lezak)	Victoria (Canada)	19 août 2006
Relais 4 x 200 m nage libre	7'03"24	USA (Michael Phelps, Ryan Lochte, Klete Keller, Peter Vanderkaay)	Melbourne (Australie)	30 mars 2007
50 m papillon	22"96	Roland Schoeman (Afrique du Sud)	Montréal (Canada)	25 juill. 2005
100 m papillon	50"40	Ian Crocker (USA)	Montréal (Canada)	30 juill. 2005
200 m papillon	1'52"09	Michael Phelps (USA)	Melbourne (Australie)	28 mars 2007
50 m dos	24"80	Thomas Rupprath (Allemagne)	Barcelone (Espagne)	27 juill. 2003
100 m dos	52"98	Aaron Peirsol (USA)	Melbourne (Australie)	27 mars 2007
200 m dos	1'54"32	Ryan Lochte (USA)	Melbourne (Australie)	30 mars 2007
50 m brasse	27"18	Oleg Lisogor (Ukraine)	Berlin (Allemagne)	2 août 2002
100 m brasse	59"13	Brendan Hansen (USA)	Irvine (USA)	1er août 2006
200 m brasse	2'08"50	Brendan Hansen (USA)	Victoria (Canada)	20 août 2006
200 m 4 nages	1'54"98	Michael Phelps (USA)	Melbourne (Australie)	29 mars 2007
400 m 4 nages	4'06"22	Michael Phelps (USA)	Melbourne (Australie)	1er avr. 2007
Relais 4 x 100 m 4 nages	3'30"68	USA (Aaron Peirsol, Brendan Hansen, Ian Crocker, Jason Lezak)	Athènes (Grèce)	21 août 2004

FEMMES	TEMPS	NOM ET NATIONALITÉ	LIEU	DATE
50 m nage libre	24"13	Inge de Bruijn (Pays-Bas)	Sydney (Australie)	22 sept. 2000
100 m nage libre	53"30	Britta Steffen (Allemagne)	Budapest (Hongrie)	2 août 2006
200 m nage libre	1'55"52	Laure Manaudou (France)	Melbourne (Australie)	28 mars 2007
400 m nage libre	4'02"13	Laure Manaudou (France)	Budapest (Hongrie)	6 août 2006
800 m nage libre	8'16"22	Janet Evans (USA)	Tokyo (Japon)	20 août 1989
●1 500 m nage libre	15'42"54	Kate Ziegler (USA)	Mission Viejo (USA)	17 juin 2007
Relais 4 x 100 m nage libre	3'35"22	Allemagne (Petra Dallmann, Daniella Goetz, Britta Steffen, Annika Liebs)	Budapest (Hongrie)	31 juill. 2006
Relais 4 x 200 m nage libre	7'50"09	USA (Natalie Coughlin, Dana Vollmer, Lacey Nymeyer, Katie Hoff)	Melbourne (Australie)	29 mars 2007
●50 m papillon	25"46	Therese Alshammar (Suède)	Barcelone (Espagne)	13 juin 2007
100 m papillon	56"61	Inge de Bruijn (Pays-Bas)	Sydney (Australie)	17 sept. 2000
200 m papillon	2'05"40	Jessicah Schipper (Australie)	Victoria (Canada)	17 août 2006
●50 m dos	28"09	Li Yang (Chine)	Hyderabad (Inde)	19 oct. 2007
100 m dos	59"44	Natalie Coughlin (USA)	Melbourne (Australie)	27 mars 2007
200 m dos	2'06"62	Krisztina Egerszegi (Hongrie)	Athènes (Grèce)	25 août 1991
50 m brasse	30"31	Jade Edmistone (Australie)	Melbourne (Australie)	30 janv. 2006
100 m brasse	1'05"09	Leisel Jones (Australie)	Melbourne (Australie)	20 mars 2006
200 m brasse	2'20"54	Leisel Jones (Australie)	Melbourne (Australie)	1er févr. 2006
200 m 4 nages	2'09"72	Wu Yanyan (Chine)	Shanghai (Chine)	17 oct. 1997
400 m 4 nages	4'32"89	Katie Hoff (USA)	Melbourne (Australie)	1er avr. 2007
Relais 4 x 100 m 4 nages	3'55"74	Australie (Emily Seebohm, Leisel Jones, Jessicah Schipper, Lisbeth Lenton)	Melbourne (Australie)	31 mars 2007

●50 M PAPILLON (FEMMES)

Therese Alshammar (Suède) célèbre sa victoire après avoir nagé le 50 m papillon en course longue en 25,46 s, au cours de la deuxième étape de la série Mare Nostrum, à Barcelone (Espagne), le 13 juin 2007.

★ NOUVEAU RECORD
● MISE À JOUR

SITE OFFICIEL

NATATION :
www.fina.org

NATATION – COURSE COURTE (BASSIN DE 25 M)

HOMMES	TEMPS	NOM ET NATIONALITÉ	LIEU	DATE
●50 m nage libre	20"93	Stefan Nystrand (Suède)	Berlin (Allemagne)	18 nov. 2007
●100 m nage libre	45"83	Stefan Nystrand (Suède)	Berlin (Allemagne)	18 nov. 2007
200 m nage libre	1'41"10	Ian Thorpe (Australie)	Berlin (Allemagne)	6 févr. 2000
400 m nage libre	3'34"58	Grant Hackett (Australie)	Sydney (Australie)	18 juill. 2002
800 m nage libre	7'25"28	Grant Hackett (Australie)	Perth (Australie)	3 août 2001
1 500 m nage libre	14'10"10	Grant Hackett (Australie)	Perth (Australie)	7 août 2001
Relais 4 x 100 m nage libre	3'09"57	Suède (Johan Nyström, Lars Frölander, Mattias Ohlin, Stefan Nystrand)	Athènes (Grèce)	16 mars 2000
●Relais 4 x 200 m nage libre	6'52"66	Australie (Kirk Palmer, Grant Hackett, Grant Brits, Kenrick Monk)	Melbourne (Australie)	31 août 2007
50 m papillon	22"60	Kaio Almeida (Brésil)	Santos (Brésil)	17 déc. 2005
100 m papillon	49"07	Ian Crocker (USA)	New York (USA)	26 mars 2004
200 m papillon	1'50"73	Franck Esposito (France)	Antibes (France)	8 déc. 2002
50 m dos	23"27	Thomas Rupprath (Allemagne)	Vienne (Autriche)	10 déc. 2004
100 m dos	49"99	Ryan Lochte (USA)	Shanghai (Chine)	9 avr. 2006
200 m dos	1'49"05	Ryan Lochte (USA)	Shanghai (Chine)	9 avr. 2006
50 m brasse	26"17	Oleg Lisogor (Ukraine)	Berlin (Allemagne)	21 janv. 2006
100 m brasse	57"47	Ed Moses (USA)	Stockholm (Suède)	23 janv. 2002
200 m brasse	2'02"92	Ed Moses (USA)	Berlin (Allemagne)	17 janv. 2004
●200 m 4 nages	1'52"99	Laszlo Cseh (Hongrie)	Debrecen (Hongrie)	13 déc. 2007
●400 m 4 nages	3'59"33	Laszlo Cseh (Hongrie)	Debrecen (Hongrie)	14 déc. 2007
Relais 4 x 100 m 4 nages	3'25"09	USA (Aaron Peirsol, Brendan Hansen, Ian Crocker, Jason Lezak)	Indianapolis (USA)	11 oct. 2004

FEMMES	TEMPS	NOM ET NATIONALITÉ	LIEU	DATE
●50 m nage libre	23"58	Marleen Veldhuis (Pays-Bas)	Berlin (Allemagne)	18 nov. 2007
100 m nage libre	51"70	Lisbeth Lenton (Australie)	Melbourne (Australie)	9 août 2005
200 m nage libre	1'53"29	Lisbeth Lenton (Australie)	Sydney (Australie)	19 nov. 2005
●400 m nage libre	3'56"09	Laure Manaudou (France)	Helsinki (Finlande)	9 déc. 2006
●800 m nage libre	8'08"00	Kate Ziegler (USA)	Essen (Allemagne)	14 oct. 2007
●1 500 m nage libre	15'32"90	Kate Ziegler (USA)	Essen (Allemagne)	12 oct. 2007
●Relais 4 x 100 m nage libre	3'30"85	Pays-Bas (Hinkelien Schreuder, Femke Heemskerk, Ranomi Kranowidjojo, Marleen Veldhuis)	Eindhoven (Pays-Bas)	9 déc. 2007
Relais 4 x 200 m nage libre	7'46"30	Chine (Xu Yanvei, Zhu Yingven, Tang Jingzhi, Yang Yu)	Moscou (Russie)	3 avr. 2002
50 m papillon	25"33	Anne-Karin Kammerling (Suède)	Gothenburg (Suède)	12 mars 2005
100 m papillon	55"95	Lisbeth Lenton (Australie)	Hobart (Australie)	28 août 2006
●200 m papillon	2'03"53	Otylia Jedrzejczak (Pologne)	Debrecen (Hongrie)	13 déc. 2007
●50 m dos	26"50	Sanja Jovanovic (Croatie)	Debrecen (Hongrie)	15 déc. 2007
●100 m dos	56"51	Natalie Coughlin (USA)	Singapour	28 oct. 2007
200 m dos	2'03"62	Natalie Coughlin (USA)	New York (USA)	27 nov. 2001
50 m brasse	29"90	Jade Edmistone (Australie)	Brisbane (Australie)	26 sept. 2004
100 m brasse	1'03"86	Leisel Jones (Australie)	Hobart (Australie)	28 août 2006
200 m brasse	2'17"75	Leisel Jones (Australie)	Melbourne (Australie)	29 nov. 2003
200 m 4 nages	2'07"79	Allison Wagner (USA)	Palma de Majorque (Espagne)	5 déc. 1993
400 m 4 nages	4'27"83	Yana Klochkova (Ukraine)	Paris (France)	19 janv. 2002
Relais 4 x 100 m 4 nages	3'51"84	Australie (Tayliah Zimmer, Jade Edmistone, Jessicah Schipper, Lisbeth Lenton)	Shanghai (Chine)	7 avr. 2006

●200 M ET 400 M 4 NAGES (HOMMES)

Le 14 décembre 2007, Laszlo Cseh (Hongrie) a battu son propre record de 400 m 4 nages en réalisant un temps de 3 min et 59,33 s, lors des championnats d'Europe de natation en bassin de 25 m. La veille, il avait établi un nouveau record en 200 m 4 nages, avec un temps de 1 min et 52,99 s.

●200 M PAPILLON (FEMMES)

Otylia Jedrzejczak (Pologne) dispute le 200 m papillon lors des championnats d'Europe de natation en bassin de 25 m, à Debrecen (Hongrie), le 13 décembre 2007. Elle a a réalisé un temps de 2 min et 3,53 s.

HALTÉROPHILIE, SKI NAUTIQUE, MARATHONS SPORTIFS

TABLEAUX SPORTIFS

●ARRACHÉ 85 KG (HOMMES)

Andrei Rybakou (Biélorussie) en train de battre le record du monde d'arraché en catégorie 85 kg aux championnats du monde d'haltérophilie à Chiang Mai (Thaïlande), le 22 septembre 2007. Il a soulevé 187 kg.

SITES OFFICIELS

HALTÉROPHILIE :
www.iwf.net

SKI NAUTIQUE :
www.iwsf.com

★ NOUVEAU RECORD
● MISE À JOUR

HALTÉROPHILIE

HOMMES	CATÉGORIE	CHARGE	NOM ET NATIONALITÉ	LIEU	DATE
56 kg	Arraché	138 kg	Halil Mutlu (Turquie)	Antalya (Turquie)	4 nov. 2001
	Épaulé-jeté	168 kg	Halil Mutlu (Turquie)	Trencín (Slovaquie)	24 avr. 2001
	Total	305 kg	Halil Mutlu (Turquie)	Sydney (Australie)	16 sept. 2000
62 kg	Arraché	153 kg	Shi Zhiyong (Chine)	Izmir (Turquie)	28 juin 2002
	Épaulé-jeté	182 kg	Le Maosheng (Chine)	Busan (Corée du Sud)	2 oct. 2002
	Total	325 kg	World Standard*		
69 kg	Arraché	165 kg	Georgi Markov (Bulgarie)	Sydney (Australie)	20 sept. 2000
	Épaulé-jeté	197 kg	Zhang Guozheng (Chine)	Qinhuangdao (Chine)	11 sept. 2003
	Total	357 kg	Galabin Boevski (Bulgarie)	Athènes (Grèce)	24 nov. 1999
77 kg	Arraché	173 kg	Sergey Filimonov (Kazakhstan)	Almaty (Kazakhstan)	9 avr. 2004
	Épaulé-jeté	210 kg	Oleg Perepetchenov (Russie)	Trencín (Slovaquie)	27 avr. 2001
	Total	377 kg	Plamen Zhelyazkov (Bulgarie)	Doha (Qatar)	27 mars 2002
85 kg	●Arraché	187 kg	Andrei Rybakou (Biélorussie)	Chiang Mai (Thaïlande)	22 sept. 2007
	Épaulé-jeté	218 kg	Zhang Yong (Chine)	Ramat Gan (Israël)	25 avr. 1998
	Total	395 kg	World Standard*		
94 kg	Arraché	188 kg	Akakios Kakhiasvilis (Grèce)	Athènes (Grèce)	27 nov. 1999
	Épaulé-jeté	232 kg	Szymon Kolecki (Pologne)	Sofia (Bulgarie)	29 avr. 2000
	Total	417 kg	World Standard*		
105 kg	Arraché	199 kg	Marcin Dolega (Pologne)	Wladyslawowo (Pologne)	7 mai 2006
	Épaulé-jeté	242 kg	World Standard*		
	Total	440 kg	World Standard*		
+105 kg	Arraché	213 kg	Hossein Rezazadeh (Iran)	Qinhuangdao (Chine)	14 sept. 2003
	Épaulé-jeté	263 kg	Hossein Rezazadeh (Iran)	Athènes (Grèce)	25 août 2004
	Total	472 kg	Hossein Rezazadeh (Iran)	Sydney (Australie)	26 sept. 2000

FEMMES	CATÉGORIE	CHARGE	NOM ET NATIONALITÉ	LIEU	DATE
48 kg	Arraché	98 kg	Yang Lian (Chine)	Saint-Domingue (République dominicaine)	1er oct. 2006
	Épaulé-jeté	120 kg	Chen Xiexia (Chine)	Taian City (Chine)	21 avr. 2007
	Total	217 kg	Yang Lian (Chine)	Saint-Domingue (République dominicaine)	1er oct. 2006
53 kg	Arraché	102 kg	Ri Song-Hui (Corée du Nord)	Busan (Corée du Sud)	1er oct. 2002
	Épaulé-jeté	129 kg	Li Ping (Chine)	Taian City (Chine)	22 avr. 2007
	Total	226 kg	Qiu Hongxia (Chine)	Saint-Domingue (République dominicaine)	2 oct. 2006
58 kg	Arraché	111 kg	Chen Yanqing (Chine)	Doha (Qatar)	3 déc. 2006
	Épaulé-jeté	141 kg	Qiu Hongmei (Chine)	Taian City (Chine)	23 avr. 2007
	Total	251 kg	Chen Yanqing (Chine)	Doha (Qatar)	3 déc. 2006
63 kg	Arraché	116 kg	Pawina Thongsuk (Thaïlande)	Doha (Qatar)	12 nov. 2005
	Épaulé-jeté	142 kg	Pawina Thongsuk (Thaïlande)	Doha (Qatar)	4 déc. 2006
	●Total	257 kg	Liu Haixia (Chine)	Chiang Mai (Thaïlande)	23 sept. 2007
69 kg	Arraché	123 kg	Oxana Slivenko (Russie)	Saint-Domingue (République dominicaine)	4 oct. 2006
	Épaulé-jeté	157 kg	Zarema Kasaeva (Russie)	Doha (Qatar)	13 nov. 2005
	●Total	276 kg	Oxana Slivenko (Russie)	Chiang Mai (Thaïlande)	24 sept. 2007
75 kg	●Arraché	131 kg	Natalia Zabolotnaia (Russie)	Chiang Mai (Thaïlande)	25 sept. 2007
	Épaulé-jeté	159 kg	Liu Chunhong (Chine)	Doha (Qatar)	13 nov. 2005
	Total	286 kg	Svetlana Podobedova (Russie)	Hangzhou (Chine)	2 juin 2006
+75 kg	Arraché	139 kg	Mu Shuangshuang (Chine)	Doha (Qatar)	6 déc. 2006
	Épaulé-jeté	182 kg	Gonghong Tang (Chine)	Athènes (Grèce)	21 août 2004
	●Total	319 kg	Mu Shuangshuang (Chine)	Chiang Mai (Thaïlande)	26 sept. 2007

** Depuis le 1er janvier 1998, la Fédération internationale d'haltérophilie (IWF) a introduit de nouvelles catégories de poids, invalidant certains records mondiaux. Cette liste intègre les nouvelles catégories de poids. Les résultats atteints lors des compétitions agréées par l'IWF dépassant les catégories standard de **1 kg** au minimum seront reconnus comme des records mondiaux.*

●ARRACHÉ 75 KG (FEMMES)

Natalia Zabolotnaia (Russie) en train de disputer la médaille d'or d'arraché en catégorie 75 kg femmes, aux championnats du monde d'haltérophilie de Chiang Mai, (Thaïlande), le 25 septembre 2007. Elle a soulevé 131 kg.

SKI NAUTIQUE

HOMMES	RECORD	NOM ET NATIONALITÉ	LIEU	DATE
Slalom	1,5 bouée/9,75 m de corde	Chris Parrish (USA)	Trophy Lakes (USA)	28 août 2005
Slalom barefoot	20,6 traversées du sillage en 15 s	Keith St Onge (USA)	Bronkhorstspruit (Afrique du Sud)	6 janv. 2006
Figures	12 400 points	Nicolas Le Forestier (France)	Lac de Joux (Suisse)	4 sept. 2005
Figures barefoot	10 880 points	Keith St Onge (USA)	Adna (USA)	17 sept. 2006
●Saut	74,2 m	Freddy Krueger (USA)	Seffner (USA)	5 nov. 2006
Saut barefoot	27,4 m	David Small (GB)	Mulwala (Australie)	8 févr. 2004
Vol à skis	91,1 m	Jaret Llewellyn (Canada)	Orlando (USA)	14 mai 2000
Combiné	2 818,01 points*	Jaret Llewellyn (Canada)	Seffner (USA)	29 sept. 2002

FEMMES	RECORD	NOM ET NATIONALITÉ	LIEU	DATE
Slalom	1 bouée/10,25 m de corde	Kristi Overton Johnson (USA)	West Palm Beach (USA)	14 sept. 1996
Slalom barefoot	17,0 traversées du sillage en 15 s	Nadine de Villiers (Afrique du Sud)	Witbank (Afrique du Sud)	5 janv. 2001
Figures	8 740 points	Mandy Nightingale (USA)	Santa Rosa (USA)	10 juin 2006
Figures barefoot	4 400 points	Nadine de Villiers (Afrique du Sud)	Witbank (Afrique du Sud)	5 janv. 2001
Saut	56,6 m	Elena Milakova (Russie)	Rio Linda (USA)	21 juill. 2002
Saut barefoot	20,6 m	Nadine de Villiers (Afrique du Sud)	Pretoria (Afrique du Sud)	4 mars 2000
Vol à skis	69,4 m	Elena Milakova (Russie)	Pine Mountain (USA)	26 mai 2002
Combiné	2 850,11 points**	Clémentine Lucine (France)	Lacanau (France)	9 juill. 2006

** 511,25 m, figures : 10 730 ; saut : 71,7 m* *** 411,25 m, figures : 8 680 ; saut : 52,1 m ; nouvelle méthode de calcul des points 2006*

●SAUT (HOMMES)

Freddy Krueger (USA) a effectué un saut de 74,2 m, le 5 novembre 2006, à Sefner (USA).

LES PLUS LONGS MARATHONS SPORTIFS

SPORT	TEMPS	NOM ET NATIONALITÉ	LIEU	DATE
★Aérobic	24 h	Duberney Trujillo (Colombie)	Dosquebradas (Colombie)	26-27 févr. 2005
Tir à l'arc	27 h	Michael Henri Dames (Afrique du Sud)	Grahamstown (Afrique du Sud)	8-9 août 2005
●Baseball	32 h, 29 min et 25 s	St Louis Chapter of the Men's Senior Baseball League (USA)	O'Fallon, Missouri (USA)	13-14 oct. 2007
●Basket-ball	72 h	Students of Holy Trinity Church of England Secondary School (GB)	Crawley (West Sussex, GB)	13-16 juill. 2007
Basket-ball (fauteuil roulant)	26 h et 3 min	University of Omaha students and staff (USA)	Omaha (Nebraska, USA)	24-25 sept. 2004
Bowling (10 quilles)	120 h	Andy Milne (Canada)	Mississauga (Ontario, Canada)	24-29 oct. 2005
Boules (en salle)	36 h	Arnos Bowling Club (GB)	Southgate (GB)	20-21 avr. 2002
Boules (extérieur)	105 h	Lloyd Hotel Bowling Club (GB)	Manchester (GB)	14-18 oct. 2006
●Cricket	35 h	Chestfield CC et Oakwood Homes (GB)	Chestfield (GB)	8-9 sept. 2007
●Curling	40 h et 23 min	B. Huston, C. McCarthy, G. Poole, K. McCarthy, K. Martin, M. Witherspoon, R. Martin, T. Gouldie, T. Teskey, W. From (Canada)	Brandon (Manitoba, Canada)	9-10 mars 2007
●Fléchettes (double)	25 h et 34 min	Richard Saunders, Derek Fox, Paul Taylor, Andrew Brymer (GB)	Hurst, Berkshire (GB)	12-13 janv. 2007
●Fléchettes (individuel)	26 h et 22 min	Chris Nessling et Mick Dundee (GB)	Hurst, Berkshire (GB)	12-13 janv. 2007
★Fistball (en salle)	24 h	TG 1855 Neustadt bei Coburg e.V. (Allemagne)	Frankehalle (Neustadt, Allemagne)	16-17 avr. 2005
★Unihockey (floorball)	24 h et 15 min	TRM Floorball et Hornets Regio Moosseedorf Worblental (Suisse)	Zollikofen (Suisse)	27-28 avr. 2007
Football	30 h et 10 min	FC Edo Simme et FC Spiez (Allemagne)	Erlenbach (Suisse)	8-9 juill. 2006
★Football (à 5)	24 h et 30 min	Rossendale Mavericks et the Fearns Community Sports College (GB)	Waterfoot Rossendale (GB)	23-24 nov. 2007
Futsal (en salle)	30 h	Max Cosi/Quinny et Keo teams (Chypre)	Limassol (Chypre)	19-20 nov. 2005
Handball	70 h	HV Mighty/Stevo team (Pays-Bas)	Tubbergen (Pays-Bas)	30 août-2 sept. 2001
Hockey sur glace	240 h	Brent Saik and friends (Canada)	Strathcona (Alberta, Canada)	11-21 févr. 2005
●Hockey (en salle)	32 h	TF Farm Industries et Sandyhill teams (Canada)	Taber (Alberta, Canada)	17-18 août 2007
Hockey (roller/en ligne)	24 h	8K Roller Hockey League (USA)	Eastpointe (Michigan, USA)	13-14 sept. 2002
●Hockey (rue)	100 h et 2 min	Blacks and Reds, Face-off for a Cure (Canada)	Winnipeg (Manitoba, Canada)	13-17 mai 2007
Korfball	26 h et 2 min	Korfball Club de Vinken (Pays-Bas)	Vinkeveen (Pays-Bas)	23-24 mai 2001
●Netball	56 h	Airborne Netball Club (GB)	Bristol (GB)	26-28 mai 2007
Parachutisme ascens.	24 h et 10 min	Berne Persson (Suède)	Lake Graningesjön (Suède)	19-20 juill. 2002
Pétanque (boules)	40 h et 9 min	Bevenser Boule-Freunde (Allemagne)	Bad Bevensen (Allemagne)	22-23 juill. 2006
★Billard (individuel)	50 h et 2 min	Alan Skerritt et Mike Tunnell (GB)	Stockton-on-Tees (GB)	22-24 mars 2006
Ski	202 h et 1 min	Nick Willey (Australie)	Thredbo (Australie)	2-10 sept. 2005
Snowboard	180 h et 34 min	Bernhard Mair (Autriche)	Bad Kleinkirchheim (Autriche)	9-16 janv. 2004
●Spinning (vélo d'appart.)	175 h et 50 min	Joey Motsay (USA)	Greenboro (Caroline du Nord, USA)	22-29 sept. 2007
●Baby-foot	40 h et 30 min	Volker Lewedey, Karsten Link, Jakob Polzer et Christian Röhrer (Allemagne)	Spaichingen (Allemagne)	14-15 juill. 2007
Tennis de table (doubles)	101 h, 1 min et 11 s	Lance, Phil et Mark Warren et Bill Weir (USA)	Sacramento (Californie, USA)	9-13 avr. 1979
Tennis de table (indiv.)	132 h et 31 min	Danny Price et Randy Nunes (USA)	Cherry Hill (New Jersey, USA)	20-26 août 1978
●Tai-chi	25 h et 5 min	Ken Dickenson et Kevin Bartolo (Australie)	Sutherland (Australie)	17-18 mars 2006
Tennis (double)	48 h et 15 min	Brian Jahrsdoerfer, Michel Lavoie, Peter Okpokpo, Warner Tse (USA)	Houston (Texas, USA)	13-15 avr. 2006
●Tennis (simple)	26 h, 26 min et 26 s	Rinie Loeffen et Ton Dollevoet (Pays-Bas)	Macharen (Pays-Bas)	23-24 juin 2007
Tobogganing (acier)	56 h	Michael Kinzel (Allemagne)	Kirchhundem (Allemagne)	4-6 mai 2002
●Volley-ball (en salle)	55 h et 3 min	OBEY (USA)	Lexington (Kentucky, USA)	30 juill.-1er août 2007
Wakeboard	6 h et 17 min	Ian Taylor (GB)	Milton Keynes (GB)	1er sept. 2004

***ATTENTION :** les règles des marathons sportifs du GWR sont constamment actualisées : veuillez nous contacter avant d'effectuer une tentative de record.*

DOSSIER SPÉCIAL

LE PANTHÉON D'HOLLYWOOD

« Il y a 300 ou 400 films par an. Cinq font l'objet de nominations pour le son, et cela m'est arrivé 18 fois... Je trouve que j'ai de la chance. »

Kevin O'Connell, interviewé en 2006

RECORD DE NOMINATIONS AUX OSCARS SANS VICTOIRE

L'ingénieur du son Kevin O'Connell (USA) a été nommé 20 fois aux Oscars dans la catégorie Meilleur son, d'abord pour *Tendres passions* (USA, 1983) en 1984 et, dernièrement, pour *Transformers* (USA, 2007) en 2008. C'est la plus longue série d'échecs de l'histoire des Oscars ! Il est photographié ci-dessous près de la niche destinée à accueillir son Oscar !

★ LE PARTENARIAT DE CINÉMA LE PLUS LUCRATIF

En termes de recettes au box-office, le partenariat le plus lucratif d'Hollywood – sans tenir compte des suites – est celui du réalisateur Tim Burton (ci-dessus, à gauche) et de l'acteur Johnny Depp (à droite). Ensemble, ils ont rapporté 986,89 millions de $ avec 6 films : *Edward aux mains d'argent, Ed Wood, Sleepy Hollow, Charlie et la chocolaterie, Les Noces funèbres* et *Sweeney Todd* (en photo).

« Je déteste les premières de films. Je ne souris jamais en y assistant tout comme Johnny Depp ou Tim Burton. C'est tellement bidon. »

Christopher Lee

CHRISTOPHER LEE

Ce vétéran a endossé plus de 244 rôles au cinéma et à la télévision sur au moins 358 apparitions à l'écran. Il est aussi l'acteur qui a le plus souvent combattu à l'épée en l'espace d'une carrière (17 fois). Nous lui avons demandé ce que cela faisait d'être détenteur d'un Guinness World Record.

Eh bien, le mot « survie » vient à l'esprit ! Survie et privilège. Parfois, lorsque je regarde tout ce que j'ai fait, je ne réalise pas qu'il s'agit de moi. J'ai passé en revue la liste de toutes les personnes avec qui j'ai travaillé, ou que j'ai juste rencontrées, et je me suis rendu compte que j'ai croisé tous ceux dont on peut entendre parler – depuis l'âge d'or, au moins – à l'exception de [Greta] Garbo.

Quel est le plus grand acteur avec lequel vous avez travaillé ?

La plus grande actrice avec laquelle j'ai travaillé est Bette Davis [dans *Les Visiteurs d'un autre monde* (USA, 1978)]. L'acteur français Jean Reno [dans *Les Rivières pourpres 2 : les anges de l'Apocalypse* (USA, 2004)] est aussi extraordinaire et c'est un homme très généreux. Le plus *jeune* auquel je pense est [Leonardo] di Caprio. Lorsque je l'ai rencontré, il était très agréable, très détendu. Oh, et Viggo Mortensen est un formidable acteur, n'est-ce pas ? Quant à Johnny Depp, il est brillant et c'est l'un de mes amis.

Êtes-vous heureux d'avoir eu tant de rôles de méchants ?

Ce sont des rôles très intéressants ! Mais je n'ai pas joué dans ce que l'on appelle un film d'horreur – une dénomination que je déteste, comme Boris Karloff – depuis 1975. On me confiait souvent ce genre de rôles, mais ce n'est plus le cas aujourd'hui.

Un conseil pour les acteurs qui montent ?

Ne vous attendez pas à devenir une star du jour au lendemain. Il faut 10 ans pour devenir un acteur. Beaucoup trop d'acteurs sont bien trop jeunes pour assumer de grands rôles.

DANIEL DAY-LEWIS
Record d'Oscars du Meilleur acteur (2)*

MERYL STREEP
Record de nominations aux Oscars (14)

ANGELINA JOLIE
Actrice la plus influente d'Hollywood

PANT

LES HOMMES ET LES FEMMES LES PLUS

*RECORD PARTAGÉ AVEC TOM HANKS, DUSTIN HOFFMAN, FREDERIC MARCH, GARY COOPER, MARLON BRANDO ET S
BROWN (1990), ET POUR *THERE WILL BE BLOOD* (2008) ; JACK NICHOLSON A REÇU UN OSCAR POUR *TENDRES PAS*
WARS : *ÉPISODES I, II & III*, *JURASSIC PARK*, *LES INDESTRUCTIBLES*, *JEUX DE GUERRE*, *S.W.A.T.* ET *PULP FICTION* Ï L
TENANT COMPTE À LA FOIS DES REVENUS, DE LA PRÉSENCE AU BOX-OFFICE, DES PRIX, DE LA PRÉSENCE SUR IN

L'AUTRE EXTRÊME

He Pingping vit dans le district de Huade (province de Wulanchabu Meng, Mongolie-Intérieure). Coïncidence, il ne vit pas très loin de Chifung, où habite Xi Shun (Chine), qui est officiellement **l'homme le plus grand du monde**, avec une taille de 2,361 m ! Malgré cette proximité géographique, les deux hommes se sont rencontrés pour la première fois en juillet 2007. Xi Shun, qui épousait Xia Shujian (Chine), avait invité Pingping à son mariage.

QUESTION DE TAILLE

Pour authentifier les records de taille, Guinness World Records se base obligatoirement sur 6 mesures prises 3 fois dans la même journée (matin, après-midi et soir), allongé et debout. La taille finale est la moyenne des 6 chiffres obtenus.

Néanmoins, certaines personnes ne peuvent être entièrement mesurées de cette façon pour des raisons médicales. C'est le cas des personnes souffrant d'une forme grave d'ostéogénèse imparfaite – une maladie congénitale invalidante qui fragilise les os –, qui sont incapables de se tenir debout ou couchées à plat.

Linn Yih-Chih (Taïwan, ci-dessous à droite), qui mesure 67,5 cm, est d'un point de vue technique **l'homme le plus petit du monde**, mais il est immobilisé par cette maladie, tout comme Madge Bester (Afrique du Sud ; photographiée en train de recevoir un baiser), 65 cm, qui est **la femme la plus petite du monde**.

LA MAGIE D'HARRY POTTER

LA MAGIE D'HARRY

★LE PLUS FORT POURCENTAGE DE PAPIER CERTIFIÉ FSC

Presque deux tiers des 16 700 tonnes de papier utilisées pour le premier tirage de *Deathly Hallows* aux États-Unis étaient certifiés FSC (label garantissant une gestion durable des ressources forestières).

●LES MEILLEURES VENTES EN 24 H POUR UN OUVRAGE DE FICTION

8,3 millions d'exemplaires de *Deathly Hallows* ont été vendus en 24 h lors de sa sortie aux États-Unis, le 21 juillet 2007, soit 345 833 livres à l'heure.

LE PREMIER TIRAGE LE PLUS IMPORTANT

Le premier tirage d'*Harry Potter et l'ordre du Phénix* en juin 2003 est un record historique, avec 8,5 millions d'exemplaires imprimés.

RECORD DE COMMANDES

Harry Potter et la coupe de feu a été commandé à 5,3 millions d'exemplaires dans le monde avant sa sortie.

MEILLEURES VENTES DE DVD DE L'HISTOIRE

Le DVD d'*Harry Potter et la coupe de feu* s'est vendu à plus de 6 exemplaires à la seconde le jour de sa sortie en Grande-Bretagne, le 20 mars 2006. Il a continué à se vendre plus de 3 exemplaires à la seconde depuis. Il s'en est vendu plus de 5 millions d'exemplaires le jour de sa sortie aux États-Unis, le 7 mars 2006.

HARRY POTTER...

TITRE	NB D'EXEMPLAIRES	1ER WEEK-END USA	RECETTES
à l'école des sorciers	120 millions	90 294 621 $	968 657 891 $
et la chambre des secrets	77 millions	88 357 488 $	866 300 000 $
et le prisonnier d'Azkaban	61 millions	93 687 367 $	789 458 727 $
et la coupe de feu	66 millions	102 685 961 $	892 194 397 $
et l'ordre du Phénix	55 millions	77 108 414 $	937 000 866 $
et le prince de sang-mêlé	65 millions	-	-
Deathly Hallows	75 millions	-	-

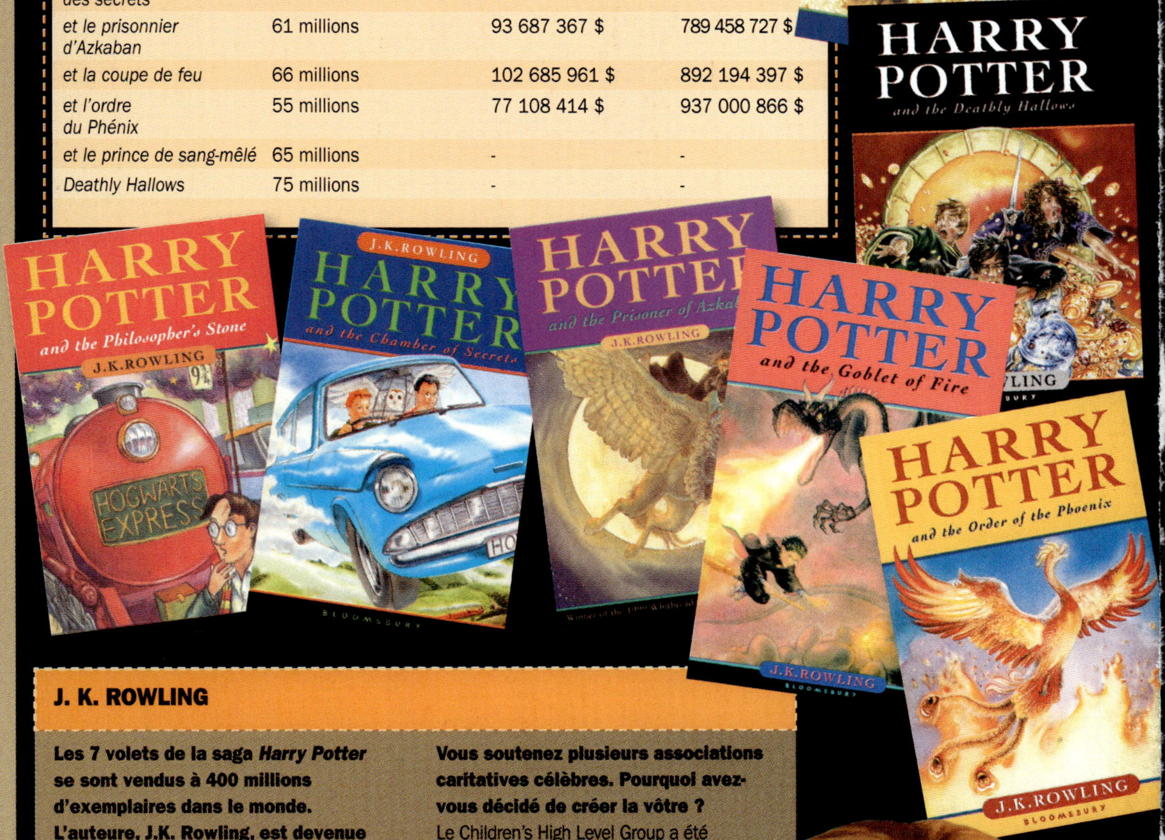

J. K. ROWLING

Les 7 volets de la saga *Harry Potter* se sont vendus à 400 millions d'exemplaires dans le monde. L'auteure, J.K. Rowling, est devenue l'une des premières fortunes. Nous lui avons demandé lequel elle préférait :

Deathly Hallows est mon préféré. Même si ce n'est pas forcément le vôtre, j'espère que vous comprenez que c'est l'aboutissement de l'histoire ; c'est la fin que j'avais imaginée il y a 17 ans et vous ne pouvez pas mesurer le plaisir que j'ai eu à la faire enfin partager à mes lecteurs.

Maintenant que tout est fini, comment décririez-vous tout ce temps passé avec Harry ?
Cela a été la relation la plus durable de ma vie d'adulte, le rocher immuable pendant mes années difficiles (la pauvreté, le mariage, le divorce, la vie de mère célibataire, les déménagements d'un pays à l'autre) et quand le bonheur est arrivé, c'est-à-dire le jour où Bloomsbury a décidé de le publier.

Vous soutenez plusieurs associations caritatives célèbres. Pourquoi avez-vous décidé de créer la vôtre ?
Le Children's High Level Group a été créé entre autres par la députée Emma Nicholson et moi-même. Nous étions tous profondément touchés par la pauvreté, la maladie et les mauvais traitements dont souffrent certains enfants. La campagne de Children's Voice vise à améliorer dans le monde entier la vie des enfants qui sont dans le besoin.

NELSON DE LA ROSA

Le titre d'**'homme (pouvant se déplacer) le plus petit du monde** (voir ci-dessus) était auparavant détenu par Nelson de la Rosa (République dominicaine), qui mesurait 72 cm. Il est mort à 38 ans en octobre 2006, après avoir eu une carrière bien remplie dans les médias, notamment avec son rôle dans *L'Île du Dr Moreau* (USA, 1996).

RECORD HOMOLOGUÉ !

Après plusieurs visites à l'hôpital où on l'a mesuré et où on a vérifié que tous les critères d'homologation étaient réunis, He Pingping a enfin obtenu le certificat du Guinness World Records. La taille moyenne enregistrée tient compte du tassement de la colonne vertébrale qui se produit normalement dans la journée (les disques intervertébraux,spongieux, deviennent plus compacts, ce qui explique que l'on se couche le soir plus petit qu'on ne l'était en se réveillant !), mais, chez Pingping, la variation est minime. Bienvenue dans la famille du GWR !

XXS

Quand Pingping est né, nous raconte son beau-frère, il n'était pas plus grand que la paume de la main de son père. Les médecins ont d'abord diagnostiqué une ostéogénèse imparfaite (voir « Question de taille » ci-dessus). Mais le fait qu'il soit capable de se déplacer dément cette thèse. Son nanisme ne fait aucun doute, mais on ne sait pas de quelle forme (il en existe environ 200) Pingping souffre.

- Le nanisme essentiel désigne un retard de croissance important. Il débute pendant la vie intra-utérine et persiste après la naissance. Il en existe plusieurs types, difficiles à diagnostiquer. Le terme de nanisme essentiel est souvent utilisé pour désigner plusieurs sortes de nanisme dont on ne connaît pas la cause.

- Pingping présente un nanisme dit proportionné : ses membres, son tronc et sa tête sont proportionnés. On utilise également le terme de nanisme harmonieux, ce qui n'est pas très élégant. On préfère aujourd'hui parler de « personne de petite taille ». La forme de nanisme la plus courante est l'achondroplasie. C'est un nanisme « disproportionné » : les membres et le tronc sont disproportionnés par rapport

RÉSERVÉ AUX ADULTES !

La taille adulte des Chinois se situe entre 1,65 et 1,70 m. La taille de Pingping correspond à celle d'un enfant de 1 an. C'est la raison pour laquelle il est important pour nous de confirmer son âge, puisque seules les personnes de plus de 18 ans peuvent prétendre à un record dans ce domaine. Pingping a montré sa carte d'identité (que tout Chinois de plus de 16 ans possède ; photo ci-dessous à droite) pour prouver qu'il avait bien atteint l'âge adulte.

CONSTATATION DE VISU

Pour vérifier la taille réelle de He Pingping, l'éditeur en chef du GWR, Craig Glenday, a personnellement surveillé le processus de prises de mesures dans un hôpital d'Hohhot, capitale de la Mongolie-Intérieure. « Les records de taille chez l'homme font partie des records les plus importants », a-t-il déclaré. « Il ne faut laisser aucune place au hasard ou au doute. »

UNE VOIX MAGIQUE

En avril 2007, l'acteur Jim Dale (GB) a créé et enregistré 146 voix de personnages différentes pour la version audio américaine d'*Harry Potter and The Death Hollows*. Il détient avec Stephen Fry (GB, auteur de la version britannique) **le ●record de voix enregistrées par une seule personne pour un livre audio**.

LA MAGIE DE L'ARGENT

Thomasina Gibson, consultante Divertissements pour le Guinness World Records a demandé aux 3 héros de la saga comment ils dépensent l'argent qu'ils gagnent en tournant.

Rupert Grint « Oh, j'ai acheté une camionnette de vendeur de glaces, genre Mr Whippy. C'est vraiment génial. Il fait tout : crème chantilly et garnitures en tous genres ! »

Emma Watson « Mon plus gros achat, je crois que c'est un petit ordinateur portable Apple. Je l'adore. Je suis à la fois fière et heureuse de me l'être acheté. »

Daniel Radcliffe « J'aime assez les œuvres d'art et les trucs comme ça. Mais je n'ai encore jamais acheté de voiture, alors je crois que je vais en acheter une très originale bientôt qui correspondra à l'image que les gens se font de moi. »

RECORD D'AFFLUENCE POUR UNE LECTURE PUBLIQUE

J.K. Rowling était l'un des trois auteurs invités à lire des extraits de leurs œuvres devant 20 264 spectateurs, le 24 octobre 2000 au SkyDome, le stade de Toronto (Canada). Elle y a lu des extraits d'*Harry Potter et la coupe de feu*. Les deux autres invités étaient Kenneth Oppel et Tim Wynne-Jones (Canada).

DANIEL RADCLIFFE

Daniel Radcliffe a évoqué son aventure pour le GWR, notamment les conseils que ses parents lui ont donnés pour gérer sa célébrité…

Mes parents m'ont simplement dit qu'il fallait que je prenne du plaisir. Il aurait pu m'arriver des choses bien pires que le simple fait d'être reconnu.

Quel est votre meilleur souvenir de tournage et le plus terrible ?

Sincèrement, l'un des meilleurs moments a été le tournage avec Chris [Columbus], parce que c'est quelqu'un de vraiment stimulant. Il adore ce qu'il fait, et c'est un véritable honneur de travailler avec lui. Le souvenir le plus terrible a été le premier jour, parce que jusque-là Rupert [Grint], Emma [Watson], Chris et moi n'avions répété que dans le bureau de Chris. On m'a donné la feuille d'appel pour la première journée, j'ai regardé le casting et j'ai vu « Daniel Radcliffe, Emma Watson et Rupert Grint ». Je me suis dit : « C'est bon, tu es habitué. » Ensuite, j'ai tourné la page et j'ai vu : « Autres personnages : 150 ». Et là, j'ai eu un peu peur…

SAMUEL L. JACKSON

Record de recettes pour un acteur
(7,42 milliards de $)**

JACK NICHOLSON

Record de nominations aux Oscars (12)
Record d'Oscars du Meilleur acteur (2)*

BRAD PITT

Acteur le plus influent d'Hollywood

HÉON

TALENTUEUX D'HOLLYWOOD

ENCER TRACEY. DANIEL DAY-LEWIS A REÇU UN OSCAR POUR *MY LEFT FOOT, L'HISTOIRE DE CHRISTY*
SIONS (1983) ET *POUR LE PIRE ET POUR LE MEILLEUR* (1998) ** BASÉ SUR 68 FILMS DONT *STAR*
S CLASSIFICATIONS DES ACTEURS DE CINÉMA PAR GUINNESS WORLD RECORDS SONT ÉTABLIES EN
ERNET ET DE L'EXPOSITION AU PUBLIC ET DANS LES MÉDIAS DU 1ER MAI 2007 AU 30 AVRIL 2008.

DOSSIER SPÉCIAL
HE PINGPING

À LA RENCONTRE DE HE PINGPING

Ce Chinois est **l'●homme (pouvant se déplacer) le plus petit du monde** – record homologué par Guinness World Records. Originaire de Mongolie-Intérieure, ce jeune homme de 19 ans ne mesure que 74,61 cm. Il est ici représenté en taille réelle ! Pour accueillir He Pingping dans la famille du GWR, nous avons réalisé ce dépliant. Si vous voulez en savoir plus sur ce nouveau détenteur de record, lisez la suite.

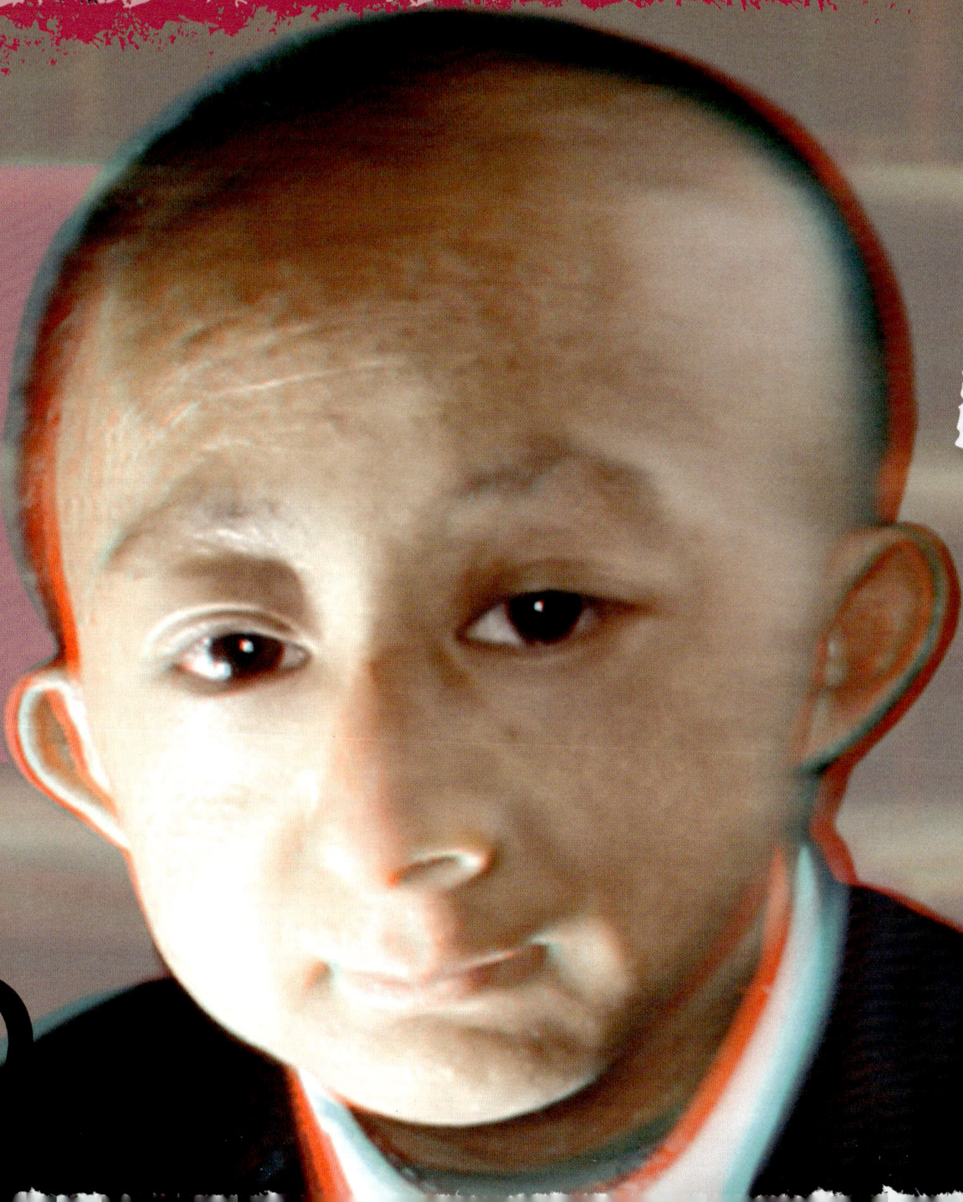

100%

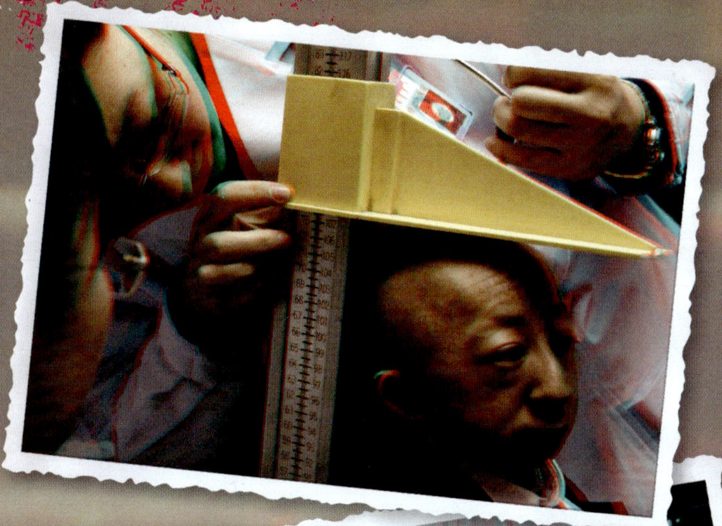

★ NOUVEAU RECORD
● MISE À JOUR

UN GÉNÉRIQUE ÉPOUSTOUFLANT

Harry Potter est la saga qui a engrangé les meilleures recettes de l'histoire, avec une moyenne de 890 $ par film. Elle a attiré les meilleurs talents, que ce soit devant ou derrière les caméras. En voici quelques-uns :

Robbie Coltrane (Hagrid) : Robbie Coltrane (GB, à droite) détient **le record de BAFTA du Meilleur acteur consécutifs**. Il en a remporté 3 pour le rôle d'Eddie « Fitz » Fitzgerald dans *Cracker* en 1994, 1995 et 1996.

Michael Gambon (Dumbledore, ci-dessous) : cet Anglais partage avec Robbie Coltrane **le record de BAFTA du Meilleur acteur consécutifs** pour *Wives and Daughters* (1999), *Longitude* (2000) et *Perfect Strangers* (2001).

Emma Thompson (Sybille Trelawney) : Emma Thompson (GB) a remporté l'Oscar de la Meilleure actrice pour son rôle dans *Retour à Howards End* (GB, 1991) en 1993 et celui de la Meilleure adaptation pour *Raison et Sentiments* (USA/GB, 1995) en 1995. C'est **la première actrice à avoir remporté en même temps un Oscar pour une interprétation et une adaptation**.

Julie Walters (Molly Weasley) : quatre actrices britanniques détiennent **le record de BAFTA de la Meilleure actrice**, dont Julie Walters (GB) pour *À la recherche de la vérité* (GB/USA, 2001), *Murder* (GB, 2002) et *Les Contes de Canterbury* (GB, 2003). Elle partage aussi avec Helen Mirren (GB) **le record de BAFTA de la Meilleure actrice consécutifs**.

John Williams (compositeur) : cet Américain a été nominé 45 fois aux Oscars entre 1968 et 2006. Il détient donc actuellement **le record de nominations aux Oscars**. Il a été nominé pour la Meilleure musique de film pour *La Vallée des Poupées* (USA, 1967). Sa dernière nomination remonte aux Oscars 2006, pour *Munich* et *Mémoires d'une Geisha* (USA, 2005).

JACKPOT POUR WARNER BROS

La franchise *Harry Potter* a rapporté gros à Warner Bros (USA). Les 5 volets d'*Harry Potter* figurent dans le Top 10 des meilleures recettes de son histoire. En 2005, les bénéfices bruts de Warner Bros se sont élevés à 1,37 milliard $. Le film qui a fait le plus d'entrées cette année-là a été *Harry Potter et la coupe de feu* (290 millions $), suivi de *Charlie et la chocolaterie* (206 millions $) et de *Batman Begins* (205 millions $).

●LES PLUS GROS CONSOMMATEURS D'ÉNERGIE

Cette photographie nocturne de la Terre est un assemblage de vues prises depuis un satellite. On y discerne clairement les zones les plus éclairées – en fonction de l'éclairage urbain.

Avec 3 717 milliards de kW par heure utilisés en 2005, les États-Unis sont les plus gros consommateurs d'électricité du monde. Ce chiffre astronomique représente près d'un quart de la consommation électrique mondiale, qui, en 2005, était de 16 282 milliards de kW par heure. Toujours en 2005, l'Islande utilisait 26 101 kW d'électricité par heure et par personne : c'est **le ●plus grand consommateur d'électricité par habitant**. À la même époque, la consommation américaine par heure et par habitant se limitait à 12 343 kW. C'est en Afrique que se trouvent 7 des 10 pays les moins gourmands en électricité.

SOMMAIRE

ÉTATS-UNIS

QUELQUES CHIFFRES

- **SUPERFICIE** : 9 826 630 km²
- **POPULATION** : 301,1 millions
- **DENSITÉ** : 30 hab./km²
- **EN BREF** : Les États-Unis ont **la plus grande puissance économique** du monde, avec un produit intérieur brut (PIB) par hab. de 46 000 $.

(Suite page suivante.)

● LE HAMBURGER LE PLUS CHER

Le hamburger le plus cher est le db Double Truffle Burger, créé par le chef Daniel Boulud (France). Il figure sur le menu du db Bistro Moderne de New York, au prix de 120 $ (78 €).

L'EXPLOSION DU PLUS GROS MAMMIFÈRE

Le plus gros mammifère ayant explosé est la carcasse de 7,25 t et de 13,7 m de long d'un grand cachalot, qui s'était échouée au sud de Florence (Oregon). Le 12 novembre 1970, la Division de la voirie a placé autour du cachalot en décomposition une demi-tonne de dynamite qu'elle a fait sauter. La charge était bien trop puissante et d'énormes morceaux de chair ont jailli sur les spectateurs. Un « éclat » de cachalot de 0,9 x 1,5 m a défoncé le toit d'une Buick garée à 0,4 km de là !

★ LE PLUS GRAND MAGASIN D'ALCOOL

Situé à Thornton (Colorado), Daveco Liquors est le plus grand magasin d'alcool. Propriété d'Henry Sawaged (USA), il a ouvert le 18 novembre 2006 et couvre 9 297,13 m², soit 35 courts de tennis.

● LE RAPPEUR LE PLUS RAPIDE

Le rappeur le plus rapide est Rebel XD (Seandale Price, USA), avec ses 852 syllabes en 42 s, à Chicago (Illinois), le 27 juillet 2007.

L'ASCENSION LA PLUS RAPIDE DE L'EMPIRE STATE BUILDING

Lors de la 26ᵉ édition de l'Annual Empire State Building Run-Up, à New York (USA), le 4 février 2003, Paul Crake (Australie) a gravi les 1 576 marches jusqu'au 86ᵉ étage en 9 min et 33 s. Belinda Soszyn (Australie) est **la femme qui a gravi l'Empire State Building le plus vite**, en 1996, en 12 min et 19 s.

● RECORD DE RECETTES AUX JEUX

En 2000, les casinos et complexes de divertissement de Las Vegas (Nevada) ont généré des recettes de 7 673 134 286 $.

● LE PLUS DE DANSEURS ALIGNÉS

17 000 personnes se sont alignées pour danser le *Cupid Shuffle* pendant 8 min, lors de la fête Ebony Black Family Reunion Tour à Atlanta (Géorgie), le 25 août 2007.

LA PLUS GRANDE GORGE

Creusé en plusieurs millions d'années par le fleuve Colorado en plein nord de l'Arizona, le Grand Canyon s'étend de Marble Gorge aux Grand Wash Cliffs sur 446 km. Il atteint 1,6 km de profondeur, tandis que sa largeur varie de 500 m à 29 km.

LE PLUS GRAND DÉFILÉ DE BAUDRUCHES

Le défilé Macy's Annual Thanksgiving Day Parade à New York est le plus grand défilé de baudruches au monde. Le 22 novembre 2001, ce défilé a fêté ses 75 ans, faisant parader ses 30 personnages gonflables devant des millions de téléspectateurs et de spectateurs présents.

★NOUVEAU RECORD
●MISE À JOUR

Les États-Unis dépensent plus que tout autre pays pour **la santé** – 5 274 $/hab. en 2002, **l'aide à l'étranger** et **les armes**. On y trouve **le plus de milliardaires** (419 sur les 946 du monde). Les Américains sont les **plus gros consommateurs de calories** (3 774,1 par jour) et les plus grands fans de télé (4 h et 32 min/hab./jour). Ils possèdent **le plus d'armes** (40 % des foyers) et **téléchargent le plus de singles** (98 % des singles sont achetés en ligne).
Les États-Unis ont **la dette publique la plus élevée** : 9 372 485 723 263,83 $, le 22 avril 2008.
Les États-Unis sont aussi remarquables en sport : ils ont remporté **le plus de médailles olympiques** (975, jeux été/hiver) et, au golf, ils dominent la **Walker Cup** (34 victoires), la **Solheim Cup** (7) et la **Ryder Cup** (24).

●LE RÉSEAU ROUTIER LE PLUS LONG

D'après les données les plus récentes (2007), le réseau routier des États-Unis parcourt 6 433 272 km – de quoi faire le tour de la Terre au moins 160 fois !

PLUS D'INFOS

Plus de 2,5 millions de personnes assistent chaque année au défilé Macy's dans les rues de New York. Auxquels s'ajoutent 44 millions de téléspectateurs.

●LE PLUS GRAND LABYRINTHE DE MAÏS (PROVISOIRE)

Réalisé par Mark Cooley (USA), le plus grand labyrinthe de maïs provisoire couvrait 16,385 ha lors de son ouverture au public, en septembre 2007, au parc Coolpatch Pumpkins de Dixon (Californie).

LE PLUS GROS PRIX À UN CONCOURS DE RODÉO

En 1993, Ty Murray (USA) a remporté le plus gros prix du rodéo, soit 124 821 $ (81 133,65 €), lors du National Finals Rodeo, à Las Vegas (Nevada).

LE PHARE LE PLUS VOYANT

Les lumières ayant la plus grande portée sont celles de l'Empire State Building à New York. À 332 m d'altitude, ces immenses projecteurs composés d'ampoules à mercure sont visibles jusqu'à 130 km, au sol, et 490 km, depuis un avion.

●RECORD DE SINGLES AU HIT-PARADE

151 singles d'Elvis Presley (USA) ont figuré au hit-parade Billboard Hot 100 entre 1956 et 2003.

●LE PLUS DE TITRES RIAA

L'artiste qui a reçu le plus grand nombre de titres de la Recording Industry Association of America (RIAA) est Elvis Presley (USA), soit 262 titres (148 d'or, 82 de platine, 32 de bronze) à la fois pour des albums et des singles.

RECORDS DE SALAIRES ANNUELS POUR DES SPORTIFS

Football américain : en 2005, Michael Vick (USA), quart des Atlanta Falcons, a gagné 37,5 millions $. Le 23 décembre 2004, il a signé un contrat pour 10 ans de 130 millions $, avec 27 millions $ de prime à la signature.
Basket-ball : Shaquille O'Neal, des Miami Heat, aurait gagné 33,4 millions $ en 2005.

LA STATUE LA PLUS LOURDE

La Liberté éclairant le monde, ou statue de la Liberté, située sur Liberty Island à New York, a été offerte aux États-Unis par la France en 1886 pour commémorer l'Indépendance américaine et symboliser l'amitié entre les deux nations. Cette statue de 92,99 m de haut pèse 24 635 t, dont 28 t de cuivre, 113 t d'acier et 24 493 t de béton pour son piédestal.

MEXIQUE

QUELQUES CHIFFRES

- **SUPERFICIE** : 1 972 550 km²
- **POPULATION** : 108 700 891 habitants
- **DENSITÉ** : 55 habitants/km²
- **EN BREF** : le Mexique borde le golfe du Mexique, qui est **le plus grand golfe** du monde avec une superficie de 1 544 000 km² et 5 000 km de côtes. La frontière de 3 110 km qui sépare le pays des États-Unis est **la frontière la plus traversée** au monde : en 2000, plus de 290 millions de personnes sont passées du Mexique aux États-Unis. Il y a un peu plus de 10 ans, sa capitale Mexico était la plus grande mégalopole du monde, avec une population de 16 908 000 habitants. Aujourd'hui, ce record est détenu par Tokyo (voir p. 274).

LE PLUS DE MORTS PAR PIQÛRE DE SCORPION

En 1946, 1 933 personnes sont mortes d'une piqûre de scorpion au Mexique. Aucun pays n'a jamais atteint ce chiffre en 1 an. Chaque année, 1 000 personnes, surtout des enfants, en meurent.

LA PLUS COURTE PRÉSIDENCE

Pedro Lascurain (Mexique) a gouverné son pays pendant 1 h, le 18 février 1913. Il succédait au président Madero, arrêté puis assassiné par ses opposants le 13 février, le vice-président ayant été lui aussi arrêté. Après avoir prêté serment, il désigna le général Victoriano Huerta comme successeur et démissionna.

★LE PLUS GROS TACO

Un taco de 750 kg a été confectionné par la ville de Mexicali et Cocinex SA, à Mexicali (Basse-Californie, Mexique), le 8 mars 2003. Ce plat est composé d'une galette de maïs garnie de viande et de légumes.

LA PLUS GRANDE COLONIE DE MAMMIFÈRES

Le chien de prairie (*Cynomys ludovicianus*), un rongeur de la famille des sciuridés, qui vit dans l'ouest des États-Unis et le nord du Mexique, forme d'immenses colonies. L'une d'elles, découverte en 1901, comptait environ 400 millions d'individus, sur une surface estimée à 61 400 km² – presque la superficie de l'Irlande. C'est la plus grande colonie de mammifères de l'histoire.

●LE MARATHON DE DJ

Agustin E. González Aguilar (Mexique) a fait le DJ 88 h, lors d'un marathon de DJ organisé au *Barzelona Bar* de Puebla (Mexique), du 30 juin au 3 août 2006.

★LA PLUS LONGUE RIVIÈRE SOUTERRAINE EXPLORÉE

Le 23 janvier 2007, Stephen Bogaerts (GB) et Robbie Schmittner (Allemagne) ont découvert que deux rivières souterraines du Yucatán (Mexique) formaient un réseau de 153 km baptisé Sistema Sac Actun.

LE MAMMIFÈRE TERRESTRE LE PLUS RAPIDE

L'antilocapre (*Antilocapra americana*) est l'animal terrestre le plus rapide sur une longue distance. Cet ongulé ressemblant à une antilope peut maintenir une vitesse de 56 km/h sur 6 km. L'antilocapre vit dans l'ouest des États-Unis, le sud-ouest du Canada et le nord du Mexique.

LA PLUS GRANDE PYRAMIDE

La pyramide précolombienne de Cholula de Rivadavia, à 101 km au sud-est de Mexico, est la plus grande pyramide et le plus grand monument de l'histoire, en termes de volume. Il mesure 54 m de haut et sa base couvre environ 18,2 ha. Son volume total est estimé à 3,3 millions de m³.

CARAÏBES

LE SAURIEN LE PLUS RARE

Découvert en 1990, le cyclure terrestre de la Jamaïque (*Cyclura collei*) est une espèce très menacée. Avec une population de 100 adultes, il peine à survivre dans les Hellshire Hills, au sud de la Jamaïque, seule région de forêt sèche subsistant sur l'île, qui est menacée par les producteurs de charbon de bois.

●LE « RÈGNE » LE PLUS LONG POUR UN CHEF D'ÉTAT

Fidel Castro (Cuba), président du Conseil d'État de Cuba, est le chef d'État qui a connu le « règne » le plus long. Ce révolutionnaire a dirigé Cuba du 26 juillet 1959 (quand le mouvement de guérilla auquel il appartenait, dirigé par Che Guevara, a renversé la dictature militaire en place sur l'île) au 19 février 2008 (quand il a annoncé qu'il se retirait du pouvoir), soit 48 ans et 208 jours. Castro était devenu président de Cuba lorsque le poste de Premier ministre avait été supprimé en 1976. Il est également célèbre pour avoir prononcé **le plus long discours devant les Nations unies**, le 26 septembre 1960, en gardant la parole durant 4 h et 29 min. En 2006, Fabián Escalante (Cuba), l'un de ses gardes du corps, a déclaré que ce dernier avait échappé à 638 tentatives d'assassinat, un record pour une seule personne.

LA PLUIE LA PLUS INTENSE

Le 26 novembre 1970, il est tombé 38,1 mm de pluie en 1 min sur Basse-Terre (Guadeloupe, France). Ce sont les précipitations les plus intenses enregistrées avec les méthodes modernes, les pluies de courte durée étant toujours difficiles à mesurer.

LE PLUS VIEIL ARTISTE À DÉPASSER LE MILLION D'ALBUMS

Le chanteur et guitariste Compay Segundo (Cuba) a vendu plus de 1 million d'albums à plus de 88 ans, fêtés en 1995. Il a fait ses débuts dans les années 1930, mais c'est en tant que membre du Buena Vista Social Club qu'il s'est fait connaître en 1996.

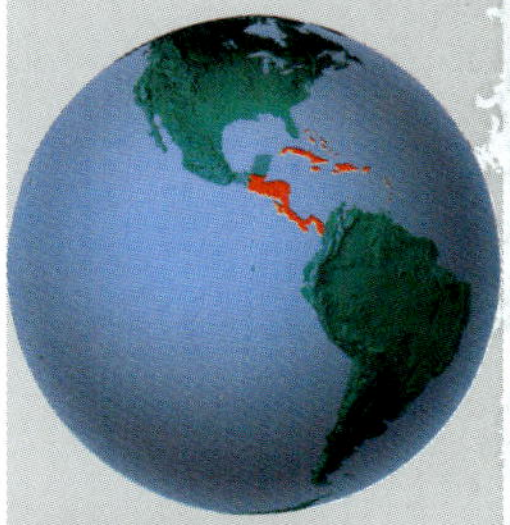

QUELQUES CHIFFRES

- **SUPERFICIE** : **Amérique centrale** : 523 780 km² ; **Caraïbes** : 127 753 km²
- **POPULATION** : **Amérique centrale** : 44 934 014 hab. ; **Caraïbes** : 22 636 621 hab. (est. 2007.)
- **DENSITÉ** : 103 habitants/km²
- **PAYS** : **Amérique centrale** : Belize, Costa Rica, Guatemala, Honduras, Nicaragua, Panamá, Salvador ; **Caraïbes** : Anguilla, Antigua-et-Barbuda, Antilles néerlandaises, Aruba, Bahamas, Barbade, îles Caïmans, Cuba, Dominique, Grenade, Guadeloupe, Haïti, Jamaïque, Martinique, Montserrat, Porto Rico, Rép. dominicaine, St-Barthélemy, St-Kitts-et-Nevis, Ste-Lucie, St-Martin, St-Vincent-et-les-Grenadines, Trinité-et-Tobago, îles Turks et Caicos, îles Vierges américaines.

LE TROU BLEU LE PLUS PROFOND

Le trou bleu de Dean est un puits de 76 m de large et 202 m de profondeur qui se trouve à Turtle Cove, près de Clarence Town (Bahamas), à quelques pas du rivage seulement. Il contient 1,1 million de m³ d'eau, mais n'est que le deuxième en taille de la planète. Les trous bleus, qui se trouvent au niveau de la mer ou juste au-dessous, sont d'anciennes grottes datant de la dernière glaciation ; elles se sont remplies d'eau quand les calottes glaciaires ont fondu.

LE SERPENT LE PLUS COURT

Le très rare serpent fil (*Leptotyphlops bilineata*), qui vit uniquement en Martinique, à la Barbade et à Sainte-Lucie, a un corps si fin qu'il pourrait passer dans le trou d'un crayon de papier si on en retirait la mine. Le spécimen le plus long jamais observé ne mesurait que 10,8 cm.

LE CIGARE LE PLUS LONG

Un cigare de 41,2 m de long a été roulé à la main par Patricio Peña (Porto Rico) et l'équipe de Don Ray Cigars, à Fort Buchanan (Porto Rico), du 13 au 15 février 2007.

★LES PLUS VIEUX MARIÉS

Sur les 2 628 mariages célébrés aux Bahamas en 1996, 73,3 % des mariées et 86 % des mariés avaient plus de 30 ans.

AMÉRIQUE DU SUD

QUELQUES CHIFFRES

- **SUPERFICIE** : 17 840 000 km²
- **POPULATION** : 371 millions d'habitants
- **DENSITÉ** : 20,8 habitants/km²
- **EN BREF** : Le continent sud-américain (qui ne comprend pas l'Amérique centrale) couvre 3,5 % de la planète.
- **PAYS** : Argentine, Bolivie (qui compte **la marine la plus importante pour un pays sans accès à la mer**, avec 4 800 hommes en 2006), Brésil (le plus grand du continent, qui compte **la surface forestière la plus importante** de la planète et seul pays de langue portugaise des Amériques), Chili, Colombie (qui a le **taux de kidnapping le plus important** et qui est le **plus gros producteur de cocaïne**), Équateur (**le ●plus fort taux d'assassinats**), Guyana, Guyane française, Paraguay, Pérou, Surinam, Uruguay, Venezuela (**le plus de titres de Miss Univers**).

LE PLUS GRAND LAGON

Situé près de la côte, à Rio Grande do Sul, à l'extrême sud du Brésil, Lagoa dos Patos mesure 280 km de long et couvre plus de 9 850 km². Il est séparé de l'océan Atlantique par de longues bandes de sable. Sa largeur maximale est de 70 km.

★LE JOUEUR DE GUITARE LE PLUS RAPIDE

José del Rio (Chili) a joué *Duelling Banjos* à la guitare à la vitesse de 250 battements par minute à Las Condes, Santiago (Chili), le 9 avril 2006.

●LA PLUS HAUTE ALTITUDE POUR UN CONCERT

Musikkapelle Roggenzell – un groupe de 10 musiciens originaires d'Allemagne et de Bolivie — a joué à 6 069 m d'altitude sur le mont Acotango (Bolivie), le 6 août 2007. C'est la plus haute altitude à laquelle un concert ait jamais été donné sur Terre.

●LA PLUS GRANDE PISCINE

La piscine d'eau de mer de San Alfonso del Mar, à Algarrobo (Chili), mesure 1 013 m de long et couvre une superficie de 8 ha.

LE PLUS DE SPECTATEURS DANS UN STADE

199 854 personnes ont assisté au match qui opposait le Brésil à l'Uruguay au stade de Maracanã, à Rio de Janeiro (Brésil), le 16 juillet 1950, en finale de la coupe du Monde.

●LE PLUS GRAND MARATHON DE LECTURE À HAUTE VOIX (PAR ÉQUIPE)

Du 13 au 22 septembre 2007, une équipe constituée de Milton Nan, Silvina Carbone, Yolanda Baptista, Carlos Antón, Edit Díaz et Natalie Dantaz (Uruguay) a lu des textes à haute voix durant 224 h, au centre commercial Mac, à Paysandú (Uruguay).

★LA ROUTE LA PLUS DANGEREUSE

La route des Yungas, qui relie La Paz à Coroico (Bolivie) sur 69 km, est considérée par beaucoup comme la plus dangereuse du monde.

●LE PLUS GRAND BINGO

Une partie de bingo a réuni 70 080 participants lors d'un événement organisé par Almacenes Éxito S.A., à Bogotá (Colombie), le 2 décembre 2006.

LE MOINS DE CINÉMAS PAR HABITANT (PAYS)

Le Surinam, qui compte 436 494 habitants, ne compte qu'un cinéma. Il se trouve dans sa capitale, Paramaribo. En 1997, il a enregistré 103 626 entrées.

LE TÉLÉPHÉRIQUE LE PLUS HAUT ET LE PLUS LONG

Le téléphérique de Mérida (Venezuela) conduit ses passagers de Mérida, ville située à 1 640 m d'altitude, au sommet du pic Espejo, à 4 764 m d'altitude, soit une dénivellation de 3 124 m.

L'ENDROIT LE PLUS SEC

Entre 1964 et 2001, la moyenne annuelle des précipitations enregistrées par la station météo de Quillagua, dans le désert d'Atacama (Chili), a été de 0,5 mm. Cette information a été révélée pendant le tournage de la série documentaire *Going to Extremes* par Keo Films en 2001.

LA PLUS FORTE CONSOMMATION D'ALIMENTS

Selon les derniers chiffres parus dans le Britannica Yearbook 2000, l'Argentine consomme le plus de nourriture au monde, avec une moyenne par habitant représentant 183 % (en 1996) des recommandations de la FAO (Organisation des Nations unies pour l'alimentation et l'agriculture).

Jusqu'à 300 accidents mortels s'y produisent chaque année, ce qui fait 4,3 morts par kilomètre. Sur presque toute sa longueur, c'est une piste boueuse à voie unique (mais à double sens de circulation) longeant un précipice ayant jusqu'à 4 700 m de profondeur. C'est à la saison des pluies qu'elle est la plus mortelle, ce qui n'a rien d'étonnant !

LA PLUS GRAVE DESTRUCTION DE L'ENVIRONNEMENT PAR LE FEU

1997 a été la pire année de l'histoire en ce qui concerne la destruction de l'environnement par les feux de forêt délibérément allumés par l'homme. C'est au Brésil, où ils ont sévi sur un front de 1 600 km, qu'ils ont été les plus nombreux.

●LE PLUS DE SURFEURS ENSEMBLE SUR LA MÊME VAGUE

Rico de Souza (Brésil) et 84 autres surfeurs ont surfé ensemble sur la même vague, sur la plage de Santos, à São Paulo (Brésil), le 2 septembre 2007.

LA NAISSANCE LA PLUS AUSTRALE

À sa naissance, le 7 janvier 1978, à la base de Sargento Cabral en Antarctique, Emilio Marcos Palma (Argentine) était le premier et unique enfant à être né sur le continent austral.

LE VILLAGE LE PLUS AUSTRAL

Sur la côte nord d'Isla Navarino, en Terre de Feu (Chili), Puerto Williams (1 600 hab. en 1996) se trouve à 1 090 km au nord de l'Antarctique.

LE MEILLEUR AVOCAT

Entre 1940 et 1985, Sir Lionel Luckhoo (né le 2 mars 1914), associé du cabinet Luckhoo and Luckhoo de Georgetown (Guyana), a fait acquitter sans interruption 245 personnes accusées de meurtre.

L'ARBRE PORTANT LE PLUS DE FRUITS DIFFÉRENTS

En 2000, Luis H. Carrasco E. (Chili) de Lo Barnechea, à Santiago (Chili) a greffé 5 espèces de fruits différentes sur un même prunier. L'arbre a ensuite produit des abricots, des cerises, des nectarines, des prunes et des pêches.

★LES TRIBUS LES PLUS MENACÉES

D'après un rapport publié en août 2003 par Survival International, organisation qui défend les tribus du monde entier, les trois tribus actuellement les plus menacées de disparition sont les Ayoreo-Totobiegosode (5 000 personnes), de l'ouest du Paraguay (photo), les Bushmen Gana et Gwi (100 000 personnes) du Botswana, et les Jarawa (200 à 300 personnes) des îles Andaman, dans l'océan Indien.

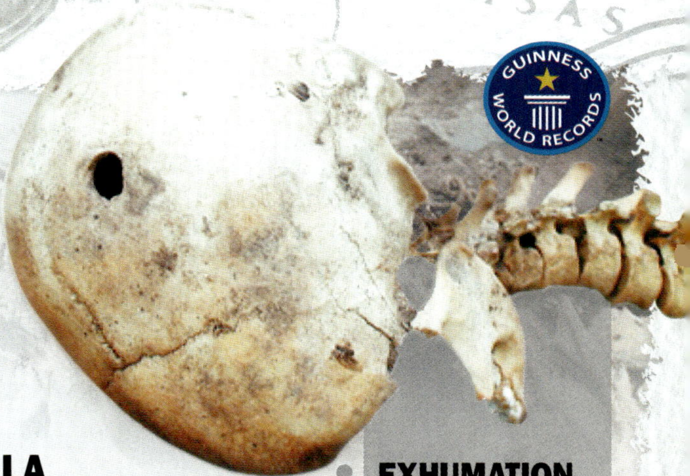

★LA PREMIÈRE PERSONNE TUÉE PAR BALLE EN AMÉRIQUE

La première victime connue d'une arme à feu dans le Nouveau Monde fut un jeune Inca, abattu par un conquistador espagnol, pendant le siège de Lima (actuel Pérou), en 1536.

LE BUT MARQUÉ LE PLUS RAPIDEMENT PAR UN REMPLAÇANT EN FINALE DE COUPE DU MONDE

Le 11 juin 2002, pendant la coupe du Monde, Richard Morales a marqué pour l'Uruguay contre le Sénégal 18 s après être entré sur le terrain de Suwon (Corée du Sud).

LA ROUTE LA PLUS LARGE

Inauguré en avril 1960, Eixo Monumental est un boulevard à 6 voies de circulation de 250 m de large qui traverse Brasília (Brésil) sur 2,4 km.

EXHUMATION

Des fouilles archéologiques effectuées à Puruchuco près de Lima par l'équipe de Guillermo Cock (Pérou) ont permis d'exhumer en 2004 le corps d'un jeune Inca (retrouvé avec 71 autres corps dans une fosse commune). Des analyses scientifiques ont révélé la présence de traces de fer sur le bord de deux trous ronds dans le crâne. Le fer proviendrait d'une balle de mousquet, arme utilisée par les conquistadors. Des traces de blessure ont été observées là où la balle serait ressortie. L'information a été donnée par *National Geographic* en juin 2007.

★NOUVEAU RECORD
●MISE À JOUR

CANADA

QUELQUES CHIFFRES

● **SUPERFICIE** : 9 984 670 km²
● **POPULATION** : 33 390 141
● **DENSITÉ** : 3,3 habitants/km²
● **EN BREF** : Le Canada est le plus grand pays du monde derrière la Russie, mais aussi l'un des moins peuplés – seule la moitié du territoire est habitée et le nord est encore à l'état sauvage. La baie d'Hudson est la plus grande baie de la planète, avec un littoral de 12 268 km et une superficie de près de 1 233 000 km². Enfin, le détroit de Davis situé entre l'île de Baffin au Canada et le Groenland, fait 388 km de large – un record pour un détroit. En dehors de ses merveilles naturelles, le Canada abrite le plus grand centre commercial du monde – le West Edmonton Mall, qui dispose de plus de 800 boutiques (voir à droite) – et la tour CN, la plus grande tour (voir à

★ **NOUVEAU RECORD**
● **MISE À JOUR**

LA FRONTIÈRE LA PLUS LONGUE

En incluant les Grands Lacs, la frontière entre le Canada et les États-Unis s'étend sur 6 416 km. Ce chiffre n'inclut pas les 2 547 km de frontière avec l'Alaska. Si on les incluait, la frontière américano-canadienne ferait 8 963 km de long.

PLUS D'INFOS

Officiellement connue sous le nom de « Frontière internationale », la bordure américano-canadienne ne doit comporter aucune trace de végétation sur 6 m – 3 m de chaque côté – comme le montre la photo.

LE PLUS GRAND CENTRE COMMERCIAL

Le mégacentre commercial West Edmonton Mall d'Alberta couvre 492 386 m² – soit 48 immeubles. Sa construction a coûté 1,2 milliard de $ CAN (745 millions €). On y compte plus de 800 boutiques et 110 points de restauration.Ce centre a ouvert le 15 septembre 1981. Son parking – le plus grand du monde – permet à plus de 20 000 véhicules de se garer (avec une capacité de 10 000 voitures supplémentaires). On y trouve aussi le plus grand parc d'attraction intérieur, Galaxyland : il couvre 37 200 m², comprend 30 jeux et 27 manèges – y compris *Mindbender*, des montagnes russes de 14 étages avec triple boucle, et *Drop of Doom*, un manège de 13 étages.

★ LA PLUS LONGUE ROUTE HIVERNALE

Reconstruite chaque année entre Gillam (Manitoba) et Peawanuk (Ontario), la route du Wapusk Trail fait 752 km. Elle permet d'accéder à des habitations reculées de la baie d'Hudson. La route ferme en mars, quand le temps se réchauffe. En temps normal, ces maisons sont accessibles par voie aérienne.

LA PLUS GRANDE ÎLE ARTIFICIELLE

L'île René-Lavasseur dans le réservoir Manicouagan (Québec) est la plus grande île artificielle jamais réalisée. D'une superficie de 2 020 km², elle pourrait accueillir 2,5 fois la ville de New York (USA) tout entière. L'île a été formée après l'endiguement d'une rivière, qui a révélé un cratère météorique vieux de 210 millions d'années. L'élévation centrale du cratère forme justement l'île.

LA PLUS GRANDE PATINOIRE NATURELLE

La patinoire du canal Rideau d'Ottawa (Ontario) mesure 7,8 km de long avec une superficie totale de 165 621 m², ce qui équivaut à 90 patinoires olympiques.

LA PLUS GRANDE TOUR AUTONOME

La tour CN de Toronto mesure 553,34 m de haut. La construction de cette structure en béton renforcé de 130 000 t a débuté en février 1973 pour s'achever le 2 avril 1975.

★LE PLUS GRAND BILLET DE CONCERT

Le plus grand billet de concert mesure 142 x 50 cm. Il a été créé par le Centre des Arts nationaux du Canada pour le concert *Hope and Glory* qui s'est tenu à Ottawa, le 8 février 2007.

★LA TRAVERSÉE LA PLUS RAPIDE DU CANADA EN COURSE À PIED

Ann Keane (Canada) est partie au pas de course de St John's (Terre-Neuve) le 17 avril 2002 pour arriver à Tofino (Colombie-Britannique) 143 jours plus tard, le 8 septembre 2002. Elle a couvert 7 831 km.

●LE MARATHON DE CORDE À SAUTER LE PLUS RAPIDE

Il a duré 4 h, 28 min et 48 s. Le vainqueur est Chris Baron (Canada) pour le marathon ING d'Ottawa (Ontario) qui s'est déroulé le 27 mai 2007.

LA MARÉE LA PLUS HAUTE

En 1953, on a enregistré une marée de 16,6 m dans le bassin de Leaf sur la baie d'Ungava (Québec).

TOUR DES RECORDS

Les tentatives de record sur la tour CN n'ont pas manqué ces dernières années. Ainsi, le 1er juillet 1992, deux équipes de 12 personnes ont descendu la tour en rappel depuis le Space Deck (le point le plus haut), soit la plus longue descente – 446,5 m. La cave à vin la plus haute du monde est le Cellar in the Sky de la tour, située à 351 m au-dessus de Toronto. Enfin, le 23 juillet 1999, Ashrita Furman (USA) s'est lancé dans l'ascension de la tour CN en bâton sauteur et a mis 57 min et 51 s pour atteindre le sommet.

LE PLUS DE TROPHÉES ART ROSS

Le trophée Art Ross récompense chaque année le joueur de hockey qui a marqué le plus de points dans la saison régulière de la ligue nationale de hockey. Wayne Gretzky (Canada) a remporté 10 trophées Art Ross entre 1981 et 1994.

★LE PLUS GRAND SMOOTHIE

Il contenait 681,92 l de bananes, de fraises, de sorbet, de glace et de jus de fruits. Il a été préparé le 22 juillet 2006 par Frank et Simon Voisin (Canada) de *Booster Juice*, un bar à smoothies et à jus de fruits situé à Londres (Ontario).

★LE PLUS D'INTERPRÉTATIONS CONSÉCUTIVES D'UN HYMNE NATIONAL

Le 1er juillet 2000, l'hymne national canadien a été joué 607 fois de suite au Harbourfront Centre de Toronto (Ontario).

Tour CN – guide du visiteur

- La construction de la tour a demandé 40 mois aux 1 537 ouvriers qui y ont travaillé 5 jours sur 7 et 24 h sur 24. La tour a ouvert ses portes au public en juin 1976.
- La tour peut affronter un tremblement de terre de magnitude 8,5 sur l'échelle de Richter. Et son sommet peut faire face à des vents soufflant jusqu'à 418 km/h.
- Par temps clair, les visiteurs ont une vue panoramique de 160 km depuis le pont d'observation – autrement dit, ils peuvent voir les chutes du Niagara et l'État de New York.
- Le Restaurant 360, situé aux deux tiers de la tour, effectue une rotation complète toutes les 72 min.
- La tour CN est 2 fois plus haute que la tour Eiffel de Paris.

ROYAUME-UNI & IRLANDE

QUELQUES CHIFFRES

● **SUPERFICIE** :
Royaume-Uni 244 820 km^2 ;
Irlande 70 280 km^2

● **POPULATION** :
Royaume-Uni 60,7 millions ;
Irlande 4,1 millions

● **DENSITÉ** :
GB 248 hab./km^2 ;
Irlande 58,3 hab./km^2

● **EN BREF** :
Le **Royaume Uni** comprend la Grande-Bretagne (Angleterre, Écosse et pays de Galles) et l'Irlande du Nord (un sixième de la superficie de l'île irlandaise). L'**Irlande** (ou Eire, son nom local) couvre les cinq sixièmes de l'île irlandaise.
L'Empire britannique a été le **plus grand empire** de tous les temps, avec ses 36,6 millions km^2 – environ un quart de la surface de la Terre –, au faîte de sa gloire (1917-1922).

★ LA PLUS GRANDE « HIGHLAND DANCE »

1 453 écoliers de la région de Nairn, en Écosse (GB), ont exécuté une « Highland dance » (folklore écossais) sur l'air de Dashing White Sergeant, lors d'une fête organisée par une association d'écoles en l'honneur de l'Année de la culture des Highlands 2007, à Nairn Links (Écosse, GB), le 22 juin 2007.

★ LE PLUS LONG RÈGNE (CONTEMPORAIN)

La reine actuelle au plus long règne est Sa Majesté la Reine Elizabeth II (née le 21 avril 1926). Montée sur le trône le 6 février 1952, à la mort de son père, George VI, elle est la reine du Royaume-Uni et dirige le Commonwealth.

★ LA PLUS GRANDE « MORRIS DANCE »

88 personnes ont exécuté une « morris dance » (folklore anglais), à Moreton-in-Marsh (Gloucestershire, GB), le 1er septembre 2007.

● LE PLUS GRAND CINÉPHILE

Gwilym Hughes (GB), de Gwynedd (pays de Galles), a vu son premier film, *Les Mines du roi Salomon*, en 1953. Depuis, il a noté tous les films qu'il est allé voir, soit 28 074, au 13 mars 2008.

★ LE PLUS GRAND BOL DE PORRIDGE

Un bol de porridge de 81,6 kg a été servi sur le marché fermier d'Édimbourg (Écosse, GB), le 15 septembre 2007.

LE SAVIEZ-VOUS ?
Le 40 000e pub fréquenté par Bruce est le *Bull's Head*, à Ranmoor (Sheffield, GB). La photo ci-dessus a été prise au *Red Lion*, à Hernhill (Kent, GB).

● LE PLUS GRAND « PILIER DE PUB »

Le 9 décembre 2006, Bruce Masters (GB) avait fréquenté 40 000 pubs et bars depuis 1960, goûtant si possible les boissons locales.

★ L'ENCHÈRE LA PLUS ÉLEVÉE POUR UNE VOITURE D'ÉPOQUE

La plus vieille Rolls Royce au monde, numérotée 20154, a coûté 3 521 500 £ (4 577 950 €) à un collectionneur britannique anonyme, chez Bonhams, à Londres (GB), le 3 décembre 2007. Fabriquée à Manchester (GB), en 1904, cette voiture d'époque à deux places, d'une puissance de 10 chevaux, est la plus chère au monde.

★ NOUVEAU RECORD
● MISE À JOUR

LE DANSEUR DE CLAQUETTES LE PLUS RAPIDE

Le rythme le plus rapide en claquettes est de 38 coups sur le sol par seconde. C'est l'exploit réalisé par James Devine, d'Ardnacrusha (Clare, Irlande), le 25 mai 1998. Il a battu le record de 35 coups établi par Michael Flatley (USA).

LE PLUS DE TORNADES (PAR ZONE)

Étonnant ! La Grande-Bretagne est la région du monde la plus touchée par les tornades, avec une tornade par zone de 7 397 km². Pour les États-Unis, le rapport est d'une tornade par zone de 8 663 km².

★ LE PLUS GRAND RASSEMBLEMENT DE PERSONNES DE MÊME PATRONYME

Le 9 septembre 2007, 1 488 personnes s'appelant Gallagher se sont rassemblées à Letterkenny (Irlande).

★ LE PLUS HAUT MOULIN

Le moulin de la distillerie St Patrick à Dublin (République d'Irlande) est le plus haut du monde. Aujourd'hui dépourvu de volants, il mesure 45,7 m de haut.

● LA PLUS LONGUE LIGNE DE « RIVERDANCE »

216 élèves d'écoles de danse traditionnelle irlandaise de la province de Leinster ont exécuté la plus longue ligne de « Riverdance », à St Stephens Green (Dublin, Irlande), le 8 novembre 2007, pour la Journée du Guinness World Records.

LA PLUS PETITE BOULE DE CRISTAL

Ancien maître verrier à la cristallerie de Waterford, Jim Irish (Irlande) a fabriqué une boule de cristal de 8,55 mm de large, 4,6 mm de haut et 2,1 mm d'épaisseur. Elle a nécessité 208 entailles.

LA PLUS LONGUE SOIRÉE DANSANTE

Unique Events Limited (Irlande) a organisé au Quay Front, à Wexford (Irlande), une « soirée » dansante qui a débuté le 27 octobre 2006 à midi avec 40 danseurs et a fini 55 h plus tard, avec 31 danseurs toujours debout !

★ LA PREMIÈRE FEMME HALLEBARDIER

Nommée « hallebardier du palais de Sa Majesté et de la forteresse, la tour de Londres », en janvier 2007, Moira Cameron (GB) est la première femme hallebardier. Les hallebardiers (*Beefeaters*) sont depuis toujours des hommes. Gardiens de la tour de Londres, leur rôle consistait autrefois à surveiller les prisonniers et à protéger les joyaux de la Couronne. Aujourd'hui, ils prennent part à la Cérémonie des clés (fermeture des portes le soir) et assurent des visites guidées.

LES PLUS GRANDS TRILITHES

Stonehenge, près de Salisbury (GB), abritent les plus grands trilithes (structures formées de deux blocs de pierre verticaux sur lesquels repose un troisième bloc) au monde. Chaque bloc de grès pèse plus de 45 t. La plus haute pierre verticale de ce monument mesure 9,1 m de haut, dont 2,4 m enfoncés dans le sol. On estime que la première étape de construction du monument remonte à 2950 av. J.-C.

LE RECORD POUR PLUMER UNE DINDE

Vincent Pilkington de Cootehill (Cavan, Irlande) a plumé une dinde en 1 min et 30 s, sur la chaîne RTE Television à Dublin (Irlande), le 17 novembre 1980. Bien que le record de Vincent ait été établi il y a 29 ans, il n'a encore jamais été battu.

FRANCE & MONACO

QUELQUES CHIFFRES

(France métropolitaine)

- **SUPERFICIE** : 547 030 km^2
- **POPULATION** : 60,8 millions
- **DENSITÉ** : 111 hab./km^2
- **EN BREF** : la France est **la première destination touristique au monde**, avec 79,1 millions de visiteurs étrangers en 2006. 49 733 personnes ont demandé l'asile à la France en 2005, c'est **le ●plus grand nombre de demandes d'asile politique reçues par un pays**.

La France est le pays des amateurs de vin : il n'est donc pas étonnant que **la bouteille de vin la plus chère soit française**. Il s'agit d'une bouteille de Sauternes Château d'Yquem (1787), un vin liquoreux de la région de Bordeaux, estimée à environ 60 000 $ (39 000 €).

Et **le vin le plus cher au verre** ? Encore un vin français : Robert Denby (GB) a payé 8 600 FF (1311 €) pour le premier verre de Beaujolais nouveau 1993, produit à Beaune (par la Maison Jaffelin), en Bourgogne (France).

Il a été acheté au *Pickwick's*, un pub anglais de Beaune, le 18 novembre 1993.

★ NOUVEAU RECORD
● MISE À JOUR

●RECORD DE DENSITÉ

Monaco est le pays où la densité de population est la plus élevée au monde, avec 16 718 hab./km^2 en 2004.

LE PREMIER HOMME DANS LES AIRS

François Pilâtre de Rozier (France) est considéré comme le premier homme à avoir volé. Le 15 octobre 1783, il s'est élevé de 26 m dans une montgolfière attachée au sol, invention de Joseph et Jacques Montgolfier (France).

LE PREMIER CINÉMA

Le Cinématographe Lumière a ouvert au Salon indien – ancienne salle de billard du *Grand Café*, 14 boulevard des Capucines, Paris –, sous la direction de Clément Maurice (France), le 28 décembre 1895.

★L'ENCHÈRE LA PLUS HAUTE POUR UNE ARME

Une épée utilisée par Napoléon Bonaparte a atteint 4,8 millions € lors d'une vente aux enchères qui s'est déroulée à Fontainebleau (France), le 10 juin 2007.

●LE TRAIN LE PLUS RAPIDE

Une rame modernisée du TGV baptisée V150 (avec des roues plus larges que d'ordinaire et deux locomotives pour tracter les wagons à étage) a atteint 574,8 km/h (159,6 m/s), le 3 avril 2007.

LA TRUFFE EN CHOCOLAT LA PLUS LOURDE

Le 30 novembre 2001, Alain Benier (France) a présenté une truffe en chocolat de 100 kg sur le plateau de *L'Émission des records*, à Paris (France).

LE SAVIEZ-VOUS ?

Monaco détient **le record du plus petit nombre d'enfants (moins de 15 ans) par foyer** avec une moyenne de 0,2 en 1996, et celui du **plus grand nombre de téléphones**, avec 1 000 appareils pour 1 000 personnes en 1998.

●LE PLUS LARGE ÉVENTAIL DE NATIONALITÉS DANS UNE ARMÉE

En juillet 2007, la Légion étrangère comptait parmi ses rangs 7 655 hommes venus de 136 pays.

ITALIE

★LA PLUS GRANDE CAZÖLA

La cazöla est un plat traditionnel italien, sorte de ragoût à base de côtes de porc, de couenne rôtie, de lard, de saucisses et de légumes. Préparée par 10 volontaires d'Ossona (Italie), la plus grande cazöla pesait 931,46 kg. On a pu l'admirer sur la Piazza Litta, à Ossona, le 24 août 2002.

QUELQUES CHIFFRES

● **SUPERFICIE** : 301 230 km²

● **POPULATION** : 58,1 millions

● **DENSITÉ** : 192 hab./km²

● **EN BREF** : sans surprise, l'Italie détient le record de **la ★plus longue pizza**. Des chefs dirigés par Umberto Mosti (Italie), propriétaire de la Pizzeria Fornaretto, à Massa (Italie), ont fabriqué une pizza de 407,37 m de long, le 4 octobre 2007. *Il bel paese* est aussi le pays où se trouve, en mer Tyrrhénienne, le Stromboli, **le volcan en éruption continue depuis le plus longtemps** (depuis le VIIe siècle av. J.-C. au moins). Ses petits jaillissements réguliers de gaz et de lave – plusieurs fois par heure – lui valent le surnom de « phare de la Méditerranée ».

★LA PLUS GROSSE PANCETTA

La commune de Ponte dell'Olio et la Chambre de commerce de Piacenza (Italie) ont fabriqué une pancetta de 150,5 kg. Elle a été exposée lors de la Fête de la Pancetta, à Ponte dell'Olio (Italie), le 23 juin 2002.

LE PLUS DE VICTOIRES EN GRAND PRIX DE F1 POUR UN CONSTRUCTEUR

Ferrari (Italie) a remporté 201 victoires entre 1951 et 2007.

LE BUT LE PLUS RAPIDE EN FINALE DE LA LIGUE DES CHAMPIONS

Paolo Maldini (Italie) a marqué un but pour le Milan AC contre Liverpool en 52 s, en finale de la Ligue des Champions, le 25 mai 2005.

●LE PLUS GRAND MAILLOT DE FOOT

Un maillot de foot de 68,50 x 71 m a été créé par ERREA pour KONAMI pour fêter le lancement de ProEvolution Soccer 2008, lors d'une fête organisée par Brand2Live, à l'Arena Civica de Milan, le 18 décembre 2007.

L'ALBUM DE MUSIQUE CLASSIQUE LE PLUS VENDU

Les Trois Ténors – enregistré par José Carreras (Espagne), Plácido Domingo (Espagne) et Luciano Pavarotti (Italie), à Rome le 7 juillet 1990, pendant la Coupe du Monde de football en Italie – s'est vendu à 10,5 millions d'exemplaires dans le monde.

●LE DJ DE RADIO LE PLUS ENDURANT

Stefano Venneri (Italie) a fait le DJ durant 135 h, sur Radio BBSI, à Alessandria, du 21 au 26 avril 2007.

LE PLUS GRAND AMPHITHÉÂTRE

Achevé en 80 av. J.-C., l'amphithéâtre flavien, ou Colisée, de Rome, couvre 2 ha et peut accueillir 87 000 personnes. Sa longueur maximale est de 187 m et sa largeur maximale de 157 m.

LE PLUS ANCIEN FABRICANT DE SCOOTERS

Piaggio (Italie) fabrique la célèbre Vespa. Le prototype de ce scooter a été testé et approuvé en décembre 1945, avec une production qui a débuté en avril 1946.

ESPAGNE

QUELQUES CHIFFRES

● **SUPERFICIE** : 504 782 km²
● **POPULATION** : 40 448 191 habitants
● **DENSITÉ** : 80 habitants/km²
● **EN BREF** : L'Espagne est **le plus gros producteur d'olives**, avec une production totale de 970 000 t par an. Les principales régions productrices sont la Catalogne et l'Andalousie. L'Espagne et l'Italie fournissent à elles deux 54 % de la production mondiale. *La Casa Botín*, à Madrid, est considérée comme **le plus vieux restaurant** du monde. Il n'a jamais cessé de servir des repas depuis son ouverture en 1725. L'Espagne détient aussi le record de **la plus grande paella.** Juan Carlos Galbis (Espagne) et son équipe de cuisiniers ont en effet mitonné une paella de 20 m de diamètre, à Valence (Espagne), le 8 mars 1992. 100 000 personnes ont pu la déguster.

LA PLUS GRANDE BATAILLE DE NOURRITURE

Le dernier mercredi d'août, la ville de Buñol, près de Valence (Espagne), organise son Festival annuel de la Tomate, la Tomatina. En 2004, 38 000 personnes ont participé durant 1 h à cette bataille géante au cours de laquelle 125 t de tomates ont été lancées.

PLUS D'INFOS

La plus lourde tomate du monde a été cultivée par G. Graham (USA), d'Edmond (Oklahoma, USA), en 1986. Elle pesait 3,51 kg.

●LE PLUS GRAND PUZZLE COMMERCIALISÉ

La société EDUCA de Barcelone (Espagne) a fabriqué un puzzle de 24 000 pièces.

★LE PLUS DE PARTICIPANTS À UN JEU DE RÔLES

Du 5 au 7 octobre 2007, 483 personnes appartenant au groupe Irmandiños a Revolta ont participé à un jeu de rôles à Monterrey (Espagne).

★LE PLUS LONG CHORIZO

Un chorizo de 110,15 m de long a été fabriqué par le maire de Melón (Ourense, Espagne), Manuel Alberto Pardellas Álvarez, et son conseil, le 25 février 2007.

●LA PLUS GRANDE CAFETIÈRE

En février 2007, à Murcie (Espagne), Salzillo Tea and Coffee (Espagne) a fabriqué une cafetière de 2,30 m de haut et 72 cm de diamètre.

LE PLUS GRAND GROUPE DE DANSEURS DE JOTA

Le 18 mai 2003, 157 couples ont dansé en même temps la Jota de Aragón pendant 8 min, à Saragosse (Espagne).

LE PLUS GRAND NIGHT-CLUB

Le Privilege qui couvre 6 500 m², à San Rafael (Ibiza, Espagne), peut accueillir jusqu'à 10 000 personnes.

★LA PLUS GRANDE COLLECTION DE BOTIJOS

Jesús Gil-Gilbernau del Río de Logroño (Espagne) possède 3 000 botijos (récipients traditionnels espagnols en terre cuite munis de deux orifices et d'une anse).

●LA PLUS GRANDE BATAILLE DE PISTOLETS À EAU

2 671 personnes ont participé à la plus grande bataille de pistolets à eau du monde. Elle a été organisée par la Coordinadora de Peñas de Valladolid, à Valladolid (Espagne), le 14 septembre 2007, au cours des fêtes de la ville, qui est la capitale de la plus grande province d'Espagne, Castille-León.

●LE PLUS GRAND TABLEAU EN SABLE

Un tableau en sable de 859,42 m² a été réalisé sur la place de l'hôtel de ville de La Oratava (Tenerife, Espagne), dans le cadre de la fête du Corpus Christi, le 13 juin 2007.

PORTUGAL

★ NOUVEAU RECORD
● MISE À JOUR

LA PLUS GRANDE FORÊT DE CHÊNES-LIÈGES

Le Portugal abrite 33 % des forêts de chênes-lièges : 725 000 ha, soit 51 % de la production mondiale de liège.

★ LE PLUS DE SUPPORTEURS POUR UN CLUB DE FOOTBALL

Le club Sport Lisboa e Benfica (Portugal) compte 160 398 adhérants. Ce record a été validé le 9 novembre 2006 pendant la Journée Guinness World Records.

● LE PLUS VIEUX RÉALISATEUR

Manoel de Oliveira (Portugal, né le 11 décembre 1908) a commencé sa carrière de réalisateur en 1931. Il a réalisé son dernier film, *Cristóvão Colombo – O Enigma* (Portugal, 2007), à 99 ans et 2 jours.

★ LE PLUS GRAND COUTEAU DE POCHE

Dessiné par Telmo Cadavez et fabriqué à la main par Virgílio, Raúl et Manuel Pires (Portugal), le plus grand couteau de poche mesure 3,90 m ouvert et pèse 122 kg.

● LA PLUS GRANDE MOSAÏQUE DE VOITURES

Realizar S.A. et Smart Advertising ont réalisé une mosaïque de voitures de 253 Smart, au Mundo Dakar, le 9 décembre 2007. L'événement était organisé par Euro RSCG pour Jogos Santa Casa à Lisbonne (Portugal).

● LA PLUS GRANDE OLA

Le 12 août 2007, 8 453 participants ont fait une ola organisée par Realizar Impact Marketing, au Parque das Nações de Lisbonne (Portugal).

LA PLUS GRANDE GUITARE ACOUSTIQUE

La plus grande guitare acoustique est un véritable instrument de musique de 16,75 m de long, 7,57 m de large et 2,67 m d'épaisseur. Fabriquée par Realizarevents, à Porto (Portugal), elle pèse 4 t.

LE PLUS GRAND OUVRAGE EN PATCHWORK

Le plus grand patchwork du monde, baptisé Manta da Cultura (patchwork de la culture), mesure 25 100 m^2. Achevé le 18 juin 2000, le projet a été mené par Realizar – Eventos Especiais, Lda, au Parque da Cidade, à Porto (Portugal).

LE PLUS GRAND FEU D'ARTIFICE

Le 31 décembre, Macedo'S Pirotecnia, Lda a présenté un feu d'artifice constitué de 66 326 fusées, à Funchal (Madère).

● LE PLUS D'AVIONS EN PAPIER LANCÉS SIMULTANÉMENT

12 672 avions en papier ont été lancés simultanément le 2 novembre 2007 au cours d'un événement organisé par Realizar Impact Marketing et le FC Porto, au stade de Dragao, à Porto (Portugal).

QUELQUES CHIFFRES

- **SUPERFICIE** : 92 391 km^2
- **POPULATION** : 10 642 836 habitants
- **DENSITÉ** : 115 habitants/km^2
- **EN BREF** : Le prince Luis Filipe du Portugal a été roi du Portugal sous le nom de Dom Luis III pendant environ 20 min, le 1er février 1908. Son père avait été abattu dans les rues de Lisbonne et lui-même avait été blessé et mourut quelques instants plus tard. Il détient donc le record du **règne le plus court de l'histoire**. Situé à 2 351 m au-dessus de la mer et à 6 098 m en dessous, le Monte Pico (Açores) est **la plus grande montagne sous la mer du monde**.

PAYS SCANDINAVES

QUELQUES CHIFFRES

SUÈDE
- **SUPERFICIE** : 449 964 km²
- **POPULATION** : 9 millions d'habitants
- **DENSITÉ** : 20 habitants/km²

FINLANDE
- **SUPERFICIE** : 338 145 km²
- **POPULATION** : 5,2 millions d'habitants
- **DENSITÉ** : 15 habitants/km²

NORVÈGE
- **SUPERFICIE** : 323 802 km²
- **POPULATION** : 4,6 millions d'habitants
- **DENSITÉ** : 14 habitants/km²

ISLANDE
- **SUPERFICIE** : 103 000 km²
- **POPULATION** : 304 367 habitants
- **DENSITÉ** : 2,9 habitants/km²

DANEMARK
- **SUPERFICIE** : 43 094 km²
- **POPULATION** : 5,4 millions d'habitants
- **DENSITÉ** : 125 habitants/km²

LA CAPITALE LA PLUS SEPTENTRIONALE

Reykjavík (Islande) (64°08'N), qui comptait 113 387 habitants en 2003, est la ville – et capitale – la plus septentrionale.
La capitale d'un territoire autonome la plus septentrionale est Nuuk (anciennement Godthåb), au Groenland (64°15'N).
Elle comptait 15 047 habitants en 2007.

★L'ANIMAL LE PLUS VIEUX DE L'HISTOIRE

Le plus vieil animal de l'histoire est une cyprine (*Arctica islandica*). Ce mollusque bivalve a vécu au fond de l'océan, au large des côtes d'Islande, jusqu'à ce que des chercheurs de la Bangor University's School of Ocean Sciences (GB) le pêchent en 2006.
Le 28 octobre 2007, des sclérochronologues de cette université ont déclaré qu'il avait entre 405 et 410 ans. Il a été baptisé Ming, du nom de la dynastie chinoise au pouvoir lors de sa naissance.

LE PLUS DE VICTOIRES AUX 24 H DU MANS

Tom Kristensen (Danemark) a été 7 fois vainqueur des 24 h du Mans : en 1997 et de 2000 à 2005.

LE PLUS DE SPECTATEURS DE CINÉMA

L'Islande détient le record de spectateurs de cinéma par habitant, avec 5,45 entrées par personne en 2004. En 2003, les 46 cinémas du pays ont vu passer 1 531 000 spectateurs.

LE SAVIEZ-VOUS ?

L'Islande est le pays qui a **les plus faibles dépenses militaires par habitant**. D'après le CIA World Factbook, elle n'a rien dépensé pour son armée en 2005.

LE PLUS DE MEILLEURS TOURS EN F1 EN 1 SAISON

En 2000, Mika Hakkinen (Finlande) a enregistré 9 meilleurs tours sur toute la saison de F1.

LE PLUS DE MÉDAILLES OLYMPIQUES (HOMMES)

Paavo Nurmi (Finlande) a gagné 12 médailles en athlétisme (9 d'or et 3 d'argent) aux J.O. de 1920, 1924 et 1928.

LE PLUS GRAND LABYRINTHE VÉGÉTAL

Le Samso Labyrinten de l'île de Samso (Danemark) a été dessiné par Erik et Karen Poulsen (Danemark). Ce labyrinthe de 60 000 m² a ouvert au public le 6 mai 2000.

LE PLUS ANCIEN DRAPEAU NATIONAL

Le dessin de l'actuel drapeau danois – une croix scandinave blanche sur fond rouge – a été adopté en 1625. Sa forme carrée date de 1748. Au Danemark, il est appelé Dannebrog (drapeau des Danois ou drapeau rouge).

●LE PLUS HAUT CONCERT

Le 27 mars 2007, le groupe norvégien Magnet (alias Even Johansen) a fêté le lancement de son nouvel album *The Simple Life!* en donnant un concert à 12 192 m d'altitude, au cours d'un vol entre Oslo (Norvège) et Reykjavík (Islande).

★LE PLUS RAPIDE SUR GLACE

Le quadruple champion du monde de rallye Juha Kankkunen (Finlande) a atteint 321,65 km/h au volant d'une Bentley Continental GT sur les eaux gelées du golfe de Botnie, à Kuivaniemi (Finlande), le 20 février 2007.

●LE PLUS GRAND ENSEMBLE D'UKULÉLÉ

« Ukulélé 07 », organisé sur l'île de Långholmen, à Stockholm (Suède), le 18 août 2007, a réuni un ensemble composé de 401 personnes.

★NOUVEAU RECORD
●MISE À JOUR

●LA PLUS LONGUE ÉCHARPE TRICOTÉE

Helge Johansen (Norvège) a mis 23 ans à tricoter une écharpe de 3 463,73 m de long. Elle l'a terminée à Oslo (Norvège), le 10 novembre 2006.

RECORD DE REPRÉSENTATIONS SIMULTANÉES D'UNE COMÉDIE MUSICALE

12 représentations de *Mamma Mia !*, des Suédois Benny Andersson et Björn Ulvaeus, ont été données en février 2005, dont 9 en résidence – à Londres (GB), Las Vegas et New York (USA), Madrid (Espagne), Osaka (Japon), Stockholm (Suède), Stuttgart (Allemagne), Toronto (Canada) et Utrecht (Pays-Bas) – et 3 en tournée – en Europe, en Afrique du Sud et aux États-Unis.

★LE CONCERT SOUTERRAIN

Le groupe finlandais Agonizer a donné un concert à 1 271 m sous terre, dans une mine de la Pyhäsalmi Mine Oy, à Pyhäjärvi (Finlande), le 4 août 2007.

★LE PLUS GRAND CAFÉ MATINAL

Le 6 juin 2007, à Kalmar (Suède), 2 620 personnes ont pris ensemble leur café du matin.

LE PLUS DE MÉDAILLES OLYMPIQUES EN SKI ALPIN (HOMMES)

Kjetil André Aamodt (Norvège) a remporté 8 médailles olympiques (4 d'or, 2 d'argent et 2 de bronze), entre 1992 et 2006.

★LE PLUS DE MILLIONNAIRES EN DOLLARS

Selon une étude de CapGemini et Merrill Lynch publiée en juillet 2007, 1 Norvégien sur 86 possède un patrimoine d'une valeur supérieure à 5,8 millions de NOK (0,65 million €), hors résidence principale.

EN BREF

● LE PLUS GRAND VILLAGE DE GLACE
Un village de 140 igloos a été construit près du fameux hôtel de glace de Jukkasjärvi (Suède) pour accueillir 700 employés de Tetra Pak International à l'occasion d'une conférence donnée à l'hôtel en décembre 2002.

● LA PLUS GRANDE ÉGLISE EN BOIS
L'église de Kerimäki (Finlande) mesure 45 m de long, 42 m de large et 27 m de haut. Son dôme mesure 37 m de haut. Elle peut accueillir 3 000 personnes assises et 5 000 debout.

★LES DONS LES PLUS IMPORTANTS (EN POURCENTAGE DU PIB)
Selon l'Organisation de coopération et de développement économiques, la Norvège a donné 2,2 milliards $ en 2004, soit 0,9 % de son PIB, aux pays pauvres.

● LA PLUS FORTE IMPOSITION SUR LE REVENU
Au Danemark, le taux d'imposition sur les revenus des particuliers était de 62,9 % en juin 2003.

● LA PLUS GRANDE SOURCE D'EAU CHAUDE
La plus grande rivière d'eau bouillante, qui se trouve à Deildarrtunguhver, au nord de Reykjavík (Islande), est alimentée par des sources chaudes alcalines, au rythme de 245 l par seconde.

ALLEMAGNE

QUELQUES CHIFFRES

- **SUPERFICIE** : 357 021 km²
- **POPULATION** : 82,4 millions d'habitants
- **DENSITÉ** : 230 habitants/km²
- **EN BREF** : L'Allemagne a eu **le premier tramway électrique**, inauguré le 12 mai 1881, à Berlin-Lichterfelde. Les Allemands sont **les touristes qui dépensent le plus** à l'étranger ; en 2004, ils ont dépensé 46,15 milliards € hors de leur pays. La chute du mur de Berlin (qui a divisé la ville pendant 28 ans, de 1961 à 1989) a provoqué **le plus gros embouteillage du monde** ; 18 millions de voitures sont restées coincées ce jour-là à la frontière. L'Allemagne détient le record du **meilleur taux de recyclage du papier** – le pays recycle chaque année entre 70 et 80 % du papier et du carton usagés.

★LA TOUR LA PLUS PENCHÉE

Le clocher du temple protestant de Suurhusen (Allemagne) penche suivant un angle de 5,1939° – l'inclinaison a été mesurée le 17 janvier 2007. Il bat donc le record jusqu'à présent détenu par la célèbre tour de Pise (Italie), dont l'angle d'inclinaison est seulement de 3,97°.

★LA PLUS GRANDE DIRNDL

Le 21 juin 2003, Gabriele Hein-Fischer (Allemagne) a présenté une dirndl (tenue traditionnelle bavaroise avec chemisier à manches bouffantes et tablier fleuri) géante. La jupe mesurait 2,9 m de long et 9 m de diamètre. Un chemisier avec des manches d'1,50 m de long complétait la tenue !

●LA PLUS GROSSE FORÊT-NOIRE

Le 16 juillet 2006, Hans-Dieter Busch, employé de la pâtisserie K & U, à Rust (Allemagne), a réalisé une forêt-noire de 2 963 kg.

★LA RUE LA PLUS ÉTROITE

Mesurée en février 2006, Spreuerhofstrasse, à Reutlingen (Allemagne), mesure 31 cm à l'endroit le plus étroit et 50 cm à l'endroit le plus large.

★LE PLUS GRAND GEYSER D'EAU FROIDE

Le geyser d'Andernach (Allemagne) jaillit à 30-60 m de haut. Contrairement aux geysers naturels d'eau chaude, les geysers d'eau froide se forment sous la pression de la nappe d'eau souterraine dans laquelle une grande quantité de dioxyde de carbone (provenant de fissures dans la croûte terrestre) est dissoute ; cette eau jaillit toujours d'un puits artésien ou d'un puits foré par l'homme. Le puits d'Andernach, fermé en 1957 et rouvert en 2001, a une profondeur de 350 m. Le jet le plus haut, observé le 19 septembre 2002, a atteint 61,50 m. Le volume d'eau moyen à chaque émergence est de 7 800 l.

★NOUVEAU RECORD
●MISE À JOUR

★LE PLUS LONG VOL AUX COMMANDES D'UN AVION

En novembre 1928, Hugo Eckener (Allemagne) a piloté le Graf Zeppelin pendant 71 h et 6 384,5 km, entre Lakehurst (New Jersey, USA) et Friedrichshafen (Allemagne).

★LE PLUS LONG STRUDEL

Le 1er septembre 2007, deux sociétés – Freunde der Bütt et Bakery Flesch – ont réalisé un strudel (gâteau traditionnel allemand) de 63,81 m de long.

PAYS-BAS

● LA PLUS LONGUE FLOTTILLE DE REMORQUEURS

Le 16 juin 2007, l'association De Binnenvaart a rassemblé une flottille de 148 remorqueurs, à Dordrecht (Pays-Bas). La file de bateaux mesurait plus de 3 km.

● LE PLUS GRAND BALAI

Le 12 septembre 2006, les membres de Kreateam 2006 ont fabriqué un balai géant, à Sint-Annaland (Pays-Bas). Le balai lui-même mesurait 32,65 m de long et le manche 20,85 m.

● RECORD DE DOMINOS RENVERSÉS PAR UN GROUPE

Des centaines de personnes venues de 13 pays ont travaillé plusieurs semaines pour installer 4 079 381 dominos. Ils ont été renversés le 17 novembre 2006, à Leeuwarden (Pays-Bas).

LE PLUS GRAND MOULIN EN ACTIVITÉ

De Noord Molen, un moulin situé à Schiedam (Pays-Bas), mesure 33,33 m de haut.

★ LA PLUS GROSSE BOTTE DE FOIN

Le 6 juillet 2006, au Flaeijel Festival de Frise (Pays-Bas), une botte de foin de 9,51 m de haut et de 17 m de diamètre a été réalisée.

★ LE PLUS DE TOURNEURS D'ASSIETTES

1 026 personnes ont fait tourner des assiettes simultanément lors de l'inauguration du Sportcampus d'Utrecht (Pays-Bas), le 25 septembre 2007.

LA PLUS GRANDE DANSE DES SABOTS

475 personnes se sont rassemblées pour une danse des sabots, au Spuiplein de la Hague (Pays-Bas), le 8 juillet 2006.

● SEMI-MARATHON RECORD SUR NEIGE/GLACE

Wim Hof (Pays-Bas) a couru un marathon pieds nus en 2 h 16 min et 34 s, à Oulu (Finlande), le 26 janvier 2007.

★ LA PLUS GRANDE PAIRE DE LUNETTES

La plus grande paire de lunettes a été fabriquée en décembre 2004 par Errold Jessurun (Pays-Bas), employé chez Jess Optiek, à Weesp (Pays-Bas). La monture mesure 1,94 m de large et chaque verre 68 cm de large.

LE BUT MARQUÉ LE PLUS VITE EN LIGUE DES CHAMPIONS

Le 7 mars 2007, Roy Makaay (Pays-Bas) a ouvert le score pour le Bayern Munich contre le Real Madrid dès la 10e s.

QUELQUES CHIFFRES

- **SUPERFICIE** : 41 526 km²
- **POPULATION** : 16,5 millions d'habitants
- **DENSITÉ** : 399 habitants/km²
- **EN BREF** : Réputés pour leurs brasseries, les Pays-Bas détiennent logiquement le **record du nombre de participants à un concours de buveurs de bière** : 928 étaient présents à Wageningen (Pays-Bas), le 1er février 2007. Amsterdam abrite **la plus vieille bourse du monde**. Créée en 1602, elle imprimait des titres pour la Compagnie hollandaise des Indes orientales.

EUROPE CENTRALE & ORIENTALE

QUELQUES CHIFFRES

- **SUPERFICIE** : 3 554 034 km²
- **POPULATION** : 437 962 482 habitants
- **DENSITÉ** : 123 habitants/km²
- **PAYS** :

Europe centrale : Autriche (**le taux d'agriculture bio le plus élevé**, soit 10 % des terres), République tchèque (**les plus gros consommateurs de bière**, soit 160,5 l par personne et par an), Allemagne (voir p. 260), Hongrie (**le plus de buts en Coupe du Monde de football** : 27 en 1954), Liechtenstein, Pologne (qui abrite **le plus vieux cinéma en fonctionnement**, le Pionier, ouvert en 1945), Slovaquie (**la plus grande collection de mouchoirs** : Antónia Kozáková en a 30 300), Slovénie (**le plus grand puits naturel** : Vrtiglavica (qui signifie « vertige »), dans les monts Kanin, mesure 643 m de profondeur), et Suisse.

Europe orientale : Biélorussie, Estonie, Lettonie (**le taux le moins élevé d'hommes dans la population** : 53,97 % de femmes contre 46,03 % d'hommes), Lituanie, Moldavie, Roumanie (**le plus grand chenil** : Ute Langenkamp peut recueillir jusqu'à 3 000 chiens), et Ukraine.

Balkans : Albanie, Bulgarie, Bosnie-Herzégovine, Croatie, Grèce (**le premier dictionnaire** rédigé par Protagoras au ve siècle av. J.-C. ; **les premiers jeux Olympiques**, en 776 av. J.-C.), Macédoine, Monténégro, Roumanie, Serbie, Kosovo et une partie de la Turquie.

●RECORD DE COUPLES S'EMBRASSANT EN MÊME TEMPS

Le record de baisers simultanés est de 6 980 (pour 13 960 participants). Il a été battu lors d'un événement organisé par Radio Kameleon, à Tuzla (Bosnie-Herzégovine), le 1er septembre 2007.

★LE PLUS GRAND RAYON DE MIEL

Un rayon de miel de 10,40 kg – soit le poids moyen d'un enfant de 2 ans – a été extrait d'une ruche appartenant à Argirios Koskos (Grèce), le 30 août 2007.

L'IMMEUBLE LE PLUS LOURD

La construction du palais du Parlement, à Bucarest (Roumanie), a nécessité 700 000 t d'acier et de bronze, 1 million de m³ de marbre, 3 500 t de cristal et 900 000 m³ de bois.

●LE PLUS GRAND RASSEMBLEMENT DE BÉBÉS-ÉPROUVETTE

Une réunion d'enfants nés après insémination artificielle a réuni 1 180 enfants, au centre de procréation médicalement assistée (ISCARE IVF) de Prague (République tchèque), le 15 septembre 2007.

●LE PLUS PETIT PUB

Le plus petit bar possédant une licence a été baptisé « Plus Petit Bar à Whisky de la Terre ». Sa superficie (mesurée en juillet 2007) est de 8,53 m². Ouvert en 2006, il appartient à Günter Sommer (Suisse) et se trouve à Santa Maria (Grisons, Suisse).

LA VALEUR FACIALE LA PLUS ÉLEVÉE

La plus grande valeur faciale jamais atteinte sur un billet de banque est celle du billet hongrois de 100 millions de B-pengö (100 000 000 000 000 000 000 pengö). Mis en circulation le 1er janvier 1946, il en a été retiré le 31 juillet 1946, sa valeur étant alors d'environ 0,20 $ (0,13 €).

★LE PLUS FORT TAUX DE MAIN-D'ŒUVRE FÉMININE (PAYS)

La Biélorussie a le plus fort taux de main-d'œuvre féminine : 53,3 % des travailleurs sont des femmes (à l'inverse, le Pakistan a **le ★plus fort taux de main-d'œuvre masculine** : 83,9 % des travailleurs sont des hommes).

RECORD DE POINTS EN DÉCATHLON (DAMES)

Austra Skujyte (Lituanie) a totalisé 8 358 points lors d'un décathlon organisé à Columbia (Missouri, USA), les 14-15 avril 2005, améliorant ainsi le record battu par Marie Collonvillé (France) l'année précédente avec 8 150 points.

★LE PLUS GRAND RADIATEUR

Le plus long radiateur du monde mesure 6,02 m de haut et 5,98 m de long. Fabriqué par CINI Co., il a été présenté à Cacak (Serbie), le 23 avril 2007.

★LA PLUS GRANDE VALSE

115 valseurs se sont rassemblés à l'initiative d'ORF Radio Wien pour une danse sur le Prater, à Vienne (Autriche). Ce record a été battu à l'occasion de Vienna Recorda, un événement organisé à Vienne, le 30 septembre 2007.

★LA PLUS GRANDE ALLUMETTE

Une allumette de 6,235 m de long et d'un diamètre de 27,5 cm a été fabriquée par Estonian Match Ltd. Elle a été présentée et allumée au théâtre Ugala de Viljandi (Estonie), le 27 novembre 2004.

●LA PLUS LONGUE TRAÎNE DE MARIÉE

Présentée le 18 février 2007, la plus longue traîne de robe de mariée a été créée par Andreas Evstratiou (Chypre) pour Green Leaf, une boutique de mariage installée à Paphos (Chypre). Elle mesure 1 362 m de long, soit, posée à plat, la longueur de 20 Jumbo Jets mis bout à bout.

LE PLUS LONG CORTÈGE DE MARIÉS À MOTO

Peter Schmidl et Anna Turceková (Slovaquie), tous les deux fanatiques de moto, se sont mariés à Bratislava (Slovaquie), le 6 mai 2000, suivis d'un cortège de 597 motos. Le mariage coïncidait avec le Chopper Show 2000, auquel la plupart des motards du cortège assistaient.

★NOUVEAU RECORD
●MISE À JOUR

★LA PLUS LONGUE CHAÎNE DE PRÉSERVATIFS

Elle a été réalisée par PSI Romania sur le boulevard Unirii, à Bucarest (Roumanie), le 28 octobre 2007. Elle mesurait 3 269,46 m de long.

LA PLUS FAIBLE MORTALITÉ SUR LA ROUTE

D'après les derniers chiffres, Malte a eu le plus faible taux de mortalité due aux accidents de la route, soit 1,6 mort pour 100 000 habitants en 1996 (l'île Maurice a le plus fort taux, avec 43,9 pour 100 000).

●LE PLUS LONG TRAJET À LA NAGE EN MER

Entre les 29 et 31 août 2006, Veljko Rogosic (Croatie) a accompli le plus long trajet à la nage jamais effectué sans palmes en pleine mer. Il a nagé 225 km dans l'Adriatique, entre Grado et Riccinoe (Italie).

LE PLUS JEUNE GRAND MAÎTRE D'ÉCHECS

Le 12 août 2002, Sergey Karjakin (Ukraine, né le 12 janvier 1990), à 12 ans et 212 jours, est devenu le plus jeune grand maître d'échecs de l'histoire.

RUSSIE

QUELQUES CHIFFRES

- **SUPERFICIE** : 17 075 200 km²
- **POPULATION** : 141,3 millions d'habitants
- **DENSITÉ** : 8,2 habitants/km²
- **EN BREF** : La Russie est **le plus grand pays du monde**, sa superficie représentant 11,5 % des terres émergées. Elle abrite **le plus grand réservoir artificiel**, le lac de Bratsk, d'une capacité de 169,3 milliards de m³.

LE PLUS VIEUX LAC

Le lac Baïkal s'est formé il y a 20-25 millions d'années sous l'effet d'une faille tectonique dans la croûte terrestre. Il contient plus d'eau que tous les Grands Lacs d'Amérique du Nord réunis. Il abrite le seul phoque d'eau douce du monde.

LA PLUS GRANDE SÉRIE DE MATRIOCHKAS (POUPÉES RUSSES)

La plus grande série de matriochkas compte 51 poupées peintes à la main par Youlia Bereznitskaia (Russie). La plus grande mesure 53,97 cm de haut et la plus petite 3,1 mm. La dernière a été achevée le 25 avril 2003.

RECORD DE CHAÎNES DE TÉLÉVISION

En 1998, la Russie possédait 7 306 chaînes de télévision.

LE PLUS DE BUTS MARQUÉS EN FINALE DE COUPE DU MONDE

Le 28 juin 1994, en finale de la Coupe du Monde, Oleg Salenko a marqué 5 buts pour la Russie contre le Cameroun, au stade de Stanford (Californie, USA).

LA PLUS GRANDE INONDATION

Il y a 18 000 ans, un lac souterrain de Sibérie de 120 km de long a libéré ses eaux, provoquant la plus grande inondation de l'histoire. D'après les chercheurs, qui ont annoncé leur découverte en 1993, la catastrophe a fait jaillir à 160 km/h des eaux enfouies à 490 m de profondeur.

LE PLUS DE TRAJETS EN ORBITE AUTOUR DE LA TERRE

Le cosmonaute russe Sergei Avdeyev a fait 11 968 fois le tour de la Terre au cours de sa carrière. Entre juillet 1992 et juillet 1999, il a effectué 3 missions vers la station *Mir* et passé 747 jours, 14 h et 22 min dans l'espace.

LA CENTRALE NUCLÉAIRE QUI A FONCTIONNÉ LE PLUS LONGTEMPS

Le réacteur de la centrale nucléaire d'Obninsk (**le premier du monde**) a fonctionné du 27 juin 1954 au 30 avril 2002.

LE PLUS LONG TRAJET EN TRAIN SANS CHANGEMENT

Il couvre une distance de 10 214 km entre Moscou (Russie) et Pyongyang (Corée du Nord). Le train (un départ par semaine) emprunte partiellement la ligne transsibérienne.

LE PREMIER VOL HABITÉ DANS L'ESPACE

Il a été effectué par le cosmonaute Youri Alekseyevich Gagarine (URSS), à bord de *Vostok 1*, le 12 avril 1961. Le lancement a eu lieu depuis la station de Baïkonour (Kazakhstan) à 6:07 GMT. *Vostok 1* a atterri à Smelovka, près d'Engels, dans la région russe de Saratov, 115 min plus tard. Gagarine atterrissait de son côté 118 min après le lancement, après avoir sauté en parachute.

ISRAËL

PÈLERINAGE SOUS LE NIVEAU DE LA MER

La ville antique de Jéricho, située à 244 m sous le niveau de la mer, près de la mer Morte (**le point le plus bas de la Terre**), est la seule à accueillir un pèlerinage à une altitude aussi basse. Celui-ci attire à la fois les chrétiens et les juifs.

LA PLUS GRANDE MEZUZAH

Une mezuzah est constituée de deux extraits du Deutéronome, dernier des cinq livres de l'Ancien Testament. Ils sont écrits en hébreu sur un seul morceau de parchemin, enroulé et placé dans un étui fixé à l'encadrement de la porte d'entrée des maisons juives. Le 19 mai 2004, Avraham-Hersh Borshevsky (Israël) a présenté la plus grande mezuzah de l'histoire. Elle mesure 94 cm de long, 76 cm de large et son étui 1,10 m.

★LA PLUS GRANDE BANNIÈRE

Le 23 décembre 2007, à Bar Yeuda, Massada, Grace Galindez-Gupana (Philippines) – présidente de l'HalleluYAH Prophetic Global Foundation Philippines – a déployé la plus grande bannière. Celle-ci réunissait les drapeaux d'Israël, des Philippines, de Corée du Nord et de Corée du Sud et mesurait 54 451 m². La tentative de record a été organisée par Sar-El Tours. Mme Galindez-Gupana est à l'origine de plusieurs autres records, dont celui du ★ **plus long dessin** (5 007,36 m).

LE PLUS VIEUX PILOTE DE CHASSE EN ACTIVITÉ

Uri Gil (Israël, né le 9 avril 1943), général de brigade de l'armée de l'air israélienne, a été pilote de chasse de 1964 au 20 juin 2003. Il avait alors 60 ans et 72 jours.

LA PLUS ANCIENNE SYNAGOGUE

Les vestiges d'une synagogue construite de 50 à 75 ans av. J.-C. ont été mis au jour en 1998 par l'archéologue Ehud Netzer et son équipe. Détruite par un séisme en 31 av. J.-C., cette synagogue a été découverte près des ruines du palais d'hiver d'Hasmonée, construit par Hérode.

LE PLUS LONG SIÈGE

Le plus long siège est celui d'Azotos (actuel Ashdod). D'après Hérodote, la ville fut assiégée par Psamtik Ier durant 29 ans, de 664 à 610 av. J.-C.

LE SAVIEZ-VOUS ?

À la frontière jordano-palestinienne, la mer Morte est **l'étendue d'eau la plus basse en altitude**. À environ 400 m sous le niveau de la mer, elle mesure 80 km de long et 18 km à l'endroit le plus large.

LE MÉTRO LE PLUS COURT

Le Carmelit d'Haïfa, le seul métro d'Israël, est le plus court du monde. Inauguré en 1959, il mesure 1,8 km de long. C'est un funiculaire dont le trajet, qui comporte 6 stations, suit une pente à 12°.

RECORD DE TEMPS D'UN BALLON DE FOOT EN ROTATION SUR UN DOIGT

Le 27 octobre 2000, à Jérusalem, Raphael Harris (Israël) a fait tourner un ballon de football sur un doigt pendant 4 min et 21 s.

LA PLUS ANCIENNE CULTURE DE DENRÉE ALIMENTAIRE

En juin 2006, des chercheurs de l'université de Harvard (USA) ont annoncé avoir découvert 9 figues carbonisées dans un village du début du néolithique, baptisé Gilgal I, près de Jéricho. Elles auraient entre 11 200 et 11 400 ans.

QUELQUES CHIFFRES

- **SUPERFICIE** : 20 770 km²
- **POPULATION** : 6,4 millions d'habitants
- **DENSITÉ** : 308 habitants/km²
- **EN BREF** : D'après les Nations unies, les Israéliens sont **les plus gros consommateurs de protéines**, avec une moyenne de 128,6 g de protéines par personne et par jour. La moyenne mondiale est de 75,3 g. Israël est le pays qui a **les dépenses militaires les plus élevées par habitant,** avec un budget de 1 429,03 $ (922,87 €) par habitant en 2005 (derniers chiffres disponibles).

★ NOUVEAU RECORD
● MISE À JOUR

MOYEN-ORIENT

QUELQUES CHIFFRES

- **SUPERFICIE** : 7 158 624 km²
- **POPULATION** : 334 millions d'habitants
- **DENSITÉ** : 46 habitants/km²
- **EN BREF** : **Les premières pièces de monnaie** datent du règne du roi Gygès de Lydie (Turquie), vers 630 av. J.-C. **Les États souverains où l'impôt sur le revenu est le plus faible** sont Bahreïn et le Qatar, où il est inexistant. L'Iran est **le pays où l'on vote le plus jeune,** à 15 ans.
- **PAYS** : Arabie Saoudite, Bahreïn, Égypte, Émirats arabes unis, Irak, Iran, Jordanie, Koweït, Liban, Oman, Qatar, Syrie, Turquie et Yémen. *(NB : le Moyen-Orient n'est pas une région aux contours définis ; nous y avons inclus les pays du Golfe. Pour Israël, voir p. 265.)*

LE PLUS VASTE DÉSERT DE SABLE

Le désert d'Arabie s'étend sur presque 2 600 000 km², dont un tiers est couvert de sable. Il s'étend en Arabie Saoudite, Jordanie, Irak, Koweït, Qatar, Émirats arabes unis, Oman et Yémen.

LE PREMIER...

★ AUTOGRAPHE

Rédigés par des scribes sur des tablettes d'argile, les autographes de Tell Abu Salābikh (Irak) dateraient des dynasties archaïques, soit 2 600 av. J.-C. Un scribe du nom de « a-du » mentionne « dubsar » après son nom, ce qui signifie « scribe ». La première signature sur un papyrus est celle du scribe Amen'aa, conservée au musée de Leningrad (Russie) et remontant à la première période intermédiaire égyptienne, qui a débuté environ 2 130 ans av. J.-C.

CHÂTEAU

Le château de Gomdan, dans la vieille ville de Sana'a (Yémen), qui comptait autrefois 20 étages, a été construit avant l'an 200.

ZOO

La première collection d'animaux vivants a été constituée à Puzurish (aujourd'hui en Irak) par Shulgi, prince de la troisième dynastie d'Ur, entre 2097 et 2094 av. J.-C.

CHANSON D'AMOUR

Le 6 mars 1974, des chercheurs de l'université de Californie, à Berkeley (USA), ont reconstitué une chanson d'amour assyrienne dédiée à un dieu ougaritique à partir d'une partition pour lyre à 11 cordes.

● LE PLUS GRAND CERF-VOLANT

Abdulrahman Al Farsi et Faris Al Farsi (Koweït) ont fabriqué un cerf-volant dont la toile mesure 950 m². Posé à plat, ce cerf-volant couvre 1 019 m². Il mesure 25,475 m de long et 40 m de large. Les spectateurs du Kuwait Hala Festival de Flag Square, à Koweït City (Koweït), l'ont vu voler le 15 février 2005.

LE PLUS VIEUX...

ÉGLISE

Une église a été mise au jour dans la ville côtière d'Aqaba (Jordanie) par des archéologues de l'université de Caroline du Nord. Elle aurait été construite entre 290 et 300 apr. J.-C. Ce serait donc la plus vieille église du monde.

PONT

Le pont de pierre à une arche qui enjambe le fleuve Mélès, à Izmir (Turquie), date de 850 av. J.-C. Des vestiges de ponts enjambant l'Havos, de 1 600 av. J.-C., existent aussi dans la région de Mycènes.

LA PLUS HAUTE PYRAMIDE

La pyramide de Gizeh (Égypte), ou Grande Pyramide, est la plus haute du monde. Elle mesurait 146,70 m quand elle fut achevée il y a 4 500 ans, mais du fait de l'érosion et du vandalisme, elle ne mesure plus que 137,50 m.

★NOUVEAU RECORD
●MISE À JOUR

LES FUNÉRAILLES QUI ONT RASSEMBLÉ LA PLUS FORTE PART D'UNE POPULATION

D'après les estimations des autorités iraniennes, 10 200 000 personnes avaient assisté aux funérailles de l'ayatollah Ruhollah Khomeini, massées le long des 32 km menant au cimetière Behesht-e Zahra de Téhéran, le 11 juin 1989, soit un 6e de la population iranienne.

★ÉPAVE

Une épave découverte au large d'Uluburun, près de Kas, dans le sud de la Turquie, remonterait au XIVe siècle av. J.-C.

LE PLUS GRAND...

●LIT

Le 30 janvier 2007, à Dubaï (Émirats arabes unis), le Dubaï Shopping Festival et Intercoil International ont fabriqué un lit de 14 m de long, 12 m de large et 10 m de haut.

CHANDELIER

En cristal de Swarovski, le plus grand chandelier du monde mesure 14,10 m de haut, 8 m de diamètre et nécessite 1 114 ampoules. Il est accroché dans la grande mosquée du sultan Qaboos, à Oman. Il pèse environ 8 500 kg et a été fabriqué par Kurt Faustig, une entreprise de Munich (Allemagne), en avril 2000.

PLUS D'INFOS

Les funérailles de l'ayatollah Khomeini ont eu lieu 2 fois. Les premières ont été interrompues parce que la foule énorme avait abîmé le cercueil de bois en voulant le toucher. Pour les secondes, un service de sécurité avait été mis en place et le cercueil était en métal.

BAGUE EN OR

Le Najmat Taiba (qui signifie Étoile de Taiba) est une bague créée par Taiba pour Gold and Jewellery Co., Ltd (Arabie Saoudite). Constituée de 5,17 kg de pierres précieuses montées sur un anneau d'or 21 carats de 58,686 kg, elle pèse 63,856 kg et mesure 70 cm de diamètre. Sa fabrication a nécessité 55 ouvriers et 45 jours de travail.

LA PLUS VIEILLE VILLE FORTIFIÉE

Grâce à la datation par le carbone 14 de spécimens retrouvés dans la ville basse de Jéricho, sur la rive ouest du Jourdain, des archéologues ont pu établir qu'une communauté de 2 000 personnes vivait déjà là en 7800 av. J.-C.

★STRUCTURE GONFLABLE

La plus grande structure gonflable, en forme de bouteille et d'un volume de 1 500 m^3, a été créée par Vitaene C au Dubaï Shopping Festival, à Dubaï (Émirats arabes unis), le 28 janvier 2007. Elle mesure 25 m de haut et 11,9 m de large.

LA PLUS GRANDE FAMILLE ROYALE

En 2002, la maison Al-Saud d'Arabie comptait plus de 4 000 princes royaux et 30 000 parents. Le royaume a été créé en 1932 par le roi Abdul Aziz, qui avait 17 femmes et 44 fils, dont 4 ont dirigé le royaume depuis sa mort en 1953.

L'Arabie Saoudite est **le pays qui compte le plus de frères et sœurs dans un gouvernement** (6 en tout). Le roi Abdullah ben Abdulaziz Al-Saud est aussi Premier ministre et commandant de la garde nationale. Ses cinq demi-frères se partagent les fonctions de prince de la Couronne, ministre de la Défense, vice-ministre de la Défense, gouverneur de Riad et vice-ministre de l'Intérieur.

AFRIQUE

QUELQUES CHIFFRES

- **SUPERFICIE** : 31 107 983 km²
- **POPULATION** : 930 millions d'habitants
- **DENSITÉ** : 30 habitants/km²
- **PAYS** : Afrique du Sud, Algérie, Angola, Bénin, Botswana, Burkina Faso, Burundi, Cameroun, Cap-Vert, Comores, Côte d'Ivoire, Djibouti, Égypte, Érythrée, Éthiopie, Gabon, Gambie, Ghana, Guinée, Guinée-Bissau, Guinée équatoriale, Kenya, Lesotho, Liberia, Libye, Madagascar, Malawi, Mali, Maroc, île Maurice, Mauritanie, Mozambique, Namibie, Niger, Nigeria, République centrafricaine, République démocratique du Congo, La Réunion, Rwanda, Sainte-Hélène, São Tomé et Principe, Sénégal, Seychelles, Sierra Leone, Somalie, Soudan, Swaziland, Tanzanie, Tchad, Togo, Tunisie, Ouganda, Zambie, Zimbabwe.

LE PLUS GRAND MINARET

Le minaret de la Grande Mosquée Hassan II à Casablanca (Maroc) mesure 200 m. La construction de la mosquée a coûté 5 milliards de dirhams (333,77 millions €). Dotée d'un toit coulissant, la salle des prières peut accueillir 25 000 fidèles. 80 000 autres peuvent se tenir à l'extérieur.

LE CANIDÉ LE PLUS RARE

Le nombre de spécimens de loups d'Éthiopie (*Canis simiensis)* encore en vie serait inférieur à 450. Cette espèce est très menacée par la rage. En effet, au moins 38 d'entre eux en sont morts depuis septembre 2003, dans les monts Bale (Éthiopie), où vivent environ 300 spécimens.

● LES TAUX DE FÉCONDITÉ ET DE NATALITÉ LES PLUS ÉLEVÉS

Selon des moyennes établies sur la période 2005-2010, le Niger connaîtra la croissance la plus rapide, avec une augmentation de 41 millions d'habitants entre 2004 (12 millions) et 2050 (53 millions). Le pays a le taux de fécondité le plus élevé (7,19 enfants par femme). Le taux de natalité était de 50,16 pour 1 000 en novembre 2007.

LES HOMMES LES PLUS GRANDS

Les hommes de la tribu des Tutsis, qui vivent au Rwanda et au Burundi, en Afrique centrale, mesurent en moyenne 1,83 m.

★ LE PLUS GRAND SALADIER DE COUSCOUS

Il a été présenté à la Foire internationale d'Alger (Alger), le 3 juin 2004. Fabriqué par la Semoulerie industrielle de la Mitidja, ce saladier pesait 6,04 t.

LE PLUS GRAND LAC ROSE

Le lac Retba, plus connu sous le nom de lac Rose, est la plus grande étendue de couleur rose du monde. Il mesure environ 1,5 x 5 km à marée basse. La couleur intense de ce lagon peu profond situé à 30 km au nord de Dakar (Sénégal) est due à des micro-organismes et à une forte concentration en sels minéraux.

LE PLUS LONG RIFT

Le Grand Rift, en Afrique de l'est, est un système de fossés d'effondrement de 50 à 65 km de large. Les escarpements qui bordent cette vallée ont une hauteur moyenne de 600 à 900 m. Le Grand Rift commence en Jordanie et s'étend jusqu'au Mozambique, en Afrique de l'Est. Ce long système s'est formé progressivement il y a environ 30 millions d'années, lorsque la péninsule arabique s'est séparée de l'Afrique.

LE SCORPION LE PLUS VENIMEUX

Androctonus australis, un scorpion tunisien à queue plate, est responsable de 80 % des piqûres et de 90 % des décès par piqûre de scorpion en Afrique du Nord.

AFRIQUE DU SUD

LE PLUS GROS DIAMANT

Un diamant de 3 106 carats a été découvert le 26 janvier 1905, sous le règne d'Édouard VII, à Premier Diamond Mine, une mine située près de Pretoria (Afrique du Sud). Baptisé The Cullinan, il a été taillé en 106 diamants.

LA COULÉE DE LAVE LA PLUS RAPIDE

Le Nyiragongo est un volcan de la chaîne des Virunga (République démocratique du Congo). Lors de son éruption, le 10 janvier 1977, la lave a jailli de ses flancs et s'est écoulée à presque 60 km/h.
Le flot de lave a envahi la ville de Goma, située à proximité, et fait 2 000 victimes.

LE PLUS GRAND ENSEMBLE DE MARIMBAS

Le 29 octobre 2004, au Bishops Diocesan College de la ville du Cap (Afrique du Sud), le plus grand ensemble de marimbas jamais réuni (78 musiciens) a joué pendant plus de 10 min.

●LA MINE LA PLUS PROFONDE

La mine de Savuka, en Afrique du Sud, est la plus grande mine d'or du monde. Elle descend à 3 777 m sous terre. À cette profondeur, les mineurs arrivent à extraire 20 cm^3 d'or par m^3 de roche. Elle est située dans le Witwatersrand Basin, le plus gros gisement d'or du monde. 1,5 milliard d'onces d'or en ont été extraits depuis 1886.

LE PLUS GRAND DÉSERT

Presque 1/8e de la surface des terres émergées est aride, avec des précipitations inférieures à 25 cm par an. Le Sahara, en Afrique du Nord, est le plus vaste désert chaud du monde – sa superficie est supérieure à celle de l'Australie. Il couvre 5 150 km d'est en ouest dans sa partie la plus large. Du nord au sud, il couvre de 1 280 à 2 250 km. Il s'étend sur environ 9,10 millions de km^2.
Le 13 septembre 1922, **la température la plus élevée de l'histoire** (58 °C) a été enregistrée à Al'Aziziyah, dans le Sahara, en Libye.

LA PLUS FORTE PROPORTION D'ENFANTS

50,8 % de la population de l'Ouganda était âgée de 0 à 14 ans en 2003. Sur la photo ci-dessus, des enfants attendent l'arrivée du prince Charles, prince de Galles, dans le bidonville de Kawempe, à Kampala (Ouganda), le 23 novembre 2007.

LE PLUS JEUNE LAURÉAT DU PRIX MAN BOOKER

Ben Okri (Nigeria) avait 32 ans quand il a remporté le prix Man Booker en 1991 pour son roman *The Famished Road*.

J. M. Coetzee (Afrique du Sud) et Peter Carey (Australie) se partagent **le record du nombre de prix Man Booker obtenus**. Ils en ont remporté 2 chacun.

LE PLUS GRAND...

OISEAU

L'oiseau-éléphant, ou vouron patra (*Aepyornis maximus*), de Madagascar s'est éteint il y a environ 1 000 ans (même si des spécimens auraient été aperçus jusqu'en 1658). Il mesurait de 3 à 3,30 m de haut et pesait environ 500 kg.

DÉPLACEMENT D'ÉLÉPHANTS

En août 1993, Care For The Wild International (CFTWI) a déplacé plus de 500 éléphants par familles entières sur 250 km à travers le Zimbabwe, entre le parc national de Gonarezhou et la réserve de la vallée de la Save.

★NOUVEAU RECORD
●MISE À JOUR

ASIE CENTRALE & DU SUD

QUELQUES CHIFFRES

- **SUPERFICIE** : 3 600 292 km²
- **POPULATION** : 1,5 milliard d'habitants
- **DENSITÉ** : 416 habitants/km²
- **EN BREF** : La région abrite l'Everest, situé à la frontière du Népal et de la Chine, la montagne la plus haute avec ses 8 828 m, et la mer Caspienne, la mer la plus grande (371 000 km²).
- **PAYS** : Afghanistan, Bangladesh, Bhoutan, Inde, Kazakhstan, Kirghizistan, Maldives (**le pays le plus bas, au taux de divorces le plus élevé**, avec 10,97 divorces pour 1 000 habitants chaque année), Népal, Pakistan, Sri Lanka (★**record de membres du Conseil des ministres :** 52), Tadjikistan, Territoires britanniques de l'océan Indien, Turkménistan et Ouzbékistan.

(L'Iran est considéré comme un pays du sud de l'Asie par l'ONU. Pour le G8 et Le Mondial des records, il fait partie du Grand Moyen-Orient.)

LES PLUS FORTES PRÉCIPITATIONS

À Mawsynram, dans le Meghalaya (Inde), il tombe chaque année 11 873 mm de pluie. La 2e ville la plus arrosée est Cherrapunji, également dans l'État de Meghalaya, où les précipitations annuelles sont de 11 430 mm. Les pluies sont plus fortes pendant la mousson, de mai à septembre. Ci-contre, une femme Khasi emmène ses enfants à l'école, à la périphérie de Shillong.

LE CORAN LE PLUS ANCIEN

Le Saint Coran Mushaf d'Uthman, aujourd'hui propriété du conseil musulman d'Ouzbékistan, appartenait à l'origine au calife Uthman (588-656), troisième successeur du prophète Mahomet. Seule la moitié du texte de 706 pages subsiste.

★LE PLUS GRAND TEMPLE HINDOU

Le temple Swaminarayan Akshardham situé à New Delhi (Inde) couvre 8 021 m². Il a été construit en 5 ans par 11 000 artisans. Il mesure 108,5 m de long, 96,3 m de large et 42,9 m de haut.

★LE PLUS GROS CHAPATI

Un pain indien pesant 63,99 kg a été confectionné par l'organisation Shree Jalarm Mandir Jirnodhar Samitee, à Jamnagar (Inde), le 15 janvier 2005.

●RECORD DE RÉFUGIÉS

Selon le Haut-commissariat des Nations unies pour les réfugiés (HCR), le 1er janvier 2006, le Pakistan abritait 1 085 000 réfugiés, soit plus que tout autre pays. Les Afghans qui vivent hors des camps de l'ONU et qui étaient 1,5 million en 2005 n'ont pas été pris en compte.

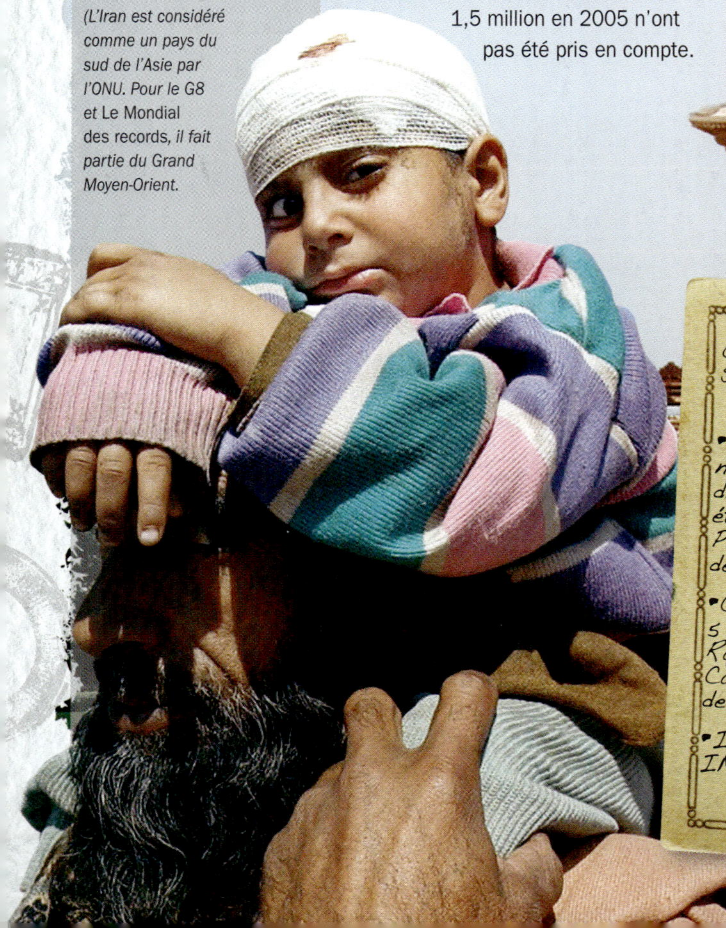

Guide touristique du temple Swaminarayan Akshardham

- Consécration en novembre 2005 ; le certificat du Mondial des records a été présenté à Sa Sainteté Pramukh Swami Mahara en décembre 2007.
- Construction en seulement 5 ans avec du grès rose du Rajasthan et du marbre de Carrare. L'utilisation d'acier ou de béton a été interdite !
- Il abrite une salle de cinéma IMAX de 26 × 20 m.

- Une promenade de 12 min en bateau permet de découvrir 10 000 ans d'histoire de l'Inde.
- Ne manquez pas la fontaine musicale géante en pierre !
- Parcourez les 30 ha de pelouses et de jardins et admirez les statues des grandes figures de l'Inde.
- Un diorama son et lumière avec des animatroniques raconte l'histoire de Bhagwan Swaminarayan.

● LA VOITURE DE SÉRIE LA MOINS CHÈRE

Le 10 janvier 2008, la Tata Nano, une voiture familiale 4 portes et 5 places, dotée d'un moteur de 623 cm³, développant 33 ch (capable d'atteindre 70 km/h) a été présentée par Tata Motors lors du 9e salon automobile de New Delhi (Inde). Le directeur de la société Ratan Tata (Inde) espère que son prix de 100 000 roupies (1 638,65 €) la rendra accessible à des millions de personnes dans les pays en voie de développement.

LE PLUS GRAND PAYS ENCLAVÉ

Le Kazakhstan ne dispose d'aucun accès à une mer ouverte. De 2 724 900 km², il est bordé par la Russie, la Chine, le Kirghizistan, l'Ouzbékistan, le Turkménistan et une mer fermée, la mer Caspienne. En superficie, c'est le 9e pays le plus grand du monde. Il comptait 15,2 millions d'habitants en 2007.

LE PLUS GRAND DELTA

Formé par le Gange et le Brahmapoutra au Bangladesh et dans l'ouest du Bengale, le delta du Gange (aussi appelé delta du Bengale) couvre 75,000 km². Il s'agit d'une des régions les plus fertiles du monde.

● LA PLUS JEUNE ARTISTE PROFESSIONNELLE

Les œuvres d'Arushi Bhatnagar (Inde, née le 1er juin 2002) ont été exposées à la Kalidasa Akademi d'Ujjain (Inde), le 11 mai 2003, alors qu'elle était âgée de 344 jours (soit 11 mois).

★ NOUVEAU RECORD
● MISE À JOUR

● L'ÉCOLE LA PLUS FRÉQUENTÉE

Le 5 février 2008, 32 114 élèves étaient inscrits à l'école Montessori de Lucknow (Inde) pour l'année scolaire 2007-2008.

★ LES JARDINS BOTANIQUES LES PLUS ÉLEVÉS

Les jardins botaniques du Pamir situés près de Khorog (Tadjikistan) se trouvent à une altitude comprise entre 2 100 et 3 500 m au-dessus du niveau de la mer. Le site de 12 ha abrite 2 000 espèces végétales.

LA ROUTE LA PLUS HAUTE

La route la plus haute se trouve dans le défilé de Khardungla, à une altitude de 5 682 m. Achevée en 1976 par l'Organisation des routes frontalières de New Delhi (Inde), il s'agit d'un des trois cols de la route de Leh-Manali (Cachemire). Les voitures peuvent l'emprunter depuis 1988.

L'ESSENTIEL SUR BOLLYWOOD

- Lalita Pawar (Inde) est **l'actrice de Bollywood dont la carrière a été la plus longue**. Elle a fait ses débuts à 12 ans et est apparue dans plus de 700 films au cours des 70 années qui ont suivi. P. Jairaj (Inde) a tenu son premier rôle en 1929, tourné 300 films et joué pendant 70 ans. C'est **la plus longue carrière d'un acteur de Bollywood**.
- *Devdas* (Inde, 2002), qui a coûté environ 500 millions de roupies (7,28 millions €), est **le film de Bollywood qui a coûté le plus cher**.
- *Hum Aapke Hain Koun... !* (Inde, 1994), mettant en scène Madhuri Dixit et Salman Khan, est **le film de Bollywood qui a rapporté les plus gros bénéfices** : soit 41,47 millions €, dès la première année, battant le record du western indien *Sholay* en 1975.

ASIE DU SUD-EST

QUELQUES CHIFFRES

- **SUPERFICIE** : 4 495 553 km²
- **POPULATION** : 574 millions d'habitants
- **DENSITÉ** : 128 habitants/km²
- **PAYS** : Brunei (**le plus grand palais résidentiel** du monde, 1 788 chambres et 257 salles de bain), Cambodge, Indonésie (**la plus grande population musulmane**, soit 203 millions de personnes), Laos (**le pays le plus bombardé** : 2,2 millions de tonnes de bombes ont été lâchées sur le pays entre 1964 et 1973, pendant la guerre du Vietnam), Malaisie (les tours Petronas, hautes de 451,90 m, **les plus hautes tours jumelles**), Myanmar (patrie des femmes-girafes de la tribu Padaung, qui ont **les cous les plus longs** – jusqu'à 40 cm), Philippines, Singapour, Thaïlande (le nom complet de sa capitale, Bangkok, est **le nom géographique le plus long**, avec 175 lettres*) et Vietnam.

●L'ÎLE LA PLUS PEUPLÉE

Java (Indonésie) est l'île la plus peuplée du monde. Elle comptait 121 352 608 habitants en 2000, concentrés sur 127 569 km².

●LE PLUS GRAND TABLEAU EN BATIK

De 1 200 m², *The Batik On The Road* a été créé par 1 000 personnes pour la Pekalongan Batik Community, à Pekalongan (Indonésie), le 16 septembre 2005.

●LA PLUS GRANDE CHAUSSURE

Créée par le Marikina Colossal Footwear Team, le 21 octobre 2002, à Marikina (Philippines), la plus grande chaussure du monde mesure 5,29 m de long, 2,37 m de large et 2,03 m de haut.

ORCHESTRE D'ANIMAUX

Le Thai Elephant Orchestra, du Thai Elephant Conservation Centre de Lampang (Thaïlande), fondé par Richard Lair et David Soldier (USA) en 2000 pour protéger l'éléphant d'Asie, est le plus grand orchestre d'animaux du monde. Il compte 12 membres.

●RECORD D'ARBRES PLANTÉS SIMULTANÉMENT

Au cours d'un événement organisé par Nurturers of the Earth, Children for Breastfeeding et le ministère de l'Environnement et des Ressources naturelles, 516 137 personnes ont planté 653 143 arbres simultanément le long de la National Highway, aux Philippines, le 25 août 2006.

★LE PLUS GRAND BANH TÊT

Confectionné par Saigontourist au parc culturel de Dam Sen, à Hô Chi Minh (Vietnam) pour la fête traditionnelle du Têt, entre les 18 et 21 janvier 2004, le plus grand banh Têt (gâteau du Têt) du monde pesait 1,75 t.

*Le nom complet de Bangkok est krungthephphramahanakhon bowonratanakosinmahintharayuthaya

★ NOUVEAU RECORD
● MISE À JOUR

LA MOUSSON LA PLUS DÉVASTATRICE

La mousson qui a soufflé sur la Thaïlande de septembre à décembre 1983 a fait 10 000 morts. 100 000 personnes ont été victimes de maladies transmises par l'eau contaminée et 15 000 ont été évacuées. Les dégâts se sont élevés à plus de 400 millions $ (260 millions €).

LE PLUS GRAND TEMPLE BOUDDHISTE

Il s'agit de celui de Borobudur, près de Yoyakarta (Indonésie). Il a été construit de 750 à 842 apr. J.-C. Sa structure en pierre de 60 000 m³ mesure 34,5 m et sa base 123 x 123 m. Il a connu le déclin à partir du XIVe siècle, jusqu'à ce qu'il soit redécouvert en 1814 par Sir Thomas Stamford Raffles, gouverneur de Java de l'époque.

LE PLUS GRAND ÉDIFICE RELIGIEUX

Angkor Wat (Cambodge) est un temple de 162,60 ha, ce qui en fait le plus grand édifice religieux jamais construit. Il a été érigé en l'honneur de Vishnu, dieu hindou, par le roi khmer Suryavarman II, entre 1113 et 1150. Ses remparts mesurent 1 280 m de long. Avant qu'il ne soit abandonné en 1432, il a abrité jusqu'à 80 000 personnes. Le temple fait partie d'un complexe de 72 grands monuments dont la construction a débuté vers 900 av. J.-C. et qui s'étend sur plus de 24,80 km.

LA PLUS GROSSE CLOCHE EN ACTIVITÉ

La cloche de Mingun, à Mandalay (Myanmar), pèse 92 t. Elle mesure 5,09 m de diamètre à la base. On la fait sonner avec un maillet en teck. Elle a été fondue à Mingun à la fin du règne de Bodawpaya (1782-1819).

PLUS D'INFOS

Le plus grand bâtiment de papier du monde mesure 15,20 x 17,90 m à la base et 6,40 m de haut. Il a été présenté à l'APEC Investment Mart Thailand, à Bangkok (Thaïlande), en octobre 2003.

LE BRUIT LE PLUS FORT

Le 27 août 1883, l'éruption du Krakatoa, une île-volcan située dans le détroit de la Sonde, entre Sumatra et Java, s'est entendue à 5 000 km à la ronde. On pense que le bruit, 26 fois plus puissant que celui du plus gros essai nucléaire jamais effectué, a été perçu sur 8 % de la surface de la Terre.

LE PLUS GRAND BÂTIMENT DORÉ À L'OR

La pagode conique de Shwe Dagon, à Yangon (Myanmar) mesure 99 m de haut et 137 m de diamètre à la base. Elle est entièrement recouverte d'or. Ce mausolée bouddhiste a été reconstruit plusieurs fois. Il semble que l'endroit ait auparavant abrité un stûpa (monument bouddhiste) pendant plus de 2 000 ans.

L'ALPHABET LE PLUS LONG

Le khmer (langue cambodgienne), qui compte 74 lettres (certaines n'étant plus utilisées) est la langue au plus long alphabet.

LA PLUS GRANDE FONTAINE

La structure en bronze moulé de la fontaine de la Richesse, à Suntec (Singapour), pèse 85 t et se dresse à 14 m de haut. La base de la fontaine couvre 1 683,07 m². Sa construction, en 1997, aurait coûté 6 millions $ (3,9 millions €).

mahadilokphiphobnovpharad radchataniburirom udomsantisug

EXTRÊME-ORIENT

QUELQUES CHIFFRES

- **SUPERFICIE** : 11 795 031 km²
- **POPULATION** : 1,55 milliard d'habitants
- **DENSITÉ** : 132 habitants/km²
- **PAYS** : Chine (**le pays le plus peuplé**, avec 1 323 345 000 habitants en 2005 ; il possède deux territoires (Hong Kong et Macao). (*Suite p. 275.*)

LE PLUS GRAND RASSEMBLEMENT DE DRAGONS DANSANTS

55 dragons dansants se sont rassemblés pour la cérémonie d'ouverture du 25e Festival du Paon de Luoyang (province du Henan, Chine), le 10 avril 2007.

● LE RÉSEAU ROUTIER LE PLUS DENSE

Selon des chiffres de 2007, Macao, territoire de Chine, possède 21,3 km de route au km².

★ LE PLUS GRAND EMPIRE

Le plus grand empire de l'histoire (en un seul bloc) fut l'empire Mongol (1206-1367), dirigé par la dynastie Khan. À son apogée, en 1279, sous Kubilai Khan, il comptait plus de 100 millions d'habitants, répartis sur 35,7 millions de km², correspondant aujourd'hui à la Chine, la Russie, la Mongolie, l'Asie centrale, le Moyen-Orient et la péninsule coréenne.

● LE RÉSEAU ROUTIER LE PLUS EMPRUNTÉ

Avec 5 565 600 km parcourus sur chaque kilomètre de route chaque année, le réseau routier de Hong Kong est le plus emprunté au monde.

LA POPULATION RURALE LA PLUS IMPORTANTE

Selon les derniers chiffres fournis par l'Organisation mondiale de la santé en 2007, la population rurale de la Chine était estimée à 1 323 345 000 personnes en 2007.

● LA POPULATION CITADINE LA PLUS IMPORTANTE

Tokyo (Japon) est la plus grande conurbation d'Asie. C'est aussi l'agglomération la plus peuplée, avec 26 546 000 habitants en 2003.

LE SAVIEZ-VOUS ?

Le ★ plus long dragon dansant jamais fabriqué mesurait 5 056 m de long. Il a été présenté lors du 25e Festival du Paon de Luoyang (Henan, Chine), le 10 avril 2007.

★ LE PLUS GRAND SPECTACLE DE GYMNASTIQUE

Le plus grand spectacle de gymnastique de masse a réuni 100 090 participants au stade de May Day, à Pyongyang (République démocratique de Corée), le 14 août 2007. L'événement a eu lieu dans le cadre du festival d'Arirang, célébration artistique et sportive à la gloire de l'unité nationale du peuple de Corée du Nord.

★ LE PLUS DE PANDAS NÉS EN 1 AN

2006 a été l'année la plus prolifique pour les pandas, puisque 30 bébés sont nés en captivité. La majorité ont vu le jour au centre de recherche sur les pandas de Wolong, dans le sud-ouest de la Chine. Le 30e est né à Adventure World, à Wakayama (Japon), le 23 décembre 2006.

LE PLUS GRAND ENSEMBLE JAPONAIS DE BATTERIES

Une manifestation organisée par la chambre de commerce et d'industrie de Morioka, au champ de courses de Morioka (Japon), le 10 juin 2007, a réuni le plus grand ensemble de batteries du Japon, soit 2 571 participants. **Le ●plus grand ensemble de batteries du monde** a rassemblé 10 045 batteurs provenant de Hong Kong, de Chine continentale, de Macao et de Taïwan, au Coliseum de Hong Kong (Chine), le 29 juin 2007, à l'occasion du 10e anniversaire de la rétrocession de Hong Kong à la Chine.

●LA PLUS GRANDE PARADE DE VÉLOS

La parade organisée par Da Jia Jenn Lann Temple, le gouvernement du comté de Taichung et Volvic Taïwan, à Taichung (Taïwan), le 1er mars 2008, a réuni 2 152 vélos.

★LE PLUS GRAND COURS DE KICK-BOXING

Le 4 mars 2007, 986 personnes ont participé à un cours de kick-boxing lors d'un événement organisé par l'association caritative HER sur le terrain de sport MacPherson de Mogkok (Kowloon, Hong Kong).

★LE PLUS GRAND GÂTEAU DE RIZ

Le gâteau de riz fabriqué par Kwak Sungho et son équipe de Han Bbang (Corée du Sud), au 12e festival du riz de Dongjin-gun (Chungnam, Corée du Sud), le 7 octobre 2007, pesait 3,68 t.

★LA PLUS LONGUE NOUILLE

Le 24 mars 2007, Hiroshi Kuroda (Japon) a fabriqué une nouille de 548,70 m de long et 3,30 mm de diamètre, à Nasu (Tochigi, Japon).

●LE PLUS LONG ROULEAU DE SUSHI

Le 22 avril 2007, le comité de liaison du syndicat japonais des employés de poste de la ville de Maebashi (Gunma, Japon) a fabriqué un rouleau de sushi de 2 033,30 m de long.

★LE PLUS GRAND KADOMATSU

Le kadomatsu est une décoration traditionnelle japonaise que les gens accrochent sur leur maison au Nouvel An pour accueillir l'esprit de leurs ancêtres. Deux kadomatsu de 9,866 m chacun ont été réalisés au parc de Tachibana, à Chijiwa-Nagasaki (Japon), le 18 décembre 2000. Soixante bambous moso ont été utilisés pour les fabriquer.

LE PLUS GROS COCHON-TIRELIRE

Un cochon-tirelire doré fabriqué par Zhong Xing Shenyang Commercial Building Co., Ltd a été présenté à Shenyang (Chine), le 2 mai 2007. Il mesure 5,6 m de long, 3,96 m de haut et 14,6 m de circonférence. Il pèse environ 3 t.

Autres pays : Japon (**la plus grande population de centenaires**, avec 25 606 personnes âgées de plus de 100 ans en 2005), Corée du Nord (**le pays le plus militarisé** par habitant, environ 5 % de la population travaillant dans l'armée), Mongolie (**le pays possédant la plus faible densité de population**, avec 1,6 habitant au km²), Corée du Sud (détient le record du **nombre d'heures de travail**, avec une moyenne de 2 423 h par personne et par an), Taïwan (abrite **l'immeuble le plus haut du monde**, Taipei 101, qui mesure 508 m de haut).

★NOUVEAU RECORD
●MISE À JOUR

AUSTRALIE

QUELQUES CHIFFRES

- **SUPERFICIE** : 7 686 850 km²
- **POPULATION** : 20,4 millions d'habitants
- **DENSITÉ** : 2,6 habitants/km²

★LA PLUS GRANDE CÉRÉMONIE DE RENOUVELLEMENT DE VŒUX DE MARIAGE

Le 16 septembre 2007, à Virgin Money (Australie), 272 couples mariés ont renouvelé leur engagement au Centennial Park de Sydney (Nouvelle-Galles du Sud, Australie), au cours d'une même cérémonie célébrée par Angela Miller.

★LA PLUS GRANDE BOUTEILLE DE VIN

La plus grande bouteille de vin du monde mesure 1,95 m de haut et contient 290 l de vin. Elle a été fabriquée sous la houlette de North Road Liquor (Australie) et remplie à Plantagenet Wines (Australie), le 29 mai 2006.

★LE PLUS DE CRACHEURS DE FEU

171 cracheurs de feu appartenant au Chilli Club International (Australie) se sont produit lors de la cérémonie d'ouverture des jeux Olympiques de Sydney (Australie), le 15 septembre 2000.

●LE BATTEUR LE PLUS PUISSANT

Col Hatchman (Australie) a produit un son de 137,2 dBA, lors d'un concert des Dirty Skanks, au Northern Star Hotel d'Hamilton (Australie), le 4 août 2006.

LE SERPENT TERRESTRE LE PLUS VENIMEUX

Le taïpan du désert (*Oxyuranus microlepidotus*), qui mesure 1,70 m de long, vit principalement dans les bassins versants des fleuves Diamantina River et Cooper Creek, dans le Queensland et l'ouest de la Nouvelle-Galles du Sud (Australie). La quantité moyenne de venin produite est de 44 mg, mais on en a prélevé 110 mg chez un spécimen mâle – de quoi tuer 250 000 souris ou 125 hommes. Heureusement, *O. microlepidotus* ne vit que dans les déserts arides du centre de l'Australie orientale et n'a jamais tué personne.

LE PLUS GRAND PRODUCTEUR DE DIAMANTS BRUTS

L'Australie fournit 34 % de la production annuelle mondiale de diamants bruts, qui est de 110 millions de carats.

★LE PLUS LONG MARATHON DE FLIPPER

Alessandro Parisi (Australie) a joué au flipper durant 28 h, au Westland Shopping Centre de Whyalla (Australie), les 22 et 23 janvier 2007.

●LE PLUS DE BLAGUES RACONTÉES EN 1 H

Anthony Lehmann (Australie) a raconté 549 blagues en 1 h, au Rhino Room club d'Adelaïde (Australie-Méridionale), le 25 mai 2005.

LE PLUS GRAND RECIF CORALLIEN

La Grande Barrière de corail, au large de la côte du Queensland, au nord-est de l'Australie, mesure 2 027 km de long. Elle est constituée de milliers de petits récifs séparés. À trois reprises – entre 1962 et 1971, en 1979 et entre 1995 et aujourd'hui –, de vastes colonies de coraux ont été dévastées dans la partie centrale par une étoile de mer baptisée couronne du christ (*Acanthaster planci*).

NOUVELLE-ZÉLANDE

LA CAPITALE LA PLUS AUSTRALE

Wellington (île du Nord, Nouvelle-Zélande) – 165 278 habitants en 2001 – est la capitale la plus australe (41°17'S) des pays indépendants du globe. Port Stanley, dans les îles Malouines (51°43'S) – 1 600 habitants en 1999 hors population militaire – est la capitale la plus australe du monde, territoires d'outre-mer compris.

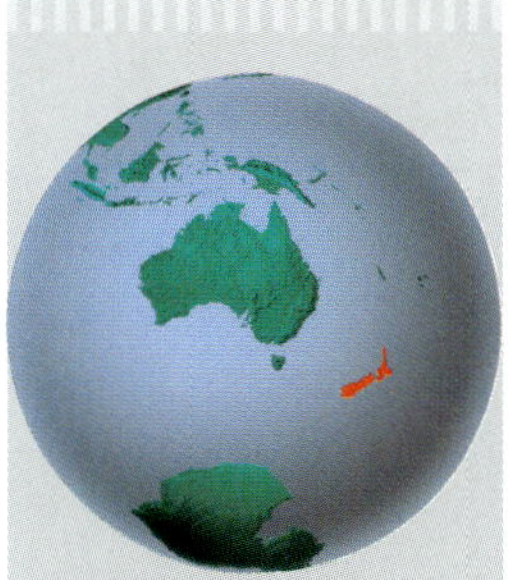

QUELQUES CHIFFRES

- **SUPERFICIE** : 268 680 km²
- **POPULATION** : 4,1 millions d'habitants
- **DENSITÉ** : 15,3 habitants/km²
- **EN BREF** : Une étude présentée au Forum économique mondial de janvier 2006 a révélé que le pays le plus performant au niveau environnemental était la Nouvelle-Zélande. C'est aussi dans ce pays que l'on trouve le plus grand geyser du monde, celui du volcan de Waimangu, qui a jailli à plus de 460 m en 1903.

★LE PLUS DE PARTICIPANTS À UNE COURSE DE SNOWBOARD

88 personnes ont participé à une course de snowboard organisée par The Rock FM et Mount Hutt, à Christchurch (Nouvelle-Zélande), le 6 octobre 2007.

★LA PLUS LONGUE POIGNÉE DE MAINS

La plus longue poignée de mains ininterrompue a duré 9 h et 19 min entre Alastair Galpin et Jesse van Keken (Nouvelle-Zélande), à l'Aotea Square Events Centre d'Auckland (Nouvelle-Zélande), le 11 novembre 2006.

LE VIGNOBLE LE PLUS AUSTRAL

Westons Reserve Winery se situe à Dunedin (île du Sud, Nouvelle-Zélande), à la latitude de 45°51'S. C'est le vignoble commercial le plus austral du monde.

★LA PLUS GRANDE ESPÈCE DE WETA

Les 70 espèces de weta (mot maori), qui appartiennent à l'ordre des orthoptères (sauterelles, criquets…) et sont confinées à la Nouvelle-Zélande, comptent parmi elles les plus gros insectes du monde. La plus grande est *Deinacrida heteracantha*, qui vit sur Little Barrier Island. Le plus grand spécimen répertorié à ce jour mesurait 11 cm de long et 17,5 cm d'envergure.

★LA PLUS IMPORTANTE MARCHE SUR LE FEU

Lors d'une manifestation organisée le 11 juillet 2004, à Dunedin (Nouvelle-Zélande), dans le cadre du New Zealand International Fire Festival, 350 personnes ont marché en même temps sur le feu pendant 1 h et 20 min.

LE PLUS GRAND OISEAU DE LA PRÉHISTOIRE

Dinornis maximus, un dinornis de Nouvelle-Zélande, était le plus grand oiseau de la préhistoire. On pense qu'il mesurait 3,60 m et pesait 227 kg. Il n'avait pas d'ailes et ressemblait à une autruche. Il s'est éteint il y a plus de 10 000 ans.

★NOUVEAU RECORD
●MISE À JOUR

REMERCIEMENTS/CRÉDITS

Guinness World Records souhaite remercier les personnes, entreprises, groupes, sites Internet, sociétés et universités suivants pour leur contribution à cette édition 2009 : Pedro Adrega (Fédération internationale de natation), American Paper Optics (John Jerit), BAPS Swaminarayan Akshardham, Bender Media Services (Susan et Sally), Betsy Baker, Luke et Joseph Boatfield, Ceri, Olivia Boulton, Katie et Georgie Boulton, Alfie Boulton-Fay, Box Office Mojo, Julie Bradshaw et The Channel Swimming Association (The CSA), Sir Richard Branson, Nikki Brin, Carlsberg, Stockholm, Peter Cassidy (Race Walking Association), The Cavalry & Guards Club, Londres, CCTV (Guo Tong et Wang Xuechun), Gene Cernan, ChartTrack, Edd & Imogen China, Ian Coburn, Paulo Coelho, Édouard Cointreau, The Costume Studio, London, Kenneth & Tatiana Crutchlow (ORS), Stacey Cusack, Elaine Davidson, Ceri Davis, Davis Media, Debbie De Groot, David Donnelly, Terry Doyle, James Ellerker, Louis Epstein, ESPN X Games – Kelly Robshaw, Katie Moses Swope, Deb McKinnis, Europroducciones Espagne et Italie (Stefano, Marco, Maria, Gabriella *et al.*), Explorersweb, Factiva, Fall Out Boy (Andy Hurley, Patrick Stump, Joe Trohman, Pete Wentz, plus Bob Mclynn, Henry Bordeaux, Kyle Chirnside, Brian Diaz), Famitsu, Adam Fenton, Ian Fisk, Flix (Tam, Nic and Sharan), Forbes, Marion Gallimore (Fédération internationale des sociétés d'aviron), The GFK Group, Brett Gold, Golden Tulip Hotel, Luxembourg, Google/Youtube (Theo), Louise Grant, Bexier Group, Jordan, Ryan et Brandon Greenwood, Debby de Groot, Kristopher Growcott, AJ Hackett, Tim Haines, Impossible Pictures, Peter Harper, Ray Harper, Andy Harris (Fédération internationale de ski nautique), Stuart Hendry, Gavin Hennessy, Gill Hill (Fédération internationale de ski nautique), Nigel Hobbs, Homewood School, Tenterden, Hospital Xanit Internacional, Malaga, Hotel Arts, Barcelone, Hotel Guadalpin, Marbella, ICM (Greg Lipstone, Heather Grayson), The Infamous Grouse et Sir Les (Jack Brockbank, Robert Dimery, Craig Glenday, Kaoru Ishikawa, Lucia Sinigagliesi, Nick Watson), Internet Movie Database, Tan Jun, Cathy & Bob Jung, Jefferson County Fairgrounds, Colorado, Jon Jeritt, Jon Adam Fashion Group, Joost (Alexandra et Symon), Mark Karges, Dr Haydn Kelly, Dr Theo Kreouzis, Département de physique de l'université Queen Mary de Londres, Orla and Thea Langton, Christopher Lee, Lingfield Racecourse, Surrey, Helen Livingstone, Carey Low, Canadian Manda Group, Lula-Bell, Mad Max III (Claire Bygrave, Carol & Maureen Kane, Sam Malone, David Moncur), Manda, Canada, Mediazone (Gary), Clare Merryfield, Mora Siljan Airport, Suède, MTV (Ritesh Guptah, James Montgomery), Derek Musso, *National Geographic Kids* magazine (Rachel Buchholz, Eleanor Shannah), NBA Entertainment (Patrick Sullivan, Karen Barberan, Jason Iodato, NBC (Craig Plestis, Jenny Ellis), Aniko Nemeth Mora (Fédération internationale d'haltérophilie), Nationmaster, Liam Nesbitt, Norddeich TV Germany (Ollie, Melanie, Claudia, Jan *et al.*), NPD Group, OANDA, Ocean Rowing Society, Michael Oram & CS&PF, Alberto Parise, Clara Piccirillo, Pr. Theodore W. Pietsch, université de Washington, le restaurant *La Porte des Indes*, Londres, Fabrice Prahin (Fédération internationale de patinage), He Pingping et sa famille, Rob Pullar, Keith Pullin, le restaurant *Quatre Gats*, Barcelone, R et G Productions, France (Stefan, Jérôme, David, Jean-Francois, Julien *et al.*), Red Lion Public House, Hernhill, Lee Redmond, Brian Reinert, Martyn Richards, Martyn Richards Research, Richmond Theatre, Surrey, RTL (Sascha, Tom, Sandra, Sebastian, Jennifer, Julia *et al.*), Rebecca Saponiere, Tom Sergeant, Robyn Sheppard, Julien Stauffer (Union cycliste internationale), Bethan Muir Tame, Greenfield Media, Texperts (Tom, Sarah, Rhod et Paul), True Entertainment (Stephen Weinstock, Glenda Hersh, Bryan Hale, Shari Solomon Cedar), TSA/MAX Entertainment (Marcus, Belle, Alex, Christy, Ery *et al.*), Twin Galaxies (Walter Day, Pete Bouvier), Jan Vandendriessche (International Association of Ultra Runners), Veoh (Emilia), VG Chartz, Jessica et Isabel Way, Carina Weirauch, Fran Wheelen, Royal Bath & West Show, Norman Wilson (International Association of Ultra Runners), Wookey Hole Caves, Somerset, YouTube.

Pages de garde : Garde avant (de gauche à droite) le plus long sushi, la plus grande présentation de vidéos, la plus grande démonstration de sirtaki, la plus grande danse des Highlands, les plus grandes bottes de Noël remplies de cadeaux, le record de titres de champions sportifs représentés au même endroit, la plus grande collection de maquettes d'autocars et de bus, le record de personnes pratiquant la natation synchronisée, le record de flexions du genou sur un ballon de gymnastique en 1 min, la plus grosse crème glacée, la plus longue chaussette de Noël, la plus longue carotte, le plus gros sachet de condiments, le plus gros ensemble de tubas, la connexion résidentielle Internet la plus rapide, le tour le plus rapide du Canada par une équipe en relais, le record de flexions du genou sur une planche en équilibre en 1 min, le plus grand feu de joie, le record de cocktails préparés en 1 h, le plus gros œuf de Pâques décoré, le plus gros trombone, la plus longue distance parcourue en skate-board en 24 h, le record de modèles différents de motocyclettes dans un défilé, le plus long canapé, la plus grosse signature d'autographe par des athlètes professionnels, le record de personnes dans une bulle de savon, le record d'œufs tenus dans la main, le plus long sari, le record de blocs de béton cassés en 1 min (homme), la voiture à piles cellulaires la plus rapide, le plus gros timbre spécial, le plus long marathon de chant avec plusieurs chanteurs, la plus longue rangée de danseurs de Riverdance, la plus grosse part de poulet frit, le plus long graffiti, le plus grand lit.

Garde arrière (de gauche à droite) la plus grande expositions de lanternes, le plus long cigare, la plus grande matriochka, la traversée de l'Atlantique à la rame la plus rapide d'est en ouest par une équipe de 2, le trajet à pied le plus rapide à travers l'Australie (de Perth à Sydney), le record de tranches de viande coupée en 1 h, le plus gros album photo, le pomelo le plus lourd, la plus grande fresque à la craie sur le trottoir, la plus longue distance parcourue en poussant un scooter, le plus gros gril à châtaignes, le record de personnes qui se rasent (au même endroit), le record d'œufs tenus dans la main, le chou-rave le plus lourd, le record de vitesse pour gonfler 1 000 ballons, la plus grande distance parcourue en marchant avec une balle de base-ball en équilibre sur un doigt, le plus grand concert de musiciens municipaux, le plus long marathon de lecture à voix haute par une équipe, la plus grosse collection de bougies, le plus gros ensemble japonais de percussions, le puzzle GWR-Hasbro le plus vite assemblé, le plus long marathon d'un DJ pour la radio, le plus long tunnel pour chien, la plus grande organisation de jeunes, le record de participants à une course de snowboard, la plus grande course de canards en plastique, la plus grosse brique, le record de personnes sur des ballons rebondissants, la plus grosse collection de maquettes de voitures, la plus grande rangée de danseurs, la plus grosse caricature, le record d'escargots sur le visage, la plus grande danse de robots, le plus gros bol de soupe, la plus grande manifestation de *speed dating*, le maximum de cheveux donnés à une association caritative en 24 h, le plus grand slip.

EN SOUVENIR

Art Arfons, ancien détenteur du record de vitesse sur terre ; Bernie Barker, **le plus vieux strip-teaseur** ; Chris Bishop, consultant militaire du GWR ; Hal Fishman, qui a eu **la plus longue carrière de présentateur** ; Moses Aleksandrovich Feigin, **l'artiste professionnel le plus âgé** ; Steve Fossett, qui a effectué **le plus long vol non-stop**, *inter alia* ; Bertha Fry (née le 1er décembre 1893), **la 3e personne la plus âgée du monde au moment de sa mort** ; Wally Herbert, **la première personne à avoir traversé l'Arctique** ; Sir Edmund Hillary, qui fit **la première ascension de l'Everest** ; Sarah Jeanmougin, **la jumelle la plus âgée de son vivant** ; Verity Lambert, le producteur de *Dr Who*, **la plus longue série de science-fiction télévisée** ; Humphrey Lyttelton, qui dirigeait **le plus gros ensemble de kazoo** ; Eddie « Bozo » Miller, un détenteur de records en matière de nourriture absorbée ; Yone Minegawa, **la femme (et personne) la plus âgée au moment de sa mort** ; Ellen Isabela Robertson, **l'une des jumelles les plus âgées** ; Charles Wright, **le professeur de musique le plus âgé**.

CRÉDITS PHOTOGRAPHIQUES

3 Richard Bradbury/GWR **4** Maximilian Weinzierl/Alamy ; Alamy ; John Wright/GWR ; NASA ; NASA ; Charles Rex Arbogast/AP/PA ; BBC Books/The Random House Group Ltd **5** David Dyson/Getty Images ; John Wright/GWR ; Samuel Golaya/Getty Images **6** BBC ; **7** (GB) Ranald Mackechnie/GWR ; (GB) Chris Capstick **8** (GB) Jason Lock **9** (GB) Lorenzo Dalberto ; (GB) Chen Jie/GWR ; (GB) Chen Jie/GWR ; (GB) Ken McKay **10** John Wright/GWR **11** Andy Paradise/GWR **12** Paul Michael Hughes/GWR **14** The Art Archive ; akg-images ; Getty Images ; PA **15** Rex Features ; Stan Honda/Getty Images ; NASA ; Jack Smith/AP/PA ; Emiliano Grillotti/Getty Images **16** NASA **18** Mark Garlick/SPL ; Harvard-Smithsonian Center for Astrophysics ; Mark Garlick/SPL **19** NASA ; NASA/MAXPPP **20** Luke Dodd/SPL ; NASA **21** NASA ; SPL ; NASA **22** NASA ; SPL ; Dept Of Geological Sciences, Dallas **23** ESA/DLR/FU Berlin (G. Neukum) ; SPL ; Kees Veenenbos/SPL **24** NASA ; NASA ; Gordon Garradd/SPL **25** Detlev Van Ravenswaay/SPL ; NASA **26** David Steele **27** Alan Dawson/Alamy ; Santiago Ferrero ; Joe Sohm/Photolibrary **28** Dave Lewis/Rex Features ; Agence spatiale européenne ; NASA **29** NASA/SPL ; NASA ; NASA/AP/PA **30** Photolibrary **32** Valerie Taylor/Ardea **33** FLPA ; G Douwma/Getty Images ; Doc White/Nature PL **34** Fred Hirschmann/Getty Images ; George Grall/Getty Images ; Mary Plage/Photolibrary **35** Mike Linley/Getty Images ; Mark Carwardine/Nature PL **36** Richard Herrmann/Photolibrary ; Steven David Miller/Nature PL ; Jim Watt/Photolibrary **37** Tim Laman/Getty Images ; Richard Manuel/Photolibrary ; Alamy **38** Joe & Mary McDonald/Alamy ; Eric Francis/Getty Images ; FLPA **39** Samuel Aranda/Getty Images ; Maximilian Weinzierl/Alamy ; Peter Chadwick/SPL ; Reuters **40** David Courtenay/Photolibrary ; FLPA ; J & A Scott/Getty Images **41** Bobby Haas/Getty Images ; Frank Greenaway/Getty Images ; Alamy **42** Duncan Shaw/SPL ; Terry Whittaker/Alamy ; Alamy **43** John Dransfield/Kew Gardens ; Tony Craddock/SPL ; Gerald Cubitt/NHPA **44** Bruce Beehler/AP/PA ; Twan Leenders ; Mark Carwardine/Nature PL **45** FLPA ; FLPA **46** Martin Harvey/NHPA ; FLPA **47** Daryl Balfour/NHPA ; Ranald Mackechnie/GWR **48** Roy Toft/Getty Images ; Nature PL ; Rex Features ; Andreas Lander/Corbis **49** Murray Cooper/Nathan Muchhala ; Andy Rouse/NHPA **50** Alamy ; Corbis ; Corbis ; Alamy **51** Sam Chadwick/Alamy ; Corbis **52** Dietmar Nill/Nature Pl ; Bruce Davidson/Nature PL **53** Rex Features ; Andrew Parkinson/Nature PL **54** Ian Redmond/Nature PL ; Matthias Breiter/Getty Images ; David Scharf/Getty Images **55** Kim Taylor/Nature PL ; Hugo Willcox/Getty Images **56** Ranald Mackechnie/GWR **58** Mary Evans Picture Library **59** Gray's Anatomy/Elsevier **60** Ranald Mackechnie/GWR ; Phil Meyers/AP/PA **61** Sean Sexton/Getty Images ; Tomas Bravo/GWR **62** Ranald Mackechnie/GWR **63** John Wright/GWR ; Ranald Mackechnie/GWR **64** Manish Swarup/AP/PA ; Paul Michael Hughes/GWR ; Ranald Mackechnie/GWR **65** Li Zijun/Photoshot ; Simon Smith/AP/PA ; Ranald Mackechnie/GWR **66** Don Cravens/Getty Images ; PA Photos ; Daniel Berehulak/Getty Images **67** John Wright/GWR **68** Kiyoshi Ota/Reuters **69** Miguel Alvarez/Getty Images ; Reuters ; PA **70** Steve Dibblee/iStockphoto ; Ranald Mackechnie/GWR **71** John Wright/GWR ; RTL/Gregorowius **72** BBC Books/The Random House Group Ltd ; John Wright/GWR ; Drew Gardner/GWR **73** Ranald Mackechnie/GWR **74** Ian Cook/Getty Images ; MAXPPP **75** Barbara Laing/Getty Images ; Tom Strickland/GWR **76** Erik G Svensson **78** Richard Bradbury/GWR ; Maxwells/GWR **79** BBC Books/The Random House Group Ltd ; Getty Images **83** Paul Michael Hughes/GWR ; Corbis ; NASA **84** NASA ; NASA ; NASA ; NASA ; NASA ; NASA ; Photolibrary **85** NASA/SPL ; NASA ; NASA/Getty Images ; Dorling Kindersley ; Moonpans.com **86** John Wright/GWR **89** Craig Ruttle/AP/PA **90** Thomas Mukoya/Reuters ; Ned Redway ; China Photos/Getty Images **91** Chet Gordon/Times Herald-Record **92** John Wright/GWR ; Pali Rao/iStockphoto **93** John Wright/GWR **94** Ranald Mackechnie/GWR **95** Charles Rex Arbogast/AP/PA ; Ranald Mackechnie/GWR **96** Richard Bradbury/GWR ; John Wright/GWR **97** Ranald Mackechnie/GWR **98** Colin Young-Wolff/Alamy ; AP/PA ; Peter Macdiarmid/Getty Images **99** Alen Dobric/iStockphoto ; Marek Szumlas/iStockphoto ; Georges DeKeerle/Getty Images ; Bob Landry/Getty Images ; Mike Kipling/Alamy **100** Richard Bradbury/GWR **101** John Wright/GWR ; John Wright/GWR **102** John Wright/GWR ; John Wright/GWR ; John Wright/GWR **103** John Wright/GWR ; Sukree Sukplang/Reuters ; John Wright/GWR **104** John Wright/GWR ; Manish Swarup/AP/PA **105** WENN ; WENN ; Jeff Spicer/Alpha/Channel Four **106** Fredrik Schenholm/www.schenholm.se **108** Fred Tanneau/Getty Images **109** Vincent Kessler/Reuters **110** William Garnier/ORS **111** Wolfgang Rattay/Reuters ; Filip Singer/Getty Images ; Getty Images **113** Carl de Souza/Getty Images ; David Dyson/Getty Images **114** PA ; PA ; AP/PA **115** Ira Block/NGS ; Corbis **117** Hiroyuki Kuraoka/AP/PA **118** Richard Bradbury/GWR **120** Claro Cortes/Reuters ; Richard Bradbury/GWR **123** Ranald Mackechnie/GWR ; Paul Michael Hughes/GWR ; WENN ; Alamy **125** Richard Bradbury/GWR ; Chip East/Reuters **128** Richard Bradbury/GWR ; Jay Williams/GWR **129** Maximilian Weinzierl/Alamy ; Richard Bradbury/GWR **130** Rex Features ; Cosmopolitan & Venus Breeze **131** Mario Anzuoni/Reuters **132** Alberto Roque/Getty Images ; Sean Sprague/Panos Pictures ; Mustafa Deliormanli/iStockphoto ; Norman Chan/iStockphoto ; Luca Da Ros/4Corners Images **133** Philimon Bulawayo/Reuters ; AP/PA ; Reuters **134** Natasja Weitsz/Getty Images ; Tariq Mahmood/Getty Images ; Eyevine **135** AP/PA ; Shannon Stapleton/Reuters ; Paula Bronstein/Getty Images ; Martin Bureau/Getty Images **136** Christopher Herwig/Reuters ; Sandy Huffaker/Getty Images ; Getty Images **137** Eyevine ; Getty Images ; David Manyua/Reuters **138** Richard Bradbury/GWR **140** Yoshikazu Tsuno/Getty Images **141** CERN **142** Karl Shone/Getty Images ; Randy Olson/Getty Images ; Case Western Reserve University **143** David S. Holloway/Getty Images ; Niels Bohr Institute **144** Swedish Institute ; Corbis ; Robert Galbraith/Reuters **145** Rex Features ; Apple ; DreamWorks Pictures (Paramount) **147** WENN ; Justin Sullivan/Getty Images ; Apple/Rex Features **148** Roland Gladasch/GWR ; Robert F. Bukaty/AP/PA **149** M Roger/MAX PPP **150** James Davis/Alamy ; Getty Images **151** Eitan Abramovich/Getty Images ; Guang Niu/Getty Images ; Adriana Lorete/Getty Images **152** Rabih Moghrabi/Getty Images **154** Rex Features ; Kiyoshi Ota/Reuters ; John Wright/GWR **155** Rex Features **156** Elaine Thompson/AP/PA **157** Georges Gobet/Getty Images ; Jean-Bernard Gache **158** Getty Images ; Reuters **159** Reuters ; Reuters ; Royal Navy **160** Rockstar Games **162** Getty Images ; David Burner/Rex Features ; Rex Features **163** Chris Jackson/Getty Images ; Francois Guillot/Getty Images **164** Photolibrary ; National Park Service ; Ronald Grant ; Ronald Grant ; Universal Pictures ; Paramount Pictures ; Columbia Pictures **165** Warner Bros/Kobal ; Warner Bros/Ronald Grant ; Universal Pictures/Ronald Grant ; www.moviescreenshots.blogspot.com ; Ronald Grant ; Columbia Pictures ; New Line Cinema ; Paramount Pictures/Ronald Grant **166** Sony RCA ; Alex Grimm/Reuters ; Getty Images ; Matt Cardy/Getty Images **167** Rick Diamond/Getty Images ; Sony RCA ; PA **168** Rex Features ; Kevin Westenberg/Getty Images ; Evan Agostini/AP/PA **169** Dave Benett/Getty Images ; Gary He/AP/PA ; John Wright/GWR **170** Cate Gillon/Getty Images ; Mykel Nicolao/GWR ; Chitose Suzuki/AP/PA **171** Manish Swarup/AP/PA ; DC Comics **172** Frank Micelotta/Getty Images ; NBC-TV/Rex Features **173** Hanna-Barbera ; NBC-TV/Kobal ; 20th Century Fox/Rex Features **174** Richard Bradbury/GWR ; John Wright/GWR **175** John Wright/GWR ; Hermann J. Knippertz/AP/PA ; Francisco Bonilla/Reuters ; Francisco Bonilla/Reuters **176** David Stluka/Getty Images **178** Ludovic Franco/RedBull **179** Richard Eaton/Max PPP **180** David Stluka/Getty Images ; David Stluka/Getty Images ; Kai Pfaffenbach/Reuters **181** Ben Liebenberg/Getty Images ; Jamie Squire/Getty Images **182** Kai Pfaffenbach/Reuters ; Emiliano Grillotti/Getty Images ; Koichi Kamoshida/Getty Images **183** Alexander Hassenstein/Getty Images ; Brian Snyder/Reuters ; Alexander Hassenstein/Getty Images ; Torsten Silz/Getty Images **184** Michael Steele/Getty Images ; Andreas Rentz/Getty Images **186** Rusty Jarrett/Getty Images ; Kim Kyung-Hoon/Reuters ; J. P. Moczulski/Reuters **187** John Harrelson/Getty Images ; Jonathan Ferrey/Getty Images **188** Tengku Bahar/Getty Images ; Grigory Dukor/Reuters ; Joe Bryksa/CP Picture Archive **189** Stephen Cooper/Newspix ; Phil Walter/Getty Images ; Dominic Ebenbichler/Reuters **190** Mike Fiala/Getty Images ; Jim McIsaac/Getty Images **191** Al Bello/Getty Images **192** Ints Kalnins/Reuters ; Fernando Medina/Getty Images **193** Jeffrey Bottari/Getty Images ; Joe Murphy/Getty Images ; Barry Gossage/Getty Images **194** Gregory Shamus, NBAE/Getty Images ; Joe Murphy/NBAE/Getty Images ; Joe Murphy/NBAE/Getty Images **195** Joe Murphy, NBAE/Getty Images ; Gregory Shamus/NBAE/Getty Images **196** Brendon Thorne/Getty Images ; Paul Kane/Getty Images ; Paul Kane/Getty Images **197** Craig Prentis/Getty Images ; Lee Warren/Getty Images ; Lee Warren/Getty Images **198** Yuruzu Sunada/Getty Images ; Michael Steele/Getty Images ; Jaime Reina/Getty Images ; Yves Boucau/Getty Images **199** Jean Pierre Clatot/AFP ; Samuel Golay/Getty Images ; Getty Images ; Getty Images **200** Carl De Souza/Getty Images ; Carl De Souza/Getty Images ; Paco Serinelli/Getty Images **201** Clive Mason/Getty Images ; PA ; Felix Ordonez/Reuters **202** Ranald Mackechnie/GWR ; John Wright/GWR **203** Ranald Mackechnie/GWR ; John Wright/GWR **204** Yang Enuo/PA Photos ; Anthony Devlin/PA Photos ; Donald Miralle/Getty Images **205** Scott Halleran/Getty Images ; Sam Greenwood/Getty Images **206** Chris Trotman/Getty Images ; Dave Sandford/Getty Images ; Steve Babineau/Getty Images **207** Gregory Shamus/Getty Images ; Getty Images **208** Ricardo Moraes/AP/PA ; Javier Sorano/AFP ; Ed Mulholland/Getty Images **209** World Wrestling Entertainment, Inc. ; Rex Features ; Toshifumi Kitamura/AFP **210** Anthony Phelps/Reuters ; JM Hervio/AI/Reuters ; Cameron Spencer/Getty Images **211** Cameron Spencer/Getty Images ; David Rogers/Getty Images ; Cameron Spencer/Getty Images ; Chris McGrath/Getty Images **212** Brian Bahr/Getty Images ; Odd Andersen/Getty Images ; Clive Brunskill/Getty Images ; Keith Hammet/AP/PA **213** Bobby Yip/Reuters ; Cameron Spencer/Getty Images ; Torsten Blackwood/Getty Images **214** Adrees Latif/Reuters ; Damir Sagolj/Reuters ; Grant Ellis/Getty Images ; Andy Clark/Reuters **215** Lucy Nicholson/Reuters **216** Richard Bradbury/GWR ; Ranald Mackechnie/GWR **218** IMG Media Ltd ; IMG Media Ltd **219** IMG Media Ltd ; IMG Media Ltd ; Getty Images **220** David Callow/AP/PA ; Tony Vu/ESPN ; Jae C. Hong/AP/PA ; Matt Morning/ ESPN ; Dom Cooley/ESPN ; Tony Donaldson/ESPN **221** Jack Dempsey/AP/PA ; Eric Lars Bakke/ESPN ; ESPN ; Tony Vu/ESPN **222** Reuters ; Michael Steele/Getty Images **223** Michael Steele/Getty Images ; Roland Weihrauch/AP/PA **224** Matthew Lewis/Getty Images ; Andy Lyons/Getty Images **225** Bryn Lennon/Getty Images **227** Junko Kimura/Getty Images ; Chung Sung-Jun/Getty Images **228** Jonathan Ferrey/Getty Images ; Albert Gea/Reuters **229** Giampiero Sposito/Reuters ; Michael Sohn/AP/PA **230** Sukree Sukplang/Reuters ; Sukree Sukplang/Reuters **231** Mark Dadswell/Getty Images **232** Paramount Pictures ; Stefano Paltera/AP/PA ; Ranald Mackechnie/GWR **233** David McNew/Getty Images ; Kevin Winter/Getty Images ; Vince Bucci/Getty Images ; MJ Kim/Getty Images **234** David Fisher/Rex Features ; Michael Buckner/Getty Images **235** Chen Jie/GWR ; Chen Jie/GWR ; Chen Jie/GWR **236** Reuters ; Reuters **237** Chen Jie/GWR ; Chen Jie/GWR **238** Rex Features ; Chen Jie/GWR **239** Bloomsbury ; Marco Secchi/Getty Images **240** Ranald Mackechnie/GWR ; Mario Anzuoni/Reuters ; Warner Bros. Entertainment Inc. **241** Warner Bros. Entertainment Inc. ; Dave M. Benett/Getty Images ; Ronald Grant ; Raine Vara/Alamy **242** NASA **244** Angelo Cavalli/Robert Harding **245** Hiroko Masuike/Getty Images ; AP/PA ; Getty Images **246** Achim Prill/iStockphoto ; Patricio Robles Gil/Getty Images ; Gary Vestal/Getty Images ; Vladimir Pcholkin/Getty Images **247** Grey Villet/Getty Images ; Adalberto Roque/Getty Images ; Photolibrary ; David McLain/Getty Images ; Alamy **248** NASA ; Miguel Mendez/Getty Images ; Joel Sartore/Getty Images **249** Mauricio Lima/Getty Images ; Elena Goycochea ; H. John Maier Jr/Getty Images ; Reuters **250** Joe Raedle/Getty Images ; NASA ; John Sylvester/Alamy **251** Reuters ; Winston Fraser/Alamy **252** Ranald Mackechnie/GWR ; PA ; iStockphoto **253** Ranald Mackechnie/GWR ; Shaun Curry/Getty Images **254** Francois Nascimbeni/Getty Images ; Remy de la Mauviniere/AP/PA ; Stephane De Satukin/Getty Images **255** OL Mazzatenta/Getty Images ; AP/PA **256** P Desmazes/Getty Images ; Ricardo Suárez ; Xan G. Muras **257** Jose Manuel Ribeiro/Reuters ; Clive Brunskill/Getty Images ; Rex Features **258** Mitchell Funk/Getty Images ; Marcel Lelienhof **259** Erlend Berge/Scanpix/PA ; Gero Breloer/Corbis **260** Richard Bradbury/GWR **261** HNJ Van Essen/Getty Images **262** Amel Emric/AP/PA ; Viktor Drachev/Getty Images **263** Michael Steele/Getty Images ; Hideo Kurihara/Alamy ; PA **264** A Nemenov/Getty Images ; SPL ; Stephen Dunn/Getty Images ; Alamy **266** Bruno Morandi/Getty Images ; Duncan Ridgley/Rex Features **267** Thomas Hartwell/Getty Images ; Barry Lewis/Alamy ; AA Rabbo/Getty Imag es **268** Fred Derwal/Corbis ; Anup Shah/Getty Images ; Franck Guiziou/Getty Images **269** George Mulala/Reuters ; Chris Jackson/Getty Images ; AP/PA **270** Corbis ; Banaras Khan/Getty Images **271** Saurabh Das/AP/PA ; Angelo Cavalli/Tips Images **272** Zhang Jun/Xinhua/WPN ; Paula Bronstein/Getty Images ; Ron Dahlquist/Getty Images **273** Alex Bowie/Getty Images ; Juliet Coombe/Lonely Planet **274** AKG Images ; Reuters **276** Jurgen Freund/Nature PL **277** Getty Images ; Mary Evans ; FLPA **286** Rex Features **287** Michael Buckner/Getty Images ; George Burns/Harpo Productions ; Paul Sanders **288** Gunnar Kullenberg/Rex Features

INDEX

Cette année, l'index est organisé en deux parties : un index thématique et un index des superlatifs. Les mots en **gras** dans l'index thématique se réfèrent aux entrées principales sur un sujet, les entrées en **CAPITALES GRAS** signalent un chapitre. Les noms de personnes ne sont pas indexés.

INDEX THÉMATIQUE

INDEX DES SUPERLATIFS

LE MONDIAL DES RECORDS 2009

DERNIÈRE MINUTE

●LE PLUS DE CUILLÈRES EN ÉQUILIBRE SUR LE VISAGE

Le 2 mai 2008, Joe Allison (GB), écolier, a décroché le record de cuillères en équilibre sur le visage. Avec 16 cuillères, il a battu d'une cuillère le précédent record établi par Tim Johnston (USA) en 2004.

★LA PLUS GRANDE COUVERTURE DE PIQUE-NIQUE

Une couverture de pique-nique de 1760 m² a été tissée au moulin de Melin Tregwynt au pays de Galles (GB), pour Waitrose Ltd, et a été déployée pour la première fois à Durban (Afrique du Sud), en avril 2008.

GRANDS RECORDS DE BANJO DU MONDIAL DES RECORDS

Vous jouez très vite ? Aimeriez-vous tenter votre chance contre nos deux détenteurs de records ? Voici la marche à suivre :

- Guinness World Records vous fournira – bien avant votre tentative – le morceau à jouer. Vous ne pourrez pas en jouer un autre.
- Le record repose sur la vitesse (battements par minute) à laquelle l'interprète peut jouer le morceau.
- Aucune accélération et aucun ralentissement ne sont permis.
- Il faut utiliser un métronome.
- Le morceau doit être joué sans erreur.

Pour connaître le règlement, rendez-vous sur ***www.guinnessworldrecords.com***

●L'ASCENSION LA PLUS RAPIDE DU KILIMANDJARO

Gerard Bavato (France) a parcouru les 34 km séparant le pied du sommet du mont Kilimandjaro en 5 h, 26 min et 40 s, le 26 octobre 2007.

★LE PLUS JEUNE BATTEUR

Tiger Onitsuka (Japon) n'avait que 9 ans et 289 jours lorsque son premier album, *Tiger*, est sorti, le 23 avril 2008. Tiger est batteur de jazz et est engagé auprès du label Columbia.

●LA PLUS JEUNE PHOTOGRAPHE

Zoe Fung Leung (Hong Kong, née le 19 janvier 2006) avait 2 ans et 70 jours lorsqu'elle a exposé et vendu son travail à la Plaza Hollywood, à Kowloon (Hong Kong), les 29 et 30 mars 2008. Elle est la plus jeune photographe professionnelle.

●LE PLUS GRAND DRAPEAU TENDU

Le plus grand drapeau tendu mesurait 22 813 293 m². Il s'agissait du drapeau national des Émirats arabes unis (EAU) créé par Sedar Window Fashion et offert, en témoignage d'estime, au gouvernement du Chardja (Émirats arabes unis), le 12 mai 2008.

★L'HORLOGE ATOMIQUE LA PLUS PRÉCISE

Depuis juillet 2006, c'est un prototype d'horloge optique au mercure qui, en fonctionnant continuellement, ne gagnerait ni ne perdrait une seule seconde en l'espace de 400 millions d'années. L'horloge a été construite et conçue par le National Institute of Standards and Technology (NIST) à Boulder (Colorado, USA).

★LE COUPLE LE PLUS ÂGÉ AYANT ACHEVÉ UN MARATHON

Shigetsugu Anan (Japon), 83 ans et 11 jours, et sa femme Miyoko Anan (Japon), 78 ans et 71 jours, ont couru le marathon d'Ibusuki Nanohana (Japon) jusqu'à l'arrivée, le 13 janvier 2008.

●LE PLUS LONG VOYAGE EN VOITURE

Emil et Liliana Schmid (Suisse) ont parcouru 626 960 km depuis le 16 octobre 1984, en traversant 159 pays et territoires.

LES JOUEURS DE BANJO LES PLUS RAPIDES

En 2008, deux joueurs de banjo ont tenté de décrocher le titre mondial de **joueur de banjo le plus rapide**. Todd Taylor (USA, à gauche) et Jonny Butten (GB, à droite) revendiquent tous deux ce titre, et chacun d'eux a détenu le Guinness World Record durant un certain temps. Ils jouaient à une vitesse qu'il était impossible de juger selon nos anciennes règles. Aussi avons-nous mis en place de nouvelles règles pour déterminer lequel était le plus rapide (voir ci-dessus, à gauche).

★ NOUVEAU RECORD
● MISE À JOUR

★ LES DÉBUTS LES PLUS RÉUSSIS POUR UN GROUPE DE FILLES AUX ÉTATS-UNIS

Le 5 avril 2008, le quintette féminin Danity Kane (toutes USA) fut le premier groupe de filles à atteindre la 1re place au Billboard 200 américain grâce à ses deux premiers albums (*Danity Kane* [2006] et *Welcome To The Dollhouse* [2008]). Le groupe s'est formé durant la 3e édition de l'émission de téléréalité américaine *Making The Band*.

PLUS D'INFOS

Vous aimez la musique ? Alors, qu'attendez-vous ? Revenez en arrière pour en savoir plus sur des **Pop Divas** (p. 166-167) et des **Rock Jocks** (p. 168-169).

★ RECORD DE NUGGETS DE POULET MANGÉS EN 3 MIN

Mark Kilby (GB) a mangé 255 g de nuggets de poulet frits en 3 min, le 21 avril 2008, à Londres (GB).

● LA PLUS HAUTE ALTITUDE ATTEINTE PAR UNE MOTOCYCLETTE

La plus haute altitude atteinte de façon autonome par un véhicule à moteur est de 6 220 m pour une Honda 4RT 2007, sur les pentes de Ojos del Salado, à Atacama (Chili), le 19 mars 2008. L'expédition comptait 4 conducteurs : Roland Hess (Chili/Suisse), Juna Francisco Sanguedolce (Italie/Argentine), Johann Janko (Chili/Autriche) et German Hess (Chili/Suisse).

● LA PLUS LONGUE ÉTREINTE

Paul Gerrard et Sandra Brooke (tous deux GB) se sont étreints durant 24 h et 1 min, à la gare de Paddington, à Londres (GB), les 13 et 14 février 2008.

● LA RESPIRATION RETENUE LE PLUS LONGTEMPS

David Blaine (USA) a retenu sa respiration sous l'eau pendant 17 min et 4,4 s sur le plateau de *The Oprah Winfrey Show* à Chicago (Illinois, USA), le 30 avril 2008.

● RECORD DE ROCHERS FERRERO CONSOMMÉS EN 1 MIN

Le 15 mai 2008, Dave « Scrumpy » Snelling (GB) a mangé 6 rochers Ferrero dans les bureaux du *Daily Star Sunday* à Londres (GB), égalant ainsi le record de Shaun Slator (GB), établi durant l'émission *The New Paul O' Grady Show*, à Londres (GB), le 30 avril 2008.

● LE PLUS LONG MARATHON DE SPINNING

George E. Hood (USA) a fait du spinning (vélo d'appartement) 177 h et 45 min, à l'Heritage YMCA, à Naperville (Illinois, USA), du 4 au 12 mai 2008.

● MAXIMUM D'ÉPÉES AVALÉES EN UNE FOIS

Le « Space Cowboy » (alias Chayne Hultgren, Australie) a avalé 17 épées au Calder Park, à Melbourne (Australie), le 28 mars 2008 – soit 3 fois plus que lors du précédent record.

● LE PLUS LARGE PUBLIC POUR UN COMÉDIEN

Chris Rock (USA) a attiré un public de 15 900 personnes, pour le spectacle qu'il a donné à l'O_2 Arena à Londres (GB), le 23 mai 2008. Il a battu le précédent record de 10 108 personnes établi par Lee Evans au MEN Arena à Manchester (GB), en décembre 2005.

BACARDI
15.09.2006 15:07
VELDE
CERTIFICATE
GUINNESS WORLD RECORDS 2008